湖北省人文社科重点研究基地三峡大学区域社会管理创新
与发展研究中心开放基金重大项目"三峡流域城市社会治理研究"资助

**三峡流域城市**
**社会治理研究丛书**

丛书主编：谭志松

应用社会学文库

# 宜昌城市社会变迁史

李敏昌　主编

YICHANG CHENGSHI SHEHUI BIANQIANSHI

本书编写组（按承担章节顺序）：

刘开美　郑伟明　望开国　何复元　高武章　李敏昌

中国社会科学出版社

**图书在版编目（CIP）数据**

宜昌城市社会变迁史／李敏昌主编 . —北京：中国社会科学
出版社，2016.5

（三峡流域城市社会治理研究丛书）

ISBN 978 - 7 - 5161 - 7649 - 8

Ⅰ.①宜…　Ⅱ.①李…　Ⅲ.①城市史—研究—宜昌市
Ⅳ.①K296.33

中国版本图书馆 CIP 数据核字（2016）第 032721 号

| | | |
|---|---|---|
| 出 版 人 | 赵剑英 | |
| 责任编辑 | 张　林 | |
| 特约编辑 | 金　沛 | |
| 责任校对 | 高建春 | |
| 责任印制 | 戴　宽 | |

| | | |
|---|---|---|
| 出　　版 | 中国社会科学出版社 | |
| 社　　址 | 北京鼓楼西大街甲 158 号 | |
| 邮　　编 | 100720 | |
| 网　　址 | http://www.csspw.cn | |
| 发 行 部 | 010 - 84083685 | |
| 门 市 部 | 010 - 84029450 | |
| 经　　销 | 新华书店及其他书店 | |

| | |
|---|---|
| 印　　刷 | 北京明恒达印务有限公司 |
| 装　　订 | 廊坊市广阳区广增装订厂 |
| 版　　次 | 2016 年 5 月第 1 版 |
| 印　　次 | 2016 年 5 月第 1 次印刷 |

| | |
|---|---|
| 开　　本 | 710×1000　1/16 |
| 印　　张 | 22 |
| 插　　页 | 2 |
| 字　　数 | 343 千字 |
| 定　　价 | 82.00 元 |

凡购买中国社会科学出版社图书，如有质量问题请与本社营销中心联系调换
电话：010 - 84083683

# 总　序

　　《三峡流域城市社会治理研究丛书》（以下简称《丛书》）是湖北省人文社科重点研究基地三峡大学区域社会管理创新与发展研究中心（以下简称社管研究中心）开放基金的一项重大研究课题"三峡流域城市社会治理研究"的系列成果。本课题由笔者主持，下设九个子课题，每个子课题用一本专著结题，分别由研究中心部分教授和博士主持完成。经过课题组和编委会近几年的艰苦努力，成果将陆续由中国社会科学出版社出版。

　　本课题研究对象是三峡流域中各大中小城市的社会治理研究。这里涉及两个社会空间概念：一个是大区域概念，即所谓"三峡流域"社会空间，这里指长江三峡段涉及的流域区域和汇入三峡流域段的三江（乌江、清江、沅江）所经流的流域区域共同连片构成的地域的社会空间，它涉及湖北、湖南、重庆、贵州等四个省市的 15 个地市州区及其 94 个县市区（其中重庆的 12 个县为副地级县），国土面积 23 万平方公里，总人口 4607.8 万余人。这个区域有四大特点：一是水域和水电特色，举世瞩目的三峡水电工程和葛洲坝水电工程等引起世界关注；二是民族山区特色，这一区域覆盖了武陵山区的大部分地域，土家族、苗族、汉族等 30 余个民族共居此地，具有独特的民族和地域文化；三是自然风景和民族文化构成了丰富独特的民族旅游资源；四是远距省会之外，处于边缘地带而分属四个省市，且有相当一部分地区还处于需要国家大力扶贫状况。另一个区域概念是三峡流域中的城市社会。第一，按现在划分，这一区域内有一个大城市——宜昌市城区，其余全是中小城市（地市州首府和县市区首府城市）；第二，这些城市都在具有国家发展战略和省市发展战略的四个城市圈、群（武汉"8+1"城市圈、湖南"长株潭"城市群、重庆城市群和贵阳城市群）之外。第三，在这些城市中有一个被确定为首批 38 个全国城市社会治理的试点——宜昌市，且经过五年的努力，已形成了行之有效的城市社会治理"一本三化"体系和模式。① 因此，笔者认为三峡流域社会是一个值得关注和研究的社会空间，并首次选择了"三峡流域城市社会治理研究"为我们的研究课题。

党的十八届三中全会通过的《中共中央关于全面深化改革若干重大问题的决定》（以下简称《决定》）明确提出："全面深化改革的总目标是完善和发展中国特色社会主义制度，推进国家治理体系和治理能力现代化"，并强调要"创新社会治理的体制"。其现实意义就是维护最广大人民根本利益，最大限度地增加社会和谐因素，增强社会发展活力，提高社会治理水平，确保人民安居乐业、社会安定有序。它体现了我们党对社会发展规律认识和把握的又一次新飞跃，实现了我国社会建设理论和实践的又一次创新。《决定》的精神，提升了《丛书》研撰的重要现实意义。

研究城市社会治理，必然要考虑城市社会空间的特点和社会转型期社会结构变化情况，要以马克思主义社会空间理论为指导，来构建城市社会治理研究的框架和体系。马克思主义社会空间理论源于马克思"土地空间"理论所导出的社会空间思想。20 世纪 70 年代以来，以列斐伏尔、卡斯特尔、哈维、詹姆逊等为代表的新马克思主义者们循着马克思和恩格斯的思想进一步推进了马克思主义的社会空间思想，进而逐步形成了马克思主义社会空间理论。② 马克思主义社会空间思想的核心是"社会空间是人类社会实践活动的产物"。"实践"是马克思主义哲学的立足点也是目的地。马克思指出："从前的一切唯物主义（包括费尔巴哈的唯物主义）的主要缺点是：对对象、现实、感性，只有从客体或者直观的形式去理解，而不是把它们当作感性的人的活动，当作实践去理解。"③由此可见，马克思的"实践"，"不单是指人类的物质生产实践活动，还

---

① 这部分内容的详细论述见笔者著，本《丛书》著作之一：《三峡流域城市社会治理概论》。

② 王晓磊：《社会空间论》，中国社会科学出版社 2014 年版，第 95 页。

③ 《马克思恩格斯选集》第 1 卷，人民出版社 1995 年版，第 54 页。

包括人类的精神生产实践活动、人的生产实践活动和社会交往实践活动"①。也就是说，社会空间是人类物质生产实践、精神生产实践、人的生产实践和社会交往实践等人类的四种实践活动的产物。

从马克思主义社会空间理论去思考，研究城市社会治理必须考虑城市社会与城市自然空间（城市区域位置）和再现的城市空间（政府主导下人们建造的城市空间）的关系；要考虑城市社会与该城市的精神空间的关系；还要考虑城市社会与该城市的人口规模、民族结构和文化的关系；更离不开与该城市的经济发展状况以及治理体制和机制的关系。因此，我们是在这个基本思想的指导下构建的本《丛书》内容体系：

首先，《丛书》第一次提出"三峡流域"的概念，对"三峡流域"概念的界定及其意义的阐释，以及对该区域城市社会治理综合状况的梳理，包括研究区域城市社会的一些基础性理论论述，是整个《丛书》基础性的重要工作。这方面以题为"三峡流域城市社会治理概论"的著作，由谭志松教授完成。

其二，我们选取宜昌市城市社会治理为研究范本，进行全面系统的研究，拟作为三峡流域城市社会治理可以循借的样本，以指导实践和找出规律。这样做的理由有四：一是，宜昌市府城区是三峡流域中规模最大、经济基础较好的城市（现城区人口130余万）。二是，区域位置处该流域中部核心位置，中国水电主要枢纽工程：三峡水电工程和葛洲坝水电工程所在地，有"中国能源的心脏"和"世界水电之都"之称，有重要的社会影响和社会地位；三是，宜昌市已作为全国城市社会管理创新首批38个试点城市之一进行了五年的实践探索，取得了开创性的成果，形成了特色鲜明的社会治理体系："一本三化"城市社会治理模式，并得到了中央和湖北省委的肯定和重视，已经产生了重要影响。这个体系和模式对于三峡流域乃至全国城市社会治理具有重要的示范和推广意义。四是，宜昌城市发展的历史变迁、社会文化结构、经济生活方式与地理生态环境等与三峡流域内城市基本相近，因此，选择宜昌市做样本具有直接指导意义。我们用三本专门著作全面研究宜昌城市社会治理模式和经验：《现代城市社会治理创新"一本三化"模式研究——来自宜昌的中

① 王晓磊：《社会空间论》，中国社会科学出版社2014年版，第87页。

国经验》（谭志松教授和王俊教授等编著）、《现代城市政务信息化大统一模式研究——宜昌市电子政务实践与实效》（王俊教授等编著）、《宜昌城市变迁史研究》（李敏昌教授等著）。

其三，围绕城市社会治理涉及的各个方面，结合三峡流域城市社会治理状况，从五个方面作专题研究：

邓莹辉教授的《三峡流域城市社会文化管理创新研究》一书，主要分析了政府行使文化管理职能过程中所面临的困境及其产生的原因，厘清了城市文化管理和管理文化创新的基本思路及有效路径，其间，特别注意到地方文化建设、发展和管理对城市社会治理的影响和作用。

陈金明教授等的《三峡流域城市社会文明教育创新研究》一书，着重分析三峡流域城市社会文明教育的结构体系，从实证研究的角度，总结了三峡流域城市社会文明教育的重要举措及基本经验，同时也对城市文明教育对城市社会治理作用的理论进行一定的探讨。

骆东平教授等的《三峡流域城市社会治理法治化研究》一书，以全国社会管理创新的试点城市——宜昌市的城市社会治理法治化实践为研究对象，重点就宜昌市城市社会治理法治化、社会稳定风险评估与应急管理法治化、特殊人群管理法治化、非政府组织法治化和"智慧城市"建设等几大方面的实践与理论问题进行了研究。以探究当下城市社会治理中本地优势资源的开发与本地社会服务水平提升中的诸多理论与实践问题。意在阐释城市社会治理需将创新社会治理置于法治化的轨道中，需科学规划社会治理立法进程、有序推进公民参与公共决策、积极营造社区法治文化氛围和全面保障社会组织服务民生。

李见顺博士的《三峡流域城市社会社区自治的理论与实践研究》一书，从逻辑的、历史的和现实的三个层面探讨了三峡流域城市社区自治的理论问题和实践模式，对三峡流域社会建设背景下城市社区自治的产生与发展进行理论总结，并提出适应社会建设需要的城市社区自治重构模式和路线图。

朱静博士和梁贤艳副教授等的《三峡流域城市社会安全治理研究》一书，主要选择了我国各地运行较好的城市社会安全治理模式进行比较研究，这些城市包括山东烟台、浙江平阳、辽宁沈阳、江苏淮安、四川遂宁、湖北宜昌等，通过比较研究，归纳出这些城市社会安全治理的特征和经验。

《丛书》的研撰经过了艰辛努力，也得到了多方的帮助和支持。2012年，在宜昌市政协主席、市社会管理创新领导小组办公室（以下简称"市创新办"）主任李亚隆同志的支持下，三峡大学应用社会学研究所与宜昌市社会管理创新办公室联合申报湖北省人文社科重点研究基地三峡大学区域社会管理创新与发展研究中心并获得成功，开始实质性合作研究。我们派出朱静博士等到市创新办挂职工作，学习宜昌市社会管理创新工作，参与市创新办相关工作。多次请市创新办相关领导和工作人员来社管研究中心讲座，介绍宜昌市社会管理创新工作，并一直保持紧密合作关系，进行了政校联合攻关。

2014年8月，笔者率《丛书》编撰人员赴三峡流域中的恩施土家族苗族自治州、利川市、黔江区、涪陵区、湘西土家族苗族自治州、张家界市、怀化市、铜仁市等地区进行了为期20余天的实地调研，2014年10月又在宜昌市、荆州市等调研三周，各书作者还分别进行了专项实地深入调研。其他地方我们也通过其他途径联系获得了需要的资料。各地政府和部门的相关领导和干部都给予了大力支持和热情接待，使我们的调研得以顺利进行，并获得了近两千万字的第一手重要资料。借此，笔者要向以上各地党委政府及其部门的相关领导表示衷心的感谢！

著名社会学家、中国人民大学一级教授郑杭生先生生前是我们社管研究中心名誉主任，他十分关心《丛书》的研撰和出版工作，并对《丛书》框架和各著作的提纲给予了许多具体的指导性意见。我们也以《丛书》的出版表达对郑先生的深切怀念和万分感激之情。

我们还得到中国社会科学出版社副总编辑曹宏举编审的细心指导和大力支持，责任编辑张林主任也给予了大力帮助，在此一并致谢。

《丛书》得以顺利出版，还要特别感谢三峡大学党委书记李建林教授、校长何伟军教授，他们不仅出任编委会顾问，在《丛书》研撰的整体方向上把脉，还给我们全体编撰人员以极大的鼓励和支持。还要感谢三峡大学科技处（社科处）许文年处长、周卫华副处长，马克思主义学院胡孝红院长、胡俊修和黎见春副院长等给予的大力支持。

《丛书》涉及社会学、文化学、民族学、管理学、法学、教育学等多个学科，虽然各著作的负责人属于在相应领域里有较深造诣或者有一定研究特长的专家、教授和博士，但毕竟着眼于一个区域的城市社会治理的研究的知识和经验有限，所以，书中定有不足或不妥之处，还请各位学者、广大读者和三峡流域各地的领导、干部批评指正。

**谭志松**

于三峡大学云锦花园专家楼

2015 年 3 月 1 日

# 序

　　奔腾不息的长江，携唐古拉山之风云，劈波斩浪，冲夔门、穿瞿塘、踏巫峡、破西陵，一泻千里。"峡尽天开朝日出，山平水阔大城浮"，水电旅游名城宜昌，以其独特的风姿吸引着国内外关注的目光。

　　宜昌具有傲人的历史底蕴。宜昌古称西陵，是西陵部落分布的中心地区。距今约20万年前，清江流域就有"长阳人"在活动。20世纪50年代以来，在宜昌市点军区李家河、紫阳河一带发掘出新石器时代后期遗址，以及白庙子、清水滩、中堡岛、小溪口等数十处古遗址和文物，充分证明早在五六千年前，我们的祖先就在这片土地上繁衍生息。到夏商时，宜昌为古"荆州之域"，春秋战国为楚地，史称"楚之西塞"，那时宜昌就建有城邑。楚顷襄王二十一年（前278年），秦将白起"攻楚，拔郢，烧夷陵"，夷陵之名始见于史，使宜昌有文字可考的历史达2 293年。其间，宜昌为历代县、郡、州、府、路的治所，曾经使用过夷陵、西陵、峡州、宜州、拓州、东湖等名，其中使用次数最多、时间最长的是夷陵和峡州二名。夷陵，一是《汉书·地理志》所说，"因西北有夷山"而得名；一是旧志所说，"水至此而夷，山至此而陵"，因山川形势而得名。又因其地扼长江三峡之口，故有峡州之称。自东晋分夷陵西境置宜昌县，宜昌之名便始见于史。至清雍正十三年（1735年）（清顺治六年因避忌讳改"夷"为"彝"）为宜昌府，宜昌之名沿袭至今。

　　宜昌具有璀璨的文化，曾经是楚文化和巴文化发展的重要地望。这里人杰地灵，孕育出世界历史文化名人屈原、民族和亲使者王昭君以及闻名中外的著名学者杨守敬等诸多先贤名流。历代著名文人，诸如李白、杜甫、白居易、欧阳修、苏轼、陆游等，也多会于此。他们游览西陵山水所留下的胜迹，陶醉西陵风光所写下的诗文，为宜昌增添了宝贵的文化财富。

宜昌以敢为人先的气概全力推进大城市建设。2014 年，宜昌 8 个县（市、区）地方公共财政预算收入超过 10 亿元，其中 2 个过 20 亿元、2 个过 30 亿元。9 个县（市、区）城镇居民人均可支配收入超过 2 万元，8 个县（市、区）农村居民人均可支配收入超过 1 万元。宜昌市成功创建成为全国文明城市、国家卫生城市、国家环保模范城市、国家园林城市和国家森林城市。

大江奔腾，明珠闪耀。宜昌是举世公认的长江上游和中游的地理界线，是畅通长江三峡、盘活长江黄金水道的重要棋子，东连武汉两型社会试验区，西临重庆统筹城乡发展试验区，承担着集聚、辐射、带动汉渝两大中心城市之间四百多公里三峡区域的历史重任。

习近平总书记在致第二十二届国际历史科学大会的贺信中说，历史研究是一切社会科学的基础，承担着"究天人之际，通古今之变"的使命。重视历史、研究历史、借鉴历史，可以给人类带来很多了解昨天、把握今天、开创明天的智慧。所以说，历史是人类最好的老师。

多年来，宜昌社会科学工作者围绕宜昌做了大量开拓性工作，使宜昌历史更为完整，文化更为多姿，在推动宜昌提质进位、转型升级中发挥了智库的作用。《宜昌城市社会变迁史研究》是其中的成果之一。

《宜昌城市社会变迁史研究》将宜昌新石器以降万余年的历史作为一个整体，从城市史视角作了深度扫描，在研究领域上确有开拓性。从横向来说，该书涉及城市研究中城市文化、城市生活、城市人口、城市阶层等诸多学科领域；从纵向来说，又涉及扑朔迷离、如梦如诗的远古，楚源沮漳、巴人地望的古代，口岸开放、战火纷飞的近代、走向光明、蹒跚前行的现代和跨越发展、筑就辉煌的当代，其研究难度是可想而知的。但是从完成情况来看，作者较好地完成了多学科交叉研究的预定目标。该书对宜昌城市的考察，就宜昌城市发展规律等问题进行了具有相当说服力的研究。在一定程度上做到了史论的紧密结合。这是迄今第一部宜昌的"家谱"，有相当创新性。

《宜昌城市社会变迁史研究》将城市发展周期理论引入，总结出宜昌城市成为地望的几个节点：先民生息地望—军事重镇—郡县治所—过载码头—通商口岸—水电都市—三峡城市群中心城市，每一个发展周期都对宜昌发展产生了深远的影响，提出了一个研究城市问题的新视角、新方法，我以为颇有新意。

从该书可以看出，作者在文献调查、实地调研、第一手材料的收集等方面花费了大量的心血，这种踏实治学的态度是应该高度肯定的。

加快三峡城市群建设，促进区域繁荣发展，符合国家和区域大势，符合区域各城市的共同利益，也是各城市人民的共同愿望。宜昌作为这一城市群的中心城市，应该且必须有更大的作为和担当。希望宜昌社会科学工作者积极作为，勇于担当，进一步加强对宜昌的研究，努力发挥人文社会科学资政育人、城市智库的作用。

是为序。

湖北省社会科学院副院长　楚文化研究所研究员

博士生导师　刘玉堂

2015 年 9 月 10 日

# 目　录

# 前　言

李克强总理指出，"建设长江经济带是深化改革开放、打破行政区划壁垒、建设统一开放和竞争有序的全流域现代市场体系的重要举措"。建设三峡城市群，是依托黄金水道推动长江经济带发展的必然选择；宜昌建设区域性中心城市，也需要三峡城市群这个绝佳平台。抓住国家推动长江经济带发展的战略机遇，启动和推进三峡城市群建设，已经成为宜昌发展史上具有里程碑意义的大事件。

2015 年 1 月，由湖北省社会科学研究院、三峡大学主办的首届"中国三峡城市合作与发展论坛"在宜昌成功召开，来自全国各个领域的 55 位领军人物和著名专家学者共论"三峡城市群"发展未来，形成"建设三峡城市群、共襄长江经济带"的发展共识。

在随后召开的湖北省"两会"上，何伟军教授重点介绍了三峡城市群的构想及其发展建议，得到省委书记李鸿忠同志的充分肯定，认为其"精神可嘉、士气可鼓、论证可信、前景可期"，并亲自建议写进省政府工作报告，最终让三峡城市群建设构想上升为省级发展战略。

2015 年 9 月 15 日，"三峡城市群·长江经济带"国际研讨会在宜昌举行。来自国内外的近百名专家学者和政府官员围绕"协作、发展、共赢"这一主题，深入研讨三峡城市群战略构想的深刻内涵、积极意义和建设路径。

中国社会科学院院长、党组书记王伟光，湖北省委书记李鸿忠，欧元 50 集团主席、法国前财政部长埃德蒙·阿尔方戴利，湖北省委常委、宜昌市委书记黄楚平出席会议并致辞。经济合作与发展组织（OECD）秘书长安赫尔·古利亚发表视频讲话。

"我是宜昌。如果你来，你会爱上我。"周立荣的一封《宜昌情书》

迅速传遍大江南北,"长江、长江,我是宜昌"成为一道闪亮的电波,划破时空,似远古宜昌的音符,似实现中国梦的呼唤,一齐奏响了时代的乐章。

2005年5月22日《纽约时报》评论版首次以中文标题"从开封到纽约——辉煌如过眼烟云 Glory is as Ephemeral as Smoke and Clouds",发表著名专栏作家克里斯托夫的评论文章。这篇从中国中部城市开封发出的评论,回顾1 000年前全世界最繁荣城市开封衰败的历史,提醒美国人,中国正在复兴,美国切不可骄傲自大。也对各发展中的城市敲响了警钟:认真研究城市发展规律,是保持城市永久兴旺的指南针。

改革开放以来,中国城市史研究异军突起,发展很快,相当繁盛,表现为研究人员众多、研究对象广泛、研究成果丰富与研究方法多样。它通过对单体城市、城市群、城市与城市关系、城市与乡村关系的研究,分析中国城市的功能、结构、地位、作用、精神与特质,既参与、回应国际学术界对中国城市史的研究,也具有中国自身特色。

中国城市史是中国历史学的一个门类,它的发展、走向均受中国历史学整体态势、发展、走向的制约与影响。改革开放以后,中国社会经济发展驶上快车道,城市化速度加快,文化空前繁荣,于是才有中国城市史研究的繁盛。现代化与现代性、城市发展规律、公共领域、民众日常生活、文化交流冲突与融合,这些都是宜昌城市变迁中涉足的主要问题。

宜昌市位于湖北省西部,地处长江中上游接合部,渝、鄂、湘三省市交汇地,上控巴蜀、下引荆襄,以"三峡门户""川鄂咽喉"著称,战略地位十分显要,为历代兵家必争之地,历史上发生的战事不胜枚举。三国时期的夷陵之战就发生在宜昌市区。《中英烟台条约》签订后,宜昌被辟为通商口岸,设有海关,英、美、法、德、意、日等国先后在这里设立领事馆,宜昌成为内外贸易的集散地。新中国建立后,国家在这里兴建了一批重点企业,使宜昌成为鄂西湘北渝东区域的经济中心。1994年宜昌被国务院批准为沿江开放城市,并被列入长江三峡经济开放区。在长江经济带中,宜昌东接武汉,西连重庆,是东部发达的经济科技与西部丰富资源的接合部,是国家实施西部大开发战略由中线进入西部的起点,是西部大开发的"东大门",也是湖北"大三角"战略的一个重要支撑点。万里长江第一坝——葛洲坝电站就在宜昌市区，举世闻名的三峡工程仅离市中心区 38 公里。

宜昌不仅历史悠久，而且文化丰厚，楚源沮漳，巴人故里，表明这里曾经是楚文化和巴文化发展的重要地望。宜昌人杰地灵，孕育出世界历史文化名人屈原、民族和亲使者王昭君以及闻名中外的著名学者杨守敬等诸多先贤名流。历代著名文人，诸如李白、杜甫、白居易、欧阳修、苏轼、陆游等，也曾在此留下他们的足迹，他们游览西陵山水所留下的胜迹，陶醉西陵风光所写下的诗文，为宜昌增添了宝贵的文化财富。近现代史上，也产生了一批杰出的革命先驱和专家学者，如我国近代考古学开拓者冯汉骥、铁道专家杜镇远、土家第一军军长李勋、独臂将军贺炳炎、宜昌第一位共产党员胡敌、民族实业家张剑秋、鄂西秋收暴动总指挥李超然。中国共产党杰出领导人周恩来、朱德、董必武、贺龙，中华民族的优秀儿女赵一曼都在宜昌留下过光辉的足迹。为保卫宜昌而牺牲的国民党高级将领张自忠、国民党空军战神高志航都与宜昌历史结下不解之缘。

本书力求在以下几个方面有所突破：

1. 在研究内容上，把宜昌城市视为一个有机实体，以城市文明发展为主轴。在纵向上，主要研究宜昌城市形成、发展的阶段性，横向上注意研究城市文化、城市生活、城市人口、城市阶层等。宜昌城市发展具有一定的典型性，它发端于远古文明，具有军事重镇、交通要塞、货物流通和现代工程发展转型的诸多特点，经历了先民生息地望—军事重镇—郡县治所—过载码头—通商口岸—水电都市—三峡城市群中心城市几个大的发展周期。研究城市的时间序列，分析城市从兴起到衰落的发展变化规律，即研究城市生命周期规律，将对城市建设和管理具有重要的意义。因为城市是一种复杂的动态现象，它的兴起和发展受自然、经济、社会和人口等方面因素的影响。不同历史时期，不同的地区，不同的社会经济发展水平和发展速度，不同的人口分布和迁移特点，都对城市的发展速度、性质、规模、空间组织等产生影响。以城市发展周期理论扫描宜昌城市发展线索，应是一个大胆的尝试。

2. 在研究方法上，注重从纯历史的视角深度扫描历史内部场景。长期以来，宜昌的社会科学工作者倾注了大量心血，对宜昌历史进行了深入研究,《中共宜昌简史》《中共宜昌历史》《宜昌五十年回眸》《图说宜昌二千年》等都是宜昌历史研究的代表性著作。但这些著作多为革命—现代化研究范式和政策—实施研究理路,多局限于政治史、经济史的研究。本书既探历史片段,又窥历史全貌;既关注历朝历代短时段对宜昌的变革和影响,又关注中时段,即社会时间与社会变迁;更着眼于长时段,即地理文化时空。本书关注政治史、经济史,更关注宜昌发展社会史,把宜昌自然的历史进程作为考察的突破口。

3. 在研究思路上遵循"考古式"的还原叙事方法。以经验科学的实证方法为主,力图对历史进行客观化的科学阐释。本书对历史的考察和研究,主要依赖于历史文本,包括大量的档案文献、地方志和各类专题文献。通过文献考据与证明还原式的叙事以或然性的逻辑推测和解释为基础,通过对文本的还原性处理以求客观真实。

建设世界级城市,需要一部宜昌城市史。本书作为一次尝试,在资料充实、逻辑推演、体例框架等方面还需进一步深化,书中错谬在所难免,恳请专家学者不吝赐教。

# 第 一 章

# 宜昌古城的起肇与变迁

宜昌市区位于湖北西部，地处长江中上游接合部，渝、鄂、湘三省市交汇地，上控巴蜀，下引荆襄，素以"三峡门户""川鄂咽喉"著称。"此地江山连蜀楚，天钟神秀在西陵。"① 在长达数千年的发展过程中，宜昌古代城邑留下诸多起肇嬗变的历史记忆与沧桑变迁的生动故事。

## 第一节　宜昌古城地名与地理

### 一　宜昌城市名称的嬗变

（一）"宜昌"之名源于东晋分夷陵西境置县

地名是城市的标识。地名的由来与演变，构成城市变迁的元素，是城市变迁历史研究的首选内容。今宜昌市区是历代县、郡、州、府、路的治所，曾经使用过西陵、夷陵、宜州、拓州、硖州、陕州、峡州、东湖等诸多称谓。每一次城市称谓的变更都是时代的缩影。"宜昌"这个称谓早在一千多年前就在城市所辖地域中出现了，只是千年之后才成为我们城市的称谓。这其中所隐藏的秘密，正是笔者所要解读的内容。

经笔者考证认为，"宜昌"称谓是因"东晋分夷陵（今宜昌古称）西境置县"之事而得名的。尽管我们对"分夷陵西境置县"的具体过程难以考究，但对此事实施的背景和意图则是不难考究的。当时的夷陵西境，也就是长江南岸的黄牛岩至黑岩子一带，是西陵峡中的险峻地段。

---

① 萧际运：《西陵形胜》，宜昌市档案局档案馆、宜昌市地方志办公室整编、载清朝同治三年编纂《宜昌府志》，宜昌市档案局 2002 年，第 797 页。

郦道元曾在《水经注·江水》中，自上而下地对这一地带的地形进行过详细描述。书中写道：

> 江水历峡东，径宜昌县之插灶下，江之左岸，绝岸壁立数百丈，飞鸟所不能栖。有一火烬，插在崖间，望见可长数尺。……江水又东径流头滩，其水并峻激奔暴，鱼鳖所不能游。行者常苦之，其歌曰：滩头白勃坚相持，倏忽沦没别无期。袁山松曰：自蜀至此，五千余里，下水五日，上水百日也。江水又东径宜昌县北，分夷道很山所立也。县治江之南岸，北枕大江，与夷陵对界。《宜都记》曰：渡流头滩十里，便得宜昌县。……江水又东径黄牛山，下有滩，名曰黄牛滩。南岸重岭叠起，最外高崖间有石色如人负刀牵牛，人黑牛黄，成就分明，既人迹所绝，莫得究焉。此崖即高，加以江湍纡回，虽途径信宿，犹望见此物，故行者谣曰：朝发黄牛，暮宿黄牛，三朝三暮，黄牛如故。言水路纡深，回望如一矣。江水又东径西陵峡，《宜都记》曰：自黄牛滩东入西陵界，至峡口百许里，山水纡曲，而两岸高山重障，非日中夜半，不见日月。①

郦道元的叙述，生动形象地反映了这一地带山势险峻，河道曲回，水流湍急，礁险漩翻，行如登天的情景。因此，这一带堪称三峡门户，曾是"楚之西塞"，乃兵家必争之地。

三国时，吴国陆抗都督西陵（宜昌古称）军事时，就曾讲过："西陵、建平，国之蕃表，既处上流，受敌二境。若敌泛舟顺流，星奔电迈，非可恃援他部以救倒县也。此乃社稷安危之机，非徒封疆侵陵小害也。"他还引其父陆逊的话，强调"西陵国之西门，虽云易守，亦复易失。若有不守，非但失一郡，荆州非吴有也。如其有虞，当倾国争之"。足见西陵在国家中的分量之重。作为国之边陲，这一带还与"蛮夷"聚居之地毗邻。陆抗认为，如果西陵失守，"则南山群夷皆当扰动，其患不可量也！"所谓"南山群夷"，指的就是地处江南一带的少数民族。可见，作为都督西陵军事的将领，陆抗是把"外御强对，内怀百蛮"这互为因果

---

① 郦道元：《水经注·江水》，岳麓书社1995年版，第501—502页。

的两件事，作为控制西陵这一事关社稷安危的战略要地的心腹之患。陆抗的这些见解反映了历代当权者关注这一地域的原因。正因为如此，历代当权者在重兵把守的同时，还"以长江、峻山限带封域"①，作为守国之策。所谓"以长江、峻山限带封域"，意思就是当权者在这一带，是以长江和高山峻岭作为行政区划标准的。显然，这样做便于管制。"王濬楼船下益州，金陵王气黯然收，千寻铁锁沉江底，一片降幡出石头。"② 作为偏安东南的晋朝当权者又何尝不懂得这其中的利害关系呢？因此，东晋当权者面对这一情形，自然认为仍按以往建制，由夷陵（今宜昌，三国时吴国改称西陵，至晋朝时复称夷陵）县来管辖这一地区，是很难达到严密管制目的的。于是，便按照"以长江、峻山限带封域"的办法，划江而治，分夷陵所辖长江以南的西境，连同与之交界的夷道（今宜都）、佷山（今长阳）的一部分合起来另置新县。这应该就是"分夷陵西境置县"的背景和意图。

东晋"分夷陵西境置县"后，便将所置新县取名"宜昌"，这便是"宜昌"称谓的由来。但是，应该说明的是，"宜昌"并非是现在宜昌城市独有的称谓。这其中有两种情况：一是就今宜昌所辖县（市）的范围而言。有关县（市）在不同历史时期都曾有过"宜昌"这个称谓。具体来说，东晋分夷陵西境置宜昌县后，至南朝时，"梁徙宜昌县于佷山"③，称"宜昌县"；"隋开皇初，改宜昌县置清江"④。而今宜都市所辖长江南岸则由"宜都县"改为"宜昌县"，并延续至唐初，至武德二年（619年）又由"宜昌县"改为"宜都县"⑤。

二是就全国范围而言。别的地域在历史上也曾有过"宜昌"这一称谓。诸如今四川成都市域内，在南朝刘宋时期所置一县，其称谓就叫

---

① 司马光编纂：《资治通鉴》（二），岳麓书社1990年版，第8—19页。

② 刘禹锡：《西塞山怀古》，载萧涤非等撰写《唐诗鉴赏辞典》，上海辞书出版社1983年版，第824页。

③ 宜昌市档案局档案馆、宜昌市地方志办公室整理编辑清朝同治三年编纂《宜昌府志》，宜昌市档案局2002年，第124页。

④ 湖北省长阳土家族自治县地方志编纂委员会编纂：《长阳县志》，中国城市出版社1992年版，第40页。

⑤ 湖北省枝城市地方志编纂委员会编纂：《宜都县志》，湖北人民出版社1990年版，第45页。

"宜昌",直至北周时才废。① 出现这种情况并不奇怪,相反倒说明"宜昌"这一称谓既不是因人得名,也不是因地得名,而是因事得名。而笔者对东晋"分夷陵西境置县"的考证,"宜昌"的称谓正是因事得名的。"分夷陵西境置县"后所置新县的"宜昌"称谓,与当时称谓"夷陵"的今宜昌市区并不相干。今"宜昌"是清代雍正十三年(1735年)升州为府时的事,② 这与东晋分夷陵西境置县,已过上千年之久。这一切反映了"宜昌"称谓的演变。

(二)宜昌是祈福心理的体现

我们城市称谓"宜昌",或许有人认为是因资源丰富,区位独特,宜于昌盛而得名的。应该说,"宜昌"称谓中确有宜于昌盛之义。如就宜昌市当今的资源、区位优势而言,如要取名,或许真可以得名"宜昌"。遗憾的是"宜昌"这一称谓毕竟不是肇始于现代,因为一千多年前,这里地处边陲,交通闭塞,"蛮夷"聚居,开化甚缺,在统治者眼里实难产生宜于昌盛之感,倒是宜于处罚贬官之地,"贬官文化"应运而生。因此,认为"宜昌"这一称谓是因当地宜于昌盛而得名,有牵强附会之感。

从"分夷陵西境置县"的背景与意图中人们不难看出,当权者将所置新县命名为"宜昌"的用意,是希望分境置县的举措宜于国运昌盛。这就是说,"宜昌"这一称谓带有祈福性的特征,反映了封建统治者期望吉祥的社会心理。这在当时社会是非常普遍的现象。诸如今四川成都市域历史上新置郡县称谓中所体现的祈福性寓意更为明显。南朝宋文帝元嘉十年,免吴营侨立一新郡,领三县,寄治成都。这新设置的一郡三县的称谓分别是宋宁郡,欣平、宜昌、永安县。③ 人们一看便知其寓意都带有祈福的性质,指的是新置郡县会给刘宋带来安宁;会给黎民带来欣喜平静;会宜于国运昌盛;会使百姓永保平安。至南齐后仍置这一郡三县,但因南齐代宋,因此宋宁郡被改为永宁郡,寓意国家永世安宁;而其他三县的称谓依然如故。④ 因为这些称谓的寓意同样符合当权者期望吉祥的

---

① 商务印书馆编辑部修订:《辞源》(二),商务印书馆1980年版,第819页。
② 湖北省宜昌县志编纂委员会编纂:《宜昌县志》,冶金工业出版社1992年版,第49页。
③ 《二十四史·宋书》(五),中华书局1997年版,第1176页。
④ 《二十四史·南齐书》(五),中华书局1997年版,第300—309页。

社会心理。至于清雍正十三年（1735 年）升州为府时，将称谓由"彝陵"①改为"宜昌"，其祈福心理又何尝不是如此呢！

总之，"宜昌"称谓，缘于东晋"分夷陵西境置县"这件事，其寓意在于祈福分境置县宜于国运昌盛。从此，宜昌之名始见于我们城市的历史。时过境迁，尽管"宜昌"地名由来与变迁中所蕴含的那些事早已烟消灰灭，但蕴含由来与变迁往事的"宜昌"称谓却延续至今。只要提起"宜昌"地名中的这些记忆，那早已尘封的故事，便会活灵活现地展示在人们的眼前。"宜昌"地名早已成为蕴含称谓由来与变迁往事的"活化石"。

## 二　宜昌古城地理的形成

宜昌古城是座历史文化名城。其中，演变至明清时期的夷陵古城，也就是后来的东湖县城时，已濒临长江，占地 1 200 亩左右，南北向长，有三里多；东西向短，仅一里多。古城的这一地望是由长江古河道变迁所形成的。正是长江古河道的变迁，促使宜昌古郭洲坝的形成，进而由北至南不断延伸；而三国时期步氏父子所筑城垒，及唐代开始迁建并延至明清时期的县、州、府城邑，都在古郭洲坝上。这一历史变迁展示了宜昌古城形成的具体过程。

（一）长江古河道变迁形成宜昌古郭洲坝

在漫长的地质演变中，南津关至磨基山一带，除西坝和樵湖岭一线两处南北向的岛屿外，长时段里全是一片江水。②古城先民早期就生活在江水两岸的山地之中，六朝时期，先民生活区域开始进入今宜昌市区中心地带，到晋代今市中心区都还尚未形成城邑。唐代贞观九年（635 年）治所方才移至步阐垒。③直至 19 世纪 70 年代以前今市区解放路一带仍是

---

① "夷陵"原本宜昌古称文字，仅因清顺治年间犯忌讳而改为"彝陵"。故在涉及清代语言环境时仍沿用"彝陵"，一般则恢复"夷陵"表述。后文使用"彝陵"称谓都为此种情形，故不再说明。

② 唐贵智：《长江三峡地区新构造、地质灾害和第四纪冰川作用与三峡形成图集》，湖北科学技术出版社 2001 年版，第 39 页。

③ 宜昌市档案局档案馆、宜昌市地方志办公室整编清朝同治三年编纂《宜昌府志》，宜昌市档案局 2002 年，第 131 页。

野草丛生的坟场。① 宜昌古城演变的这一过程，是与长江古河道的变迁相伴随的。宜昌地质矿产研究所高工唐贵智先生的《长江三峡地区新构造、地质灾害和第四纪冰川作用与三峡形成图集》中 50—D 图，即"南津关附近红层中的地应力场示意图"，就是这一历史的见证。

在唐贵智先生所绘制的图中，实线表示的是以前南津关至磨基山一带长江古河道的情形，据说是在距今 12 000 年前。② 当时东山一线与樵湖岭一线之间是三江，西坝与樵湖岭一线之间是二江，西坝与长江右岸之间是大江；而虚线表示的则是演变后葛洲坝工程兴建前的情形，西坝与长江左岸之间是三江，西坝与葛洲坝之间是二江，西坝与长江右岸之间是大江，只是江面宽了些。图中从实线到虚线的演变过程，反映的正是南津关至磨基山一带长江古河道的变迁过程。从示意图中的实线可以看出，今宜昌市区中心地带，当时全都处在江水之中。也就是说，此间这一地带都处在长江古河道里。随着岁月的流逝，12 000 年前的南津关至磨基山一带的长江古河道，由于泥沙的淤积，便渐渐开始发生变化。由于江水出峡由东偏南的流向转为南偏西的流向，过西坝后又由南偏西的流向转为南偏东的流向。因此，长江古河道在流至古二江地带时，便率先淤积，也就是说，古二江地带的淤积速度明显要快于西坝处，并且古二江地带淤积的程度决定着西坝处的淤积速度。

早些年，笔者借房屋开发挖掘地基的机会，对市中心区 5 处地段进行过实地考察，并对 2 处地段的情况进行过调查了解。因选址较为典型，因此考察结果比较有代表性，与唐贵智先生所绘图中的情形完全相符。证明樵湖岭一线与西坝之间的长江古河道，也就是当时被称为二江的地带，自北至南是逐渐下降的。而宜昌中心市区以北、樵湖岭以西地带的河床，又较下游地带的河床要高。这样，在长期淤积中这一带便首先露出水面而形成沙洲。这沙洲，先民称之为古郭洲坝。三国时步氏父子都督宜昌军事时所建城垒，就在古郭洲坝上。随着岁月流逝，古郭洲坝不

----

① 湖北省宜昌市地名委员会编：《湖北省宜昌市地名志》，宜昌市地名普查领导小组 1984 年，第 75 页。

② 中国城市百科丛书·宜昌市编辑组编：《峡口明珠——宜昌市》，宜昌市府办 1987 年，第 3 页。

断向四周扩散,最终使北至镇镜山与黄柏河交汇处、西至西坝对面的今三江左岸、东至磨基山对面的长江左岸连成一片,形成唐贵智先生所绘图中虚线的情形。至此,古郭洲坝随之消失,而今葛洲坝应运而生。在兴建葛洲坝水利枢纽工程时,曾在葛洲坝洲头靠二江边,挖出一棵古树,经鉴定距今已有 6 000 多年。这表明,今葛洲坝形成的时间在距今 6 000 多年以前。尽管古郭洲坝已经消失,但在东山和樵湖岭一线以西,以及下游,由于地势高低的差异,而形成了星罗棋布的大小湖泊和堰塘。就樵湖岭一线以西而言,形成有樵湖、南湖以及双堰塘、竹堰塘、翁家堰、琵琶堰和荷花堰等。[①] 这些湖堰原本都处在长江古河道的二江之中,是在长期淤积过程中,因地势低洼而形成的。现在这些湖堰也都消失了。这本身也是古郭洲坝形成与消失的见证。

正是古郭洲坝形成与消失的过程,反映了唐贵智先生所绘示意图中从实线到虚线的演变过程。而这一演变,也就是宜昌古河道自南津关至磨基山一带的变迁过程。而古今郭洲坝的沉浮过程,则表明古郭洲坝当在今宜昌中心市区以北、樵湖岭一线以西的地带首先出现,从而说明宜昌古郭洲坝的形成,就是长江古河道变迁的结果。

(二)步骘城与步阐垒奠定宜昌雏形

长江古河道的变迁促使了宜昌古郭洲坝的形成,为其后宜昌古城迁建于此提供了地望。在古郭洲坝上首先筑城的是三国时期的步氏父子。在蜀汉延熙七年(244 年),东吴孙权任步骘都督西陵(今宜昌市区),步骘便在这一带筑城,史称步骘城;而在东吴凤凰元年(272 年),步骘的儿子步阐也受任都督西陵,步阐又在这一带筑城,史称步阐垒。这与《水经注疏》中的记载正好吻合。在杨守敬、熊会贞所著《水经注疏》中,熊会贞指出:"郭洲在东湖县西北三里。非古郭洲也。古郭洲为今东湖县治。""步阐垒亦称步阐故城,即今东湖县治。"[②] 这就是说远古今宜昌中心市区先后出现过古郭洲坝和郭洲坝(也就是今葛洲坝)。步阐垒在

---

① 宜昌市档案局档案馆、宜昌市地方志办公室整编:清朝同治三年编纂《宜昌府志》,宜昌市档案局 2002 年,第 27 页。

② 转引自杨世灿、熊茂洽《〈水经注疏〉三峡注补》,湖北人民出版社 1992 年版,第 30 页。

古郭洲坝上，其方位就在东湖县治一带，也就是宜昌明清夷陵古城一带。是唐代贞观九年（635 年）夷陵（今宜昌市区）州、县治所由下牢溪下牢戍移到步阐垒一带所致。从《宜昌府志》到《东湖县治》中对此都有记载。宜昌古城地望也因此基本稳定下来，并一直延续到明清时期。这说明《宜昌府志》中的记载也与《水经注疏》中的记载相吻合。这一切表明步阐垒乃至明清夷陵古城和东湖县城的地望都在古郭洲坝上，且所处方位相近。因此，只要能够寻得步氏父子城垒在古郭洲坝上的大致方位，宜昌古城也就是明清夷陵古城和东湖县城的最终地望也就清楚了。事实上，相关历史文献和考古资料所提供的信息，已经为寻找步氏父子城垒在古郭洲坝上的大致方位提供了蛛丝马迹。

首先，就文献资料而言。文献资料对寻觅步氏父子城垒方位提供了三条信息：一是赤矶。《东湖县志》在山川类中载，赤矶在县西北五里步阐筑城之所。又在舆图类中称赤矶为步阐故城。赤矶面西坝而负北壇。矶咀插入江底，水势旋折纡徊，经至喜亭而汇大江。这表明赤矶曾在今宜昌市区三江航道中。"古彝陵八景"中有一景，就称"赤矶钓艇"。赤矶作为参照物对考证步氏父子城垒的方位来说是有价值的。它表明步氏父子城垒在清代东湖县城靠长江三江西坝附近。笔者通过实地考察，此处大致在今宜昌市区沿江大道与石字岭路交会处稍上的三江中。说步阐故城在赤矶处尚可考究，但要说步阐故城在赤矶之上则不可能。道理很简单，在今长江三江中的一块礁石上岂能筑起一座军垒呢？然而，往往事出有因，此因与赤溪有关。

二是赤溪。《东湖县志》载，赤溪在州北门外三里。明代雷思需有诗曰：北门三里赤溪流，百里青溪千仞秋。我欲往来二溪上，青溪骑马赤溪舟。在县山川图中标明赤溪自东北至西南流入三江。[①] 这准确地标明了赤溪的方位和与州、县治所间的距离，表明赤溪是州、县城北的天然屏障。据笔者的实地考察，赤溪入长江口的方位大致在今宜昌市区沿江大道 18 号葛洲坝集团职工宿舍大院处。朝沿江大道上游方向走 20 米，是葛洲坝人民法院处，再前行 340 米，便与石字岭路交会，此路正与镇镜山北

---

① 宜昌市史志办、夷陵区史志办、西陵区地志办校勘整理：清同治三年续修本《东湖县志》，宜昌市委党史（地方志）办公室 2012 年，第 2—87 页。

麓相对。再朝沿江大道稍往前行，便至古赤矶处。由此可见，赤溪在赤矶下游，彼此相距也不远。弄清赤溪方位与考证步氏父子城垒的方位会有什么关系呢？其间与陆抗平叛步阐有关。

三是陆抗平叛步阐。东吴凤凰元年（272 年）九月西陵都督步阐降晋，镇军大将军陆抗奉命平叛步阐。陆抗采取"围城打援"的战术，从西、南、北三面对步阐城进行围阻，东面越过樵湖岭一线二级台地便是东湖、东山，成为这面的天然屏障，因此尚未设围。西面设围即是西坝上的陆抗城，城南北大约在内河（今三江）街以上、向家牌坊至三江桥；东西自外河（即大江）至内河。城门东有迎门山（原市九中、今民康药厂一带，与三江左岸的西陵二路相对），西有炮台山（原宜大新村一带），北有杨家山（今三江右岸桥头南侧），三山呈三角形，城依山就势而筑土垣，四面天险，把城池的首要部分夹于三山之中，旁有屯甲沱，为屯兵之处。[①] 南面设围据说是在今宜昌中心市区明清夷陵古城即东湖县城中的中书街一带，这里曾发掘出陆抗所筑土城的遗址。北面设围，在《三国志·陆抗传》中只写了简短的 10 个字，即"更筑严围，自赤溪至故市"[②]。《通鉴》在注中称"故市"为步骘故城，所居成市，而阐别筑城，故曰故市。[③] 这表明步氏父子两城是南北相邻的，都处于赤溪下游，步骘故城在赤溪以南、步阐故城以北。陆抗北面对步阐城设围是经过赤溪进入步骘故城实现的。因为赤溪与赤矶相距不远，而步氏父子两城又都在赤溪附近，因此将赤矶混同赤溪，方才导致把步阐故城误认为在赤矶附近了。

综观以上文献资料，可以看出步阐故城方位大致在樵湖岭一线以西、市一中（西陵二路）以北至三江大桥以南之间范围内。步骘故城在樵湖岭一线以西、三江大桥以北至赤溪（入江口在今沿江大道 18 号处）以南之间范围内。

其次，就考古资料而言。考古资料对寻觅步氏父子城垒方位提供了

---

① 宜昌市建筑学会编：《夷陵地名掌故》，宜昌市地名普查领导小组 1982 年，第 137 页。

② 《二十四史·三国志》（三），中华书局 1997 年版，第 1356 页。

③ 转引自杨世灿、熊茂洽《〈水经注疏〉三峡注补》，湖北人民出版社 1992 年版，第 31 页。

两条信息。一是环城北路的三国吴墓。《中国文物地图集·湖北分册》载，1970 年在宜昌中心市区明清夷陵古城城基环城北路处发掘出三国时期的吴墓。该墓并非一般平民墓葬，规模大，出土文物多，考古价值高，因此被列为湖北省重点文物单位。这表明三国时期今环城北路以北不远的地带即今西陵二路一带有吴人活动。而吴人活动的地带与以上文献考证的步阐故城的方位是相符的。

二是步氏父子故城周围的六朝墓群。在宜昌市区发掘出的墓群中有一个现象，就是六朝墓群发掘的比较多，而且分布比较散。20 世纪 80 年代发掘的樵湖岭墓群，面积约 2 平方公里，曾暴露并清理数十座砖室墓及土坑墓，出土汉代、六朝文物。[①] 这表明市区先民自汉代就开始从前坪一带向这一带迁徙，至六朝都在今三江大桥以北不远的地带生活。六朝先民活动的地带与以上文献考证的步骘故城的方位是相符的。说明汉代先民的迁徙为三国吴国步骘在这里筑城提供了方便，而步骘故城的建筑又为六朝先民大量迁徙此地创造了条件。北门外正街、东门外正街和翁家堰（今珍珠路与西陵一路交会处原宜昌县食品厂以北[②]）的六朝墓群，看似分散，其实有规律可循，这就是都距今西陵二路一带不远。这些六朝墓群的发掘，表明今西陵二路（市一中新校门正对此路）以北地带有人群活动，而活动的地带与以上文献考证的步阐故城的方位是相符的。步阐故城的兴建无疑加快了宜昌市区先民向今市中心区明清夷陵古城迁徙的步伐。从这个意义上讲，樵湖岭以及北门外正街、东门外正街和翁家堰一带六朝墓群的发掘，也为步氏父子故城在这一带的存在提供了佐证。随着晋代郭璞在今宜昌中心市区明清夷陵古城一带寓居，今市中心区明清夷陵古城一带的人烟逐渐兴旺。这一切都为唐代贞观九年，州、县治所移至今市中心区明清夷陵古城处创造了条件。

通过对相关历史文献和考古资料的考证，得知步氏父子故城在古郭洲坝上的方位，明确了步阐垒位于樵湖岭一线以西、今市一中（西陵二

---

① 国家文物局主编：《中国文物地图集·湖北分册》（下），西安地图出版社 2002 年版，第 206 页。

② 湖北省宜昌市地名委员会编：《湖北省宜昌市地名志》，宜昌市地名普查领导小组 1984 年，第 63 页。

路）以北至三江大桥以南之间的范围内。唐代贞观九年（635 年）宜昌州、县治所从下牢溪一带移至步阐垒一带，也就是今市中心区夷陵古城地带，掀开了宜昌古城发展史上崭新的一页，标志着宜昌古城地望因长江古河道的变迁而最终形成。

## 第二节　先民生息地望与城邑形成变迁

### 一　先民生息地望

长江流域同黄河流域一样，都是中华民族的发祥地。其中，长江中上游三峡与江汉流域是先民繁衍生息的重要地带，出现有至今约 200 万年的"巫山人"、约 20 万年的"长阳人"等原始社会文化遗址，至于"城背溪""大溪""屈家岭""石家河"等新石器时代的文化遗址更是星罗棋布。今宜昌市区及所辖县（市）正处于这一地带。无论是今宜昌市区，还是所辖县（市），古代先民繁衍生息的地望遍布其中，文化遗址十分丰富。

（一）今宜昌所辖县（市）远古文化遗址分布

1. 旧石器时代文化遗址

尽管考古在今宜昌市区还没有发现旧石器时代的文化遗址，但在其所辖的秭归、兴山、长阳、宜都、枝江、当阳、远安等县（市）中都发现有此间的文化遗址，且涵盖早、中、晚三个时期。由于篇幅所限，这里仅就"长阳人"化石洞穴文化遗址具体加以展开。

长阳古生物化石洞穴遗址较多，其中大多蕴藏有丰富的古脊椎动物化石。早在清代，就有人在其中发现过古生物化石。清同治年间所纂《长阳县志》中就记载："老鸦岭在邑西南八十里，有土坑，形圆如锅，围数亩余，其底有小眼，如井口，深不可测，一日突陷成巨穴，沿围数丈，裂处有折缝，掘得死物，骨脑如巨兽，身盘穴口二周，其刺骨如猪肋而锐，有四齿，粗如巨指，长三寸，板牙四枚，径半寸，长二寸，入城市之众莫识……视神物委蛇之余。深山古洞中，多有此物，舔之粘舌者龙蜕也。"由于当时人们对考古学还不了解，老百姓将古脊椎动物化石习惯地称之为"龙骨"，并把它作为一种特殊中药入酒治病。

"长阳人"化石，发现于长阳土家族自治县距钟家湾西北 1.2 公里的喀斯特溶洞中。1956 年 7 月间，当地群众在钟家湾西北的溶洞内找挖"龙骨"出售。溶洞高 3 米，深 15 米，宽 5 米。挖掘中意外发现一块人的上颌骨化石，附有两枚牙齿。同时，还出土一批动物化石。消息传至省文化主管部门和中国科学院，受到有关领导和专家的高度重视，随即派人进行考古调查，并准备发掘工作。同年 8 月，我国著名人类考古学家、中国科学院贾兰坡教授以及黄万波、翟仁杰一行，在省博物馆考古工作者陪同下来到钟家湾，进行了 21 天科学考察发掘，获得共生性动物群化石 7 箱，以犀牛、象、鹿最多，这是江南古脊椎动物群的代表，还有熊猫、虎、箭猪以及鱼、牛、羊等动物化石。尤其是，这次发掘又挖出一枚古人类臼齿化石。根据对本次发掘所获材料的研究，贾兰坡教授认为钟家湾山洞发现的古人类化石，所处地质时代为更新世晚期，属古人阶段。[①] 这表明，宜昌先民曾生活在这片土地上。于是，这一人类化石便被正式命名为"长阳人"。"长阳人"是今宜昌所辖地域远古时期最早的原始先民，也是我国华南地区最早发现的旧石器中期的人类。贾兰坡教授称它的发现"不仅给江南动物群增加了新的种属，并为地层的划分提出了新的证据。同时给人类本身的分布与演化也提供了新的资料"。

2. 新石器时代文化遗址

新石器时代宜昌所辖县（市）区文化遗址更为丰富。据考古调查，此间先民居住遗址达一百四十多处。[②] 下面就各个时期的代表性文化遗址具体展开叙述。

（1）城背溪文化遗址。城背溪文化遗址，系发现于宜昌宜都城背溪的新石器时代早期的长江中游一带的考古文化。1982 年宜昌博物馆文物普查队在宜都城背溪调查，发现距今约 8 500 年至 7 500 年前的文化遗址。因该遗址属新的古文化遗存，故命名为"城背溪文化"。宜都城背溪遗址出土陶器的胎内发现有炭化稻谷和稻草的痕迹，说明宜昌栽植水稻的历史可追溯到距今约 8 000 年的新石器时代早期。宜昌发现此间文化遗址 40

---

① 龚发达：《历史的尊重——记长阳人化石的发现》，载王子君、陈洪、郑子华主编《巴土研究》，长阳民族宗教事务委员会、长阳民族文化研究会 1999 年，第 95—98 页。

② 国家文物局主编：《中国文物地图集·湖北分册》（下），西安地图出版社 2002 年版，第 204—249 页。

多处，除宜都城背溪外，较有代表性的还有长阳桅杆坪，秭归朝天嘴、柳林溪、玉种地、东门头，夷陵区路家河、三斗坪、伍厢庙、窝棚墩、杨家嘴，宜都花庙堤、枝城北、孙家河，枝江青龙山，当阳朱家湾等。这些文化遗存，基本上都属"城背溪文化"类型。

遗存中出土的石器多为打制，磨制较少，所磨多为刃部，钻孔石器极少；日用陶器器类单一，器形有罐、釜、钵、盘、缸、支座等，多为手制，不太规整，采用泥片贴筑法制作较为普遍，多数陶器外表有纹饰，偏晚阶段的还有彩绘。遗址中普遍发现用于渔猎的工具，兽骨、蚌壳等，尤其是在三峡遗址中，兽骨、鱼骨、蚌壳等极为丰富。可见采集、狩猎、捕鱼是当时人们获取生活物资的主要方式，而农业种植相当落后。此间，农业、采集多由妇女承担，男子主要从事捕鱼、狩猎。社会处于母系氏族社会。人皆聚集而居，除山区仍有极少数居住在洞穴中之外，绝大多数在遗址区内建房居住。

除宜昌外，湖北、湖南的此间文化遗址都属于"城背溪文化"类型。这表明宜昌宜都城背溪遗址，是长江中游一带新石器时代早期的考古文化样式。

（2）大溪文化遗址。大溪文化，属长江中游西段新石器时代中期的考古文化样式，因首先在重庆巫山大溪发现而得名。宜昌地处长江中游西段两岸地区，是大溪文化的聚集地域。宜昌发现这类遗存较多，较有代表性的为秭归老坟园、白水河、玉种地、袭家大沟、柳林溪，夷陵区中堡岛、杨家湾、白狮湾、黄陵庙、清水滩、伍厢庙，宜都红花套，枝江关庙山、杨家嘴等。

遗址中出土大量石器，多为生产工具，磨制的增多，多有弧刃。陶器种类和数量大为增加，仍多为手制，采用泥条盘筑法。器物表外大多涂有红色陶衣，部分陶器内表涂成黑色和灰色。不少陶器上描有彩绘图案，部分遗址出土的陶器上刻有各种符号。遗址中发现有成批的墓葬和房屋建筑遗迹。当时人们建屋时，先平整地面，再挖房基，房基四周墙壁普遍采用立柱，立柱底部多有基石，立柱间编扎竹片、竹竿，里外抹泥成墙壁，屋内地面多用红烧土铺垫。室内有灶坑、火塘，有的还有窖藏坑。枝江关庙山清理出一座房址，室内面积约 28 平方米。宜都红花套清理出一批房址，墙基多用石块砌筑，墙体为经火烧烤的木骨泥墙，房屋布置较规整,置有毛竹警檐柱。这种房屋布置形式在宜昌此间诸遗址中多有发现,甚至在今鄂西、三峡乃至湘、鄂、川、黔等地房屋建筑中,也屡见不鲜。此间墓葬一般较为集中,墓地延续时间较长。有土坑葬和瓮棺(罐)葬。不少墓葬用鱼做殉葬品,有的竟将鱼放在死者口中。男性墓中多以生产工具随葬为主,女性墓中除放置石制工具以外,还有纺轮。到晚期,墓中随葬品出现多寡不均现象,有的没有,多的甚至 50 多件。

此间稻谷已成人们的主要食粮。红花套遗址中的稻壳印痕经鉴定为粳稻,三峡地区、长阳清江流域主要是旱作物。遗址中发现诸如石斧、石锄、石锛、石铲、石刀等农业生产工具,还发现网坠、骨鱼钩、石矛、骨枪头、石镞等,伴出有较多的鱼骨、兽骨。这在三峡地区更为普遍。说明捕鱼、狩猎仍占一定位置。一些人工饲养的猪、牛、羊、鸡、狗等遗骸的发现,反映家庭饲养业有了一定发展。不少遗址中发现有纺轮,说明距今 6 000 年以前,宜昌已有原始纺织业出现。[①]

(3)屈家岭文化遗址。屈家岭文化,属大溪文化之后长江中游一带新石器时代晚期的考古文化样式,因首先在湖北京山屈家岭发现而得名。宜昌地处长江三峡,是屈家岭文化的分布地域。宜昌除五峰、兴山外,其他县(市)区都有发现。秭归苍坪、台丘,夷陵区中堡岛、杨家湾、清水滩,宜都红花套,枝江关庙山,当阳朱家湾、冯山等,是屈家岭文化较重要的遗址地域。

此间陶器以灰陶为主,黑陶次之,红陶和黄陶量少,彩陶器物制作精致,薄似蛋壳,有碗、杯、壶形器、罐等,有的彩陶杯、碗等胎厚仅0.5—0.2 毫米。常见日用陶器有圈足碗、缸、鼎、罐、豆、杯、环、釜、三足碟、壶形器、盂形器、甑、器盖等。生产工具有石器、骨器、陶器三大类。石器类,打制石器已很少,磨制石器普遍使用,绝大多数经过精磨,穿孔石器较多,有斧、锛、凿、刀、镰、杆、臼、钻、球、刮削器、敲砸器、网坠、矛、镞等;骨器类,有锥、针、鱼钩等;陶器类,有锉、杵、球、纺轮等。

---

① 杨华:《宜昌的新石器时代》(上),载刘开美等主编《宜昌历史述要》,湖北人民出版社 2005 年版,第 11—15 页。

此间父系家长制产生。男子从事偏重的农业生产与狩猎、捕鱼等；妇女从事偏轻的农业生产与采集、饲养、家务等。农业和饲养业有一定发展，收获较稳定，三峡地区之外的农作物多为大面积水稻种植，生活来源有了一定保障，使以往狩猎、捕鱼为主的生活有了很大改进。

遗址中发现较多此间的房屋基址，主要有地面台式和干栏式两种建筑形式，适于北方的"半地穴式"房屋极少。红花套遗址发现一批房屋，有3座建筑呈"品"字形，房屋为圆角方形和略呈长条形，居住面积最大的有7平方米，最小的有3平方米。3座房屋互相对应，朝着一个中心。房屋内居住面的中央和门道相对处设一灶坑，坑内和坑近处发现陶罐。品字形屋中最大房内发现一窖穴。

遗址中墓葬材料较多，中堡岛、杨家湾、官庄坪、关庙山、红花套等遗址中均有发现，清理出墓葬二百多座。以杨家湾、关庙山遗址中最为丰富，杨家湾遗址发现五十多座，多为单人墓，合葬墓极少；关庙山遗址约2 000平方米发掘面积中，清理出瓮棺葬一百四十多座，分布十分密集，几乎一座挨一座。瓮棺葬内一般有两件陶器，不少陶罐底部中心敲凿一小孔，也有在瓮棺盖中央凿一小孔，葬内多为儿童骨骼。

遗址中还清理出与祭祀相关的器物坑。1993年中堡岛遗址屈家岭文化层中所清理出的器物坑有23座，分布在约80平方米范围内，坑口长约180厘米，短约120厘米，坑深25—80厘米。坑内置有陶器、石器、玉器、骨器等1 000多件。

（4）石家河文化遗址。石家河文化，属屈家岭文化之后长江中游广阔地域新石器时代末期的考古文化样式，因首先在湖北天门石家河发现而得名。其地域分布与屈家岭文化基本一样，因此宜昌属于石家河文化圈。宜昌秭归庙坪、旧州河、柳林溪、下尾子，夷陵区下岸溪、白庙、大坪、三斗坪、朱家台，宜都石板巷子、王家渡、茶店子、蒋家桥，当阳季家湖等，是石家河文化较重要的遗址。诸如白庙、下岸、柳林溪、下尾子、茶店子、石板巷子等遗址中，此间文化遗存叠压在屈家岭文化遗存之上，也有夏文化遗存叠压其上。

此间石制生产工具已减少，制作也很粗糙。陶器制作有了很大发展，种类大为增多，制作精细，多用轮制，尤其是快轮制陶技术已非常普遍，可以说，制陶业已由农业生产中独立分化出来，专业化的制陶工人数量大增。以泥质灰、白陶为主。主要器形为鼎、盘、瓴、杯、罐、瓮、缸、器盖、豆、甑、鬶、盉等，受中原龙山文化、二里头早期文化影响明显。遗址中出土较多饮酒用的陶杯，夹炭或羼谷壳的现象也较普遍，还发现不少存放粮食用的窖穴，说明农业有了发展，粮食有所增多。遗址中多有猪、鸡、狗等骨骸，还有陶塑小狗、小鸡等，说明饲养业也有很大发展。

在王家渡、鸡脑河、茶店子、季家湖、白庙子等遗址中发现有房屋基址，面积较前有增大趋势。建筑形式有地面式、干栏式、半地穴式三种。诸如白庙 $F_1$（低台式建筑）面积为 25 平方米，$F_2$（干栏式建筑）面积为 5 平方米；王家渡 $F_1$（半地穴式建筑）面积近 7 平方米，茶店子（半地穴式建筑）面积约 26 平方米。茶店子、白庙子等房屋遗迹中有红烧土墙壁倒塌现象，壁内夹有稻谷壳和植物茎秆，还发现有墙壁的筋架痕迹，是鄂西大溪文化"红烧土房屋"的建筑传统。

此间纺织业很普遍，技术也有很大提高。茶店子遗址出土 114 件陶器中有纺轮 23 件；鸡脑河遗址出土 102 件陶器中有纺轮 32 件；石板巷子遗址出土 173 件陶器中有纺轮 28 件；王家渡遗址出土 40 余件陶器中有纺轮 16 件。[①]

（二）宜昌古城先民繁衍生息地望的演变

宜昌古城先民繁衍生息地望演变，就考古情况来看，起于新石器时代，延续至清代。先民生息地望的变化，与宜昌古河道的变迁和宜昌古城的形成相适应，反映了新石器时代以降，宜昌古城先民繁衍生息地望的演变过程。其变迁的顺序，是沿着西陵峡口长江右岸，经过西陵峡口长江左岸，最后来到明清夷陵古城即清代雍正十三年后的东湖县城，也就是今环城南路、环城东路、环城北路和环城西路（为沿江大道大南门码头至小北门码头一段）"四环街路"内的古城遗址地带。

1. 西陵峡口长江右岸的先民生息地望

如前所述，在漫长的地质演变中，南津关至磨基山一带，除西坝和樵湖岭一线两处南北向的岛屿外，长时间里全是一片江水，包括明清夷

---

① 杨华：《宜昌的新石器时代》（下），载刘开美等主编《宜昌历史述要》，湖北人民出版社 2005 年版，第 16—20 页。

陵古城在内的城市中心区域当时也都处在江水之中。古城先民早期就生活在西陵峡口长江右岸的山地之中。在今宜昌市点军区点军乡李家河村王家前湾就有宜昌古城先民居住过。1956 年这里被湖北省公布为第一批重点文物保护单位。[①] 1957 年，中国科学院考古研究所曾对该遗址进行了挖掘，[②] 面积约 300 平方米，文化层厚 1.5 米左右。采集有石斧、刀、凿、网坠和陶片。陶片以泥质红陶为主，夹砂灰陶次之，纹饰有蓝纹、绳纹、方格纹，器形有罐、釜、支座及纺轮等。属大溪文化。[③] 1984 年宜昌市文物管理处又在该遗址采集到石器 18 件。李家河遗址北侧的点军乡紫阳村，位于碑湾临江一带，宜昌古城先民也曾在这一带居住过。1973 年、1977 年中国科学院考古研究所与宜昌市文化馆，在紫阳河的江口处发现一处古城先民生息遗址，据出土的石器、陶器残片等文物判定，为新石器时代晚期遗址。[④] 在宜昌河西磨基山下也曾有过古村。[⑤] 20 世纪 70 年代一个春天，曾从事过考古工作并喜爱收集奇石的来层林先生，趁江水水位最低之际，便渡江来到五龙。他在码头上侧的乱石中意外发现一件长约 10 厘米、宽约 5 厘米并颇为完整的石斧，到了磨基山下，又看到许多残缺的石器。当时他有选择地采集了一些。以后每年春天他都去一次，特别是水位最低时，收获更大，不仅采到石斧、石铸，还采到许多陶片、鼎足等。他以《磨基山下有古村》为题，介绍了所采集到的 7 件石器和 4 件陶器。这些器物经考古工作者鉴定，与中堡岛出土的早期文物一样，同属大溪文化一、二期遗存。来层林先生认为，磨基山下这处新石器时代遗址，因江水的长期冲刷，只有大约 800 米长、400 米宽的沙滩，没有发掘条件了。根据这些情况，他认为磨基山下的原始先民，应该是今宜昌市区最早的居民。总之，西陵峡口长江右岸先民生息遗址的发现，表明早在新石器时代，宜昌古城先民就在这片土地上繁衍

---

① 宜昌市文化馆：《宜昌市沿革与历史文物》，载湖北省宜昌地区文物办公室整理《宜昌地区历史文物资料汇编》，湖北省宜昌地区文物办公室 1979 年，第 84 页。

② 宜昌市地方志编纂委员会编：《宜昌市志》，黄山书社 1999 年版，第 1120 页。

③ 国家文物局主编：《中国文物地图集·湖北分册》（下），西安地图出版社 2002 年版，第 204 页。

④ 宜昌市文化馆：《宜昌市沿革与历史文物》，载湖北省宜昌地区文物办公室整理《宜昌地区历史文物资料汇编》，湖北省宜昌地区文物办公室 1979 年，第 84 页。

⑤ 来层林：《磨基山下有古村》，《宜昌社会科学》2001 年第 2 期。

生息。

随着时光的推移，宜昌古城先民在西陵峡口长江右岸一带被发掘的古墓群增加，分布地扩大。其中比较有代表性的是望洲坪墓群、古坟咀墓群、下河墓群、范家湖墓群、碑湾墓群等，涉及的年代为战国、汉代、六朝、宋代和明代。望洲坪墓群，位于点军区点军乡十里红村清静庵及卷桥河、牛渡溪一带。1975年建在这一带的宜昌市第二砖瓦厂，在做砖取土时发现了这一遗址。当时在地表上有大量的战国时期与汉代的砖瓦残片，还发现两个窖穴，出土文物有汉代陶罐、新莽货币（大布黄千、货布）及青铜饼一块，重16公斤，铁渣20多公斤。说明这一带可能是古代冶炼作坊遗址。1977年1月15日又在卷桥河东75米、地下四五米处，发现已被碳化的古树3棵。① 在这一带的望洲坪有一汉代古墓群，面积约5 000平方米。曾暴露出十多座砖室墓。地表散布几何纹墓砖。古坟咀墓群和下河墓群，均位于点军乡李家河村。古坟咀墓群年代为汉代、六朝时期，面积约1平方公里。曾暴露出31座卷顶砖室墓。地表散布几何纹墓砖。采集有东汉陶罐、六朝青瓷片等。下河墓群年代为六朝、宋代时期，面积约500平方米。曾暴露出4座砖室墓。地表散布几何纹、素面砖。采集有六朝青瓷四系罐、宋代双凤铜镜等。范家湖墓群，位于点军乡范家湖村，年代为六朝、明代时期，面积约1.5万平方米。曾暴露出7座六朝砖室墓，其中1座带甬道墓室长5.2米、宽2.25米、高2.28米。出土有青瓷虎子、罐、碗等。墓地还保存有明代进士雷思沛等人墓葬。碑湾墓群，位于点军乡紫阳村碑湾，年代为明代时期。面积约1 000平方米。墓地有中书舍人王璲墓，原保存有较高封土堆和神道，神道两侧立有石人、马、羊等，现仅存石羊。大墓周围保存有较多平民墓。曾采集有墓志、买地卷和铜镜等。② 这些墓群的发现，表明古城先民在西陵峡口长江右岸一带，繁衍生息的年代不断延续，地望也不断向周边拓展。

---

① 宜昌市文化馆：《宜昌市沿革与历史文物》，载湖北省宜昌地区文物办公室整理《宜昌地区历史文物资料汇编》，湖北省宜昌地区文物办公室1979年，第84页。

② 国家文物局主编：《中国文物地图集·湖北分册》（下），西安地图出版社2002年版，第206页。

2. 西陵峡口长江左岸的先民生息地望

　　根据考古调查的情况，宜昌古城先民从周代便开始在西陵峡口长江左岸繁衍生息。而周代文化遗存最多的地望，便集中在西陵峡口的三游洞至黄柏河出口处一带。考古发现在三游洞的山坡上，周代文化遗存相当丰富，文化堆积厚达 1 米多。在 20 世纪 80 年代初，宜昌市文物管理处在西陵峡口长江左岸下牢溪口右岸的屋场坝就发现周代文化遗址，面积一千多平方米。1983 年 10 月，在这里试掘时，出土了西、东周时期的陶片、纺轮、铜箭镞及大量红烧土等文物。[①] 黄柏河出口处一带前坪村与隔河东望的后坪村一级台地，面积大，范围广。其西北与南津关、三游洞的低山冈岭相连，西南与葛洲坝、西坝相望。在此地带考古人员曾多次挖掘出东周时期的遗址。1981 年 5 月宜昌市文物管理处和湖北省博物馆，在紧靠葛洲坝工程局浇筑二分局的后坪村朱家岗，清理发掘出三座战国墓葬。墓葬形制都是砂岩竖穴木椁墓。每座墓棺椁上都填有厚约 0.1 米白膏泥，白膏泥上均填褐黄色沙质五花土，夹杂有大量鹅卵石。随葬器物有仿铜、陶礼器，铜兵器两大类，共 31 件。其中，陶器 23 件，主要是鼎、簋、壶，陶质为泥质夹粗砂灰白陶；铜器 8 件，有剑、戈、矛、斧。专家从墓葬形制到器物组合比较，认定三座墓葬都是楚墓，涵盖战国早、中、晚三个时期。[②] 如果说后坪发现的尚为少量墓葬遗址，那么前坪所发现的则是成片的民居遗址。遗址由宜昌市博物馆于 2001 年 9—11 月，在前坪村襄樊铁路分局金利集团的施工现场所发掘。为东周时期民居遗址，面积约 15 000 平方米。发掘中发现有此间的建筑遗迹，出土有板瓦和筒瓦等建筑材料。遗址地层中出土了鬲、壶、罐等生活用具。遗址范围内还发现一处战国时期的冶铁遗存，当时冶铁后所弃废铁矿渣随处可见。[③] 这一发现在以往前坪地带考古是很少有的。这是目前为止所发现的宜昌市区进入文明社会后规模最大的文化遗址。由此看

---

①　湖北省宜昌市地方志编委会编：《宜昌市志》，黄山书社 1999 年版，第 1120 页。

②　宜昌市文物管理处：《湖北省博物馆、宜昌市前、后坪古墓 1981 年发掘简报》，载国家文物局三峡工程文物保护领导小组湖北工作站编《三峡考古之发现》，湖北科学技术出版社 1998 年版，第 375—377 页。

③　李德明、郑明强：《宜昌发现东周时期古遗址——古夷陵城很可能在前坪一带》，《三峡商报》2001 年 9 月 28 日。

来，宜昌此间的夷陵古城很可能就在前坪一带，只是此时城邑的称谓不为人知。

在前坪至葛洲坝一带也发掘出一批战国时期的墓葬。1971 年 3 月—1972 年 3 月，湖北省博物馆工作人员在这一带发掘出 43 座墓葬，有 6 座为战国墓葬，主要属战国末期，很可能是秦占夷陵后的秦墓。墓葬形制简单，墓坑都不大，前坪墓为长方形竖穴岩坑，葛洲坝墓为长方形竖穴土坑。每座墓都有随葬器物，数量不多。最少 1 件（前坪墓 1），最多有 10 多件（前坪墓 23）。铜器较多，其次是陶器、铁器和玉器饰品。6 座战国墓中的铜器共 10 种 29 件，分别为鼎、壶、剑、镜、带钩、环各 2 件，盘、矛、印章各 1 件，镞 1 束 14 件；陶器共 8 种 14 件，分别为鼎 3 件，簋、钫、罐、盘各 2 件，镶壶、勺、陶饰各 1 件；铁器共 2 种 2 件，分别为舀、剑各 1 件；玉器及其他共 3 种 5 件，分别为玉璜、石壁各 1 件，水晶饰 3 件。依据挖掘出土的文物，专家分析认为前坪墓 1 仅出土铜剑 1 件，但形式与长沙识字岭 329 号墓的 1 式剑相同，年代可能稍早。前坪墓 27 的陶器组合是鼎、簋、钫，未见陶盒。簋一般见于战国早、中期，但同出的钫却多见于战国晚期。由此专家将该墓暂定为战国中期偏后的墓葬。而葛洲坝墓 1、前坪墓 23 的铜鼎和前坪墓 39 的铜剑、镞，与长沙战国晚期所出非常相似。葛洲坝墓 1 和前坪墓 23 的铜壶，与长沙烈士公园 2 号墓（战国晚期）相同。与前坪墓 23 相类似的铁剑和石壁，在长沙也是战国末期出现的。特别是前坪墓 23 中出土的铜印，印文"赜"与秦"相邦义戟"铭文的"赜"字相似，应是秦代通行的字体。秦昭王二十九年（前 278 年）秦将白起攻占夷陵，这里始属秦，由此推定前坪墓 23 和葛洲坝墓 1 均为秦墓。葛洲坝墓 2 与葛洲坝墓 1 形制同，年代也应相近。这一切表明，除前坪墓 1 为战国早期、前坪墓 27 为战国中期偏晚之外，前坪墓 23 和 39 以及葛洲坝墓 1 和 2，都是战国晚期的秦墓。专家认为前坪墓 23 尤其值得注意，因为此墓出土 1 件柳叶形铜矛，矛身为"巴式剑"式，上有"手心纹"，显系巴文化遗物。这种巴矛所以会在此出现，专家推测有两种可能：一是秦灭巴后，物主巴人东迁携带来此，死后埋入墓中；二是秦人灭巴的战利品，获得者秦人攻略夷陵时携来，死后埋入墓中。从同出的随葬器物分析，特别是那件富有秦篆书体的铜印，专家以为后一种可能性较大，也就是此墓系参与灭巴伐楚的秦军墓，墓主还可能是个中下级军官。[①]

以上这些地带一系列墓葬与民居遗址的发现，表明宜昌古城先民的生息地望自周代便开始伸展到西陵峡口长江左岸，至战国晚期则触及葛洲坝一带。这在反映先民生息地望伸展时代的同时，也清晰展示了先民生息地望的演变轨迹和发展规模，说明宜昌古城先民自西陵峡口长江右岸向左岸伸展的速度之快、规模之大、范围之广，都是以往不可比拟的。这里要说的是，无论是考古中的实地发掘，还是史籍中的相关记载，都说明宜昌古城先民自周代便开始在西陵峡口长江左岸繁衍生息。

宜昌古城先民生息地望自周代伸展至西陵峡口长江左岸后，在汉代以前的世代延续中，活动范围仍在峡口至葛洲坝一带的狭长范围之中。西陵峡口长江左岸的古军垒遗址与前、后坪一带汉墓群的发掘，都充分地说明了这一点。西陵峡口长江左岸的古军垒，位于下牢溪入长江口右岸二级台地的宜昌市峡口风景名胜区三游洞后山，约初建于东汉晚期，延用于六朝。临江的东墙曾被冲毁，约在南宋时做过修葺。军垒平面为方形，南北长 10 米多，东西宽 9 米多，面积约 100 平方米。军垒上半部已毁，其基座与墙体残高 1.5—2.3 米，系用几何纹、绳纹及素面青砖垒砌外壁，其间夹泥夯垒而成。1984 年宜昌市文物管理处在清理发掘中，出土文物有汉至周代箭镞，另有一块东汉纪年砖，阳刻铭文为"延光四年"（125 年）。[②] 这是与对岸牛扎坪古军垒相峙的军事防御设施。牛扎坪军垒保存有南、西、北三面墙体，面积约 600 平方米，均为不规则青石垒筑，残高 6 米左右，西面筑有石级可上。军垒顶部发现有烽火台基遗迹。军垒四周和顶部采集有铜镞、青瓷片及砖、瓦当等。[③] 西陵峡口长江左岸古军垒遗址的发现，反映了周代之后宜昌古城先民在此地带的活动。而前、后坪汉墓群的发现，则集中反映了此间古城先民，在西陵峡口长江左岸繁衍生息的地望演变和规模状况。

前、后坪汉墓群，位于今宜昌市区北部偏东的二、三级台地上。这

① 湖北省博物馆：《宜昌前坪战国两汉墓》，载国家文物局三峡工程文物保护领导小组湖北工作站编《三峡考古之发现》，湖北科学技术出版社 1998 年版，第 382—388 页。

② 湖北省宜昌市地方志编委会编：《宜昌市志》，黄山书社 1999 年版，第 1120 页。

③ 国家文物局主编：《中国文物地图集·湖北分册》（下），西安地图出版社 2002 年版，第 205 页。

里面临长江，距江东岸五百多米，黄柏河流经墓群东面和西面注入长江，形成一个不大的冲积平原，环绕着墓群的小丘谭家包、胡家岗、云盘岗一带。这里墓葬星罗棋布，数以千计，除少数战国、六朝墓葬之外，大多为两汉墓葬。①湖北省博物馆、长江流域第二期文物考古工作人员训练班、宜昌地区文物工作队及宜昌市文物管理处等单位的考古人员，分别于1971年3月至1972年3月、1973年9月、1978年7月和1981年5月，对宜昌市前、后坪及葛洲坝一带的古墓葬进行了发掘。共挖掘墓葬81座，面积达2.5万平方米，②出土陶、铜、铁、玉等器物和钱币4160件。其中，两汉时期的墓葬就达72座，出土陶、铜、铁、玉等器物2101件、钱币1968枚，墓群地望集中在前坪与黄柏河、长江交汇地带。③这四次古墓发掘中，以湖北省博物馆工作人员于1971年3月—1972年3月的发掘规模最大。此次共发掘墓葬43座，除6座战国古墓之外，剩下的37座都是两汉墓葬，30座为西汉墓，7座为东汉墓。30座西汉墓，有28座在前坪，2座在葛洲坝；7座东汉墓都在前坪。就墓葬形制而言，西汉墓是一批中小型墓，墓形为竖穴岩坑（或土坑），诸墓间有带墓道与不带墓道之分，有方形与长方形之别，有墓道的墓一般都有排水设施；而东汉墓除1座为岩坑竖穴墓之外，其余6座都是砖室墓。就随葬器物而言，无论西汉墓，还是东汉墓在清理中都有被破坏的墓葬，只是东汉墓遭破坏的程度更严重些，以致影响到材料的完整性。西汉墓中的随葬器物有铜器20多种105件，包括鼎、壶、钫、剑、镜、带钩、印章等；陶器13种205件，包括鼎、盒、壶、钫、罐、仓、灶等，基本上是明器，制作质量差，火候低，有褐、灰两种，大部分有彩绘，只是多已脱落，容器皆轮制，除有彩绘和弦纹外，皆素面，仓、灶和动物模器等大多为模制；铁器6种5件，包括凿、斧、剑、削、铁条、铁片等；银器皆为扣器，共有12件；玉器5种14件，包括玉璧、剑璏、碎玉片、石研、石片等；钱币5种1111枚（块），包括铜半两、铁半两、铜五铢、金"郢爰""麟趾"

① 宜昌市文化馆：《宜昌市沿革与历史文物》，载湖北省宜昌地区文物办公室整理《宜昌地区历史文物资料汇编》，湖北省宜昌地区文物办公室1979年，第84页。

② 冯万林主编：《宜昌文化志》，湖北人民出版社2009年版，第434页。

③ 国家文物局三峡工程文物保护领导小组湖北工作站编：《三峡考古之发现》，湖北科学技术出版社1998年版，第361—432页。

金等。从出土文物分析，专家认为 30 座西汉墓有 28 座为西汉前期墓，仅 2 座为西汉后期墓。东汉墓中的随葬器物有陶器 24 种 67 件，包括鼎、壶、灶、仓及动物模型，主要是泥质灰陶和泥质褐陶，素面，少数器面有绳纹、方格纹、弦文和划纹，釉陶也有一些；铜器 7 种 9 件及钱币 807 枚，包括釜、盆、刀、手镯、印、带钩、环等器物及五铢钱、大布黄千、大泉五十等；铁器有刀、削各 2 件；其他器物有银手镯、银指环、玻璃耳珰、玻璃珠、琥珀珠、素珠枚等 6 种 64 件（枚）。从出土文物分析，专家认为 7 座东汉墓有 6 座为东汉前期墓，仅 1 座为东汉后期墓。[①]

在前述 2001 年 9—11 月，前坪村襄樊铁路分局金利集团施工现场所发掘出的东周民居遗址地层中，也曾发掘出三座古墓葬，出土文物 20 多件，其中有罐、瓿、圈、狗、羊、马等陶器，铜钱币及铁刀。[②] 从其中 2 号墓的墓砖上模印有"元嘉元年六月十日"的纪念铭文来看，也属东汉后期墓葬。这里值得一提的是，在 1971 年 3 月—1972 年 3 月发掘的 37 座两汉墓中，有 2 座西汉墓发掘于葛洲坝，为小型长方形竖穴坑墓，出土铜蒜头壶、釜、鼎、勺、戟刺、带钩、镜、印等器物，在铜戟刺銎端有一阴刻篆体"枳"字，铜印也阴铸着"偻"字。[③] 这表明两汉时期古城先民在西陵峡口长江左岸的生息地望，仍分布在峡口至前、后坪的狭长地带，但与长江、黄柏河相邻的前坪一带，成为古城先民生息地望的聚集区，此间先民生息地望继续向葛洲坝一带伸展。这孕育着先民活动新的中心转移在即，从而给古城变迁以更为深刻的影响。

3. 逐渐进入夷陵古城的先民生息地望

尽管自周代始宜昌古城先民的生息地望就由西陵峡口长江右岸，伸展至左岸，葛洲坝一带自战国时期还出现过人迹，但总的来说直至汉代，先民生息的地望主要还处在江岸的山地之中。直至 20 世纪 80 年代樵湖岭六朝墓群的发掘，方才表明此间先民生息的地望开始进入明清夷陵古城

①　湖北省博物馆：《宜昌前坪战国两汉墓》，国家文物局三峡工程文物保护领导小组湖北工作站编《三峡考古之发现》，湖北科学技术出版社 1998 年版，第 388—414 页。

②　冯万林主编：《宜昌文化志》，湖北人民出版社 2009 年版，第 419 页。

③　国家文物局主编：《中国文物地图集·湖北分册》（下），西安地图出版社 2002 年版，第 205 页。

地带。① 樵湖岭六朝墓群，位于宜昌中心市区东门外正街建筑一工区、玻璃厂、红卫兵小学、市计量所，北门外正街的市一中，以及樵湖岭、翁家堰一带，面积约2平方公里。至1984年，这一带曾暴露并清理数十座砖石墓和土坑墓。出土有汉代鸟兽规矩纹铜镜、"尚方"铜镜、陶罐；六朝陶罐、钵、仓、灶、猪、狗、鸭、鸡，瓷博山炉、碗、虎子、四耳罐、盘口壶，铜镜等。② 其中1970年3月在宜昌市一中出土的六朝早期人面青瓷灯，通高34公分，分三层，下层有人面像，双手外伸托着中层盘，上层的茎部有附加堆纹，造型优美，瓷质良好，曾被上调国家文物局，在北京故宫博物院陈列展出。③ 六朝时期所发掘墓葬距离明清夷陵古城最近的要数环城北路三国吴墓。此墓1970年被发掘，为前、后室砖室墓。墓室总长7.12米，由甬道、前室、过道、后室组成。前室平面近方形，长3.2米，宽2.8米，高2.16米，叠涩攒尖顶；过道长0.65米，宽0.8米，单券顶；后室平面长方形，长2.81米，宽1.13米，高1.16米，券顶。前室置双棺，后室置单棺。出土青瓷器有人顶灯、碗、双系小罐、唾盂、虎子、盆、磨坊、仓、灶、羊舍、猪舍、狗舍、鸡舍等，陶器有罐、小钵、井、鹅圈、鸭圈、猪圈、牛等，铜器有镜、笄及剪轮"五铢""大泉五百""大泉当千"等铜钱。樵湖岭墓群、环城北路吴墓等六朝古墓的发现，对宜昌古城先民生息地望的变迁具有重大意义。联想到1971年3月—1972年3月湖北省博物馆在葛洲坝所发掘的1座六朝墓葬，出土有青瓷四系罐、碰壶、碗和铜镜等文物，④ 以及1991年宜昌博物馆所发掘的8座汉、魏晋、六朝砖室墓，⑤ 就不难看出固然六朝时期前坪到葛洲坝一带仍旧是宜昌古城先民的生息地望，但是早在汉代时生活在峡口到葛洲坝一带的先民就有进入樵湖岭地带，而至六朝时期先民的生息地望则大量进入从樵湖岭、翁家堰，乃至北门外正街、东门外正街一带的

① 湖北省宜昌市地方志编委会编：《宜昌市志》，黄山书社1999年版，第1120页。

② 国家文物局主编：《中国文物地图集·湖北分册》（下），西安地图出版社2002年版，第206页。

③ 宜昌市文化馆：《宜昌市沿革与历史文物》，载湖北省宜昌地区文物办公室整理《宜昌地区历史文物资料汇编》，湖北省宜昌地区文物办公室1979年，第85页。

④ 国家文物局主编：《中国文物地图集·湖北分册》．（下），西安地图出版社2002年版，第205页。

⑤ 冯万林主编：《宜昌文化志》，湖北人民出版社2009年版，第418页。

广阔地域。

这一切与《东湖县志》关于"今县城旧基传闻经璞相度"的记载是相符的。因为这一记载表明，直至晋代郭璞寓居夷陵时，今宜昌中心市区还尚未形成城邑。郭璞是明清夷陵古城的奠基者。而当时夷陵州、县的治所仍在下牢溪一带的下牢戍。直至唐代贞观九年（635年）治所方才移至步阐垒一带。至此历史未能给人们留下任何有关夷陵古城景况的记载。直到北宋欧阳修贬任夷陵县令时，方才揭开夷陵古城的面纱。欧阳修在其《至喜堂记》中叙述了初至夷陵时，对这里山水风光、县容市况、民俗风情和州、县中兴的观感，使人们得知宋代的夷陵古城，仍还是"州居无郭郛，通衢不能容车马，市无百货之列"①的景象。宋元期间，州、县治所又有迁移，但时间不长，复移中仍"因唐旧基"，且"明亦因之"，致使夷陵古城在今宜昌中心市区一带得以固定下来。明代洪武十二年（1379年）修筑砖墙，形成至今已有六百多年历史的明清夷陵古城。20世纪60年代位于东门外的宋墓群②与70年代位于窑湾万年村天鹅堡山坡的东山明墓群的发掘，③ 以及《湖北省宜昌市地名志》关于直至19世纪70年代以前今解放路一带仍是野草丛生的坟场的记载，④ 也都说明了这一点。

这一切表明，自明代砖砌夷陵古城的形成，宜昌先民的生息地望便稳固地处于今中心市区这一地带。

## 二 城邑起肇变迁

### （一）军事要塞到郡县治所的呈现

以往宜昌先民生息地望所形成的仅是自然村落，直至军事要塞的形成，才称得上宜昌古代城邑的起肇。纵观宜昌古城变迁的历史，除军事

---

① 宜昌市史志办、夷陵区史志办、西陵区地志办校勘整理：清同治三年续修本《东湖县志》，宜昌市委党史（地方志）办公室2012年，第231、419页。

② 宜昌市文化馆：《宜昌市沿革与历史文物》，载湖北省宜昌地区文物办公室整理《宜昌地区历史文物资料汇编》，1979年，第85页。

③ 湖北省宜昌市地方志编委会编：《宜昌市志》，黄山书社1999年版，第1121页。

④ 湖北省宜昌市地名委员会编：《湖北省宜昌市地名志》，宜昌市地名普查领导小组1984年，第75页。

要塞之外，还经历了郡县治所和过载码头两大发展节点。这种发展过程的形成，主要取决于宜昌区位的特征。

由于宜昌区位特征，使其上控巴蜀，下引荆襄的战略地位显著，以致成为"三峡门户""川鄂咽喉"。《东湖县志》载："东湖旧彝陵地，据长江上游，西通巴蜀，为楚北咽喉。周秦以来，无朝不被兵革。"① 在三游洞对岸的牛扎坪一带也有周代遗物发现。这表明，早在周代古城先民就同时出现在西陵峡口长江两岸以应付战事。

据司马迁《史记》载，周赧王三十七年，即楚顷襄王二十一年（前278年），秦将白起攻楚、拔郢、烧夷陵。白起率军攻打楚国，连克邓县等五城，次年占领鄢郢。楚军屡败，不能再战，楚襄王被迫迁都陈。秦将鄢旧地郢置为南郡。为巩固南郡，白起向西攻击夷陵西塞，用火将西塞军营化为灰烬。葛洲坝工程蓄水前宜昌市区尚存白起洞遗址。

据《宜昌府志》记载：东汉建武九年（33年）正月，西蜀割据势力首领公孙述派遣田戎、任满、程汛率兵下江关，占领夷陵。在荆门与虎牙之间横江架起浮桥，浮桥上有斗楼和攒柱，又在陆地安营扎寨重兵把守，企图凭借夷陵天险阻止刘秀统一中国。刘秀派遣征南将军岑彭攻打公孙述。建武十一年（35年），岑彭用火攻烧掉浮桥、斗楼，然后趁机登桥，追杀蜀兵，任满被杀，程汛被活捉，田戎逃跑。建武十二年（36年）汉军进入成都，斩杀公孙述，平定巴蜀割据势力，统一了中国，开创了东汉近200年的一统天下。清代宋兆元《荆门山诗》中的"西塞浮桥断，公孙霸业沉"，指的就是此次战争。

在历史上今宜昌市区曾发生过诸多战事，仅史籍中有记载的就多达数十次。② 其中三国时期就发生10次。这就是建安十三年（208年）的孙将甘宁攻夷陵之战与曹将曹仁围夷陵之战；建安二十四年（219年）孙将吕蒙、陆逊克公安南郡后攻宜都郡之战；蜀章武元年（221年）蜀吴夷陵之战；吴赤乌十三年（250年）魏荆州刺史攻吴西陵之战；魏嘉平三年

---

① 宜昌市史志办、夷陵区史志办、西陵区地志办校勘整理清同治三年续修本《东湖县志》，宜昌市委党史（地方志）办公室2012年，第7页。

② 宜昌市史志办、夷陵区史志办、西陵区地志办校勘整理清同治三年续修本《东湖县志》，宜昌市委党史（地方志）办公室2012年，第207—217页。

（251 年）荆州刺史王基袭吴步协于西陵之战；吴永安七年（264 年）魏将胡烈攻吴西陵之战；吴凤凰元年（272 年）吴陆抗平定步阐叛乱之战；晋咸宁四年（278 年）晋将杜预袭吴西陵之战与晋太康元年（280 年）晋将王浚克吴西陵之战。①

正是这一地缘特征的凸显，方才构成宜昌古代城邑形成及其变迁的主要因素。诸如前面所言宜昌春秋时期最早城邑出现在荆门、虎牙江关，宜昌楚之西塞由荆门虎牙延伸至西陵峡口而隔江出现西陵、夷陵两座城邑，以及三国乃至南北朝时期宜昌城邑多样化现象的出现，都是这方面最典型而又最富特色的案例。尤其是作为一个地处边陲而又贫瘠的山野小邑，居然因为拥有这一显著的地缘特征，竟不止一次地导演出影响国家统一进程的幕幕战事活剧。

在古代，军事与政治往往是融为一体的。正因为军事要塞的地位使宜昌古城又成为历朝历代的郡县治所。自秦将白起火烧夷陵，便开始在此置县，从此古城便成为夷陵县的治所。三国时期曹操置临江郡，宜昌开始实行郡制，古城又成为临江郡的治所。随着朝代更迭，宜昌古城还先后成为州、府、路的治所。这一切将宜昌古代城市发展推向了新的节点，进而成为宜昌古城变迁中的显著特征。

（二）古城过载码头功能的确立

宜昌古城地处川鄂咽喉，是长江中上游重要的物资集散地，水上运输、码头装卸伴随古代军事要塞和郡县治所而逐步发展起来。如果说杜甫"北斗三更席，西江万里船"的诗句，反映了唐代宜昌古城作为过往商船泊地的景况，那么清代咸丰年间的"川盐济楚"，推动宜昌古城"日有千人拱手，夜有万盏明灯"的帆船文化景象，则使宜昌古城过载码头功能的最终确立。

为适应物资运输的需要，宜昌很早就在古城四周设关，并在城门八处建有码头。在"四关八码头"中，临沿长江的六处都是水运码头。随着水运规模的扩大，码头数量不断增加，至近代开埠前为 18 家。从北门外三江沿岸的紫云宫下数，伍永盛店铺、赵家巷、社坛口、鄢家巷、张

---

① 宜昌市档案局档案馆、宜昌市地方志办公室整编：清朝同治三年编纂《宜昌府志》，宜昌市档案局 2002 年，第 500—503 页。

家巷等处，都是土坡沙岸的季节性码头，每年洪水季节可靠木船，枯水季节河床干涸时便停用。西坝临大江处有西霞寺码头。张家巷以下的板桥、小北门、镇川门、镇江阁、西卡、中水门、拐角头、小南门、大南门以及魁星楼、驿站等处，都是石阶码头。板桥、西卡处是渡船码头，无搬运业务；拐角头是挑水码头，搬运业务也很少；小北门大码头以起卸土产、山货为大宗；镇川门正码头以起卸瓷器、草纸为大宗；镇江阁是粮食专运码头；中水门码头以搬运煤炭为主要业务；小南门码头以起卸竹木料为大宗；大南门码头主要起卸杂货；魁星楼和驿站则都是综合性码头。①

与码头物资转运相关的群体是水运船帮和码头力帮。水运船帮，起源于明代运粮的"漕船"，作为漕运的基层组织，由官办产生。长江中游最早出现民间船帮，是清代乾隆年间的事。《东湖县志》载，此间"渝州每岁下楚地大米 10 万石计，而百货贩运均非船莫及，大都由湖北地区专航川江的宜昌、荆沙、汉阳、武昌四大帮承运"。至道光年间，随着川盐东运数量增大，形成专运的"盐船帮"，于是，民间船帮便遍及长江水系。清道光年间宜昌一带船帮众多，本省有"楚帮""荆宜帮"，外省船舶来宜最多的是"川帮"和"湘帮"（又称湖南帮）。道光年间川帮在市区西坝建有帮庙，称"川主宫"，尊李冰为川主；光绪五年湘帮在宜昌建有湘邑宾馆，供奉"镇江王爷"。② 各大帮中又有若干小帮，帮内有帮，帮帮相杂，呈现出川、鄂、湘三足鼎立之势。

宜昌装卸码头也是帮口林立。古城最早的码头力帮当数顺治力行，建于清代顺治年间，力人来源于市内闲散居民和近郊农民。成立之初，以北门商业区为根据地，业务范围逐渐扩大。但随着其他码头力帮的兴起，活动地盘逐渐缩小。较顺治力行稍后的是江西帮，随后的则是天门帮和笭筐帮等码头力帮。明代末年，江西移民陆续来宜定居。除少数经营金银首饰和药材生意外，多数靠在长江挑水卖谋生。清代康乾时期，江西籍民工在修复宜昌城垣时很出力，得到地方官吏信任。于是，小北

---

①　宜昌市政协文史委编：《宜昌市文史资料》（第 13 辑），1992 年，第 208—209 页。

②　宜昌地区水运志编纂委员会编：《宜昌地区水运志》，人民交通出版社 1994 年版，第 188—190 页。

门至镇川门一带的挑水码头被划归他们管辖。他们除挑水外，还从事本码头的杂货搬运业务。从此，江西帮便世代聚集于此，成为"四关八码头"中的一大力帮。江西帮在业务中常与顺治力行发生纠纷，以致矛盾尖锐，公堂相见，最终顺治力行败诉而退至北门一带。于是，与镇川门比邻的杨泗庙码头便让给原籍天门的力人管辖，专门从事本码头的粮食搬运业务。于是，天门帮应运而生。因其搬运工具为背篓又称为"背篓帮"。杨泗庙是古城的河米码头。清代康熙年间兴修镇江阁，建有粮食公所，长江水运粮食在此交易。湘、川船运来宜粮食一经交易，便由天门帮搬运。随着粮食交易量的扩大，单靠背篓搬运已无法承受，于是便雇请河西或近郊的农民搬运。因其搬运工具为箩筐，故被称为"箩筐帮"。从此，两帮占据杨泗庙和大码头，相互协作共同从事古城河米码头的搬运。① 宜昌古城边陲府县的古风和"过载码头"的帆韵于此可见一斑。

### 三 古城建制沿革

#### （一）宜昌郡县制的确立

宜昌古城先民在原始社会新石器时代中期，也就是大溪文化时期，便开始在这片土地上繁衍生息。这一带曾是远古时期西陵部落分布的中心地域。② 夏、商时期为古"荆州之域"，春秋、战国为楚地，史称"楚之西塞"③，那时宜昌就建有城邑。楚顷襄王二十一年（前278年）秦将白起"攻楚，拔郢，烧夷陵"④，夷陵（今宜昌中心市区）之名始见于史，夷陵古城便为世人知晓，使宜昌有文字可考的历史至2015年达2293年。如果将楚之西塞确立时间加上，就要在此基础上再增加四百多年。因后文将涉及此内容，这里就不展开了。

秦占领夷陵后，便"以此地属南郡"⑤ 置县，派南郡都尉进驻夷陵负

---

① 宜昌市政协文史委编：《宜昌市文史资料》（第13辑），1992年，第211—213页。

② 曾继全：《黄帝正妃西陵之女嫘祖考析》，载鲁谆等主编《中华民族之母嫘祖》，中国三峡出版社1995年版，第4—43页。

③ 宜昌市地方志办公室、宜昌市夷陵区委史志办公室整理校勘：明弘治九年刻本《夷陵州志》，《夷陵州志》整理校勘委员会2008年，第1、96页。

④ 《二十四史·史记》（一），中华书局1997年版，第2331页。

⑤ （宋）乐史撰：《太平寰宇记》，中华书局2007年版，第2860页。

责管治。秦在夷陵设县，在宜昌历史上尚属首次，对城市发展影响深远。

至两汉时期仍承袭秦制。三国时曹操北定中原后，于建安十三年（208年）七月南征，占据荆州后，当即"分枝江以西立临江郡"。宜昌古城首次设郡的历史由此诞生。从此，宜昌便脱离南郡管辖而行使郡的管理职能。这是宜昌城市发展史上的里程碑。赤壁之战后，刘备占据荆州，改临江郡为宜都郡，领四县，使向朗督秭归、夷道（今宜都）、巫山、夷陵的军民事务。实行郡领县的体制，这在宜昌历史上也属首次。它表明宜昌设郡后不仅管理权限提高，而且管理范围扩大。

夷陵之战后，宜昌为孙权所占。吴黄武元年（222年）改夷陵为西陵（均为今宜昌市区古称）。郡领县的体制不但未变，而且其后又分宜都郡立建平郡总统于荆州。宜都郡除领西陵、夷道两县外，还将佷山（今长阳）改属宜都郡，而原领秭归、巫山二县改属建平郡，并将巫山县改置为巫县。吴永安三年（260年）再分秭归北界立兴山县，属建平郡。这一切反映东吴加大了对这一地带控制的力度。

三国归晋后，宜都郡治西陵复改为夷陵，宜都郡领夷陵、夷道、佷山三县。东晋时分夷陵西境置宜昌县，宜昌成为宜都郡所领之县。[①] 这里要强调的是，此宜昌与今宜昌并非一回事，具体情况在前述文中已作说明。至南朝宋、齐两代，仍承袭晋制，"并为宜都郡理"。到梁代后，宜昌所辖地域政权交错，更替频繁，郡、县复置，致使称谓屡改，领属多变。

（二）宜昌由郡县制升为州制

梁武帝天监年间，改宜都郡置宜州，"以旧宜都为州之名"。西魏又改宜州为拓州，"盖取开拓之意"。北周"武帝以州扼三峡之口复改为峡州"。陈朝也曾占据宜昌古城，并以此为重镇拒隋。由于正史之中无此间地志，故而此间建制沿革细节难考。尽管此间宜昌所辖地域处于纷乱之秋，但是宜昌由郡制升为州制，毕竟是城市建制发展中的又一重要节点，对其后影响尤为深远。

这里要说明的是，《隋书·地理志》称北周所置为"硖州"[②]，就是

---

① 潘新藻：《湖北省建制沿革》，湖北人民出版社1987年版，第241—283页。

② 《二十四史·隋书》（七），中华书局1997年版，第889页。

说州名从石不从山，《宋史·地理志》载："峡州，峡字旧从石，今从山。"① 这就是说自北周经隋、唐至五代十国时期，州名一直称从石的"硖州"，直到宋代方由从石改为从山的"峡州"。南宋诗人陆游在其《入蜀记》中也载："峡州在唐为硖州，后改峡。"故而生活在宋代的乐史，在其《太平寰宇记》中记述宜昌自北周至唐代建制时，便按宋代的称谓习惯将从石的"硖州"表述为从山的"峡州"了。其结果给此间州制称谓造成混乱，且影响至今。

隋朝统一全国之初，宜昌沿袭陈朝及北周信州改置硖州，领夷陵（在江北）、夷道、秭归（改长宁县入）、乐乡（巴东，开皇十八年改名）、新浦（建始分置）、远安（开皇三年来属）六县。② 大业五年（609年），罢州置郡，硖州被改置为夷陵郡，领夷陵、夷道、远安三县。

唐代武德四年（621年）平萧铣，夷陵郡被改置为硖州。所领之县与隋代相同。贞观八年（634年）废东松州，以宜都、长阳、巴山三县来属，其年省夷道入宜都，九年自下牢镇移治步阐垒。天宝元年（742年）又改硖州为夷陵郡，乾元元年（758年）复改夷陵郡为硖州。③

到五代十国时，宜昌地域处于十国纷争地带。起初属十国中最早称帝者王建所建前蜀管辖，后唐灭前蜀后为高季兴所建荆南所辖。④ 此间仍置硖州，所领之县除夷陵、宜都、远安外，⑤ 还包括秭归⑥和今五峰土家族自治县地带。⑦ 宋代置峡州，称谓由从石的"硖"，改为从山的"峡"。五代十国时，州制就有印文"陕州"的称谓，到宋代后这一印文称谓沿袭下来。于是州名"峡州"与州印文"陕州"就成了不同写法的两个字，后来才将印文"陕"改成了"峡"。原来当时湖北"陕州"与陕西"陕

① 《二十四史·宋史》（十四），中华书局1997年版，第2195页。

② 潘新藻：《湖北省建制沿革》，湖北人民出版社1987年版，第618页。

③ （宋）乐史撰：《太平寰宇记》，中华书局2007年版，第861页。

④ 白寿彝总主编：《中国通史·中古时代——五代辽宋夏金时期（上）》（第七卷），上海人民出版社1999年版，第186页。

⑤ 《二十四史·旧五代史》（十三），中华书局1997年版，第2012页。

⑥ 湖北省秭归县地方志编纂委员会编纂：《秭归县志》，中国大百科全书出版社1991年版，第46页。

⑦ 湖北省五峰土家族自治县地方志编纂委员会编纂：《五峰县志》，中国城市出版社1994年版，第33页。

州"，州名同音、字形相近，为避混淆，经研究就将湖北"陕州"的印文，改为了从山的"峡州"。此间，"峡州"置一郡四县，郡为夷陵郡，四县包括夷陵、宜都、长杨（今长阳）、远安。

（三）宜昌升格为路，在路与州制中反复

元代是宜昌建制沿革中的一个重要节点。元至元十七年（1280 年）宜昌由州跨越府而升为路，称"峡州路"，隶属荆湖北道，领夷陵、宜都、长阳、远安四县。① 明代成立前，宜昌就成为其统治的区域。

明太祖朱元璋在统一战争扫平群雄中，首灭陈友谅、占领鄂诸境的甲辰年（元至正二十四年，1364 年）便设立了湖广行中书省。② 宜昌便改峡州路置峡州府，同年九月又降为州，直隶湖广行省。洪武九年（1376 年）四月，改峡州为夷陵州，以州治夷陵县省入来属，领长阳、宜都、远安三县。③

到清代，宜昌仍沿袭明代建制，置夷陵州，领长阳、宜都、远安三县。顺治六年（1649 年）因避忌讳改"夷"为"彝"，称"彝陵州"。雍正十三年（1735 年）升彝陵州为府，称"宜昌府"，领二州五县，隶于荆宜施道。"二州"为归州、鹤峰；"五县"为东湖、长阳、兴山、巴东、长乐（今五峰）。其中，"归州"在明代洪武九年时就被废州置秭归县，属夷陵州，后复为归州，以秭归县省入领兴山、巴东。清雍正七年改直隶归州，领长阳、兴山、巴东、恩施、容美等十九土司，隶属荆州府，雍正十三年九月归州裁去直隶，属于宜昌府。"鹤峰州"本容美土司田氏地，明初隶荆州府，清雍正十三年改土归流，以其地为鹤峰州，属于宜昌府。"东湖县"为明代的附郭之邑，也就是被省入夷陵州的州治夷陵县，清雍正十三年升州为府时又将之改置成县，为府治；"长乐县"本五峰土司地，明代隶荆州府，清雍正十三年以其地为长乐县，属于宜昌府。④ 从此宜昌城市建制进入了又一个新的节点。随着 1840 年中英鸦片

① 《二十四史·元史》（十八），中华书局 1997 年版，第 1418 页。

② 白寿彝总主编：《中国通史·中古时代——明时期（上）》（第九卷），上海人民出版社1999 年版，第 189—190 页。

③ 《二十四史·明史》（十九），中华书局 1997 年版，第 1082 页。

④ 宜昌市档案局档案馆、宜昌市地方志办公室整编：清朝同治三年编纂《宜昌府志》，宜昌市档案局 2002 年，第 122—123 页。

战争的爆发，宜昌也告别了古代发展的时代，步入了近代发展的历史时代。光绪二年（1876 年）宜昌开埠，辟城南为宜昌商埠。光绪三十年（1904 年），析荆宜施道为施鹤道，鹤峰州被升为鹤峰直隶厅，设同知、无属县，隶于施鹤道。于是，宜昌府改领归州与东湖、长阳、兴山、巴东、长乐五县，隶于荆宜道。① 这一切标志着宜昌城市建制正处在现代发展格局的孕育之中。

### 四　城邑治所位移

如前所述，宜昌处于远古时期西陵部落的中心地带。在新石器时代，古城先民就繁衍生息在这片土地上了。从考古挖掘所获先民生息遗址中的信息，不难看出宜昌古城地域此间就已经出现聚落。当然，城邑的出现应该是春秋初期的事情。尽管自周代先民生息的地望就出现在西陵峡口长江两岸，但宜昌古城的起肇却并非此地，而在今中心市区东南向的荆门、虎牙一带。随后虎牙一侧的城垒移至西陵峡口长江左岸的下牢溪一带。战国时秦将白起所烧夷陵就在这里。而荆门一侧的城邑仍延续下来，直至晋初王濬率军下益州灭吴时方才被拔掉。② 当时西陵峡口不止一座城，而是有隔江相望的两座城。这其中的来龙去脉待随后再加说明。据说，自秦将白起火烧夷陵以后，秦、汉两朝曾在今宜昌中心市区以东建有夷陵县城，但具体城址未见于史，故难以详考。③ 而宋代乐史所撰《太平寰宇记》中载，汉代时的夷陵县治在今宜昌中心市区西北，即西陵峡口长江左岸的夷山一带，历史上称之为"夷山故城"④。三国时期，宜昌是曹操、刘备、孙权争夺的重要地带。此间宜昌所筑城垒较多，据有关古籍记载，三国时有刘封城，在今宜昌中心市区西北 20 里的三游洞顶，为蜀汉章武初（221 年）蜀将刘封镇守宜都郡时所筑。在三游洞顶曾发现大量汉代砖瓦残片及少量箭镞。步骘城，为东吴赤乌七年（244 年）孙权任命步骘为西陵都督时所筑；步阐垒，为东吴凤凰

① 潘新藻：《湖北省建制沿革》，湖北人民出版社 1987 年版，第 903—904 页。

② 《二十四史·晋书》（四），中华书局 1997 年版，第 1209 页。

③ 宜昌市文化馆：《宜昌市沿革与历史文物》，载湖北省宜昌地区文物办公室整理《宜昌地区历史文物资料汇编》，1979 年，第 84 页。

④ （宋）乐史撰：《太平寰宇记》，中华书局 2007 年版，第 2862 页。

元年（272 年）步阐任西陵都督时所筑。如前所述，步氏父子所筑城垒在古郭洲坝上。陆抗城，在西坝，东吴凤凰至天玺年间（272—276 年）陆抗任吴大都督时，步阐降晋，抗奉命讨伐阐时所筑。三国时期，还有曹操于建安十三年（208 年）"分枝江以西立临江郡"所建的临江城，其地望在今宜昌中心市区东南 30 里的临江坪，这其中的缘由也待随后再加说明。

南北朝时期，梁元帝（552—554 年）命护军将军陆法和在西陵峡口筑二城，名七胜城。① 陈宣帝征江陵，西魏在西陵峡口筑一垒以备陈，名安蜀城。② 北周时移硖州州治至石鼻城。隋初在西陵峡口下牢戍置硖州，③后改为夷陵州。唐代贞观九年（635 年）于步阐垒附近筑硖州城；南宋初迁于河西紫阳山旁，建炎中（1127—1130 年）迁于距今宜昌中心市区 40 里处的石鼻山，绍兴中（1131—1162 年）仍移至江左唐城旧址，端平中（1234—1236 年）又迁至西坝原陆抗城旧址，元代时再迁回江左唐城旧址，明、清相袭。④ 这样起肇于唐而经宋、元、明、清的夷陵古城便稳定至近代。随着开埠，宜昌中心市区便开始大规模由夷陵古城向城外拓展，形成以解放路、二马路一带为标志的近代城市景观。民国十九年（1930年）12 月夷陵古城城墙被拆除，在其城基上修建了四条环绕古城的街道。从此，夷陵古城消失，宜昌中心市区连成一体，发展至今。

以上叙述可以看出，自秦代设置县制后，宜昌历代战事频繁，官府治所迁徙不断，致使古代宜昌城邑甚多。这一切，反映了古代宜昌城市的变迁状况。下面仅就其中影响较大的问题具体展开阐述。

（一）夷陵是城不是坟

作为宜昌市区古称，夷陵得名缘于二说：一是《汉书·地理志》所

---

① 宜昌市文化馆：《宜昌市沿革与历史文物》，载湖北省宜昌地区文物办公室整理《宜昌地区历史文物资料汇编》，1979 年，第 84 页。

② 宜昌市地方志办公室、宜昌市夷陵区委史志办公室整理校勘：明弘治九年刻本《夷陵州志》，《夷陵州志》整理校勘委员会 2008 年，第 96 页。

③ 潘新藻：《湖北省建制沿革》，湖北人民出版社 1987 年版，第 566 页。

④ 宜昌市文化馆：《宜昌市沿革与历史文物》，载湖北省宜昌地区文物办公室整理《宜昌地区历史文物资料汇编》，1979 年，第 84 页。

载："夷山在西北"①，因此得名；一是旧志所载："水自此夷，山自此陵"②，因此得名。楚顷襄王二十一年（前 278 年）秦将白起火烧夷陵，夷陵之名便始见于史。

秦将白起烧夷陵之事，在《战国策》《史记》和《资治通鉴》等史籍中均有记载。但是，注家对此事中所讲"夷陵"的理解却不尽相同。也就是说，注家对《史记·楚世家》中"二十一年秦将白起遂拔我郢烧先王墓夷陵"之语产生了歧义。在对这段文字中的"夷陵"的注释时，刘宋裴骃在《史记集解》中引徐广曰："年表云拔郢，烧夷陵。"唐代张守节在《史记正义》中引括地志云："峡州夷陵县是也。在荆州西。"二位注者都把"夷陵"作为地名来理解。但是唐代司马贞在《史记索隐》中则认为"夷陵，陵名，后为县，属南郡。"也就是说，白起所烧"夷陵"，不是城邑，而是陵墓。中华书局在编辑出版《史记》时，将以上文字断句为："二十一年，秦将白起遂拔我郢，烧先王墓夷陵。"将"夷陵"作为"先王墓"的同义并列词，在二者之间未用顿号断开。③ 这说明中华书局的编辑者对这段文字的理解是倾向于《史记索隐》作者看法的。历史上也曾有人对秦将白起所烧"夷陵"到底是城邑还是陵墓这个问题作过辨析。清代吴省钦就曾写过《白起烧彝陵辨》的文章，试图对此进行辨析。④ 然而在现代出版的《辞源》中，仍然认为"夷陵"是"春秋楚先王墓地。楚顷襄王二十一年，秦将白起攻败楚军，烧夷陵，即此。""后为县名"。⑤ 这就是说，"夷陵"作为陵墓被烧在前，作为县邑地名在后。显然，仍是承袭《史记索隐》的观点。同样，楚史专家张正明在其《楚史》中，也认为夷陵是楚先王墓的圣地。⑥ 于是，夷陵是城还是坟这个问题就成为宜昌城市变迁史上的千古之谜。

既然如此，那么辨析"夷陵"到底是陵名还是地名的问题，就对确

---

① 《二十四史·汉书》（二），中华书局 1997 年版，第 1567 页。
② 宜昌市档案馆整编：清朝同治三年续修《东湖县志·下》，宜昌市档案局 1992 年，第 39 页。
③ 《二十四史·史记》（一），中华书局 1997 年版，第 735 页。
④ 宜昌市档案局档案馆、宜昌市地方志办公室整理：清朝同治三年编纂《宜昌府志》，宜昌市档案局 2002 年，第 993 页。
⑤ 《辞源》（一），商务印书馆 1979 年版，第 714 页。
⑥ 张正明：《楚史》，湖北教育出版社 1995 年版，第 320 页。

定宜昌市始见于史的准确年代关系重大。因此，要研究宜昌城市变迁的历史，就不能回避这个问题。其实，在我国古代无论是冠以"陵"字称谓的地名，还是冠以"陵"字称谓的帝王墓名都不少。但并未因此而产生歧义。为什么偏偏"夷陵"这个称谓在历史上就会使人产生如此之大的歧义呢？关键在于在《史记·楚世家》中"夷陵"这个称谓是与"先王墓"并列在一起的。因此，要弄清"夷陵"是陵名还是地名的问题，就要从辨析"夷陵"与"先王墓"是否一回事的问题入手。笔者通过考究，认为"夷陵"与"先王墓"并非一回事。

大家知道，战国时期今宜昌市区并不是楚国先王之墓的所在地。当时，这里地处边陲，是"楚之西塞"，并非是楚国的政治中心。因此，不具备充当楚国先王之墓所在地的条件。事实上，直至今日在这里的地下考古调查或挖掘中都从未发现过类似的墓葬。如前所述，20世纪70年代考古工作者在今宜昌市区北郊的长江左岸黄柏河流注地带的前坪、葛洲坝发掘出43座战国、两汉墓，其中战国墓仅6座，主要是战国末期，很可能是秦占此地后的秦墓。而楚国先王之墓所在地又并非称谓"夷陵"。当时，楚国的政治中心是郢。公元前278年秦将白起伐楚所拔之郢，就在今荆州市江陵正北的纪南城。这里显然具备充当楚国先王之墓的条件，同时，在考古中发掘出战国时期数以千计的中、小型楚墓。[1] 但在这里从未有过关于"夷陵"这一先为陵名后为地名称谓的记载。

值得注意的是，战国时期的王墓并不称"陵"。《辞源》在解释"陵"作为帝王坟墓字义时，引《水经注·渭水》曰："秦名天子冢曰山，汉曰陵。"[2] 这就是说，在汉代以前还没有称帝王之墓为"陵"的情况。而"夷陵"这一称谓在《战国策》中却已经有了记载。在《战国策》（卷六）《顷襄王二十年》中这样写道："顷襄王二十年，秦白起拔楚西陵，或拔鄢、郢、夷陵，烧先王之墓。"[3] 《战国策》虽为汉刘向所编，但该书是战国时期各国游说之士的策谋和言论的汇编，也有一些关于历史人物的史事记录，均属战国时期的作品。显然，其书中所列"夷

---

① 高应勤：《楚文化考古论文集》，武汉大学出版社1992年版，第27页。

② 《辞源》（四），商务印书馆1979年版，第3278页。

③ 《国语·战国策》，岳麓书社1988年版，第57页。

陵"，指的是城邑，而不可能是先王之墓。因为文中是把"夷陵"与相关城邑放在一起的，并把拔夷陵与烧先王之墓分为不同的事件记叙的。在《史记》中司马迁不止一次地记载了此事。除以上所述《史记·楚世家》记载的"二十一年秦将白起遂拔我郢烧先王墓夷陵"和《史记·六国年表》记载的"秦拔我郢，烧夷陵"之外，在《史记·白起传》中同样记载了白起"攻楚拔郢，烧夷陵"这件事。同时，在《史记·蔡泽传》中也记载了白起率师与楚战，"一战举鄢郢以烧夷陵"这件事。尤其是在《史记·平原君列传》中，毛遂对楚王曰：白起兴师与楚战，"一战而举鄢郢，再战而烧夷陵，三战而辱王之先人。"① 显然，司马迁是把拔城、烧城和辱先人作为三类事件记叙的。对此，北宋司马光也是信而不疑的，同样在《资治通鉴》中多处记载了此事。由此可见，秦将白起所烧"夷陵"是城名而不是陵名，"烧夷陵"与"烧先王墓"完全不是一回事。因此，以上所引《史记·楚世家》中的那段文字应该断句为："二十一年，秦将白起遂拔我郢，烧先王墓、夷陵。"

不仅"烧夷陵"指的是烧城邑，与"烧先王墓"不是一回事，而且烧夷陵中的"夷陵"指的就是当今宜昌的市区。对此，北魏郦道元在《水经注》中作了极其明确的叙述。郦氏写道：在孤山上（指今宜昌市区对岸的磨基山）"北对夷陵县之故城。城南临大江，秦令白起伐楚，三战而烧夷陵者也。应劭曰：夷山在西北，盖因山以名县也。王莽改曰居利。吴黄武元年，更名西陵也。后复曰夷陵。"② 同时，《东湖县志》也指出："夷陵名始于国策，其地扼荆蜀之要"，"周秦以来无朝不被兵革"，"自周末白起入楚，彝陵始见于史。"③ 对今宜昌市区所称夷陵始见于史的时间及其被烧的背景都作了明确记载。尤其是志书中都记载有白起洞。《宜昌地区简志》载："白起洞位于赤溪上侧，相传秦将白起领兵攻楚时，兵过夷陵，曾在此洞驻军。清人诗曰：'古洞连天赤，应悲秦灭楚。杜邮终伏剑，齿冷武安君。'"④ 反映秦将白起兵入夷陵还有遗迹可寻。只是此洞

---

① 《二十四史·史记》（一），中华书局 1997 年版，第 742、2331—2423 页。
② 郦道元：《水经注·江水（卷三十四）》，岳麓书社 1995 年版，第 502 页。
③ 宜昌市史志办，夷陵区史志办，西陵区地志办校勘整理清同治三年续修本《东湖县志》，宜昌市委党史（地方志）办公室 2012 年，第 2、7、9 页。
④ 宜昌地区地方志编委会编：《宜昌地区简志》，1986 年，第 310 页。

遗址在兴建葛洲坝工程后淹没到黄柏河水底，但作为秦将白起兵入夷陵的见证则是不可磨灭的。

　　总之，通过以上辨析可以看出，秦将白起所烧"夷陵"，就是今宜昌市区的古城。公元前 278 年"夷陵"地名始见于史，表明今宜昌市区见诸于史的历史至 2015 年已达 2 293 年。

　　（二）隔江相望两座城

　　"西陵""夷陵"曾是宜昌市区隔江相望的两座城，是历史上的事实。只是因为时间久远，文献、考古和传说资料较少，因此作为隔江相望的两座城，"西陵""夷陵"给人留下"何故而建""何时而建""处何方位""孰先而建""因何得名""是何结局"等诸多疑惑。下面便就此具体展开阐述。

　　1. "西陵""夷陵"两座城的史实

　　司马迁《史记·楚世家》载，"二十年，秦将白起拔我西陵。二十一年，秦将白起遂拔我郢，烧先王墓、夷陵。"[①] 讲的就是楚顷襄王二十年，也就是公元前 279 年，秦将白起拔掉楚国西陵城。第二年，也就是公元前 278 年秦将白起又拔掉了楚国郢都，烧掉了楚国先王的坟墓和楚国夷陵城邑。由国家文物局主编、西安地图出版社于 2002 年 12 月出版的《中国文物地图集·湖北分册》（上）中，在战国时期的地图里就将"西陵""夷陵"分别标注在今宜昌市区的长江两岸。[②] 这表明长期以来史学界对"西陵""夷陵"曾是宜昌市区隔江相望的两座城是明确的。

　　但这里需要说明的是，在宋代裴骃《史记集解》、唐代张守节《史记正义》中，对《史记》（楚世家）中"秦将白起拔我西陵"的"西陵"，都作有注解，《史记集解》引徐广曰："属江夏。"讲"西陵"属"江夏"郡管；《史记正义》则引括地志云："西陵故城在黄州黄山西二里。"[③] 两注都说"西陵"故城在江夏郡（黄州亦属江夏郡）而不在宜昌。对此，宜昌市炎黄文化研究会嫘祖文化研究专家曾继全先生，生前曾到黄州进

---

①　《二十四史·史记》（一），中华书局 1997 年版，第 1735 页。
②　国家文物局主编：《中国文物地图集·湖北分册》（上），西安地图出版社 2002 年版，第 41 页。
③　《二十四史·史记》（一），中华书局 1997 年版，第 1735 页。

行了实地考察，并写下《鄂东南行西陵考》。从实地考察的情况表明，黄州西二里从古至今为长江水域，从光绪十年成书的《黄州府志》查明，黄州先民早在《黄州府志·西陵辩》（卷一）中，就对黄州西陵，为西阳误刻，作出了明确论断。诸多史学家对此已作更正。为此，曾先生引证翦伯赞主编的《中国史纲要》、沈起炜编著的《中国历史大事年表》、张习凡和田钰主编的《中国历史大事编年》，说明当年白起所拔西陵就在今宜昌市区；而谭其骧主编的《中国历史地图集》、台湾中华学术院和中国文化大学中国历史地图编纂委员会编辑的《中国历史地图》对此都作了相应的标注。① 这一切表明，"西陵""夷陵"曾是宜昌市区隔江相望的两座城这一史实是可信的。

　　2. "西陵""夷陵"两座城的缘由

　　在宜昌隔江相望地带兴建"西陵""夷陵"两座城，原因在于这里曾是"楚之西塞"。就是说，"西陵""夷陵"两座城在宜昌市区隔江相望的地带兴建，是出于守护楚国西部疆界的需要。既然当时宜昌地处楚国西部边塞，要在这里筑城戍边，自然不能只在长江一边有城，必须在长江两岸都有城。这是冷兵器时代人们把守咽喉之地思维方式的反映，并非是当时仅有的事情，在宜昌后来的历史上也曾有过类似的现象，西陵峡口两岸发现的古军垒就是一例。

　　但这里需要说明的是，"楚之西塞"是个历史的概念，并非是一陈不变的，这就是说，宜昌中心市区并非始终处于"楚之西塞"的区位。作为楚国的"西塞"，有个形成与发展的过程，它是随楚国疆土不断向西扩张而逐渐延伸的。沮漳河流域是楚文化的发祥地。《史记·楚世家》中载，"昔我先主熊绎辟在荆山。"② 而"荆山"正是沮漳河流域的发源地。今远安、当阳、枝江等地都处于沮漳河流域一带。张正明先生在《楚史》中讲："沮漳河流域是江汉平原的西大门，楚人正是经由这座西大门而纵横出没于江汉平原之上的。"显然，最早的"楚之西塞"就在沮漳河流域。而当时楚人经沮漳河流域进入江汉平原西部时，"只有楚蛮和巴人的

---

① 曾继全：《西陵之女嫘祖考析》，载鲁谆等主编《中华民族之母嫘祖》，中国三峡出版社1995年版，第6页。

② 《二十四史·史记》（一），中华书局1997年版，第1705页。

散部错居杂处。"① 这说明，此间楚人的触角还未伸到今宜昌中心市区。当时宜昌中心市区仍处于巴人活动的地域之中。随着楚人的不断扩张，以往相安无事的巴楚关系便日益紧张起来。所以在《水经注·江水》中就有"昔巴楚数相攻伐，籍险置关，以相防捍"的记载。② 其间，"楚之西塞"从沮漳河流域逐渐向西推移，经历了荆门虎牙、西陵峡口到秭归弱关等地带。对此，相关史籍均有记载，地处西陵峡口的"楚之西塞"且不说，仅就地处荆门虎牙和秭归弱关的"楚之西塞"而言，明弘治九年刻本《夷陵州志》在说明荆门虎牙处的"楚西塞"时写道，处在长江两岸的荆门虎牙二山，"以其东西相塞，故曰西塞"③。郦道元在《水经注》中称秭归处的"楚之西塞"为"弱关"，明确讲"弱关在建平秭归界"④。随着楚宣王九年（前361年）以前占据巴黔中，楚威王期间（前339—前329年）占领巴国重镇枳，继而攻下阳关，夺取巴都江州，楚国便吞并了川东巴国的南半部，此后原来巴楚两国交兵时的关隘壁垒便随之消除。⑤ 这样，地处川东鄂西的"楚之西塞"也就不复存在了。

楚人将楚之西塞从沮漳河流域向西推进到荆门虎牙缘于楚国同罗国之间发生的战事。春秋时期，楚武王四十二年（前699年），屈瑕率军征伐罗国。罗国曾是夏商时代芈部落穴熊的分支，和荆楚同祖。约殷高宗武丁时，芈族诸部落遭殷征伐，罗便随楚由罗山（河南罗山县）迁避甘肃正宁县。后被周朝讨伐，又随楚迁居至今湖北南漳、宜城两县之间。当时罗国地处楚国东南部，相距约40公里，故址在今蛮河（古雎水）中游以南。楚国此次征战，目的是为北征扫清障碍。为尽早攻克罗国都城，屈瑕督部不惜队列错乱，尽快渡越鄢水（今蛮河），过河后楚军已不成列。行近罗都时，楚军正面遭罗军迎击，背面受卢军偷袭，致使迅即溃败。狂逃中屈瑕自缢，其将则自囚。楚军伐罗未果后，武王便一改以往

---

① 张正明：《楚史》，湖北教育出版社1995年版，第62、44页。

② 郦道元：《水经注·江水》（卷三十四），岳麓书社1995年版，第498页。

③ 宜昌市地方志办公室、宜昌市夷陵区委史志办公室整理校勘明弘治九年刻本《夷陵州志》，《夷陵州志》整理校勘委员会2008年，第96页。

④ 郦道元：《水经注·江水》（卷三十四），岳麓书社1995年版，第498页。

⑤ 刘开美：《夷陵古城变迁中的步阐垒考》，《湖北省高等院校人文社会科学重点研究基地——三峡文化研究》（第七辑），武汉出版社2007年版，第94—96页。

只图远略、不恤近患的作风，实行稳步推进，在巩固腹地基础上开拓边疆，终于楚武王五十年（前691年）一举灭掉罗国。[①] 罗国被灭后，其遗民被迁至今宜昌枝江，从此楚国势力南扩至长江一带。尽管楚军伐罗之事尚未发生在今宜昌市区地域，但其所出现的后果却对宜昌市区影响重大。因为随着罗国遗民迁至枝江，楚之西塞相应由沮漳河流域推进到地处长江天险的荆门虎牙一带。这样，楚武王五十年（前691年），在今宜昌市区的荆门虎牙一带便相应地建起了城邑。而虎牙滩处所建之城，就是其后被称为"夷陵"的古邑。这表明，春秋时期楚地建城缘于楚之西塞向荆门虎牙一带延伸，而楚武王五十年，虎牙滩所建而后称为"夷陵城"与荆门山建所称为"荆门城"的两座城，就是今宜昌市区最早的城邑。换句话说，春秋时期楚地夷陵古邑的起肇之地，就在今宜昌中心市区东南向的荆门虎牙一带，至2015年已有2 706年的历史。随着楚之西塞由荆门虎牙向西陵峡口长江两岸推进，"西陵""夷陵"两座城邑也便在峡口两岸出现。通过以上这番考证，在宜昌中心市区西陵峡口"西陵""夷陵"隔江相望的两座城何时兴建的谜底也就破解了。它说明"西陵""夷陵"作为西陵峡口隔江相望的两座城，缘于楚之西塞向峡口两岸延伸，时间则是公元前7世纪楚武王五十年以后。

3. "西陵""夷陵"两座城

讲到这里，人们不禁会问，作为隔江相望的两座城，"西陵""夷陵"到底孰先孰后兴建的呢？为何"西陵"处于长江右岸，而"夷陵"则处于长江左岸呢？它们又因何故而得名的呢？要明了这些问题，还得从宜昌中心市区长江古河道的变迁谈起。

在以上古城地理形成中，已经就宜昌中心市区长江古河道变迁的问题进行了阐述，说明今宜昌中心市区在历史上是因长江古河道长期淤积而形成的。正因为如此，所以今宜昌中心市区地望直至六朝时期仍处于荒芜的淤泥之中，而长江左岸的人烟之地，直至汉代还处在峡口山地之中。相比之下，长江右岸却是今宜昌古城先民活动的中心地带。由此可见，宜昌古城先民生活的轨迹应该是从长江右岸到长江左岸，从长江西陵峡口到今宜昌中心市区。加之，宜昌远古时期是西陵部落的中心地带，

---

① 张正明：《楚史》，湖北教育出版社1995年版，第76—78页。

自古以来这里就称"西陵"。因此，当这里出现城邑后，自然"西陵"称谓便沿袭下来。这应该是"西陵"为何处于长江右岸而又先成为城邑的道理。至于"夷陵"，自然晚于"西陵"。"夷陵"的出现，应该主要是宜昌古城先民从长江右岸迁徙而来的结果。如前所述，"夷陵"称谓缘由在于其所处长江左岸的地形特征，也就是"夷陵"西北有夷山，因此得名。

4. "西陵""夷陵"两座城的结局

通过以上叙述，作为隔江相望的两座城，"西陵""夷陵""何故而建""何时而建""处何方位""孰先而建""因何得名"等问题均已明了。剩下来要叙述的就是"西陵""夷陵"两座城的结局问题。

史籍中对"西陵""夷陵"两座城结局的记载不少。首先，关于秦将白起拔"西陵"的记载，除以上所引《史记·楚世家》中的记载外，《战国策·秦策四》（卷六）和《史记·六国年表》中也有类似记载。《史记·楚世家》中载"二十年，秦将白起拔我西陵"[1]；《战国策·秦策四》（卷六）中载"顷襄王二十年，秦白起拔楚西陵，或拔鄢"[2]；《史记·六国年表》中载"二十年，秦拔鄢、西陵"。其次，关于秦将白起烧"夷陵"的记载，除以上所引《史记·楚世家》中的记载外，《战国策·秦策四》（卷六）与《史记》中的《六国年表》《白起列传》《蔡泽列传》和《平原君列传》中也有类似的记载。《史记·楚世家》中载"二十一年，秦将白起遂拔我郢，烧先王墓、夷陵"[3]；《战国策·秦策四》（卷六）中载"顷襄王二十年，秦白起拔楚西陵，或拔鄢、郢、夷陵，烧先王之墓"[4]；《史记·六国年表》中载"二十一年，秦拔我郢，烧夷陵，王亡走陈"；《史记·白起列传》中载秦昭王二十九年白起"攻楚，拔郢，烧夷陵"；《史记·蔡泽列传》中载白起率师与楚战，"一战举鄢郢以烧夷陵"；《史记·平原君列传》中载毛遂对楚王曰，白起兴师与楚战，"一战而举鄢郢，再战而烧夷陵，三战而辱王之先人"。在这些记载中，楚顷襄

---

①  《二十四史·史记》（一），中华书局1997年版，第1735页。

②  杨冬主编：《中华典籍精荟·史部》（战国策），远方出版社1998年版，第307页。

③  《二十四史·史记》（一），中华书局1997年版，第742、1735页。

④  杨冬主编：《中华典籍精荟·史部》（战国策），远方出版社1998年版，第307页。

王二十一年与秦昭王二十九年，指的都是公元前 278 年。

以上这些记载说明了一个不争的历史事实，这就是"西陵"在公元前 279 年被秦将白起所拔；而"夷陵"则在第二年（前 278 年）又被秦将白起所烧。这就是作为曾是隔江相望的两座城"西陵""夷陵"的最终结局。既如此，那么"西陵""夷陵"被秦将白起先拔后烧又是何种原因造成的呢？

在《史记·白起列传》中有明确记载，讲秦昭王二十八年（前 279 年）"白起攻楚，拔鄢、邓五城"。在这被拔的五城中就包括"西陵"在内。鄢、邓两城在今襄樊、宜城一带，都在长江以北，而"西陵"则在长江以南。在这年拔五城的征战中先拔处于长江左岸的"夷陵"，岂不是与攻伐鄢、邓等城来说更便利吗，为何却要先拔处于长江右岸的"西陵"呢？这或许与秦将白起指挥征战的方法有关。[①]

在《战国策》中有篇白起谈用兵之道的文章，这就是《战国策·中山》（卷三十三）。其中讲到他在攻伐楚国时，之所以敢于"引兵深入，多倍城邑"，原因就在于"掠于郊野以足军食"[②]。就是说白起率军攻打楚国，敢于长驱而入，攻占很多城邑，所采取的就是"掠于郊野以足军食"的以战养战的方法。正是基于此，在公元前 279 年进攻楚国时，面对连拔鄢、邓五城所需时间长、军粮多的情况，白起在对城邑攻略的选择上，自然把利于"掠于郊野以足军食"作为重要因素来考虑。而根据以上关于"西陵""夷陵"所处地域状况的分析，面对隔江相望的"西陵""夷陵"两座城，白起暂且先撇下就近的不毛之地"夷陵"不打，而去先打长江右岸相对富庶的"西陵"，是可以理解的。应该说，这在一定层面上反映了秦将白起先拔"西陵"后烧"夷陵"的缘由。

总之，通过对隔江相望的"西陵""夷陵"两座城相关问题的解读，明确了"西陵""夷陵"曾是宜昌市区隔江相望的两座城，是由"楚之西塞"的区位特征决定的；两城同处西陵峡口两岸，当在公元前 7 世纪楚武王五十年（公元前 691 年）以后；"西陵"处峡口右岸，"夷陵"处峡口左岸；"西陵"早于"夷陵"；"西陵"沿袭远古宜昌称谓而得名，

---

① 《二十四史·史记》（一），中华书局 1997 年版，第 742、2331—2423 页。

② 杨冬主编：《中华典籍精荟·史部》（战国策），远方出版社 1998 年版，第 547 页。

"夷陵"则因西北有夷山而得名。"西陵""夷陵"两座城均被秦军所毁，秦将白起之所以先拔"西陵"后烧"夷陵"，或许是出于"掠于郊野以足军食"的以战养战的考虑。

（三）临江郡在临江坪

宜昌最早的郡称"临江郡"，是三国鼎立之前于建安十三年（208年）由曹操设置的，其郡治就在今宜昌市伍家岗区伍家乡共联村的"临江坪"。

三国时期宜昌"扼荆、蜀之要"的地位，又一次凸显出来。当时，夷陵（宜昌古称）属南郡，为荆州刘表管辖。作为荆、益两州的接合部，夷陵东连荆州，西通巴、蜀。"荆州北据汉、沔，利尽南海，东连吴会，西通巴、蜀，此用武之国"，而"益州险塞，沃野千里，天府之土"，"若跨有荆、益，保其岩阻，抚和戎、越，结好孙权，内修政治，外观时变，则霸业可成"。建安十二年（207年）刘备实现了与诸葛亮的隆中对，分析了天下鼎立之势，确立了跨有荆、益，谋求霸业，振兴汉室的战略。同样，占据江东的孙权也明确了"南荆之地，山川形便，诚国之西势"的方略，认为"图之之计，宜先取黄祖（刘表在夏口的守将——引者注）"，"一破祖军，鼓行而西，据楚关，大势弥广，即可渐规巴、蜀矣"。这里的"楚关"，正是史称"楚之西塞"的夷陵。而此时基本结束中原割据局面的曹操，也开始谋划南征，攻樊城，擒刘备；下荆州，灭刘表；越长江，并孙权，以完成统一全国的霸业。于是，夷陵便在这样的背景下成为曹操、刘备、孙权争夺的重要地带。

建安十三年七月，曹操南击刘表。此时刘表病卒，其子琮为嗣。九月，操至新野，琮遂举州降。时刘备屯樊，琮不敢告。备久之乃觉，但此时操已在宛。刘备大惊，速将其众去。随即曹操将精骑急追之，发动了当阳之战。在当阳之战中失败的刘备，采用前来相会的鲁肃之计，"进住鄂县之樊口"。这样，曹操便占据荆州。曹操占据荆州后，当即就"分枝江以西立临江郡"。曹操收降刘表之子刘琮、击败刘备、占据荆州的当年，便挥戈江东，发动了赤壁之战。但在孙、刘联军配合下，曹军大败。于是，曹操便留下征南将军曹仁、横野将军徐晃守江陵，折冲将军乐进守襄阳，自己引军北还。而周瑜、程普将数万众，与曹仁隔江未战。此间，吴将甘宁请先径进取夷陵，即得其城，因入守之。曹仁则遣兵围甘宁，宁困急，求救于周瑜。瑜从之，大破仁兵于夷陵。接着，瑜乃渡江，屯北岸，与仁相距。建安十四年（209 年）周瑜攻曹仁岁余，所杀伤甚众，致使曹仁委城而走。于是，孙权便要刘备领荆州牧，立营于油口，改名为公安。但刘备以周瑜所给地少，不足以容其众，乃自诣京见孙权，求都督荆州。鲁肃劝孙权以荆州借刘备，与共拒曹操，权从之。① 显然，刘备借荆州的真实用意，在于以荆州为依托，进而伺机占据益州，实现隆中对"跨有荆、益"的战略。借荆州后必占据治所在夷陵的临江郡，从而使地处荆、益之要的夷陵的战略地位凸显。这一切，为刘备立足荆州，进取益州，形成三国鼎立之势，起到促进作用。夷陵之战后，宜昌又为孙权所占。吴黄武元年（222 年）改夷陵为西陵（均为宜昌古称），郡领县的体制没变，还分宜都郡立建平郡。

　　这便是宜昌首设郡制到增设郡领县制以及郡之称谓由"临江郡"到"宜都郡"的演变过程。那么，宜昌首设之郡其治所在何处呢？明代天顺年间李贤等修编的《一统志》中载，临江郡在夷陵州南三十里。《宜昌府志》讲，"今邑临江铺，在城南三十里，犹沿旧称，与《一统志》所载适合"。府志所讲"临江铺"在东湖县（宜昌故称）德智乡，距城南三十里，东连"九溪铺"，南连"高升铺"，西抵大江，北抵"青草铺"②。《湖北省宜昌市地名志》讲这一带是临江平地，因此称"临江坪"，有上、中、下临江坪之分，属伍家公社共联大队管辖，大队部在上临江坪。③ 这说明"临江坪"在今伍家岗区伍家乡共联村。明弘治九年刻本《夷陵州志》在记载魏武帝筑"临江城"的同时，还讲在这里，梁置临江郡及县，后周置临州，隋州郡俱废。④ 总之，这一切表明，宜昌首设之郡"临江郡"的郡治就在今伍家岗区伍家乡共联村的临江坪。

　　对于这一切，《宜昌府志》认为"必非无据"。但在"临江郡"郡治

---

① 司马光：《资治通鉴》（一），岳麓书社 1990 年版，第 759—770 页。

② 宜昌市档案局档案馆、宜昌市地方志办公室整编：清朝同治三年编纂《宜昌府志》，宜昌市档案局 2002 年，第 92、64— 65 页。

③ 湖北省宜昌市地名委员会编：《湖北省宜昌市地名志》，宜昌市地名普查领导小组 1984年，第 178 页。

④ 宜昌市地方志办公室、宜昌市夷陵区委史志办公室整理校勘：明弘治九年刻本《夷陵州志》，《夷陵州志》整理校勘委员会 2008 年，第 96 页。

上，还是更倾向在夷道（今宜都）。府志认为"临江城当在今宜都境"，理由有二：一是前五代《梁书》《周书》及《南史》，皆无地理志，故所置郡县史多无考，对"临江郡"郡治在"临江铺"尚存疑惑；二是郦道元《水经注·江水》载，江水"又东南过夷道县北，夷水从佷山县南，东北注之。夷道县，汉武帝伐西南夷，路由此出，故曰夷道也"。"魏武分南郡置临江郡。刘备改曰宜都。郡治在县东四百步故城，吴丞相陆逊所筑也，为二江之汇也。"① 为此，府志还提供了两条例证：一是"《吴志》：虞忠为宜都太守，晋征吴忠与夷道监陆景及景弟中夏督京，坚守不下，城溃被害，则郡守治所在夷道之证也"。二是"案《宋书·州郡志》，宜都太守领四县：夷道、佷山、宜昌、夷陵。凡县名先书者郡所治也，此宋时郡守治夷道之证"②。而《东湖县志》在"临江郡"及其改称后的"宜都郡"的郡治地望上，则更倾向于在夷陵的"临江铺"，但对在夷道"陆城"的说法又不能否定，于是主张"两存于此，以俟博识"。这样，关于"临江郡"郡治地望问题长期以来便两说并存而疑惑不解。

为此，笔者进行了较为深入的考究，认为"临江郡"及其改称后的"宜都郡"的郡治地望，应该在夷陵而不应在夷道，具体讲，"临江郡"的郡治在夷陵的"临江铺"，即今宜昌市伍家岗区伍家乡共联村的"临江坪"。至于《宜昌府志》倾向于在夷道即今宜都"陆城"的两条理由和两条例证，笔者认为，固然无地理志对考证郡县史多有不便，但并非就是无证可考。似乎《水经注》中的记载为"临江城当在今宜都境"的判断提供了理由，其实正是这一记载却为否定这一判断提供了证据。的确《宜昌府志》中关于宜都太守虞忠的例证，来自《吴书》中的注释，但此注释却是失实的，即便有的县名先书者就是郡之治所，但仍不能说县名先书者就一定是郡之治所。这表明，这两条理由和两条例证，都不能为"临江城当在今宜都境"的判断提供证明。下面笔者就对此具体加以说明。

在以上两条理由和两条例证中，最关键的在于《水经注》的记载这

---

① 郦道元：《水经注·江水》（卷三十四），岳麓书社1995年版，第503页。
② 宜昌市档案局档案馆、宜昌市地方志办公室整编：清朝同治三年编纂《宜昌府志》，宜昌市档案局2002年，第130页。

条理由。因为它明确讲，魏武分南郡所置"临江郡"与刘备改称"宜都郡"，其郡治都在夷道"县东四百步"，为"吴丞相陆逊所筑"的"故城"，其方位处于"二江之汇"，即清江与长江交汇的"陆城"。正是因为这一记载，便造成了即使有明代《一统志》中关于"临江郡在夷陵州南三十里"的明确记载，却仍对"临江郡"以至"宜都郡"郡治在夷陵的史实产生疑惑。显然，要破解这一疑惑，就要对《水经注》中的这一记载进行考证辨析。但《水经注》中的这一记载，材料来源于何处实难考证。这便是长期以来一直影响疑惑破解的症结所在。要突破这一障碍，必须改变研究思路，将《水经注》中的这一记载，与当时历史演变的实际情况，以及相关文史资料，结合起来进行分析比较，研究辨析。结果终于理出了合乎逻辑的线索。

如前所述，夷陵之所以成为曹操、刘备、孙权争夺的重要地带，是由他们均存"跨有荆、益"的战略思想决定的。因此，思考他们设郡的意图，研究所设郡治的地望，就不能脱离这个大的历史背景。首先，面对"跨有荆、益"的战略背景，曹操是心中有数的。南征中，当刘表崩、刘琮降、刘备败，垂手而得荆州后，他便布下了一粒棋子，这就是分南郡枝江以西置"临江郡"，随后方才挥戈江东，发动赤壁之战。这一举动本身就深刻反映了曹操要在吞并孙权之后入益州收刘璋的战略意图。既是如此，那"临江郡"郡治为何不设在"荆、益之要"的夷陵，而要设在夷道呢？退一步说，即便要设在夷道，又为何不设在长江以北的夷道，而要设在长江以南的夷道呢？显然，《水经注》中的这一记载，作为肯定"临江城当在今宜都境"判断的证据，是难以站住脚的。事实上，此间的曹操并没有跨过长江。据《资治通鉴》记载，当阳之战后，曹操便向江陵进军，继而又自江陵率军顺江东下，发动了赤壁之战。[①] 但还未来得及渡过江去，结果就兵败退到南郡，以致最终引军北还。从这个意义上讲，《水经注》中的这一记载，倒是成为否定"临江城当在今宜都境"判断的证据。道理很简单，假如《水经注》中的这一记载成立，那么就与曹操设"临江郡"的意图和曹操并未跨过长江的史实相悖；假如《水经注》中的这一记载不成立，那么就不能成为"临江城当在今宜都境"判断的

---

① 司马光编纂：《资治通鉴》（一），岳麓书社 1990 年版，第 763—766 页。

理由。

其次，面对"跨有荆、益"的战略背景，刘备更是成竹在胸。他"按图索骥"，与孙权联手取得赤壁之战胜利，继而占据荆州，成功实现"跨有荆、益"的第一步。随即就以荆州为依托，改"临江郡"为"宜都郡"，以张飞为太守，使向郎督秭归、夷道、巫山、夷陵四县军民事，迅速控制荆州与益州之间的中间地带，进而亲自率军而上，伺机夺取益州，完成霸业。试想在这样的态势下，刘备会将"宜都郡"的郡治不放在"荆、益之要"的夷陵而放在长江以南的夷道吗？有人会说，刘备不将郡治放在夷道，那为什么要将所置之郡改称"宜都"呢？这完全是牵强附会。固然刘备将所置之郡改称"宜都"，"宜都"之名便始见于史，但这与今宜都地域却并不相干。今宜都地域称谓"宜都"，那是南北朝时陈朝天嘉元年（560 年）的事情，其间相距352 年。再说，刘备将"宜都郡"的郡治放到夷陵，在旧志中也不是一点佐证没有。在《宜昌府志》中就有关于"张飞擂鼓台"的记载，讲"在三游洞顶，土人传飞守郡日督兵于此，今故垒犹存①"。显然，此间的"宜都郡"郡治已从"临江郡"郡治的临江坪移到下牢溪一带。

最后，面对"跨有荆、益"的战略背景，孙权同样是头脑清醒的。最能说明问题的是"陆逊智取荆州"之事，对此《资治通鉴》有详细记载。早在刘备占据荆州之初，周瑜、甘宁等数劝孙权取蜀，但因刘备设阻，孙权不得已才召瑜还。到刘备已经取得益州后，孙权又令中司马诸葛瑾到刘备那里去请求归还荆州诸郡，刘备仍不答应，于是孙权就置长沙、零陵、桂阳三郡长吏前去接管，结果又被关羽全都赶走。最后，孙权就派吕蒙督兵来取三郡，刘备则自蜀亲至公安，遣关羽争三郡。但此时听到曹操将攻汉中，刘备惧失益州，便求和于孙权。遂分荆州，以湘水为界，长沙、江夏、桂阳以东属权；南郡、零陵、武陵以西属备。② 这样，双方争执才被搁置。应该说，当时刘备所借荆州，仅为江陵南郡，并不是刘备占有的荆州都是孙权借给的。现在既分荆州，按理说借荆州

---

① 宜昌市档案局档案馆、宜昌市地方志办公室整编：清朝同治三年编纂《宜昌府志》，宜昌市档案局 2002 年，第 92 页。

② 司马光编纂：《资治通鉴》（一），岳麓书社 1990 年版，第 783—784 页。

的问题也算解决了。因为赤壁之战后的荆州，并非仍像刘表时的一统天下，为曹、刘、孙哪方独占，而是被三方共占。曹操占据襄樊一带，孙权占据夏口一带，刘备则占据江陵及其西南诸郡。这说明，赤壁之战后的荆州处于三国纷争之中。但是，争荆州的实质在于争益州。能否占据益州，关键又在于是否占据夷陵。曹虽占据襄樊，为进取孙、刘提供了依托，但并不能从夷陵取道益州，而只能通过汉中进取益州。后来汉中又为刘备所占，于是曹取益州的通道遭到阻塞。孙权将江陵南郡借给刘备后，同样也使自己进取益州的通道受阻。对此，孙权始终耿耿于怀。刘备借据江陵南郡后，便与夷陵连成一片，进取益州捷足先登。从这个意义上讲，争夺荆州实质又在于争夺夷陵。现在孙、刘虽分荆州，以湘水以东属权，来缓解借据江陵南郡的矛盾，但在孙权看来，问题的实质并未解决，他是想要重新占据江陵南郡，进而占据夷陵，以打通益州通道。因此，孙权并不以此为满足，他要等机会夺占刘备的全份荆州。① 建安二十四年（219 年）七月，关羽北上攻樊。孙权利用这个机会，以吕蒙病笃为由，露檄召蒙还，并以不出名的陆逊取而代之，屯陆口。在陆逊的麻痹下，羽意大安，无复所嫌，稍撤兵以赴樊。随即，孙权令吕蒙偷袭荆州，并占领夷陵至秭归，以陆逊领宜都太守，屯夷陵，守峡口。关羽自知孤穷，乃西保麦城，当年十二月于章乡被孙军擒而被斩。孙权取得刘备所占荆州后，复以刘璋为益州牧，驻秭归。② 孙权跨有荆、益的意图昭然若揭。从"陆逊智取荆州"之事可以看出，孙权对"荆、益"也是志在必得的。夷陵之战后，孙权在黄武元年便改夷陵为西陵，不改郡领县的体制，日后还分宜都郡立建平郡，加大对这一地带的控制力度。试想在这样的情况下，孙权还会将"宜都郡"的郡治不放在"楚关"夷陵而放在长江以南的夷道吗？事实上，旧志对宜都太守陆逊驻守夷陵之事同样也有记载。《东湖县志》在"山川志"中介绍"西陵山"时写道："西陵山在社林铺，县西北十五里，蜀江之险始此。《方舆览胜》载，吴

---

① 白寿彝总主编：《中国通史·三国两晋南北朝时期》（第五卷），人民出版社 1995 年版，第 145 页。

② 司马光编纂：《资治通鉴》（一），岳麓书社 1990 年版，第 792—797 页。

陆逊守峡备蜀即此。"①

　　总之，联系"跨有荆、益"的战略背景，将历史演变的情况与文献资料的记载结合起来分析比较，就不难看出"临江郡"及其改称后的"宜都郡"的郡治地望，应该在夷陵而不应在夷道。而《水经注》中的这一记载，不仅不能为"临江城当在今宜都境"的判断提供理由，反倒为否定这一判断提供了证据。其实，就《水经注》中的这一记载本身而言，也是存在纰漏的。《水经注》这一记载中的"陆城"资料，固然为"临江城"在长江以南夷道的判断提供了佐证，但也暴露了这一佐证本身的"硬伤"。因为在《夷陵州志》中明确记载，"陆城"是三国时吴陆逊据蜀于此所筑。② 这表明，曹操的"临江郡"和刘备的"宜都郡"郡治在前，而陆逊所筑的"陆城"在后。称在后的"陆城"为在前的"临江郡""宜都郡"郡治的"故城"，显然是不合适的。当然，可能有人会说，《水经注》中所说"故城"是相对郦道元作注时所讲的夷道城而言的，并不是相对曹操的"临江郡"和刘备的"宜都郡"郡治而言的。果真如此，那么这个"故城"，就与"临江郡""宜都郡"郡治之间没有任何必然联系，因此就不能为"临江城当在今宜都境"的判断提供证据，《水经注》中的这一记载的价值也就不存在了。

　　对《宜昌府志》为"临江城当在今宜都境"的判断所提供的两条例证的考究，同样可以按这样的思路展开。的确，在《宋书·州郡志》中，有"宜都太守领四县：夷道、佷山、宜昌、夷陵"的记载，并且有的县名先书者确实就是郡之治所。但仅以"县名先书者"作为刘宋时郡守治夷道的证据，则是片面的，因为这与事实不符。《宋书·州郡志》中，在记载"宜都太守领四县"的同时，还记载了两条重要的信息：一是刘宋朝代的"宜都郡"，与曹操的"临江郡"、刘备和孙权的"宜都郡"都是一脉相承的。有了这个记载，研究"宜都郡"郡治的地望问题就不会出现歧义。只要弄清了刘宋时"宜都郡"郡治的地望问题，曹操的"临江

　　① 宜昌市史志办、夷陵区史志办、西陵区地志办校勘整理：清同治三年续修本《东湖县志》，宜昌市委党史（地方志）办公室 2012 年，第 81 页。

　　② 宜昌市地方志办公室、宜昌市夷陵区委史志办公室校勘整理：明弘治九年刻本《夷陵州志》，《夷陵州志》整理校勘委员会 2008 年，第 23 页。

郡"、刘备和孙权的"宜都郡"郡治的地望问题，也就迎刃而解了。二是
刘宋朝代"宜都郡"的郡治，"去州水三百五十里，无陆"①。当时的
"宜都郡"属"荆州"管辖，"宜都郡"的郡治，距离"荆州"的州治水
路为三百五十里，没有陆路。根据这个记载，只要将其与"夷陵"和
"夷道"同州治间的距离加以比较，"宜都郡"的郡治到底是"夷陵"还
是"夷道"就会一目了然。《明史》中有夷陵同荆州间距离的记载，讲
"夷陵州治夷陵县"，"东距府三百四十里"②。当时的"夷陵州"属"荆
州府"管辖，夷陵州的州治夷陵县距离荆州府三百四十里；而《夷陵州
志》中有宜都（夷道的改称）同夷陵间距离的记载，讲"宜都北至夷陵
州界五十里，自县治西北至本州九十里"③。当时的"宜都"属"夷陵
州"管辖，宜都至夷陵州界五十里，宜都县治至夷陵州治九十里。通过
比较，不难看出"夷陵州"的州治夷陵县与荆州间的距离，同"宜都郡"
的郡治与荆州间的距离基本上是相等的。而宜都也就是"夷道"的县治
与荆州间的距离，则同"宜都郡"的郡治与荆州间的距离则相差九十里。
这充分说明，刘宋时期的"宜都郡"的郡治在"夷陵"，而不在"夷道"
也就是明代的"宜都"。当然，"夷陵州"的州治夷陵县与荆州间的距离，
同"宜都郡"的郡治与荆州间的距离，其间相差十里的路程，这是因夷
陵县治的迁徙造成的。在刘宋时夷陵县治仍在下牢溪一带，而到明代夷
陵县治则在今宜昌中心市区，即清代东湖县治。这其中的水路里程就在
十里左右。

至于《宜昌府志》中关于宜都太守虞忠的例证，看起来似乎确有些
难以置疑。但是在考证中，笔者把查阅"虞忠传记"与了解"王濬下益
州"的史实结合起来，结果辨析的难度就化解了。在《三国志·吴书》
虞翻传中提到虞忠，在注释中引《会稽典录》对其生平事迹作了介绍，
其中讲虞忠任宜都太守时，"晋征吴，忠与夷道监陆晏、晏弟中夏督景坚
守不下，城溃被害"④。这说明《宜昌府志》中关于虞忠的例证，尽管在

---

① 《二十四史·宋书（州郡志）》（五），中华书局1997年版，第1120页。

② 《二十四史·明史（地理志）》（十九），中华书局1997年版，第1082页。

③ 宜昌市地方志办公室、宜昌市夷陵区委史志办公室整理校勘：明弘治九年刻本《夷陵州志》，《夷陵州志》整理校勘委员会2008年，第5页。

④ 《二十四史·三国志》（三），中华书局1997年版，第1327页。

人物姓名上有某些出入，但基本内容则是与《吴书》中的这一注释相符的。但是《晋书》（王濬传）中对此也有记载，而且记载更为详细，讲"太康元年正月，濬发自成都。""二月庚申，克吴西陵，获其镇南将军留宪、征南将军成据、宜都太守虞忠。壬戌，克荆门、夷道二城，获监军陆晏。乙丑，克乐乡，获水军督陆景。"记载中克城的时间由"庚申"到"壬戌"再到"乙丑"，先后顺序一目了然。另外，注释对此记载还作了两点说明：一是引《武纪》讲"成据"应作"成璩"；二是引《武纪》讲"获"应作"杀"①。对此，《宜昌府志》在"虞忠传"中也有记载，讲"虞忠代王歧为宜都太守"，"王濬伐吴克西陵，忠与镇南将军留宪、征南将军成璩、西陵监郑广皆坚守不降，城破被执，死之"②。通过对以上资料的比较，不难看出宜都太守虞忠的确是守郡治西陵（夷陵改称）时牺牲的，而不是守夷道时牺牲的。《宜昌府志》中为肯定"临江城当在今宜都境"的判断所提供的有关宜都太守虞忠的例证，与其在"虞忠传"中的记载是相悖的。当然，这种相悖是《三国志·吴书》中有关虞忠注释与《晋书》王濬传中相关记载之间相悖的反映。显然，《晋书》王濬传中有关虞忠为守西陵而牺牲的记载是真实的，为宜都郡郡治在西陵也就是夷陵提供了证据。相反，《三国志·吴书》中有关虞忠的注释则是失实的，不能作为宜都郡郡治在夷道的证据。因此，《宜昌府志》以《三国志·吴书》中有关虞忠的注释作为"临江城当在今宜都境"的例证，是不能成立的。

　　总之，通过对《宜昌府志》为"临江城当在今宜都境"的判断提供的两条理由和两条例证的考究，说明曹操首置"临江郡"、刘备改置"宜都郡"、孙权承置"宜都郡"，其郡治都在夷陵，而不在夷道，其中，曹操所置"临江郡"郡治在夷陵县"临江铺"，即今宜昌市伍家岗区伍家乡共联村的临江坪。

　　（四）明清两朝夷陵城

　　明代洪武十二年（1379 年），夷陵古城由土垒城邑改建为砖砌城邑，

---

① 《二十四史·晋书》（四），中华书局 1997 年版，第 1209、1221 页。

② 宜昌市档案局档案馆、宜昌市地方志办公室整编：清朝同治三年编纂《宜昌府志》，宜昌市档案局 2002 年，第 559 页。

将宜昌城邑建设推向了巅峰，开启了明清两朝夷陵城邑的崭新面貌。此间城址稳定、城池扩大、城质坚固。因此，明清夷陵古城成为宜昌古代城邑成熟的标志。

1. 古城城池修砌

明代夷陵古城城墙，是由守御千户所许胜、知州吴冲霄、绅士易思、陈永福等率众，在唐代夷陵旧城的基础上修葺而成的。城垣高二丈二尺，周围八百六十三丈，城墙垛口三千九百零三垛。城墙东南北三面挖有城濠，壕沟阔四丈五尺，深二丈，濠内引溪水灌之。西面城墙濒临大江，借江险护城。城筑八门，正东有东湖门，东北有小东门，正南有南藩门，西南有文昌门，正西有西上门，西北之西有西塞门，正北有北望门，西北之北有北左门。① 明成化四年（1468 年），知州周正、千户常垕在原城墙的基础上增高加厚。完工后城墙高五丈，城外砌石，横直勾连，彼此相制。城墙内筑土为卧羊城，下绕以围，堪容走马。崇祯十七年（1644 年）甲申三月八日，张献忠自荆入彝，聚城 19 天，城内建筑遭焚。

到清代，夷陵古城又多次重修。清顺治十三年（1656 年）拨专款，委任彝陵左营游击张琦修葺，城垣方有启闭。次年，总镇张大元及知州孔斯和捐赀重修。重修后的"城门由原八门，减为七门，名称也有改变，正东东湖门，改称大东门；正南南藩门，改为大南门；西南文昌门，改称小南门；正西西上门，改称中水门；西北之西西塞门，改称镇川门；西北之北北左门，改称小北门；正北北望门，改称大北门。原东北小东门，因阴阳风水先生称不吉利，遂闭其门，且为台以镇之，称威风台"②。自康熙朝代始，历代都对古城进行过重修，《宜昌府志》中有记载的就多达八次。康熙三年（1664 年），淫雨弥月，城邑遭毁。为此，知州鲍孜于康熙六年对城邑组织了修缮。雍正五年（1727 年），连下大雨，城邑倒塌160 丈，知州何广廷奉文发帑兴修。乾隆二十四年（1759 年），城垛陆续倒塌 210 丈，城墙、垛口均倒塌 41 丈多，知县蔡本椊祥请帑银进行了重修。时隔两年又倒塌城垛 64 丈多，城墙三段 10 丈多，小北门一座城楼也

---

① 宜昌市档案馆、宜昌市地方志办公室整编：清朝同治三年编纂《宜昌府志》，宜昌市档案局 2002 年，第 132 页。

② 同上。

倒塌了，知县林有席又祥请帑银进行了修缮，事后还作了记文。道光二十六年（1846 年），东门城楼毁坏，前任知府陈熙晋进行了重修，事后还建有碑记。咸丰二年（1852 年），南门城楼损坏，时任中丞、前任县令严树森进行了增修，也建有碑记。咸丰十年（1860 年）夏，长江发大水，城垣被淹，东门内被毁 5 丈多，小南门外被毁 6 丈多，前任署令刘浚通过劝捐对城邑进行了修复。夷陵古城最后一次大的修缮活动，是同治元年（1862 年）。此次修缮是在前任署知府唐协和的倡导下进行的，并建有碑亭。① 此后由于年久失修，夷陵古城便日趋秃旧。

2. 古城街巷肌理

如前所述，明清夷陵古城不大，仅占地 1 200 亩左右。南北向长有 3 里多，东西向短仅 1 里多。城内有 40 多条街巷。民宅为明清硬山式建筑风格。城内街道都很狭窄，闹市区之外的街巷很污秽，低则水窟，高则土山，人走拥挤，车行冲撞，紊乱不堪。城外较为荒凉，沿江一带多为坐河朝坡的吊脚楼。

城内街巷肌理"两直两横"。与长江平行的街巷称"直"，一条直街自大北门至南门后街，东为白家巷，西为报恩寺街，通小北门外，再东为射厅巷，通弥罗宫，过鼓楼街，西为九拐巷，通白衣庵街，再过大十字，至天官牌，西有小巷通艾家巷，出南正前街，东有小巷通红土地庙巷，通学院后墙，抵城濠，再下至小十字东，为学院街内，南走有白蜡树巷北走有桐树巷，又西为府学宫街，通小南门。另一直街自小北门至大南门，东有萧家巷，通忠义街，西有小巷抵城墙，即所堂街出水处，再东为九拐巷通北正街，出天官牌坊，再下至街口，东为府学宫街，西为小南门。

与长江垂直的街巷称"横"，一条横街大东门至镇川门，北有火神庙，旁小巷通双堰塘，南为星街，再北为弥罗宫巷，通县城隍庙，再南为墨池巷，通府城隍庙街，再过鼓楼，北首为忠义街，通武庙，再下，南为白衣庵街，北为所堂街。另一条横街自府署前至中水门，北为星街，再北为墨池巷，同东正街，南为桐树巷，通学院街，巷中有小巷通龙王

---

① 宜昌市档案局档案馆、宜昌市地方志办公室整编：清朝同治三年编纂《宜昌府志》，宜昌市档案局 2002 年，第 132—133 页。

堂，再北为半头巷，再南为中书巷，通红土地庙横巷，再过大十字街，至县署前，南为艾家巷，通天官牌坊，再下，北为白衣庵街，南为太平街。古城内外四面街道贯通。东门外有四贤街，连接六一书院，与北道贯通；西门外有河街，上至小北门，下至小南门；南门外有奎楼街，连接茶亭；北门外有长街，石子岭。

城中地下排水沟道密布。随着城中街道纵横如织，城内地下排水沟道也相应密布。旧时城里修有五大沟道，分别为板桥溪、水神庙、流水沟、中水门和文昌门。各街也有小沟，都汇集到大沟之中，再注入到长江之中。就大沟走向来说，汇入板桥溪（小北门）入江的有四处。一是自县学至板桥溪，明水绕县学前横过，转弥罗宫巷，走县城隍庙前。一水归双堰塘，也由县城隍庙山墙外汇合东门之水，过镇署后，向西北，又汇北门之水，走报恩寺，转出小北门外板桥溪入江。二是自府辕至板桥溪，府辕及星街，以墨池前门为界，上截明水，朝县学下，截至墨池书院后巷内新沟，北流汇弥罗宫。其中台街小沟也汇弥罗宫，一起流经城隍庙，出小北门，板桥溪入江。三是自正川门至小北门，正川门街北大沟，经东至鼓楼，下转北，会中营镇辕西小北门入江。四是自北正街至小北门，北正街东，上截水经鼓楼，下转东汇弥罗宫巷，出小北门入江。汇入水神庙、流水沟、中水门、文昌门入江的各有一处：汇入水神庙入江的自所堂街至水神庙，至所堂街上下街水，汇城墙巷中阳沟，归城外水神庙入江；汇入流水沟入江的自正川门至流水沟，正川门南大沟，接北正街西，上截沟水，走北衣庵街，穿民房，经镇江阁，出流水沟入江；汇入中水门入江的自北正街至中水门，北正街东西下截及府城隍街，上下四旁之水，具汇大十字，出中水门入江；汇入文昌门入江的自天官牌坊至文昌门，天官牌坊，中书学院，分府东岳等街，及南正街上下截水，具汇小十字大沟，穿城出文昌门外入江。①

3. 古城商贸帆立

宜昌是长江中上游重要的物资集散地，水上运输、码头装卸、市区商业是其主流经济。凭借长江黄金水道和川鄂咽喉的地理条件，宜昌古

---

①　宜昌市档案局档案馆、宜昌市地方志办公室整编：清朝同治三年编纂《宜昌府志》，宜昌市档案局 2002 年，第 108—109 页。

城商业很早就相当发达。城中的鼓楼街、锁堂街（尔雅街）、二架牌坊（新民街）一带，是当时宜昌的商业中心。盐税号、土税号、钱庄等大多集中在锁堂街；绸缎、布匹、杂货、百货、药材、酱园等店铺多集中在鼓楼街、二架牌坊、南门外正街、北门外正街和东门外正街。这里地处城门口，是城乡物资交流的重要场所，生意特别兴隆。河街是商行、货栈的交易市场。紫云宫以榨油坊为最多，油籽船停靠三江江边交易。板桥河街设有青果行。镇江阁为米市专用码头。镇川门、中水门江边停有煤、砖船。坡上有商贾交易，河下有木船停泊。上河街、下河街以粮食、土布、瓷器和其他行户居多。其时宜昌全城商户 1 300 多家。① 古城商业也靠帮口经营。由于宜昌地理条件优越，吸引外地客商来宜投资，于是逐渐形成各帮势力，全城商业行帮兴盛发展，至近代全城商业行帮兴盛发展，已有四川帮、江西帮、浙江帮、湖南帮、安徽帮、汉阳帮、咸宁帮、山陕帮、黄孝帮、广东帮以及扬州帮、施南帮和宜昌本地帮，统称宜昌商场十三帮。② 在这十三帮中除后三帮外，都在城建有会馆。宜昌商会成立前，凡商界重大事项，都由十三帮会首集会商议而定。

## 第三节   起肇变迁中的宜昌古城文化

历史悠久的宜昌市，是古代巴文化的摇篮、楚文化的发祥地。这里是伟大的爱国诗人、世界文化名人——屈原以及民族友好的使者——王昭君的故乡。这片神奇的土地，曾创造了延续二千余年的军事文化，记录了无数古往今来的历史名人，形成了天下称奇的古城周围山川形胜。历朝历代三十多位赫赫有名的文学家、诗人、学者都在这里留下了不朽诗篇。"古代贬官文化"更是宜昌文化的一景。名人、名山共同构成辉煌的古城文化。

### 一   名人成就历史文化名城

宜昌地杰人灵，历史上诸多重大事件与此关联，诸多重要人物与此

---

① 宜昌市政协文史委编：《宜昌市文史资料》（第 1 辑），1982 年，第 61—62 页。

② 同上书，第 66—68 页。

结缘。文人墨客多会于此，留下诸多不朽华章，沉淀丰厚历史文化，造就著名历史文化名城。正是这些名人旧事构建了古城夷陵沧桑变迁中的文化脉络，缅怀古城名人风采、名流风骚、名事风韵、名宦风貌，便能领略传承至今的宜昌古代文化意境。

（一）名人风采

1. 屈原精神光耀中华

屈原，名平，原是他的字，公元前 340 年出生于战国时期楚国秭归（今宜昌市秭归县）的乐平里。秭归是个古老的地名，在战国后期，这里曾有过两个称谓，一个叫归乡，一个叫秭归，都与屈原放逐之事有关。袁山松说："父老传言，屈原既流放，忽然暂归，乡人喜悦，故名曰归乡。"又说："屈原有贤姊，闻屈原放逐，亦来归，喻令自宽全。乡人冀其见从，故名曰秭归。"袁山松解释说："秭，亦姊也。"① 袁山松曾任过宜都（今宜昌）太守，又精通古地理，对这一带比较熟悉，所说当有根据。唐代诗圣杜甫有诗曰："若道土无英俊才，何得山有屈原宅？"说明杜甫对屈原出生秭归也是确信不疑的。

屈原是一位伟大的政治家、思想家。司马迁在《史记·屈原列传》中评价他"明于治乱，娴于辞令"。因此，从政时屈原"入则与王图议国事，以出号令；出则接遇宾客，应对诸侯"②，深受楚怀王的信任，曾担任左徒（相当于副宰相）的重要职务。其间，他一方面奉令起草"宪令"，另一方面两次出使齐国，合纵抗秦，收复失地，使楚国内政外交取得重要成就。但因他的改革主张触动了腐朽贵族集团利益，所以"遭谗人而疾之"，致使楚王逐渐疏远了他，进而被罢官放逐。但屈原对其改革政治，修明法度，举贤授能，合纵抗秦，进而统一中国的政治理想，却矢志不渝，成为战国末期重要的政治家和思想家。

屈原是一位伟大的诗人。我国古代文学史上诗歌传统极其悠久。《诗经》之后，我国古代诗坛沉寂了 200 年，直至屈原，又才出现了诗歌发展的新高峰。他汲取借鉴楚国民间文学精华，创造了"楚辞"这一具有浓厚地域特色的新诗体，在我国文学史上具有划时代的重大意义。作为

---

① 陈子展：《楚辞直解》，江苏古籍出版社 1988 年版，第 449 页。
② 《二十四史·史记》（一），中华书局 1997 年版，第 2481 页。

代表作家,他创作的《离骚》《天问》《九歌》《九章》等诗作,是"楚辞"中的不朽篇章。屈原成为我国文学史上第一位伟大诗人。从此,我国文学的尊称,便在"风"字后面加上了"骚"字,使"风骚"成为文学的代名词。

屈原是一位伟大的爱国志士。他热爱祖国,同情人民,追求理想,持正不阿,为了祖国的前途命运,与误国、卖国的腐朽贵族势力不屈地斗争了一生,最后为殉自己的理想,表明自己至死不离祖国的决心,而投汨罗江自尽,终年 62 岁。屈原这种深厚执着的爱国热情,在政治斗争中坚持理想、宁死不屈的精神,为后世所景仰。

屈原不仅是中华伟人,而且是世界名人。他得到中国人民的热爱,也赢得世界人民的尊敬。1953 年世界和平理事会尊屈原与哥白尼、拉伯雷和马蒂一并为世界文化名人。这是屈原的骄傲,也是家乡人民和中国人民的骄傲。

2. 昭君出塞民族和亲

地处长江西陵峡的北岸,有座依山带水的村庄,名叫宝坪村,原称烟墩坪,又称王家湾,秦汉时属南郡秭归,三国吴景帝永安三年(260年)后,属兴山县。这里,就是出塞和亲的王昭君的故里。

昭君出身于"良家子",善弹琵琶。据考证,昭君父亲叫王襄,字忠。王襄在东汉文学家蔡邕的作品《琴操》中被称为王嚷。昭君入宫后,王襄被封为越州太尉。昭君母亲叫周氏。昭君有个哥哥,生有二子,一个叫王歙,一个叫王飒。王莽当政时,都被封官,王歙被封为和亲侯,王飒被封为展德侯,都与昭君出塞有关联,两兄弟曾四次出使匈奴。

昭君是在汉"元帝时,以良家子选入掖庭"①,而成为宫女的,时年16 岁。昭君名垂青史,非为宫女,而是因自愿请行出塞大漠,而成为我国古代民族和亲的伟大使者。

汉元帝竟宁元年(前 33 年)匈奴呼韩邪单于再次入朝,"自言愿婿汉代以自亲"。于是,"帝敕以宫女五人赐之"②。这样,昭君便出塞和亲。

昭君出塞后,呼韩邪单于封她为宁胡阏氏,称昭君是给匈奴带来安

---

① 《二十四史·后汉书》(三),中华书局 1997 年版,第 2941 页。
② 同上。

宁的皇后。婚后昭君为呼韩邪单于生下一个儿子，名叫伊屠智牙师，深受单于宠爱，被封为右日逐王。但两年后呼韩邪单于去世，其大阏氏的长子雕陶莫皋继位，称复株累单于。昭君又改嫁为复株累单于的阏氏。复株累单于娶昭君为妻后，立即派自己的儿子右致卢儿王醯谐屠奴侯入汉朝侍奉，继续与汉室友好相处，使得呼韩邪单于和汉元帝的友好之约，在匈奴王更替之后，得以延续。千百年来，文人写昭君，百姓谈昭君，关于昭君的传说、故事、诗歌、散文、画卷、戏曲为巾帼之最。

　　民族和亲伟大使者昭君是家乡人民的骄傲。千百年来家乡人民怀念昭君，汉时在昭君村附近就建有昭君祠。《兴山县志》载："昭君祠，县南一里，汉建久废。"后建昭君庙，《归州志》载："明妃庙在州北四十里。"因思念昭君，乡人还筑昭君台，《范石湖集》载："昭君台在兴山，乡人怜昭君，筑台望之。"《清统一志》也载："昭君村在兴山县南，有昭君院，又有昭君台。今县南一里妃台山即其地也。"① 昭君台始建于宋，历代毁而复建，清同治初复建的昭君台毁于民国初年。今昭君台系1980年于旧址重建。昭君台是兴山古八景之一，在这里可领略"妃台晓日"胜景。② 昭君村的这些古代胜迹，作为乡亲缅怀昭君祭地的同时，也引来历代文人墨客为之吟诗作文，积淀起丰厚的昭君文化，成为宜昌历史文化的奇葩。今天，昭君家乡的人民又在昭君村仿明清建筑，建起了昭君纪念馆，定会使昭君文化传承光大。

　　3. 欧阳修事业起夷陵

　　欧阳修，字永叔，号醉翁、六一居士。北宋吉州庐陵（今江西吉安市）人。举进士，累官至参知政事，卒谥文忠，是我国北宋著名的政治家、杰出的文学家和通知古今的学者。宋仁宗景祐三年（1036年），欧阳修为范仲淹被贬之事仗义执言，写下《与高司谏书》，而被以"移责谏臣""显露朋奸之迹"的罪名，贬谪峡州任夷陵县令。当年五月，欧阳修"自京师，沿汴、绝淮、泝江"，历时一百一十多天，行程五千余里，于十月二十六日来到夷陵。宝元元年（1038年）三月又离开夷陵移任乾德

----

　　① 林永仁：《昭君和亲源流考》，宜昌市炎黄文化研究会2002年，第52、22页。
　　② 宜昌地区地方志编委会编：《宜昌地区简志》，1986年，第313页。

县令。① 其间贬谪夷陵的时间仅一年零十个月。欧阳修虽然贬谪夷陵时间不长，但其作为却不少。在历志、政事、文史等方面都建树颇丰，尤其是其夷陵诗文不仅是他文学成就中的重要组成部分，而且是他留给宜昌人民宝贵的精神财富。

"庐陵事业起夷陵"，这是清代诗人袁枚《随园诗话》中就贬谪夷陵对欧阳修一生事业带来的影响所作出的评价。这个评价是恰如其分的。欧阳修贬谪夷陵前处于三十而立、入仕之始、文坛初露的时期。这说明此时的欧阳修尚处于事业发展的起点。而贬谪夷陵就发生在他人生的这一关键时期，成为他人生的关节点。这对他来说，既是逆境，又是历练，对其而后事业的发展影响至深。欧阳修在应对这一严峻挑战中，赢得了其后发展的有利条件。

(二) 名流风骚

1. 杜子美结缘宜昌城

唐代诗人杜甫，字子美，自称少陵野老，祖籍襄阳（今属湖北），生于唐睿宗太极元年（712 年），自幼好学，知识渊博，颇有政治抱负。唐玄宗开元后期，举进士不第，漫游各地，天宝三年（744 年）在洛阳与李白相识，曾寓居长安（今属陕西）近十年，后移家成都，筑草堂于浣花溪上，世称浣花草堂。晚年携家出蜀，后病故于湘江途中。

历史上，诸多唐代迁客骚人会于宜昌古城，都曾留下诗文，但其中当数诗圣杜甫与宜昌（时称夷陵）结缘更厚。这在刘宝康的《杜甫与夷陵》中已有具体介绍。② 杜甫是西晋杜预的后裔，其系谱第八代为杜叔毗，第十三代即杜甫。杜叔毗，字子弼，"仕梁为宜丰侯"，入北周后曾在硖州（今宜昌）任刺史达十年之久。北周武帝天和二年（567 年）杜叔毗在随北周军入南朝时，被陈军俘杀。否则杜叔毗很有可能就定居硖州了。后因杜叔毗之孙杜依艺任隋朝巩县令，便落籍为巩县人。杜甫对国史、家史都很熟悉，故心中对夷陵（即硖州）怀有特殊感情。

杜甫在唐代宗大历二年（767 年）秋天所作《秋日寄题郑监湖上

---

① （宋）欧阳永叔：《欧阳修全集》，北京市中国书店 1986 年版，第 4—5 页。

② 刘宝康：《杜甫与夷陵》，载刘开美等主编《宜昌历史述要》，湖北人民出版社 2005 年版，第 160—164 页。

亭三首》第二首中，称郑审人如晋代潘岳淡荣名，才比汉代贾谊还要高，表示愿意和他作邻居，表明杜甫想在夷陵定居。但终因故未能如愿以偿。此间杜甫与硖州（今宜昌）刺史刘伯华也有联系。刘伯华祖父刘允济与杜甫祖父杜审言都是武则天时的著名诗人，二人互相唱和为诗坛好友。同年杜甫也为刘伯华写下了《寄刘硖州伯华使君四十韵》。

唐代宗大历三年（768 年）阴历正月末，杜甫乘木船离夔州沿江东下。船行共历一两个月以上，沿途多所停泊。船经夷陵曾登岸，接受当地官员宴请，写下《春夜硖州田侍御长史津亭留宴》："北斗三更席，西江万里船。杖藜登水榭，挥翰宿春天。白发烦多酒，明星惜此筵。始如云雨峡，忽尽下牢边。"同年三月，杜甫合家到达江陵，暂住在杜位宅内。其间，曾到夷陵古城，在郑审庄园一道游览南湖，写下《暮春陪李尚书李中丞过郑监湖亭泛舟得过字韵》一诗。此诗成为杜甫与夷陵的缘诗。

2. 苏东坡夷陵存华章

苏轼，字子瞻，东坡居士是他的号，眉州眉山（今四川眉山）人，生于宋仁宗景祐元年（1034 年），卒于宋徽宗建中靖国元年（1101 年）。苏东坡是继欧阳修之后北宋中期文坛的领袖，具有多种艺术才能，诗、词、散文创作"独步天下"，文学上也有着杰出的革新创造，与父苏洵、弟苏辙，同居"唐宋八大家"之列，被并称为"三苏"。苏东坡夷陵存华章，使他与宜昌结下一段深厚的情缘。

嘉祐四年（1059 年），苏东坡与弟弟苏辙在父亲苏洵带领下，从眉州赴汴京受任。父子三人乘船，沿岷江、长江而下，经嘉州（今四川乐山）、宜宾、渝州（今重庆市）、忠州，入夔州（今奉节），出三峡，至江陵，然后走陆路北上到达汴京，历时三个月（1059 年 11 月至 1060 年 2 月）。其中，在舟行三峡时，苏东坡父子三人对峡中风物多有吟诵。到达江陵时，他们将百篇诗文集结为著名的《南行前集》。此集现存诗文 80 首（篇），其中苏东坡就写有诗 42 首、赋 2 首。《南行前集》在"三苏"文学历程中第一次系统吟咏了长江三峡，体现了其"有触于中而发于咏叹"的风格。而苏东坡的三峡诗则是其早期诗歌的代表作，堪称苏东坡诗歌创作的"光辉起点"①。

当舟行三峡进入今宜昌地段后，苏东坡父子所写诗文，便成为留存宜昌的不朽华章。《牛口见月》《屈原庙赋》《昭君村》《新滩阻风》《新滩》《黄牛庙》《蛤蟆碚》《出峡》等是苏东坡留在三峡宜昌段的代表作品。

舟出三峡，来到夷陵（今宜昌市区）。苏东坡父子在这里不仅给宜昌人民留下脍炙人口的诗篇，而且与宜昌人民结下不解之缘。"彝陵多名山，彝山多名洞。三游最著名，喧传自唐宋。"清代龚绍仁的《龙洞歌》道出了其中的原委。2004 年 4 月 28 日，为纪念"前三游"1 185 年，宜昌市三游洞管理处故地承办了首届三游洞诗文吟赏会。如今，三游洞以其深厚的文化底蕴，成为全国重点文物保护单位。

3. 陆放翁游览宜昌景

陆游，字务观，放翁是他的号，山阴（今浙江绍兴）人，是我国文学史上著名的伟大爱国诗人，仅一首绝笔《示儿》，就将其至死仍盼收复故土、统一祖国的强烈情感表达得淋漓尽致。陆游是我国古代创作诗歌最多的诗人，仅流传下来的诗篇就多达 9 300 首，在南宋前期享有盛名，位居"中兴四大诗人"之列。他的诗作具有现实主义与浪漫主义结合的艺术风格，被杨万里称为"重寻子美行程旧，尽拾灵均怨句新"。

本来陆游与宜昌远隔千里，素昧平生，但就因他出入四川，于宋孝宗乾道六年（1170 年）十月六日入今宜昌地界往返三峡，途经宜昌，记下宜昌山川形胜，录下宜昌风景名胜，留下宜昌珍贵诗篇，便永远地与宜昌结下不解之缘。

（三）名事风韵

1. 嫘祖教民养蚕缫丝

嫘祖，又称雷祖、儽祖、累祖。嫘祖是与黄帝齐名的"人文女祖"。司马迁在《史记·五帝本纪》中载："黄帝居轩辕之丘，而娶于西陵之女，是为嫘祖。嫘祖为黄帝正妃，生二子，其后皆有天下。"②

"黄帝布野"划九州时，有八陵之说。今宜昌就处于当时西陵的中心

---

① 胡德才主编：《三峡文学史》，四川出版集团巴蜀书社 2011 年版，第 242、262 页。

② 《二十四史·史记》（一），中华书局 1997 年版。

地域。西陵之女嫘祖便生长在今宜昌的这片土地上。在夷陵区三斗坪黄陵庙的腰子堖，黄牛山东麓海拔 700 多米处的悬崖上，有一洞穴。洞内宽阔，面临长江，洞门高 30 米，宽 18 米，洞深近千米。洞有泉清洁可饮。传说黄帝和嫘祖曾在此洞居住过，故得名轩辕洞。对此，《民国宜昌县志初稿》有记载。

西陵之女嫘祖，是教民养蚕缫丝的始祖。她为解决人们的穿衣问题，促进人类社会的文明进化，做出了杰出贡献。距轩辕洞不远的山下，杨家湾、青鱼背等新石器时代的遗址处，发现有大量距今 5 000 年至 6 000 年的陶、石纺轮、骨针、骨锥等远古时期的纺织工具。在西陵峡黄牛岩上的雾河，有代代相传的五色蚕种，有桑树堖。相传嫘祖教民养蚕，曾在此传授过缫丝之术。

《通鉴外记》载："西陵氏之女嫘祖，为黄帝元妃，始教民育蚕，治丝茧以供衣服，后世祀为'先蚕'。"南北朝北齐和北周时期，皇家始祀嫘祖为"先蚕"。此后嫘祖便成为蚕神，享受历朝历代朝廷的大祭。北宋文宗欧阳修在其主编的《后唐书》中载有祭祀"先蚕"西陵氏的礼仪规范。大韩民国《东亚日报》1993 年 5 月 12 日题为《恢复停了 85 年的先蚕节》报道：1993 年 5 月 16 日，庆祝汉城定都 600 周年的活动中，恢复先蚕节，以祭祀中国的西陵氏。

嫘祖不仅教民养蚕缫丝，而且还辅佐黄帝，巡幸九州，为开创中华基业，尽心尽力，终因积劳成疾，病逝在南巡途中，被葬在南岳衡山的路上，其墓地在《湘衡稽古》中称嫘祖峰。

嫘祖逝世后，黄帝敕封她为祖神、道神。在民间，更视嫘祖为蚕农、纺织行业的保护神。据《民国宜昌县志初稿》记载，在西陵峡口的西陵山上，明代建有西陵山庙，[①] 至清代光绪末年，四川张道人扩建。庙内有灵宫殿、正殿等大小房舍十余间。山门正对宜昌古城，其上石匾刻有"西陵山"三个大字，为当时宜昌著名寺观之一。每逢农历三月十五日，举行庙会，祭祀先蚕嫘祖，直至民国二十九年（1940 年）5 月山庙毁于战乱时才终止。20 世纪 90 年代初，在西陵山庙旧址重建起嫘祖庙。1994 年正值嫘祖庙落成之际，中华炎黄文化研究会、湖北省炎黄文化研究会、

---

① 宜昌县志局编：《宜昌县志初稿》1936 年，第 345、351 页。

宜昌市人民政府主办，宜昌市社科联、宜昌市建委、宜昌市西陵峡口风景区承办，在下牢溪船闸招待所召开了"'94中华嫘祖文化学术研讨会"。来自全国不少省市的专家、学者与会，参观了新落成的嫘祖庙，交流了嫘祖文化的研究成果，推动炎黄文化发扬光大。

2. 关羽巡视夷陵点兵

关羽，字云长，河东解县（今山西临猗西南）人，东汉末年逃奔涿县。当年刘备起兵，关羽和张飞相随。关羽勇猛过人，曾被曹操表封为汉寿亭侯。刘备占据荆州后，又被封为襄阳太守、荡寇将军，驻江北。刘备西进，诸葛亮与张飞、赵云率兵而上，留关羽守荆州。建安十九年（214年）刘备据益州，拜关羽董督荆州事务。此间，夷陵（今宜昌）就在关羽的管辖之下。

相传关羽在留镇荆州时到夷陵巡视，曾在长江对岸山坡上点阅兵马。因长江流经夷陵时处南北向，人们便称长江对岸为河西。这样，关羽巡视夷陵点兵，也称"关羽巡视河西点兵"。后人为纪念关公此举，便将点兵之处称为"点军坡"。清乾隆十一年（1746年），宜昌镇总兵陈纶首次为关羽点兵处立碑。光绪十一年（1885年）冬，宜昌镇总兵罗缙绅凭吊关羽遗迹时，再次为关羽点兵处立碑。新碑高2.4米，厚0.2米，宽1.15米，碑额高0.6米，巍峨壮观，镌刻的文字端丽清晰。碑正面刻有碑文，背面刻有一大草书"虎"字，因此得名"虎字碑"。到民国时，碑侧面还刻有军人瞻仰后的题名。

建安二十四年（219年）七月，关羽北上攻樊。孙权据此机会，以吕蒙病笃为由，露檄召吕蒙返还，并以不出名的陆逊取而代之。在陆逊麻痹下，关羽大安，无复所嫌，稍撤兵以赴樊。随即，孙权令吕蒙偷袭荆州，并占领夷陵至秭归，以陆逊领宜都太守，屯夷陵，守峡口。关羽自知孤穷，乃西保麦城。当年十二月于章乡被孙军擒而斩杀，身葬当阳，魂飞玉泉。

3. 郭璞寓夷陵注尔雅

郭璞，字景纯，河东闻喜（今属山西）人。出身名门世家，深受其父熏陶和影响，从小喜好经术，博学高才，好古文奇字，妙于阴阳算历，精于卜筮之术，是东晋的文学家和训诂学家。东晋初郭璞为著作佐郎，后为王敦记室参军。王敦欲谋反，命其卜筮，郭璞谓其必败，而被王敦所杀。

郭璞与宜昌有缘。其父郭瑗曾任建平（今重庆市巫山县）太守。郭璞赴建平省亲后，曾一度寓居夷陵（今宜昌市区）。郭璞在夷陵时曾在孤山（今磨基山）结庐。《东湖县志》载："湖广通志谓：郭景纯结庐于此，基尚存，有一井一钟，呼曰郭道。"[①]讲郭璞在孤山结庐，还有遗迹尚存，因此孤山又称为郭道山。虽然郭璞寓居夷陵时间不长，但其文化上的建树却十分显著。郭璞在夷陵的作为一是注《尔雅》，二是作《江赋》，三是度城基。

郭璞不仅为我国古代文化做出了杰出贡献，而且为宜昌历史文化留下了宝贵财富，因此深受历代宜昌人的景仰。宜昌人为了缅怀郭璞，在古城西北隅建有尔雅台、明月台和洗墨池，就连邻近尔雅台的锁堂街也改名为尔雅街。历代名人骚客瞻仰郭璞注书遗址留下诸多诗文，《郭璞与夷陵》中所收集的诗赋就多达 42 首（篇），为宜昌历史文化增添了厚重的内容。

（四）名宦风貌

1. 张飞首任宜昌太守

张飞，字翼德，涿郡人，年轻时，就同关羽一道追随刘备。关羽比张飞年长几岁，所以张飞对关羽以兄相称。当时，刘备与他俩形影不离，恩若兄弟。张飞因破吕布勇猛，曾被曹操表封为中郎将。在当阳长坂之战中，刘备令他带 20 骑断后。他据水断桥，瞋目横矛，叱咤曹兵："身是张翼德也，可来共决死"[②]，吓得曹兵不敢靠近。从此，曹营称张飞为"万人敌"。

建安十三年（208 年），曹操占据荆州后，当即"分枝江以西立临江郡"。随即，曹操挥戈江东，发动赤壁之战。但在孙权、刘备联军反击下大遭失败。建安十四年，孙权表刘备为荆州牧。次年，刘备占据荆州后，改临江郡为宜都郡。既定江南后，刘备任张飞为宜都太守、征虏将军，并封之为新亭侯。这样，张飞便成为宜昌首任太守。张飞任宜都太守时，

---

① 宜昌市史志办、夷陵区史志办、西陵区地志办校勘整理：清同治三年续修本《东湖县志》，宜昌市委党史（地方志）办公室 2012 年，第 81 页。

② 《二十四史·三国志》（三），中华书局 1997 年版，第 943—944 页。

"治郡有声"。为扼守进入益州的峡江通道，他亲自在峡口筑台，擂鼓练兵。在《宜昌府志》中就有关于"张飞擂鼓台"的记载，讲"在三游洞顶，土人传飞守郡日督兵于此，今故垒犹存"①。为纪念这位宜昌的首任太守，1984 年在三游洞张飞擂鼓台遗址边，竖立了"张飞擂鼓台"柱形石碑。在离石碑约 2 米处，由四川美术学院著名雕塑家郭选昌，塑造了一尊高 6.4 米、重百余吨的张飞巨型塑像。

2. 袁崧登临孤山揽胜

袁崧，一作袁山松，字乔孙，东晋陈郡阳夏（今河南太康）人，祖乔曾随桓温伐蜀，封湘西伯，袁崧嗣爵，任吴国内史。袁崧少有才名，博学有文，著《后汉书》百篇。善音乐，曾改作旧歌《行路难》，时称一绝。隆安五年（401 年）孙恩攻陷沪渎垒（今上海青浦东北）时，袁崧被杀。

袁崧曾任宜都郡（今宜昌）太守。在任时游览所辖各县，写有《宜都记》。其间，他曾从南侧登上夷陵（今宜昌）孤山山岭，"岭容十许人，四面望诸山，略尽其势"。他"俯临大江，如萦带焉，视舟如凫雁矣"②。事后他将登临孤山览胜的感受记入《宜都记》中。清代《东湖县志》中对此也有记载。袁崧的夷陵之作《宜都记》，在中国古代文学史上地位非凡。钱钟书先生曾在《管锥篇》中指出，山水记"终则附庸蔚成大国，殆在东晋乎？袁崧《宜都记》一节足供标识"。钱先生认为，袁崧以前写山水都是附带的，山水记独立成篇的首推《宜都记》。就是说，袁崧的《宜都记》是我国古代最早的山水记，对后来的山水记具有影响。《水经注》所写"三峡"成为名篇，就是汲收《宜都记》的写法而加以发展变化的。柳宗元的《永州八记》也是汲取《宜都记》好的写法，结合实际、加以变化，有创造、有丰富，而成为山水记名篇的。③

袁崧与郭璞、葛洪三位晋代名士的孤山情缘，在给千古孤山增添人文称谓的同时，还为古城夷陵留下胜迹。历代名人墨客争相攀缘登顶，

---

① 宜昌市档案局档案馆、宜昌市地方志办公室整编：清朝同治三年编纂《宜昌府志》，宜昌市档案局 2002 年，第 92 页。

② 郦道元：《水经注·江水》，岳麓书社 1995 年版，第 502 页。

③ 王彬主编《古代散文鉴赏辞典》，农村读物出版社 1987 年版，第 204—206 页。

吟诗作文，仅《宜昌府志》上记载的诗篇就有 11 首。这些诗篇的作者在领略孤山风光之中，触景生情，怀念故人，感叹人生，使孤山的人世情缘传承延伸，文化积淀增厚添彩，成为宜昌历史文化的重要宝藏。

3. 知州总镇为民建桥

位于今宜昌中心市区夷陵大道上，有座横跨太平溪的桥，叫万寿桥。它饱经历史沧桑，是宜昌市区数百年历史变迁的重要见证。

据资料可考，万寿桥从建至今，兴建、重建、加固、扩建达八次之多，数易其名。该桥原为石桥，是明代夷陵（今宜昌市区）知州童世彦所修。童世彦是四川荣县人，明代万历二十四年（1596 年）任夷陵州知州。在任期间童世彦"举孝廉""修废举坠""常建桥以利涉"。此桥就是他在任时所修，在民间传为佳话，"民因以童公名其桥"，称"童公桥"。直到清代时还有人以童公桥为题作诗。陈士望在《小憩童公桥》中写道："一望江天晓，苍茫度石桥。云残峰势起，水合浪迹交。瘦蹇迎秋健，晴帆出峡高。村翁知我倦，设座问松醪。"嗣后童公桥年久失修，于是时任总镇的张忠孝又修此桥。张忠孝，字双全，河南洛阳人，行伍出身，历任辰州副将。康熙二十七年（1688 年）武昌发生兵变，张审时度势采取相宜措施，不过一月，全城便恢复秩序。入城誓师时，不仅秋毫无犯，反而在百姓附近自己安顿。随即便被提拔为夷陵总镇，并授为终身职务。张上任后，"整饬军民，宽严并济，凡庙学、城郭、沟塗、桥梁诸兴作，皆衰俸倡修。岁小旱涝，即率属筹划补助，赖以全活者甚众"。受到百姓赞誉。张忠孝在任七年后便在夷陵去世，经过其墓地的人都为之流泪，因此称其墓碑为"堕泪碑"。此桥修好后，被改名"太平桥"，寓意给百姓带来太平。其后，此桥坏了再被重修，组修者是夷陵知州宗思圣。宗思圣，字希礼，顺天大兴人。他担任夷陵知州时，"强教悦安，和易近人，尝建万善桥以济民，修六一书院以课士，剔弊除奸，不遗余力，士民戴若父母"。桥修好后改名"万善桥"，寓意要为百姓多做善事。为官之人，只要能为百姓多做好事，百姓就会记住他们。因此在《宜昌府志》中，为童世彦、张忠孝和宗思圣，都写有传记，[1] 使宜昌人民永远

---

① 宜昌市档案局档案馆、宜昌市地方志办公室整编：清朝同治三年编纂《宜昌府志》，宜昌市档案局 2002 年，第 565、569—570 页。

铭记他们的事迹。

## 二  景物文化伴古城

宜昌古城山水秀丽，历史悠久，自然风光与人文景观丰富多彩。前面章节中陆续提到一些，这里仅就"彝陵八景"着重加以叙述。彝陵八景，是宜昌古城集自然风光与人文景观于一体所形成的八大景观，这就是东山图画、西陵形胜、雅台明月、灵洞仙湫、三游雨霁、五龙烟收、赤矶钓艇和黄牛棹歌。这八大景观，集中体现了古代宜昌的城、峡之形，古洞之幽，尔雅之蕴，农、渔之俗和黄牛之势，是宜昌古城风光胜景中的代表作。

（一）古城西陵形胜

"东山图画""西陵形胜"，都是展示宜昌古城山川形胜的平台。东山图画展示的是宜昌古城的地域形态，而西陵形胜展示的则是西陵峡口的地域特征。

1. 东山图画

东山为城枕，环带绕江左，面三峡而背荆门，是古城地带的制高点。东山距古城东门外五里，其山蜿蜒盘礴而东，山象为木，木旺于东，从此生火，生土，生生不已，为古城之主镇。东山是古代宜昌巅览江山形胜、领略古城画景的最佳之地，因此被誉为"东山图画"。唐代在其上始建东山寺。登山四望，面大江对岸葛道诸山，俯视江流，皆在襟带。明代万历丙申年（1596年）夷陵知州童世彦重修东山寺，郡人王篆载有此事。清代宜昌总兵刘业溥复修东山寺，在寺前兴建七层览胜楼，也有碑记。

从宋代欧阳修贬令夷陵时写下《冬后三日陪同丁元珍游东山寺》《初晴独游东山寺》、陆游入蜀驻足夷陵写下《峡州东山》之后，古代文人墨客留下了相当数量的诗篇，足见当年人们领略"东山图画"的热切场景。这些诗篇从不同年代、不同季节、不同时辰、不同气候、不同角度描述了东山自然风光，反映了寺庙兴盛衰颓，展示了古城民俗画卷，折射了宜昌历史沧桑，流露了游者闲情逸致，抒发了作者心理感受，表达了诗人审美情趣，寄托了人们生活憧憬。这些诗篇沉淀了丰厚的历史文化，成为后人认识古城、追寻记忆、承传文化不可多得的宝贵资料。

2. 西陵形胜

西陵峡口，地处蜀山之尾，三峡之始，相传为古夷山，又称西陵。峡从川江来者数千里，层岩复嶂，日光一线，至此忽为开朗。袁崧在《宜都记》中载："自黄牛滩东入西陵界，至峡口百许里，山水纡曲，而两岸高山重障，非日中夜半，不见日月。绝壁或千丈许，其石彩色，形容多所像类。林木高茂，略尽冬春。猿鸣至清，山谷传响，泠泠不绝。""其叠崿秀峰，奇构异形，固难以辞叙。"① 欧阳修在《峡州至喜亭记》中写得更为具体，他讲"岷江之来，合蜀众水，出三峡为荆江，倾折回直，捍怒斗激，束之为湍，触之为漩。顺流之舟顷刻数百里，不及顾视，一失毫厘与岸石遇，则糜溃漂没，不见踪迹"。"彝陵为州，当峡口，江出峡始漫为平流。"正如李白在《渡荆门送别》中所言，"山随平野尽，江入大荒流"②，其分界线就在南津关，距古城西北 15 里。因西北有夷山，又因水至此而夷，山至此而陵，便将古城称谓"夷陵"。

西陵形胜备受舟行三峡之人所关注。欧阳修在《峡州至喜亭记》中因为三峡如此险峻，"故凡蜀之可以充内府、供京师而佗用乎诸州者，皆陆出；而其羡余不急之物，乃下于水，若弃之然，其为险且不测如此"。同样，由于江水出峡开始平缓，"故舟人到此者，必沥酒再拜相贺，以为更生"。为方便行船人停留，并庆贺其化险为夷，峡州（今宜昌）太守朱庆基专门在古城江边修建了至喜亭，请欧阳修题记。一时间此事被传为佳话，至喜亭也成为古城一道景观。直至陆游入蜀驻足夷陵时，其船还停泊在至喜亭旁，这表明此间至喜亭仍屹立在宜昌古城江岸。对于舟人出峡时的这种心情，初次舟行三峡的苏东坡也有同感。他在《出峡》中写道："入峡喜巉岩，出峡爱平旷。吾心淡无累，过境即安畅。"虽说诗人此间不是九死一生的感觉，但出峡后的安全通畅感跃然纸上。

历代篇篇感受真切的诗作，从不同层面展示了西陵形胜的风貌，也为宜昌历史文化提供了宝贵资料。

（二）尔雅文蕴博精

"雅台明月"是宜昌古城复修郭璞注《尔雅》经台所形成的盛景。

---

① 郦道元：《水经注·江水》，岳麓书社 1995 年版，第 502 页。

② 宜昌市史志办、夷陵区史志办、西陵区地志办校勘整理：清同治三年续修本《东湖县志》宜昌市委党史（地方志）办公室 2012 年，第 420、330 页。

《东湖县志》载："尔雅台在城西北隅所堂街。《图经》云，晋郭璞注《尔雅》处，旁有明月台，前为明月池。""考璞为弘农太守判官，知世将乱，避地东南，或因此而寄寓歂；仰其父为建平太守，建平接宜都郡，或随父任而寄寓歂。""老金云，峡州旧城为璞流寓时所相度，就山川形势，分配五行，独中央地势卑下，于土德为弱，因自中州辇土至峡，相阴阳向背之宜，特建二台镇之。""旧即其上造亭馆，为登眺吟赏之区。"①

作为郭璞寓居夷陵注《尔雅》的遗迹，"尔雅台"早在南北朝时就已见著述。此间南朝梁代任昉在其著述中就曾记载过尔雅台。② 宋代乐史在《太平寰宇记》中专辟"尔雅台"词条，讲"郭璞注尔雅于此台，故郡有郭雅台焉。"③ 说明郭璞注尔雅影响当地已成俗称。陆游入蜀驻足夷陵亲临遗址时还目睹过此台。《入蜀记》中载，"晚，既群集于楚塞楼，遍历尔雅台"，"尔雅台者，图经以为郭景纯注《尔雅》于此。"④ 这表明，直至宋代"尔雅台"不仅为著述所载，而且为文人所睹。明代后期前，尔雅台一直耸立于古城之中，时邑人雷思霈在《荆州方舆书》中就有"城西北隅有郭景纯注《尔雅》台，东有洗墨池，为景纯洗砚处，今其水尚黑"等记载。反映此间不仅尔雅台尚存，而且还建有洗墨池。但是"明季兵燹，两台皆圮"，以至台荒池废，仅存踪迹。清代乾隆二十八年（1763 年），重建尔雅、明月二台。咸丰九年（1859 年），"权邑令刘升甫太守，始会集邑人"，"募资得若干缗，营堂为若干楹。轩牖洞达，绕郭四山，飞青泼翠，林木翳如，修竹娟娟。就其前凿池为半月；旁为斋舍，以处山长及生徒会课之所，月课凡几次"。通过重建尔雅便与墨池、六一并为古城中的三座书院。尔雅台系宜昌古城文脉所在，因此《东湖县志》对它的重建给予了很高评价，称"此郡人士知中央土脉，钟灵据胜，与

---

① 宜昌市史志办、夷陵区史志办、西陵区地志办校勘整理：清同治三年续修本《东湖县志》宜昌市委党史（地方志）办公室 2012 年，第 108、23、449 页。

② 宜昌市史志办、夷陵区史志办、西陵区地志办校勘整理：清同治三年续修本《东湖县志》2012 年，第 442 页。

③ （宋）乐史撰：《太平寰宇记》，中华书局 2007 年版，第 2862 页。

④ 陆游：《入蜀记》，载符号主编《宜昌文化揽粹》，湖北人民出版社 2005 年版，第 286 页。

前贤传注，共有千古。登台览胜，其益概然于虫鱼琐屑皆关经学也夫"①。

郭璞所注《尔雅》被推崇至十三经之列，因此"雅台明月"更成为历代名人学士追崇尔雅文蕴的胜地，留下诸多诗文，为宜昌古城增添了厚重的文化底蕴。

（三）古洞人文幽雅

"三游雨霁""灵洞仙湫"同是领略古洞幽雅的胜境。三游雨霁的特色在游人诗文，而灵洞仙湫的特征在佛道信事。

1. 三游雨霁

三游洞处蜀山之尾，三峡之始，为 6 亿年寒武纪形成的天然溶洞，距古城西北 20 里。洞背大江之左，面下牢溪畔，深十余丈，广亦如之，稍前列三柱，外则豁然轩开，上竦霄汉，下瞰深谷，翠屏前列，万丈壁立，残垒荒堑断续嵯峨，鹘吻猿啸，响震洞壑，每于雨歇云消，而萧飒潺湲之声，与洞中石鼓石钟相应，翛然意远。雨后初晴的三游洞下牢溪，江山如洗，空气清新，林木青翠欲滴，溪涧水流奔泻，飞瀑流泉，跳珠溅玉，景色壮观，被誉为"三游雨霁"，为历代文人墨客领略三游古洞景色的最佳境界。正因为如此，三游洞便成为宜昌古城闻名遐迩的人文古洞。据张忠民主编《三游洞史话》中的初步统计，至清代吟书古洞的诗文多达 138 首（篇），镌刻在古洞中的石刻也多达 65 件。

"彝陵多名山，夷山多名洞。三游最著名，喧传自唐宋。"② 唐代最早在三游洞留下诗篇的是杜甫，他也是与三游洞结缘的首位诗人。

然而，使这荒郊古洞得名喧传的则是继杜甫 51 年之后的"元白"三游。唐宪宗元和十二年（817 年）一举平息"淮西叛乱"，致使被牵连的白居易结束了江州三年"天涯沦落人"的郁闷生活，次年十二月二十日接到诏书，由江州司马擢任忠州刺史。随即白居易偕弟白行简及家人溯江而上，于元和十四年（819 年）三月十一日夜，行至夷陵（今宜昌市区）峡中，与由通州（今四川省达县）司马升任虢州（今河南灵宝县）

① 宜昌市史志办、夷陵区史志办、西陵区地志办校勘整理：清同治三年续修本《东湖县志》，宜昌市委党史（地方志）办公室 2012 年，第 432、108、449、23 页。

② 宜昌市档案局档案馆、宜昌市地方志办公室整编：清朝同治三年编纂《宜昌府志》，宜昌市档案局 2002 年，第 749 页。

长史的著名诗人元稹巧遇。白居易与元稹是挚友，志同道合，共倡新乐府，在文学史上并为"元白"。自元和十年长安沣水一别，已有五年未曾见面。此次夷陵偶见心情分外喜悦，于是他们停舟夷陵，共叙友情。三月十二日，元白三人在峡江江面"将别未忍，引舟上下者久之，酒酣"之际，于西陵峡口崖岸之上发现一处奇洞，"初见石如叠、如削，其怪者如引臂、如垂幢；次见泉如泻、如洒，其奇者如悬练、如不绝线"。洞中"水石相薄，磷磷凿凿；跳珠溅玉，惊动耳目"。三人"爱不能去"，对此景"虽有敏口，不能名状"。当晚留宿洞中，"通夕不寐，迨旦将去，怜奇惜别，且叹且言"。知退（白行简）曰："斯境胜绝，天地间其有几乎！如之何府通津，绵岁代，寂寥委置，罕有到者？"白居易曰："借此喻彼，可为长太息，岂独是哉？"微之（元稹）曰："诚哉是言！矧吾人难相逢，斯境不易得，今俩偶于是，得无述乎？请各赋古调诗二十韵，书于石壁。"仍命白居易序而纪之。"又以吾三人始游，故目为三游洞。"遗憾的是元白三人所赋古调诗二十韵均已逸，有幸《三游洞序》却保存至今。尽管元白三人盘桓三日，但仍难舍难分，于是白居易以诗终之，为元稹赋七言十七韵相赠，感叹"未死会应相见在，又知何地复何年"。正是元白三人的游洞探幽得名三游之举，成全了这名不见经传的荒崖古洞演变为文丰蕴厚的人文名洞。

继元白三人的"前三游"之后，三游洞又出现了苏氏父子的"后三游"。宋代嘉祐四年（1059年），并列唐宋八大家中的苏洵、苏轼、苏辙父子驻足夷陵（今宜昌市区）也游览了三游洞。他们不顾隆冬岁末的天寒地冻，路险苔滑，顶风冒雪来到三游洞，各赋诗一首，书于洞壁。夜晚苏轼、苏辙宿于洞中，苏洵欲宿，因年迈体弱，两子苦求不让，只好依依而去。从此，三游洞名气愈胜。

在苏氏父子前后，欧阳修、赵抃、黄庭坚、陆游、范成大、王十朋等群贤毕至三游洞，在探访游览的同时，赋诗作文，挥毫题壁，为三游洞增添了丰厚的历史文化，奠定了三游洞作为人文名洞的基石。

到了明代，三游洞的品牌响亮，盛况空前。首先是各地名人题咏古洞不断，继而是本邑名人游览吟咏古洞，尤其是卓识官员保护古洞资源更成文化盛景。此间先后有19人赋诗19首、著文5篇、刻石2件。

到了清代，从迁客骚人守邦官吏，到隐者雅士来三游洞寻幽览胜的不胜枚举，一时间三游洞盛景空前。此间题咏三游洞的诗达 42 首，文 5 篇，石刻 18 件。其中，王士祯的《欲访三游洞不果》、刘大櫆的《游三游洞记》、罗宏备的《三游洞》、杨毓秀的《从王子寿先生入三游洞》、丁柔克的《三游洞题诗》、刘为桢的《重游三游洞》、王风世的《三游雨霁》、沈德潜的《题巴船出峡图》、王柏心的《下牢溪安济桥碑记》等诗文，都是优秀的文学作品，为三游人文名洞的盛景注入了新的活力。

2. 灵洞仙湫

石门洞，距古城西南 40 里，位于筐覆山（今宜昌市点军区联棚乡干溪村），因古洞豁然天开，旧有两石下垂如门而得名。石门洞列岫丛青，龙潭仙湫，灵洞佛道，故为宜昌古城八景之一，而冠名"灵洞仙湫"，引来多方人士关顾，仅方志中就收集诗 35 首、文 7 篇，洞中现存较完整的碑刻有 12 件，加之残碑断碣、摩崖壁刻近 30 件。

"列岫丛青"为清代安徽书法家邓石如所书。正是这四个大字，形象地概括了石门洞周边的自然风光。洞中龙潭仙湫。《东湖县志》载："石罅中清泉流出，潴而为潭，冬暖夏凉。旁一小石洞，势蜿蜒如长龙，绕潭而昂起首，土人庙祀之，岁旱往祷，应念辄雨，又呼为灵洞。雷思霈所谓'群龙居之，零雨辄应'者也。夫山岩石穴，嵌空离奇，仅足供隐流搜剔，而兹洞能出云降雨，应居民之请，高泽下土，以卫其生，尤于祷祀为宜。"① 当地百姓期待这里能够风调雨顺，于是又称石门洞为龙王洞，每逢天旱之时便在此祈神求雨。正因为历代祈雨活动，便使石门洞龙潭在数百年中披上了神秘的色彩。

（四）农、渔劳作风俗

"赤矶钓艇""五龙烟收"，同是感受农、渔风俗的实地。赤矶钓艇反映的是棹歌江面的捕鱼生活情景，而五龙烟收反映的则是隐于郊外的农作生活情趣。

1. 赤矶钓艇

捕鱼是宜昌古城百姓重要的劳作方式。每逢鱼期，西陵峡口以下，十二碚以上，渔民相率连综拍舷，令声震水面，连歌彻夜，形成

---

① 宜昌市史志办、夷陵区史志办、西陵区地志办校勘整理：清同治三年续修本《东湖县志》，宜昌市委党史（地方志）办公室 2012 年，第 39 页。

一道捕鱼风景线。"赤矶钓艇"反映的正是古城三江地带渔民的生活风俗。赤矶处三江河道之中,面西坝而负北坛。矶咀插入江底,水势旋折迂回,经至喜亭而会于大江。赤矶两岸居民业渔生涯,往来于洪涛巨浸中,叩枻击楫,天真豁露,携鱼就市,挈榼提壶,相与共饮于赤矶之上,竹笛洞箫,川鸣谷应,好一派忙浸洪涛,闲矶洞箫的渔家风光。

"赤矶钓艇"渔俗文化为历代文人所关注。他们在领略古城这一独特风光之余留下诸多诗歌,如宋代欧阳修《离峡州后回寄元珍表臣》中的"荻笋鲥鱼方有味,憾无佳客共杯盘";赵抃《三游洞》中的"险碛恶滩知几许,晚来停棹问渔翁"。明代雷思霈《春兴》中的"画船直上南津口,钓艇时来西塞东";文安之《江上四首》(其二)中的"数有鱼罾依白舫,更无酒幔帖青畦"。清代袁浩《峡城雨霁》中的"望里炊烟起,渔歌入翠微";陈士望《西城闲眺》中的"云间孤岫看成塔,沙际轻舟望若鸥";戈保泰《郭洲春望》中的"芳草出时连雨气,暮烟起处有渔歌";杨溥《沙河野望》中的"渔棹远归千倾碧,樵歌高入数峰青";严登云《秋日登平江阁远眺》中的"钓叟烹鱼烧荻火,芦林古渡几渔舟"和《连三桥》中的"访问矶头垂钓者,多栽翠竹傍岩栖";严发祯《城西秋眺》中的"渔翁晚问西崖宿,红蓼丛中几钓舟";林鸣莺《咏东湖物产》(桃花鱼)中的"花开溪鱼生,鱼戏花影乱。花下捕鱼人,莫作桃花看";罗红备《峡中竹枝词》中的"九月鲟鱼上峡游,千钱一夜买矶收";王大铠《杂咏物产》(桃花鱼)中的"不知鱼之乐,但觉桃花香。桃源问津者,从此多渔郎"。这些诗句都从不同角度反映了宜昌古城的渔文化,构成宜昌古城渔文化的风俗画卷。

2. 五龙烟收

五龙山,位于大江西南,距宜昌古城 15 里。这里五峰连嵥蜿蜒起伏犹如游龙一般。传说这一带是往时五龙奔江显现而成的。那时五龙搅得大江左岸人业不兴。有位江湖游士来到夷陵说及此事,扬言要想夺回好的风水,就得征服五龙。事后,人们施出一计,在五龙对岸的小丘上,背东面西建起一座七级宝塔。每当太阳升起,塔身映入江中,宛如七节长鞭,正好打在五龙山上。从此五龙果真被服,长江左岸风水也渐好如故。其实,这塔始建于晋,为郭璞寓居夷陵时所建。因此塔出于天工而得名"天然塔"。这里为青草滩，滩对岸的五龙山，山左边与葛道山（今磨基山）相峙，山右边与执笏山相环，右下边与烟收坝相望，上、下五龙溪水贯穿其中注入大江，当人们从溪而入时，仿佛身临桃源探武陵故事一般。其间村落参差，树林阴翳，凌晨薄暮，岚霞扑地，莫识津涯。迨清风徐起，微烟缥缈，独袅晴空，碧峰淡扫如黛，春华疏密，秋色丹黄，选胜者每低回流连而不能置。

"五龙烟收"展示了五龙溪与烟收坝一带微烟缥缈的景象，反映了这一带隐于郊外农作生活的情趣。明清时期名人雅士多有结伴而行，来到这里游览江山盛景，观赏烟收气象，领略田园风光，写下不少诗篇。明代陈禹谟在《五陇山》中写道："我昔登五陇，而无烟与雨。放怀下渔矶，凭高眺远浦。泱漭垅外田，依微垅边树。愿言同心侣，相晤话觇缕。徘徊日将夕，衔杯不知数。"诗中描述了诗人结伴同游五陇山，远眺江景、田园、山林，友人相聚、长叙、畅饮的欢快情景。清代唐秉意在《五陇烟收》中写道："家在黄叶村，五陇势联络。小艇钓归来，烟收月未落。平生慎风波，浪游非所乐。上水蜀道难，下滩虎牙恶。"诗中反映了五陇烟收月钓归的捕鱼情景。朱凤骞在《五陇山》中写道："陇上农桑荫绿肥，山城带郭望依稀。烟生万井光初暝，雨足郊原翠转微。牛背笛残邀夜月，柳塘花发隐鱼矶。闲来结侣登高处，一片苍茫对夕晖。"诗中描绘了五陇烟收中的田园风光，惟妙惟肖，趣味横生。景大任在《五陇山》中写道："朝见五陇烟，暮见五陇树。烟树两迷离，停骖不知处。"诗中将五陇烟收的朦胧景象描述得生动形象。吴士瑛在《五陇山》中写道："移情薄暮望江头，日落寒烟五陇收。樵客歌声沿谷去，青山剩有白云流。"诗中反映了五陇烟收闻歌声不见樵客影的情景，真实具体，使人有身临其境之感。① 这些诗篇记录了当时"五陇烟收"的江山美景、田园风情，同时也为宜昌古城风俗文化积淀下厚实的底蕴。

（五）黄牛山滩峻险

"黄牛棹歌"为宜昌古城体验黄牛气势的场景，是西陵峡中自然与

---

① 宜昌市史志办、夷陵区史志办、西陵区地志办校勘整理：清同治三年续修本《东湖县志》，宜昌市委党史（地方志）办公室 2012 年，第 35、82、294—401 页。

人文融为一体的最佳景观。古时西陵峡素以险峻著称。峡中险峻地段诸多，但能称为险峻之最的当数"黄牛"。此段峡谷称"黄牛峡"，峡谷南岸重岭叠起，最外高崖称"黄牛岩"。此岩间有石色如人负刀牵牛，人黑牛黄，成就分明。此岩乃中华之奇石也。黄牛岩之下险滩称"黄牛滩"，滩中"乱石排空，惊涛拍岸。敛巨石于江中，崔嵬巉岏，列作三峰"。相传上古时，有12条孽龙飞到黄牛峡，化为座座山峰，挡住三峡出路，陷百姓于洪灾之中。为拯救苍生，玉皇大帝派大禹前来治水。大禹面对西陵峡中段高耸入云的大山，久凿不通，巫山神女见后为之感动，便要土星前来相助。于是土星化作一头黄牛，每晚助禹开山不止。黄牛举角触石，顿时山崩如雷，漫天尘土飞扬，倾泻汹涌澎湃。一日，神牛被惊，跃上山崖，石壁上便留下一道黄色身影。从此，人们便称此崖为黄牛岩。为纪念黄牛助禹开峡，先人便在黄牛岩下的九龙山兴修了庙宇。

三国时，诸葛亮率师过此，见庙貌废去，太息"神有功助禹开江，不事凿斧，顺济舟航，当庙食兹土"。于是，诸葛亮"复而兴之，再建其庙貌，目之曰'黄牛庙'，以显神功"，并书《黄牛庙记》。庙内庭院中有一株铁树，传为诸葛亮所植。相传祠庙后毁，唐代大中元年（847年）复建，改名"黄牛祠"。唐宋诗人李白、白居易、欧阳修、苏东坡、黄庭坚、陆游等均到此游，并留下诸多诗文。北宋欧阳修贬令夷陵时，又对祠进行重修，并改称"黄陵庙"沿称至今。明代万历四十六年（1618年）冬，宜昌地方人士集资对庙宇维修，建成禹王殿。禹王殿立柱36根，面阔、进深均为五间，高约15米，重檐九脊，黄瓦丹墙，庄重和谐。檐下匾额"玄功万古"为明惠王朱常润所题，边框浮雕游龙，飞金走彩，颇为富丽。檐下另一匾额"砥定江澜"为清爱新觉罗·齐格所题，装潢也极为庄重典雅。殿内圭形石碑，刊有《黄牛庙记》。庙后有泉，称"黄牛泉"，乾隆四十九年（1784年）甃石为池，聚泉极丰。今山门和武侯祠也系清代所修。整座庙宇背靠青山，面临大江，气势雄伟。凡舟人上下，必舣泊江岸，祷祀而祝，酾酒屠豕，鼓冬冬弗绝，而欸乃竹枝之声，络绎响应，信峡中胜概。黄牛岩即高，加之江湍迂回，虽途经信宿，犹望见此物。对此，三峡古谣云："朝见黄牛，暮见黄牛，三朝三暮，黄牛如故。"李白《由西陵上三峡》中吟："三朝上黄牛，三暮行太迟。三朝复三暮，不觉鬓成丝。"① 黄牛山滩峻险真是跃然纸上！

### 三　古邑风俗同巴土

在宜昌古城（今宜昌市区）中，尽管主要群体是汉族，但民间风俗自古以来却与巴族也就是其后裔土家族趋同。下面便对这方面的内容具体加以阐述。

（一）古城与巴土趋同的习俗

宜昌古城习俗趋同巴土，可以从三个方面来理解。

1. 社会风俗

"西楚劲直，地薄寡积"，这是司马迁在《史记》中对宜昌古城这一地带农耕习俗所做的概括。古城地带地多山岭，田尽硗确，刀耕火种，牛力难施，五日雨则低田既涝，十日晴则高田即旱，纵有丰年，亦仅半熟，必兼别业，乃免冻馁，唯平田则否。宋代欧阳修贬令夷陵时对此多有记载。正因为如此，这一带便有"十年一佃"习俗。既然这一带要免冻馁必兼别业，因此古城在别业方面也形成了"渔人捕鱼，网罟罾钩"和"工则无人，商贾七八"的习俗。古城渔民用网捕鱼，大小不一，在岸在船，不异他处。其所不同的是，一种叫"起汕"，一种叫"叉系"。"起汕"，就是必须在每年阳春三月初八、十八、二十八三天里，相率连综拍舷，令声震水面，连歌彻夜，以至悲怆慷慨，方才捕得更多的鱼。这三日之期，年年不易，只有在三游洞以下、河西十二培以上这一带按"起汕"方式捕鱼。"叉系"，就是捕鱼的器械，用于每年八、九月间捕取鲟、鳇二鱼。用叉系捕鱼的地带有十多处，多在黄牛峡一带的水泛急处。先将叉系藏在水底，鱼入其彀，久而后疲，再开始用叉，而人便跨到鱼背上，拿粗绳系入腮处拖起此鱼。这种捕鱼器械叫"金叉系"。用这种方法所捕得的鱼大的有一千多斤，小的有二三百斤。古城除外地人之外，土著民无人经营手工业，土著民十中七八经营商业，士、农中也必定有经商的，经商范围上至四川、云南、贵州，下到江浙诸省。

"民素醇谨""质直好义"这是甘氏《郡志略》和明代《一统志》对

---

① 宜昌市史志办、夷陵区史志办、西陵区地志办校勘整理：清同治三年续修本《东湖县志》，宜昌市委党史（地方志）办公室 2012 年，第 419、287—290 页。

宜昌古城社会风尚的评价。《郡志略》载，彝陵自设府之后，流佣浮食者众，五方杂处，风俗大变，井邑十倍其初，奢靡之习百倍于前。但是"民素醇谨"不尚争讼，赋无逋欠实在是优美的习俗。凡是健讼犯科的，大多属于流寓浮籍之人，土著民稀少。《一统志》载，百姓"质直好义"不事夸诈。宋大观中，养士至七百人。学校之盛甲于荆湖，所以古城百姓大多好学。

"民俗俭陋""樵采至便"，古城的这一生活习俗早在欧阳修贬令此地时就深受其关注。欧阳修在《至喜堂记》中载，"民俗俭陋"常自足。贩夫所售不过鲔鱼腐鲍，民所嗜而已。州居无郭郛，通衢不能容车马，市无百货之列，而鲍鱼之肆不可入，虽邦君之过市，必常下乘，掩鼻以疾趋。而民之列处，灶、廪、匽、井无异位，一室之间上父子而下畜豕，其覆皆用茅竹。至清代，仍沿岸多为吊脚楼，即使樵采之事，也都东邑至便。每当秋冬草木黄枯时，城民便到离城三四里之地搜寻枯草，到离城十多里之地砍伐枯柴，穷氓寄东邑者，恒籍此以资生。

"信巫鬼，重淫祀"，这是《汉书·地理志》对包括宜昌古城在内的荆楚地域社会习俗"与巴蜀同俗"的典型标志。欧阳修贬令此地时，曾在《至喜堂记》中讲述过一件事，他说当时宜昌古城茅竹屋很多，因此每年经常遭遇火灾。为什么会有这么多的茅竹屋呢？欧阳修分析认为是"俗信鬼神，其相传曰作瓦屋者不利"，就是说古城的老百姓有信鬼神的习俗，相传修建瓦屋的人会遭到不利。欧阳修本人还两次到庙里去祭祀，为民祈神求雨。正因为如此，古城寺庙很多，仅《东湖县志》所载坛、祠、庙就达43座。清代古城民间祭礼五花八门，诸如有病就请巫到家，厅旁挂着神像，不忌荤酒，鼓锣喧闹，手舞足蹈，尽夜而罢，率以为常，只有秉礼之家才不尚其俗；每年元旦和七月，多至数十人，汇集起来朝山，门首贴"某处朝山"四个字，或至武当或至鸣凤，沿途鸣锣号佛，多费不惜，屡奉例禁，尚未尽革；延请佛道到家设坛做生斋，用纸蔑做库，放金银纸钱于库内，诵经礼忏，或五日、七日、九日，这叫抄库，僧道射利之门，唯有这最厉害；每年不拘春夏，辄请道士到家设坛，名叫点诸天，延请亲友多人，封斋散福，恬不为怪；每年四季，里民各出金钱，延请皇冠俗道，各按方社印当年岁分行化王神数字，贴于门首，称之为平安醮，大的张灯结彩，这叫诵黄经，用纸糊船，送之江中，称之为收瘟摄毒；当小儿出现痘症时，初始发热阶段，用扫簪花放在家中，到痘靥后，用纸做轿，将豆腐花送到庙中，这叫送痘神。①

2. 时令节俗

古城宜昌时令节俗丰富多彩，《东湖县志》中所载岁时节俗就有二十多种，这里仅以年俗和端午节俗为例说明。"年俗"是时令节俗中最重要的节俗，祭祀节日多，节庆内容也丰富。进入农历十二月城民就开始忙年。在时令节俗中，农历十二月称腊月。初八为腊八日，杂米为糜，叫"腊八粥"。腊月间家户人家酿秫，叫腊酒；以盐渍脯，叫腊肉；以盎贮水，叫腊水，可以存放三年不坏。明代古城郡人雷思霈曾在《丁未腊月二十日迎春即事诗》中对本地腊月迎春情景进行过描述。诗中写道："城中儿女斗春华，彩额街街鼓乱挝。唐印碧油呼客座，花鞭桃梗送官衙。才逢插柳探梅候，又问栽兰种菊家。荆楚岁时风土记，宜春双字写红霞。"到腊月二十四日过小年，各家都用竹枝打扫户宇。头天晚上，要备齐酒、糖、糕饼祭祀灶神，还剪些草和豆子装在一起作为灶神马料放在旁边。腊月三十叫除夕。这天要钉桃符，更春贴，燃爆竹于庭，以松柏枝插户楣；要设酒肴，家人聚饮，这叫团年；家人子弟向家长拜庆，这叫辞年；击鼓鸣锣，这叫闹年；将纸钱贴挂在家中器具上，这叫散岁；达旦不寐，这叫守岁；用银钱系在小孩身上，这叫压岁；饭兼数日之炊，这叫宿岁饭，又叫隔年陈；新年择日开炊，叫接甑饭。每当除夕雨夜，空中有像秃鹙、鸧鸹之类的鸟飞叫，人们都称之为九头虫，齐声叫号，凡是街巷、村墟，无不哄然，放爆惊骇，并且随手将所碰到的门扇、箕盆之类，任意敲拍，好一阵才停止。

立春头一天，官师班春于东关外先农坛，令各牙行行装演百戏，迎入署前，观测土牛的色彩，以卜岁事。农人作水池于甬道下，采松柏枝插入池中，像插秧形状地歌舞，酌酒饮满，取丰稔之兆。次日行鞭春礼。元日，就是大年初一，祈年，要洁屋宇，陈酒醴，燃灯烛，焚松柏枝。子妇早起，各盛服祀神；男女出门行礼，这叫出天方。少长叙拜，戚友相过，贺三日，市无列肆，室不扫除，禁水泻地。至初三日，燃烛于大

---

① 宜昌市史志办、夷陵区史志办、西陵区地志办校勘整理：清同治三年续修本《东湖县志》，宜昌市委党史（地方志）办公室 2012 年，第 67—69 页。

门外，将屋檐所插松柏枝合诸焚于街际，称之为烧门神纸。初九这天，叫作"上九"，像元旦一样，早起祀神。正月十五日为元宵节，而张灯却是自正月初十至十五日。此间有少年数十人打扮为女妆，携篮负篓，扮着采茶样子，边唱边采，经过亲友家里，各人按寓意做出姿态，又扮妆表演杂剧。鼓乐笙箫，遍游街市。有的鳌山层立，裁缯剪纸，像人物花草，沿街灿列；有的蟠龙穿凤，舞狮子，走马灯。各家各户吃用糯米做的食品，这叫元宵；女孩子元宵夜迎紫姑，卜问丰歉。各乡燃炬以照田间，声彻远近，这叫赶毛狗；城里各家用柏枝、白蜡树叶烧作声，这叫炸跳蚤；将燃烛插在园内，这叫照地蚕。元宵过后一年一度的年节方才结束。

端午，是包括古城在内的整个宜昌极其重要的时令节俗。早在《隋书·地理志》中就有记载，屈原以五月望日赴汨罗江，土人追至洞庭不见，湖大船小，莫得济者，乃歌曰"何由得渡湖"。因尔鼓棹争归，竞会亭上，习以相传，为竞渡之戏。其迅楫齐驰，棹歌乱响，喧震水陆，观者如云。诸郡率然，而南郡尤盛。每逢五月五日，就要采集百草，在门上悬挂艾蒲，以角黍、盐蛋互相馈送；画张真人驭虎符贴在室内，用雄黄朱砂入酒饮用，用艾蒲雄黄酒遍洒户壁之间，说这可以驱避蛇虫，用其汁涂抹小孩的耳朵鼻子，说这可以驱避百毒；妇女用茧做虎形，与艾叶一起戴在头上；捕捉蟾蜍将墨注入其腹中，等其干后涂在肿毒之上有效验。在这天举行龙舟竞渡，楚俗对此都相同。等到十五这天就叫大端阳，像前面一样吃角黍，饮蒲酒。十三、十四、十五三天，龙舟尤盛，与他郡独异。明代古城郡人雷思霈曾在诗中对此进行过描述。诗中写道："樵歌社鼓插秧归，肯放江头乐事稀。天下无舟不竞渡，峡中有鸟只争飞。市儿各唱迎神曲，游女多穿送节衣。懒向灵均陈楚些，一杯聊为洒渔矶。"

3. 婚丧民俗

婚丧民俗是民间最基本的习俗。宜昌古城婚俗早时有六种礼节，到清代后演变成五种，这就是行聘、纳采、请期、纳征和亲迎。行聘就是定亲，先派人往来通信，待女家答应后，婿家必请绅士到女家，用钱求取生辰符帖。几天后，女婿到女家及三党谢拜，又叫过门，在农村叫过路。女家也要到婿家答拜。请期时媒人拿着期帖到女家，送给少量礼金。

等亲迎期到来之前，便将金钱、绢帛、衣服等纳采之礼一起送到女家，这叫过礼。女家也准备有嫁妆，摆在女婿房里。两家各自计较财礼办了没有，而相互间并不争财礼办了多少。婿家选择吉日宴请宾客，为子命字，这叫吉席，俗称伴郎。父兄为子弟设席安座，也仿照古冠礼醮子之义。女家也选择日期为女儿加笄。等到迎亲之日，便盛设鼓乐灯彩，即便是百姓人家也乘舆赞雁，并以彩帛饰女轿；士大夫家的子弟，就使用公服，准备仪仗，也就是古人盛摄之遗。到了女家，执雁于堂中，婿向上拜，乃揖女登舆，婿前女后，鼓乐以行。接到家后，拜堂合卺，喝交杯酒，夫妇对拜。女家父母兄嫂一同到婿家，这叫送亲，须到筵宴结束后再返回。第二天，拜翁姑，见大小，俗称拜见，须献上礼金。女婿也要前去拜见女家并及三党姻眷，这叫谢亲。但婚礼要用昏俗，以日时拘牵，或欲夸富侈多，白昼行礼，且婚不举乐，俗多以鼓乐筵宾，喧阗屡日。士大夫家往往也都随俗。

古城丧礼，起先是士大夫家用黑布帽送给五服戚属，庶民则为尺布。近则用数尺缠头系腰，凡吊者皆给。这样便成为习俗沿袭下来，而苦了士大夫。初属丝绵入殓，钉棺不用铁，三日行成服礼，后则每日上食，至百日始罢。富者途人也与缠白，贫者即期功也不能持服。每逢七日，须延佛道到家诵经，五七则吃斋数日。又用竹编成箱，装上纸钱纸锭，这叫簧。吃斋之日，富室则彩亭台阁，沿庙拜祷，鼓乐喧阗，昼夜不息。葬则惑于风水，务必卜吉祥之地，又以年命山向，择日选时，一听术士臆说。到下葬时，又发布帛给吊客，摆筵宴款待亲朋。延乡党有齿德者，题神主于家。到开灵时，陈设牲牢，亲朋齐集，请礼宾四人，导引行礼，这叫堂祭。发引前一夕，凡陈设奠献诸仪，悉准家礼，祭用童子数人，歌《蓼莪》之章，这叫辞灵。这天用鼓乐导从，葬车到墓地，埋葬结束后返回。①

4. 习俗承传

古城习俗世代传承，到我们所处年代，自幼仍接触不少古代传承下来的习俗。饮食习惯、红白喜事且不说，仅就日常生活习俗来说，记忆

---

① 宜昌市史志办、夷陵区史志办、西陵区地志办校勘整理：清同治三年续修本《东湖县志》，宜昌市委党史（地方志）办公室 2012 年，第 68—71 页。

较深的就有"推磨""讲古""喊魂""说四句""摸秋"等。以前在宜昌市区，经常见到大人与小孩玩"推磨拐磨"的游戏。大人把小孩抱在怀里，孩子面对面地骑坐在大人的大腿上，大人拉着小孩的手，一边前后摆动，一边口念戏词："推磨郎，拐磨郎，三斤糕，四斤糖，送我宝宝上学堂，读了三年书，中了状元郎，郎嘎依嘎郎！"说着大人就将小孩左右晃动逗乐，逗得小孩哈哈大笑。孩子大了，娱乐方式也变了，最常见的是围着大人身边听"讲古"。笔者小时就经常听大人"讲古"，讲的故事有"野人家家""关宝""好吃的婆娘""大花强盗"等。上学后也爱听老师或邻居阿姨讲故事，老师讲的故事内容很多，有"狗和公鸡""武松打虎""翠岗红旗""卓娅和舒拉"等。平时小孩玩野了，大人担心丢了魂，夜晚还会给孩子"喊魂"。我小时候就遇到过两次，每次都是母亲喊着我的小名，从屋外慢慢喊到房里，她每喊我回来一次，我就回答回来了一次。说这样做就不会丢掉魂。平时遇到喜事亲友相聚时，为助兴有时还会"说四句"。做小孩时，感到最有意思的还是"摸秋"。每逢八月十五中秋节，就有一个"摸秋"的习俗。这天晚上，孩子们三五成群，到周围农家去摘自己喜欢吃的东西，这就叫"摸秋"。被摸的农家虽然也会叫赶，其实却是睁只眼闭只眼。儿时所经历的这些民间生活习俗，不仅说明宜昌市区习俗从古至今是一脉相承的，而且这些习俗是与土家族趋同的。

（二）古城与巴土同俗的原因

作为以汉民族为主体的宜昌古城，其民间风俗为何与土家族趋同呢？笔者对此进行过考究。经深入考证，认为其中原因，可从两方面来分析。

1. 宜昌古城曾经长时期处于长江江水的淹没之中。如前所述，在距今 12 000 年前。南津关至磨基山一带，除西坝和樵湖岭一线两处南北向的岛屿外，长时间里全是一片江水。这表明，宜昌古城（今宜昌中心市区）一带，当时都处在江水之中。由于泥沙淤积，情况渐渐开始发生变化。经过宜昌古河道由北至南的不断淤积，便使得古城地带渐渐浮出水面，并不断由北向南延伸，以至古城地望最终形成。这说明宜昌古城在历史形成过程中，其群体是由外来人构成的。所谓"外来人"，包括两个概念，一是宜昌古城周围，尤其是聚集在西陵峡口一带的土著人；一是除此之外的他乡人。在世代更替中，他乡人的风俗固然会对当地人产生影响，但更多的则是受当地人的影响，这就是"入乡随俗"的道理。这可能是以汉民族为主体的宜昌古城，其民间风俗所以会与土家族趋同的一个原因。当然，有人会说即便是移民人群"入乡随俗"，其俗何以就是土家族的风格呢？这正是下面第二个原因中所要说的内容。

2. 宜昌古城曾经长时期处于巴人活动的地域之中。如前所述，沮漳河流域是楚文化的发祥地。今远安、当阳、枝江等地都处于沮漳河流域一带。当时楚人经沮漳河流域进入江汉平原西部，"只有楚蛮和巴人的散部错居杂处"。这表明，此间楚人的触角还未伸到宜昌古城地带。当时古城地带仍处于巴人活动的地域之中。张正明先生在《楚史》中曾讲过楚人经沮漳河流域进入江汉平原西部，和东向伐扬越过程中，彼此间文化融合的情形。他讲道："楚人对扬越、楚蛮、巴人等蛮夷的文化相识较晚，相知尚浅，陌生之感和鄙弃之情未尽消失。可是，在陶器——尤其是日常所用的炊器和食器的制作上，从胎土和形制到工艺，他们却入乡随俗，这也是势所必至的。同时，被他们征服的诸多蛮夷也渐渐同他们融合了。"① 这正好从一个层面，说明了土著群体在民俗风情上对后来群体的影响是不言而喻的。尽管在以后历史演变中，宜昌古城地带也成为楚国地域的组成部分，并被称为"楚之西塞"，楚人的民间风俗也会为巴人所融合，但是由于宜昌古城地带曾经长时期处于巴人活动的地域之中，因此巴人在民间风俗上的影响是难以磨灭的。更何况巴人的后裔土家族人将巴人的民间风俗承传至今。尽管其间沧桑巨变，时过境迁，以往的民间风俗相互融合，但是巴人以至土家族人的风俗，却仍在宜昌古城地带作为主流性的民间风俗被保留下来。这应该是以汉民族为主体的宜昌古城，其民间风俗所以会与土家族趋同的根本原因。

---

① 张正明：《楚史》，湖北教育出版社1995年版，第44、60页。

# 第 二 章

# 外力冲击下近代宜昌发展的转型

　　19 世纪中叶的宜昌社会也与古老的中国同步经历着一场巨大的转型，这就是被迫在世界大潮的冲击下不停地而又艰难地对自身的各种因素不断地进行变化和调整，不自觉地进入到了这个社会转型的艰难过程中。只不过宜昌相较于其他地域，它的承接更直接、更剧烈、更深入。尤其是从 19 世纪 70 年代开埠以来，它发生了持续、深刻、甚至影响到今天社会的发展和嬗变。

　　西方列强的侵入，封建统治的没落，旧有的上层建筑与社会意识不以人的意志为转移的悄然发生转折，新的生产方式与经济基础不可避免地在旧的社会中孕育，古老的农耕文明渐行衰落，新的工商时代不期而至，宜昌核心功能由"都市治所"向兼具"通商口岸"转移，由传统军事重镇向兼具商埠城市转型。

## 第一节　宜昌开埠与宜昌近代化的开启

### 一　开埠前的宜昌城市发展及社会情形

（一）清代宜昌城邑作为军事重镇的巩固

　　宜昌设城有两千多年历史，城址多次迁建，唐朝时城址设在现城址的江南岸。

　　清顺治十三年（1656 年）清政府拨专款，委任彝陵左营游击张琦修葺，"城垣方有启闭"[①] 开始了有可以关闭的城门，从不设防变成了真正

---

① 清朝同治三年编纂：《宜昌府志》卷四《建置志》上，133 页，［2001］鄂宜图内字第17 号。

意义的城池。"城门由原八门，减为七门，名称也有改变，正东东湖门，改称大东门；正南南藩门，改为大南门；西南文昌门，改称小南门；正西西上门，改称中水门；西北之西西塞门，改称镇川门；西北之北北左门，改称小北门；正北北望门，改称大北门。原东北小东门，因阴阳风水先生称不吉利，遂闭其门，且为台以镇之，称威风台。"① 清代曾经多次重修古城，《宜昌府志》中有记载的就达九次，最后一次大修古城是同治元年（1862 年）在前署知府唐协和的倡导下进行的。②

清雍正十三年（1735 年）时，开始改府置县，用州署为县署。③ 当时的县署建筑规模比较宏大。

1876 年开埠之前，宜昌城的对外交通，便号称"四关八码头"："四关"——东、西、南、北四关；"八码头"——就是"八个城门"，门外就是码头；八门：大东门、小东门、大南门、小南门、中水门、镇川门、小北门和大北门总共八门，各门都设有或水或旱的大小码头。其中大东门、小东门是陆运码头，其余六处码头濒临长江，是水运码头。当时的宜昌江边是这么个景象：帆樯如林，首尾相接，蔚为壮观。从洪武十二年开始，在长达数百年之中，宜昌城被困在小小围城当中。城里与城外的联系，全靠所谓"四关八码头"。

东门，为东湖门之俗称，是宜昌古城八门之一。它内连东正街，外为通往东郊和鄂西北山区的大路。古时，东门外曾是一片荒丘和田园，只是近处点缀着几处简陋的村舍。由于农民进城，商人下乡由此出入，这里遂成为城乡物资的交易场所。至清末，东门口前即已形成了一条颇为热闹的东门外正街。东门口街市成为宜昌城的四大街市之一。④

（二）川盐入鄂与宜昌城市的繁荣

明末清初几十年的战乱，使社会经济受到极大破坏，人口流散、土

---

① 湖北省宜昌市地方志编纂委员会：《宜昌市志》，黄山书社 1999 年 6 月第 1 版第 58 页，三峡晚报。

② 宜昌市委党史（地方志）办公室、夷陵区委史志办公室、西陵区地方志办公室校勘整理：清同治三年续修本《东湖县志》，《宜昌市委党史》（地方史）2012 年第 9 期。

③ 高武章：《西陵部落沿革至今》，载宜昌市西陵区政协文史资料委员会编《西陵文史·地名篇》，《宜昌市西陵区政协》2006 年第 10 期。

④ 赵冬菊：《宜昌街市史略》，载宜昌市西陵区政协文史资料委员会编《西陵文史·地名篇》，《宜昌市西陵区政协》2006 年第 10 期。

地荒芜、城市萧条。康熙、雍正、乾隆三朝，颁行了一些有利于生产的措施，社会经济由恢复而发展起来。

清朝初期，康熙继位后，发兵收复台湾、平定三藩、平息准噶尔反叛、与沙俄在雅克萨进行自卫反击战，派兵进驻西藏，连年征战致使国库亏虚军费短缺。为解决军费短缺之困，中央政府决定在湘、鄂两地推销海防驻军生产的淮盐，把利税充作军费。为此，下令严禁川盐进入湘鄂境地。四川川东地区巫山、奉节、云阳、万县和忠县的盐泉，自古以来盛产井盐；巫溪的大宁和云阳的云安是川盐生产重地。中央实施封堵川盐外运政策，致使川盐滞销积压，严重地影响四川财政收入。四川盐官为了解决川盐滞销的困扰，无视盐"产有定场、运有定商、销有定地"的盐法，对走私川盐的盐贩，睁一只眼闭一只眼，缴款纳税后任其通行，盐官亦可借机渔利，中饱私囊。口味纯正，又白又细的川盐在湘、鄂两地需求量大，利润可观。盐商为了赚钱，不惜冒险走私川盐进入湘鄂境地。[①] 宜昌地处鄂西与川东相邻，首先成为封堵川盐的前沿阵地。于是，宜昌府在宜昌长江水域及其支流口岸上，展开旷时一百五十年反走私川盐的"猫鼠之战"。

明末清初，游民进入川鄂边界，在川盐丰厚利润诱惑之下，有相当多的人群从四川贩运私盐来湖北进行交易以此谋生。为躲避官府缉捕，盐商选择了人迹罕至的神农架，形成了一条沟通川东、鄂西的川鄂古盐道。川鄂古盐道自四川大九湖的自生桥进入湖北，在神农架分为三路，分别通往房县、兴山、保康三县。主线路是大九湖—东溪—板仓坪，通往房县和兴山县两地的路在板仓坪分道，一条北上入房县；一条南下，经皇界垭、木鱼坪、红花而入兴山，经香溪入长江水运到宜昌。

康熙年间，宜昌府为了封堵走私川盐从香溪河进入宜昌境地，在西陵峡香溪河下游的黑岩子首设盐关，又名为川卡，派兵驻守，禁止川盐进入鄂境。盐在鄂西相当于硬通货币在民间流通，盐能换取所需物资。山民能够自己养猪、种稻、纺布、盖屋，却不能自己产盐，而盐又是人体赖以生存的必需品，在当地商品交换中盐就是钱。巫溪大宁盐用木材

---

① 邓军：《寻访川盐古道》，《中国文化报》（数字报），2014 年 10 月 18 日（http：//epaper. ccdy. cn/page/1/2014－10/18/7/201410187_ brief. jpg）。

熬煮，品质极佳。涪陵榨菜、忠州腐乳、长江两岸人家的泡菜，必选巫溪大宁盐。①

精细洁白的川盐口味纯正，在我国东南、华中各省十分畅销，常年来宜过载川盐的木船有九千多艘。东南各省的棉花、布匹、绸缎和百货随船汇集宜昌。四川盐商在宜采购大量的棉花、布匹、绸缎和百货返回四川。相继川米、滇铜、黔铅、生丝、药材和麻布也从西南运达宜昌转销东南各地及外商。宜昌城成为我国东南各地和西南各省的商贸、物流、交易中心。

咸丰二年（1852 年），太平军攻克武昌，淮盐进入湖北的通道被堵，川盐便开始大规模经宜昌下运荆楚地区。川江盐运的繁荣，极大地促进了宜昌城镇商业贸易的发展。据记载，当时镇川门上下各起运点（码头）樯桅林立，船只数以千计，船民多达万人，叫作"日有千人拱手（摇橹），夜有万盏明灯（桅灯）"，宜昌航运空前兴盛。"大东门"一带已有相当繁盛的商业街市，被称为宜昌商业的历史图谱。

川盐解禁给宜昌带来经济繁荣人丁兴旺的景象吸引中外商贸人士纷纷来宜，从 1871 年开始，英、德、俄、法、日、挪威、丹麦、西班牙、瑞士九国商人租雇 47 艘商船，每年运洋货抵宜。由千吨有余开始，逐年增加直至 4 000 多吨。1874 年，英、美、法三国商人在宜昌城租雇 69 艘帆船首次运洋货进川，打探行情收集情报。

自康熙年间开始，一百五十年来，清政府在宜昌实施封堵川盐入境的盐政，川盐交易在宜昌成为鸡鸣狗盗之事，扭曲宜昌人的心态，致使宜昌城更加闭关自守。咸丰二年（1852 年）实施川盐济楚的盐政惠及宜昌，宜昌城封闭自守受到极大的冲击。② 宜昌人突破围城，在西坝小岛上建成新型的经贸物流中心，甲街成为西坝最繁荣的街道，湖南的伏波宫和四川的川主宫先后在西坝落成，古城城外河街向东延伸，城区首次向外扩展，宜昌从此兴起。③ 宜昌兴起，吸引英国人的投入，英国人十分注重自身的经济利益，无利可图绝不投入。1876 年，英国人在《中英烟台

① 魏祖培：《峡江纤路图说》（http：//blog.sina.com.cn/u/2744968802，2012－05－08）。
② 湖北省宜昌市地方志编纂委员会：《宜昌市志》，黄山书社 1999 年版，第 8 页。
③ 杨家荣：《甲街商贾甲天下》，载宜昌市西陵区政协文史资料委员会编《西陵文史·地名篇》，《宜昌市西陵区政协》2006 年第 10 期。

条约》增设商埠的城市中首选宜昌，是宜昌的兴起促成英国人在宜昌开埠，而不是列强在宜昌开埠促成宜昌的兴起。

清代，宜昌政区正式形成。随着农业生产技术的改进，宜昌的社会经济得到长足发展，内河航运、造船业、手工业与纺织印染业兴起，经济比较发达。宜昌以商业贸易带动城市经济发展较为迅猛，促进了整个鄂西经济社会的发展。鸦片战争以后，随着帝国主义列强势力的扩张，汉口、宜昌、沙市相继开埠，宜昌逐步沦为半殖民地。宜昌的资源和农副土特产品被大量掠夺，地方民族工业遭到沉重打击，交通、金融、财政等重要领域被外控制，民族灾难日趋深重，阶级矛盾日益激化。晚清时期，以武汉为中心的湖北洋务运动全面展开，宜昌亦创办了一批近代民族企业，推动了宜昌民族资本主义经济的发展。伴随着洋务运动和新式教育、文化事业的发展，资产阶级革命派宣传革命思想，聚集革命力量。1911 年 10 月 10 日在武昌爆发了辛亥革命，宜昌地区的工人、新军及新派人士积极响应和策应参加，率先敲响了清王朝的丧钟。

清代的资本主义萌芽虽然有所发展，但仍非常微弱。在当时中国的社会条件下，资本主义的发展遇到重重障碍。这首先是由于中国的封建土地所有制造成的，以小农经济为基础的自然经济的顽强存在，使商品经济很难发展。其次是封建政府多对内实行重农抑商的政策，对外实行闭关锁国政策，严重地阻碍了工商业及内外贸易的发展。再次是商业资本多半用于购置土地，很少投之于手工业生产。所有这些都是影响资本主义萌芽产生发展的根本性原因。

至宜昌开埠前，宜昌人口仅 1.3 万余人，全市仅有棉业、钱业、过载堆栈各 8 家，另有船行 2 家、杂货行 7 家、榨坊 4 家、旅栈 9 家，是长江中上游分界点的一个宁静而偏僻的小城①。

## 二　宜昌开埠与宜昌融入近代化进程

（一）《中英烟台条约》与宜昌开埠

19 世纪中叶发生在中国的鸦片战争，是中国近代史上一个巨大的转

---

① 宜昌石头的博客：《1891 年的宜昌印象开埠前后》（http：//blog. sina. com. cn/yichangshi-tou）。

折点，也是宜昌作为传统军事重镇和交通要道城市向商贸中心和口岸城市转型的开始。

宜昌地理位置优越，商贸繁荣，帝国主义列强早已窥伺宜昌的战略地位。19 世纪中叶，随着英、法等国在打开中国沿海及长江门户后，又想打开内陆的"后门"，从 19 世纪 60 年代起，便不断寻找从缅甸、越南进入云南的通路。1874 年，英国再次派出以柏郎上校为首的探路队，在近二百名的武装士兵护送下，探查缅滇陆路交通。英国驻华公使派出翻译马嘉理南下迎接。1875 年 1 月，马嘉理到缅甸八莫与柏郎会合后，向云南边境进发。2 月 21 日，在云南腾越地区的蛮允附近与当地的少数民族发生冲突，马嘉理与数名随行人员被打死。这就是"马嘉理事件"或称"滇案"。英国立即抓住这一事件来扩大它对中国的侵略。1876 年 8 月 21 日，李鸿章与威妥玛在烟台正式开始谈判，9 月 13 日签订了《中英烟台条约》。

《中英烟台条约》亦称《滇案条约》，共分三大部分 16 款，并附有"另议专条"。第一部分主要内容为：中国向英国偿款银 20 万两；中国派出使大臣带国书前往英国，对"滇案"表示"惋惜"；云南当局应与英国所派官员商订滇缅来往通商章程；自 1877 年起，以五年为限，英国派官员驻云南大理或其他相宜地方，察看通商情形；英国仍保留由印度派员赴云南之权。第二部分实际上涉及中外司法案件的处理及官方交往两方面，主要内容为：总理衙门应"照会各国驻京大臣"，请其会同该衙门就通商口岸的中外会审案件议定划一章程；"凡遇内地各省地方或通商口岸"有涉及英人生命财产的案件，英使可派员前往"观审"，"倘观审之员以为办理未妥，可以逐细辩论"；中外交涉案件，被告为何国人，即向何国官员控告，由被告所属国官员依本国法律审判。这些规定扩大了英国在华治外法权。第三部分为"通商事务"，主要内容为：增开宜昌、芜湖、温州、北海四处为通商口岸；准许英商船在沿江的大通、安庆、湖口、沙市等处停泊起卸货物；各口租界免收洋货厘金；新旧通商口岸尚未划定租界者都要"划定界址"。此外，"另议专条"规定英国可派探路队由北京经甘肃、青海或四川等地进入西藏，或由印度进藏。

(二) 英国把持宜昌海关，宜昌人口激增

1876 年 9 月 13 日《中英烟台条约》签订后，增开宜昌、芜湖、温州、北海为通商口岸，宜昌被列为四埠之首。1877 年农历 2 月 18 日，宜昌海关正式成立，实行税务司总负责制，首任税务司由英国人狄妥玛担任。英国人在平善坝设置了一个海关分站，主管艾尔里奇。在此后 60 年的时间里，宜昌海关一直由外国人把持。光绪三年（1877 年）3 月，湖北巡抚兼湖广总督翁同爵根据《中英烟台条约》第三端通商事务，关于增开湖北宜昌、安徽芜湖、浙江温州、广东北海（今属广西）四处为通商口岸"的规定以及北京总理各国事务衙门来文，委派宜施道孙家谷会同英国领事馆办理宜昌开关事宜。同年 3 月 18 日，曾任天津海关税务司的英国人迪克·托马斯，正式参照汉口江汉关各项章程开办宜昌海关。

光绪三年（1877 年），随着商业的发展，人口迅速增长，至民国十一年（1922 年），城区人口由光绪十六年（1890 年）的 39 000 人增长到111 309 人。①

### 三　宜昌向通商口岸城市转型

#### （一）西方国家的政治经济渗透与扩张

清光绪二年（1876 年）宜昌被辟为通商口岸后，西方帝国主义势力相继侵入宜昌，教堂、领事馆、洋行、公司、码头、货栈沿江而建，市区范围逐步顺江向下扩展，居民人口也相应增多。英帝国主义的太古公司和怡和公司首先来宜开辟太古怡和轮船码头。接着日本、美国、德国、法国也相继来宜。把宜昌变成了一个半封建半殖民地的商业市场。清光绪十六年（1890 年）设立海关，宜昌开始通行轮船。及至清末民初修建川汉铁路宜夔段时，东门外一带的湖沼被填塞成上铁路坝（今夷陵广场一带），南门外也修建一处下铁路坝（今大公桥一带），而铁路坝上下的路基两侧却依然是塘堰相连、沟渠纵横，保持着东南湖的原貌。到了民国三年（1914 年）南门外辟一马路、二马路、通惠路（今解放路）、滨江路；民国十七年（1928 年）至民国二十一年（1932 年）沿江的环城西路、大公路、复兴路又先后形成。云集路是湖北省宜昌市城区的一条老街，最初形成于 20 世纪初叶。因当时"宜昌商会"曾设置于此，故在建路时取"万商云集"之意，命名为云集路，并沿用至今。云集路，虽长

① 湖北省宜昌市地方志编纂委员会：《宜昌市志》，黄山书社 1999 年版，第 132 页。

不过二千米，宽不过四五十米，但它却与宜昌近百年的发展历史紧密相关。

宜昌海关于光绪三年（1877 年）3 月建制，选址在宜昌府东湖县城南门外一里处的汉景帝庙至月亮巷的滨江一带（现宜昌市人民政府所在地）。1877 年至 1911 年，有 45 名英、美、德、俄、挪威等国籍的税务司在宜昌任职。1911 年 4 月至 1912 年 6 月，英国人葛礼任宜昌海关代理税务司。宜昌海关设税务司一人，副税务司一人，下设总务、秘书、会计、江务、监察、验估、港务等职能课室。海关事务主要为征税和船钞两大部门。征税分内班（处理商人报关、征税）、外班（查验过关商货）、海班（巡水缉私）。其主要职能有：查验进出口货物；征收进出口关税、转口税以及对关税的减免；缉私；管理长江中上游航行标识、行川各轮引水、指挥并保管航行灯台补给船；筹集川江整治经费并具体组织实施等。[①]

宜昌海关成立后，英、德、日等国先后在宜昌设立领事馆。从1877—1904 年的 27 年间，重庆海关仅设置代理官员，其业务受宜昌海关指导。荆沙关涉外事务从 1877—1925 年 10 月止，其间 48 年由宜昌关监督兼管。帝国主义列强委派的宜昌海关税务司人员也可称得上是"精英"。1877 年，首任宜昌海关税务司迪克·托马斯，调来之前是天津海关税务司，他在调离宜昌海关后，又被任命为上海海关税务司。1907 年宜昌海关税务司英国人梅尔士，是一位具有"四品衔，双龙二宝第三定星"爵位的英国高级官员。宜昌海关税务司之职一直由帝国主义列强控制，海关总税务司直接委派，"其爵位也一般比较高"。可见当时宜昌海关的重要。

据《宜昌海关简志（1877—1949）》记载，"1909 年 5 月宜昌海关关税、经费报告表"中在册的 16 名外籍职员薪水为 3 400 银两，人均 212.5银两；20 名中国籍职员，其薪水为 1 042.5 银两，人均为 52.1 银两，平均相差三倍有余。海关要职都由洋员担任，华员仅任中下级职位。华洋关员生活待遇悬殊，形成洋员统治华员局面。辛亥革命前，海关管理征税，税款的保管由清政府任命的海关监督掌握。辛亥革命爆发后，总税

---

① 参见湖北省宜昌市地方志编纂委员会：《宜昌市志》，1999 年版，第 739 页。

务司伙同北京的外交团把海关税款分存于汇丰、德华、道胜三家外国银行的总税务司账户。从此，税款保管权也落入外国人手中，甚至连偿债、赔款剩下的关余，中国政府也无权动用。

20世纪初，由于民族意识增强等多种原因，外籍税务司控制下的海关权力有所削弱，它原先掌握的邮政、业余外交等业务被渐次收回，总税务司赫德也离开中国，海关有大势将去之势。1911年辛亥革命的爆发，中国政治局势的巨变，给海关带来了新的契机。海关趁机不但巩固了渐失的权力，而且有所增强。辛亥革命爆发，清政府与革命军形成对立，局势变化莫测，孰胜孰负很难预料，海关无论倾向哪一方，最后都会由于局势的变化陷入困境。所以在敌对双方胜负未明之时，海关从上至下作出了最明智的选择——保持中立。

宜昌海关在保持中立中不仅四处游说，为革命党和满洲驻防军之间的关系进行调解，还配合领事馆做了一些"和事"工作。但同时我们也要更清醒地看到，海关中立的目的完全是自身利益的需要，根据双方力量的消长决定其取舍的。这一点，在辛亥革命前后，有大量史料足以说明。如积极协助清政府逮捕从海外归来的革命党人，搜查革命党进口的军火，扣留革命党人的信件等。武昌起义后，南方各省纷纷起义，海关又干起了为清政府刺探消息、传递情报的勾当。革命之初，他们千方百计地进行破坏和干涉，给中国革命制造层层障碍，还不时以外国干涉来恐吓革命政府，迫使他们交出海关关税，致使革命政府财政紧张。海关对革命政府态度的变化实属形势所迫。

（二）宗教入侵与宜昌精神风貌的变化

1840年鸦片战争以后，大清王朝的"闭关自守"政策被打破，帝国主义势力长驱直入，在不平等条约中附有传教特款规定，教会各组织依此护符，派遣传教士成千上万，从沿海到内地，从城市到乡镇，借传教麻痹民族意识，办学校培养崇洋媚外的奴才，假借开办慈善事业之名，行侵我国主权、危害民族利益之实。

不平等的《中英烟台条约》的签订，地处祖国内陆、长江腹地的宜昌被迫辟为通商商埠，随之各国各教会传教士接踵而至，划定范围，占地建堂，进行宗教活动。1870年，清同治年间，宜昌成为代牧区。光绪二年（1876年），《中英烟台条约》增开宜昌为通商口岸，次年成立海关，辟宜昌为商埠。宜昌开埠后，外国传教士随之涌入，宗教活动一度盛行。随着各教会的活动、组织，基督教会先后在宜昌形成了"长老会、圣公会、行道会、福音道路德会、内地会和基督复临安息日会"等六大组织。

长老会，又称英国苏格兰差会，1886 年由武汉来宜昌的华籍传教士刘耀洲、冯春甫二人最先开始传道，1887 年在献福路建"福音堂"。1906 年由英籍牧师盖多马，在南门后街修建教堂传道，教会从此盛旺。

圣公会，又称美国圣公差会，1889 年美籍人苏雅各、柯惠安等到宜，抢购地皮，用贱价估买，高价出售的办法获得巨款，后购得桃花岭、康庄路一带地皮，又由韩仁敦在西坝买屋建堂修住宅，1911 年在西坝正式设堂传教。当年，即光绪十七年，圣公会教士杀伤我国平民，激起民愤，数千人烧其教堂，击伤教士，但由于清廷惧外，镇压群众并赔款 175 000 余两，这便是我国宗教史上著名的"宜昌教案"事件。

行道会，又称瑞典布道差会，1890 年，由瑞典布道会姓任和姓丰的传教士来宜组会，他们在苏格兰长老会的资助下，于 1895 年在北门外青龙巷内购买向家莱地建礼拜堂。由于教会经济来源不济，为了布道，于街头巷尾、露天广场、茶馆等地对人宣讲，散发画图，售送小本福音书刊。

福音道路德会，又称美国差会，1926 年由美国女传教士西门英才创办。福音堂建在今宜昌市中山路，并开有福音书店，出售圣经和单张图画。

内地会，又称英国差会，由英籍传教士戴德生发起，在大公桥码头购地建房，招待外国人的食宿。抗日战争爆发后，由贺治安在江岸建木棚卖茶水，趁码头搬运工人休息时进行布道。

基督复临安息日会，于抗日战争初从长江下游来宜，在环城北路租借房屋，每天晚上进行布道宣讲，招徕信徒，后因抗日局势日渐紧张，离宜而去。

清朝初年，伊斯兰教传入宜昌，光绪八年（1882 年），穆斯林信徒在今宜昌市肖家巷修建"清真寺"一座，并进行传教活动。抗日战争时期，清真寺曾一度被毁，信徒们积极参加各种形式的民主运动。在抗日战争、解放战争中起了十分积极的作用。新中国成立后，党和政府十分关心穆斯林信徒们的生活，清真寺得以恢复重建，在党的宗教信仰自由的政策保护下，伊斯兰教徒在李光展、唐远齐等阿訇的组织下，教徒们自食其力，开办工厂企业，受到社会的尊敬。

清朝，佛教在中国更是广为流传，各地善男信女数不胜数。在宜昌市信佛敬神也很广泛，庙宇香火很是盛旺，并有"九宫十八庙"之称。

1896 年，一大批外国男女传教士和医生，来宜组建"宜昌基督教宣教事务会"。该会分为男女两部，男部当年在滨江路（如今电力局沿江大道一侧）开设普济诊所。女部由英苏格兰传教会资助，穆秉谦和范迪凯两位女士实施医、学、教三合一传播西方文化的方案。当年征用燎原巷东北侧至旧时南湖侧畔的土地，开始筹建仁济医院、修建基督教堂、迁建女公会学校。一堵墙头上布满玻璃棘刺的青石围墙把征用的土地圈定。靠南侧的一扇笔直的院墙由西向东直抵湖堤街，该墙与南边的建筑物隔离三四米，形成以院墙为主体的"T"形小巷。横巷长、竖巷短。小巷全长 200 米，15 个门栋，二三十户居民。竖巷居民较多，横巷居民集中住在解放路小巷口的南侧。

随着西方宗教势力的渗透和奴役，在宜昌近代史上曾发生多起民众的反抗斗争。1891 年 9 月 2 日，乐善堂街的法国天主堂（宜昌地区群艺馆，今天主教堂）、强华里旁的法国主教府、修道院（现红星路小学内）等处燃起了熊熊烈火。英国的太古、怡和堆栈中的煤油桶，遇高温相继爆炸，煤油流入江内，江面上的船只也燃烧起来。浓烟弥漫，火光冲天，整整烧了两天一夜。大火火源在乐善堂街（现自立路）。这里原有一济贫行善的民间善堂，名"乐善堂"（三峡酒楼西侧原红霞旅社处），故得名乐善堂街。

1877 年，天主教鄂西教区副主教田大兴在乐善堂对面购置地皮，修建教堂。1883 年教堂落成。以宜昌为中心的鄂西教区主教府就设在这里。1889 年，祁栋梁成为宜昌主教府第二任主教。1891 年，罗马教廷传信部将鄂西教区正式划归比利时传教士管辖，升级为"宗座代牧区"。同年 9 月 1 日，城内——饭馆游老板的儿子失踪，老板鸣锣呼喊，巧遇挑水工告知，教士收买吴有明拐带游氏小孩进了天主堂。教堂工人龚世海也证实确有其事。第二天游老板及家属在天主堂前诉说，围观群众数千人。知县迫于无奈派人进堂寻查。有一美国洋教士竟向群众开枪，打死一无辜群众。顿时，群情激愤，势如潮涌，声若山崩，人们一起冲进了天主堂。

外国洋教士满口"劝人为善"，祈祷"灵魂得救"，披着"慈善"外衣、"圣洁"面纱。然而天主堂内的儿童尸骨，呈现在众目之下。甚至有人传说，教堂内的蒸笼里蒸着人肉。愤怒的群众怒不可遏。呆若木鸡的法国、意大利、比利时教士，立刻遭到了一顿痛打，抱头鼠窜至外事衙门（现二马路临江处）躲避起来。数千名群众在朱发金、赵宗雅等的带领下，在天主教堂、英人住宅、法国主教府、修道院等处放火焚烧（据传说美国圣公会也在其中），毁损英国领事馆（现人武部），爆发了闻名全国的"宜昌教案"。

"宜昌教案"最后以清政府的妥协而告终，充分暴露了清政府的腐败无能。但是，人民反洋教的斗争远没有结束，在以后的四十年里，天主教宜昌辖区内时有外国神职人员被杀事件发生。民国时期，教案也常有发生。1929 年 9 月，宜昌教区第五任主教邓炳文和传教士柳文德视察教务，被当地群众一并杀死。据史料记载，仅从 1922 年至 1931 年，不足十年内，就有四起、共六名外国传教士被杀案件，反帝传统，久传不衰。

"宜昌教案"是我国人民反洋教运动的一部分，虽然斗争缺乏组织性，存在盲动的倾向，最后失败了，但它打击了外国侵略者的嚣张气焰，反映了宜昌人民无畏的革命精神。

（三）宜昌开埠并向通商口岸城市转型

1876 年《中英烟台条约》签订后，宜昌被辟为对外通商口岸，九码头、亚栈路一带的水码头渐成港口，亚细亚、美孚等国外公司相继进入，贸易规模不断扩大。并且，宜昌区位的重要性，在中央当局的决策中日益清晰。那时宜昌由辖 7 个县的宜昌府，升格为辖 20 个县的"荆宜施鹤"道，宜昌城便成为县、府、道三级治所。1914 年 2 月，宜昌设商埠局，管理商务。原城市骨架显然不适应经济、社会发展的需要，态势咄咄逼人。于是，城外由"道"而"街"，城区因势而展。当局在古城区南门外正街北边地段，在一片荒草、水塘、坟墓之地，先后开辟出通惠路、中山路、二马路、一马路等二十多条街道，近五平方公里的新城区初具规模，随即形成市场。通惠路是古城区的小东门与二马路、大公路、九码头等商埠区之间连接的主要通道。① 据《湖北省宜昌市地名志》记载，在 1914 年之前即已形成，此时正式命名。其名出自《左传》"务财训农，通商惠工"之典，谓之"通商贩之路，令货利往来"。1930 年，一个叫赵铁公的县长，不顾部分乡绅的反对而拆了宜昌城墙，虽然破坏了明代古迹，却使城里城外连成一片。

开埠后，西方列强纷沓而至，竞相设领事馆，辟租界地，开洋行，建码头，设货栈；建教堂，办学校，开医院。列强渗透的同时，华商实业和地方经济也挤在夹缝中图生存求发展。这一切带来了宜昌转口贸易的兴旺，工商贸易的繁荣和社会事业的发展。于是，物流、人流在宜昌迅速膨胀，城市规模随之拓展，宜昌城市格局和风格也跟着改变。

## 第二节    转型中的近代宜昌

### 一    外力刺激下工商业的渐次发展与起伏

（一）近代宜昌民族工业的萌芽

清朝末年，古城宜昌封建礼俗束缚着人们的思想，"嫖赌逍遥鸦片烟"恶习风行。宜昌辟为商埠后，受西方文明影响较深，思想较开放的实业界人士也陆续来到宜昌，古城内的有识之士也积极倡导文明，使得宜昌的近代文明进程加速。宜昌作为东西文化融汇的一个开放城市，英国的工业革命和洋务运动中实业救国的理论流布甚广，其商业和制造业的繁荣亦是情理之中。面对大量的洋货，一批充满民族自信的宜昌人开始设厂自救，振兴本土工业。这其中有三斗坪人黎荫三及王步点和他的女婿周楚江。

黎荫三是宜昌的第一位实业家。黎出生于书香世家，在废除科举之前考中最后一届秀才。1905 年，黎荫三和好友张协亚从日本学成回国到宜昌城定居。他在日本学习造革技巧，后又转学纺织。之前，他给父亲的信中就表达回乡办实业的愿望。从码头上岸时，他还带回了两台以蒸汽为动力的铁质织布机、数台铁木结构自动穿梭脚踏织布机，跟在身后

---

① 刘思华、傅长德：《可歌可泣的宜昌第一楼》，载宜昌市西陵区政协文史资料委员会编《西陵文史·地名篇》，《宜昌市西陵区政协》2006 年第 10 期。

的还有三名日本纺织技师。他们来宜负责调试安装，培训织工。宜昌第一家纺织工厂宜人组织机坊在北门外原救生局的房屋里诞生了。

开工后，织布机的部件出现损坏，黎荫三请李铁匠打造配件修理织布机，随后李开荣主动上门修理机器。因齿轮损坏锻打不能成型只能靠翻砂。1907 年，李开荣到汉阳周恒顺机器厂学习砂型铸造技能，当年返回宜昌，在今大公路中段建起宜昌第一个机械制造厂。由黎荫三出面从江南赵家棚请木匠赵海林一起仿制铁木织布机。1908 年李开荣生产出第一台仿制日本高脚织布机，随后将高脚机改为矮脚机投入批量生产，取名"玲珑牌织布机"。因织布机供不应求，于小南湖另建新厂扩大生产。时有工人四十多人，铸、锻、车、钳工种齐备，至 1920 年李正顺机器厂平均年产织布机 2 000 余台，远销湖北、湖南几十个县。

黎荫三采取入股集资的办法扩大生产，批量购进李铁匠的织布机。至 1920 年全厂拥有三十多台织布机，员工三十多人。日产各种规格细布800 米，并能染织各色花布，填补了宜昌国货市场的空白。

自古以来，宜昌使用木质织布机织布。1905 年，宜昌有一家"宜人"织布厂，在宜昌首次使用从日本购进的铁质织布机，坏了就请后来的民营企业家李开荣去修，李开荣几经捣腾，机器居然好了。"宜人"老板黎荫三心存远忧，劝说李开荣研究、仿制铁质布机，占领市场。李开荣为"宜人"修理铁质布机时，发现这种机器的结构并不复杂，除了生铁铸造的齿盘宜昌没法仿制，其余的零件李开荣都可以锻造。因为，他的手艺高超过人。

李开荣本姓简，同治年间他的母亲下堂跟李家，而改姓李。李家在西坝开一家铁铺，世代铁匠。少年时代的李开荣就跟随继父打铁，习得好手艺。光绪二十六年（1900 年），子承父业。当时，商品经济逐渐发展，航运猛增，木船需求量很大，因而，造船船钉的需求量也很大。李开荣趁机接活，靠锻打铁钉而获利丰盈。

1907 年，李开荣下决心开办机器厂，关键技术是砂型铸造，需要购进生铁齿盘。于是，他带了一大笔钱和"宜人"的齿盘式样到汉阳"周恒顺机器厂"求购。该厂没有这种型号的齿盘，临时现铸。李开荣由此萌生一个新想法：何不现场学艺，回去自造？便向厂方提出请求。厂方倒也痛快，只有一个条件：李开荣在这里铸造的齿盘，无论做好做坏，李都必须买走。时年30多一点的李开荣，精力旺盛，勤奋好学，经过几个月的刻苦学习，已经熟练地掌握了砂型铸造的基本技能。1907年年底从汉阳凯旋。李开荣肯定知道取人一鱼，够我吃一餐；学会钓鱼的方法，够我吃一生。从汉阳学会翻砂技术的李开荣，再不只是一个"铁匠"，而是一个掌握了翻砂技术的民营企业家。1908年，李开荣正式将他的铁铺更名"李正顺机器翻砂厂"，在"内地会"对面（今大公路）建厂，后来又到通惠路附近的小南湖、一马路等地添置新厂房。

厂子开张的当年，"李正顺"就生产出宜昌第一台铁质织布机，也是宜昌生产的第一台机器。为了提高机器的质量和性能，李开荣又从汉口买回手摇车床、手扳钻床、老虎钳、方块式螺丝扳和螺丝攻等机械设备，逐步开始批量生产织布机。李开荣注重添置设备和培养技术人才，几年间，厂子里铸、锻、车、铣、钳技术人员齐备，设备良好。他们还发现"宜人"织布厂使用的"东洋高脚机"死板，笨重，李开荣自己动手改制成"仿东洋矮脚机"，经过革新改造的织布机，方便、灵巧、稳定。于是，他们将其正式取名"玲珑牌织布机"，署"宜昌正顺工厂制造"，是地地道道的"宜昌造"。

在此之前，省内外普遍使用的旧式木质织布机，需要"脚踏、手扳、丢梭"三道工序，一天一人织一匹布；"仿东洋矮脚机"只需脚踏这一道工序，一天一人织三匹布。李开荣的革新，既减轻了劳动强度，又提高了工作效率，还节约了用户开支。每台售价仅15块银圆。1915年至1920年，"玲珑织布机"远销省内外，每年2 000多台。日本侵占宜昌以后，李正顺机器厂受到了致命打击，勉强撑到1951年9月1日，"李正顺机器厂"与十余家厂子合并为"联众机器厂"。至此，生产出第一台"宜昌造"的民族工业企业，完成了它的历史使命。但是企业家李开荣对宜昌近代机器制造业的重要贡献永载史册。

20世纪初，在湖北除武汉之外，能够生产织布机、轧花机、压面机这"三机"的只有宜昌。不过，武汉的轧花机、压面机"三机"价格比宜昌贵，不少地方，譬如沔阳的用户，宁可舍近求远，弃武汉而奔宜昌购买"三机"。在宜昌，除了李正顺机器厂，"宜昌龙发昌机器厂"也能批量生产织布机、轧花机以及压面机，直到1951年与其他12家厂子合并为"联众机器厂"。

20 世纪三四十年代，先后长期在"宜昌龙发昌机器厂"工作的"高长泗""王宗维"两位先生，在宜昌市政协的《宜昌市文史资料》中回顾了这一段历史。"龙盛昌机器厂"以前叫"龙发昌机器厂"，创办人是龙肇三。龙肇三是点军区桥边镇龙家岩村人氏。1908 年 12 岁时，龙肇三进李正顺机器厂当学徒。1914 年，获得亲友的全力支持，龙肇三在学院街租房开办机器厂，取名"龙发昌机器厂"，开始生产织布机、轧花机。"龙发昌"的"三机"产品，质量高，信誉好，价格相对便宜，远销长江两岸。上至巫山、奉节、云阳、万县以及长江中游的荆州、沔阳等许多地方。恩施山区的客户，将压面机零件拆开，用两个背篓背进山。将近一个世纪前，"宜昌造"居然走遍四乡。

1908 年，武昌金口人俞锦堂来宜，首办"均益"人力车行，有木轮车 20 辆。民国六年，在木轮上加胶皮防震。民国二十二年有钢丝胶轮充气力车 740 辆。在这一年，宜昌市民第一次见到了电灯，一个玻璃瓶状的东西居然能发光。显然，电的使用对宜昌城市文明提升和后来思想文化发展都有极大启蒙和推动作用。给宜昌带来电力的是一个叫陈仲泉的留日学生。1913 年，他从上海购回了 100 马力的柴油机，在宜昌创办了"光明电灯公司"。1920 年，宜昌泰升号在光明电灯公司停业后投资购置发电设备自办照明用电。还利用原光明电灯厂的线路，将富余的电输往二架牌坊、鼓楼街、北正街、北门外正街、尚书巷一带，供一千余盏电灯照明之用。

因为有了电，在土桥街上就发生另一件大事，值得大书一笔，因为这件事极大地开阔宜昌人的眼界，让普通人也能有机会直观地认识外面的世界。这一年，宜昌人吴高俊与一位上海的电影商人认为商机无限，机不可失，便合伙在大东门外城墙边第一座炮台附近的土桥街开了一家电影院，取名为"负廓影剧院"。电影院有一部发电机作为动力供电影放映。初期上映的电影是外国无声片，也叫默片，内容多是一些侦探片和《非洲历险》《人猿泰山》之类的惊险片。[1] 卓别林主演的滑稽片也第一次传入中国内陆的这座小城。这件事轰动了宜昌城，并影响到了郊区。

---

[1]　张帮存：《木桥街与无声电影》，载宜昌市西陵区政协文史资料委员会编《西陵文史·地名篇》，《宜昌市西陵区政协》2006 年第 10 期。

六年后，法商在福绥路开办"环球电影院"；民国二十年，"环星"有声电影院开业。

也就在这一年，梁俊臣、梁兴臣兄弟在璞宝街创办会新石印馆，有四开石印机四台；民国四年，又增添电功对升石印机一台。宜昌有了自己的印刷机，这对于思想文化的快速传播善莫大焉。

在宜昌近代民族工业发展史上，还有一件值得特书的事件是：中国最早的民族资本卷烟厂——宜昌"茂大卷烟制造所"的建立。19世纪后期的中国随着半殖民地半封建社会的加深，北方义和团的反帝爱国运动，促使国人逐渐觉醒。全国各地掀起了规模各异的抵制洋货运动，中国民族资本在帝国主义势力的压迫下，也奋起斗争，以求生存。1899年，旅居宜昌的广东江、陈、梁等实业界商人，发起筹集资金10 000两，以股份制形式（共分为100股，每股为100两，江、陈、梁股份最多），成立了"宜昌茂大卷烟制造所"，随后，建起了厂房，开始生产土雪茄烟。这就是我国最早的民族资本卷烟厂在宜昌诞生的历史背景。

宜昌能上控四川、云南之货源，下输入四川、云南之洋货。江、陈、梁等商人选址于宜昌，正是看中了它的特殊的地理位置：一是长江黄金水道便利运输；二是四川盛产优质烟叶，便于采购原料。宜昌至上海大市场，水运距离990英里。至上游的重镇重庆403英里。四川的金堂、新都、江津、南溪、什邡、富顺、自流井等府县盛产优质毛烟，而这些烟叶历来就以宜昌为集散地，每年约有50 000捆（每捆约50市斤）到港，加上烟叶的价格便宜，每市斤折合现在的人民币0.3元左右。这一地利条件，对于精明的商人来说是不会不利用的。1899年春，茂大卷烟制造所开始筹建工厂。厂址选择在宜昌县城区南门外河边，与宜昌海关办公楼比邻。三栋厂房为东西朝向的砖木结构中国式平房，其窗户仿西洋式制作，较大，以便通风和透射充足的阳光（烟厂最忌潮湿）。三栋厂房从东向西依次为齐叶场（堆放采购的原料），卷叶场（制作卷烟），包箱场。另外，在包箱场的旁边建有事务所，供该厂管理人员办公之用，如洽谈业务、财务管理、销售等项。①

---

① 简蓉：《中国最早的民族资本卷烟厂——宜昌茂大卷烟制造所》，《湖北文史》（第七十一辑）2014年第9期。

　　在筹建工厂的同时，卷烟制造所选派了三名技师赴菲律宾吕宋卷烟厂学习手工卷烟技术，他们学成后回宜昌担任技术指导。卷烟制造所就近在宜昌城区和城郊招收了48名工人，年龄都在15岁至20岁之间。是年初夏，茂大卷烟制造所正式投产。在三名技师的具体指导下，经过一段时间的培训，工人们上岗投入实际操作。茂大卷烟制造所不仅建厂快、投产快，而且销售也抓得很出色。最初，产品由轮船运至汉口，然后转运主销上海。为长期占领市场，该公司还在上海四马路棋盘街设立专门销售的贩卖所。那时，输入上海的洋烟颇多，吸烟者众，需求量大，宜昌茂大生产的卷烟价廉物美，成为当时与洋烟有竞争力的国货，受到国内吸烟者的欢迎。

　　1899年下半年，茂大卷烟还以其产品优势报关装输出口，远销到美国和日本。后来，又在我国北方的牛庄（今辽宁营口）、天津一带打开了销路，一时成为俏销品。

　　茂大卷烟制造所以每月生产3 000箱、每年生产36 000箱的速度，源源不断地销往各地。生产红红火火，经营十分景气，应该说是得到长足发展的。然而，该制造所却于1901年罢业倒闭了。为什么会是这样的结局呢？原因非常清楚：1900年，英、法、美、俄、德、日、意、奥八国联军进攻中国，迫使清政府于1901年签订了空前屈辱的《辛丑条约》，这个条约从政治、经济、军事各方面都扩大和加深了帝国主义对中国的统治，而中国的民族工业、民族资本更是备受摧残。在这种情势下，作为民族资本的宜昌茂大卷烟制造所，也就在劫难逃了。

　　此后，一些前店后厂式的手工业雪茄作坊纷纷在宜昌兴起。1911年，"天生祥"烟号开办。"天生祥"的工艺复杂、精细、生产环节多。雪茄产品以"金罗汉"命名，形成"天""官""赐""云""福""寿"六大系列以满足不同层次的消费需求。尤其是"天"字雪茄，堪称当时中国最顶级的雪茄，包装精美，品质精良，畅销海内外。特别是19世纪20年代初，著名的辛亥革命元老陈裕时（宜昌县三斗坪人，1905年加入同盟会），率先在宜昌打出了"工业救国"的旗帜，约请了几位志同道合者，在宜昌城区办起了织布厂和雪茄烟厂，还准备筹办玻璃厂。其中所办雪茄烟厂的工人，就有原"茂大卷烟公司"的工人作骨干，当技师。后来因同样的原因，陈裕时新办的织布厂和雪茄烟厂在大量洋布、洋烟的冲击下被迫倒闭。①

宜昌开关，不仅加深了帝国主义对我国西南、湘、鄂地区物产资源的掠夺，扩大了对这一地区商品市场的侵蚀，同时由于各国洋货大量倾销宜昌，又极大地排挤了我国民族工业，阻滞了我国民族资本的发展。

（二）近代宜昌商业、旅栈业的起步

宜昌西控川滇黔，东通吴越沪，北交豫陕，南达湖广，从川盐解禁到宜昌开埠前后，宜昌城接纳了来自湖南、四川、浙江、江西、安徽、广东和江苏等省的客商和手工业者来宜经营；省内各地商家也纷纷来宜经商；宜昌同十四个国家和地区，有进出口贸易的往来。国内和国际贸易造就宜昌城独具特色的招牌文化。

川江盐运不仅带来宜昌城镇大繁荣，也促进了宜昌商业贸易的发展。1876 年，《中英烟台条约》签订，宜昌被列为通商口岸之一。西方列强纷至沓来，轮船公司开始在宜昌设立，沿江一带码头泊位鳞次栉比，绵延十余里。宜昌的物流、人流迅速增长，城市规模日益拓展。至 1900 年，宜昌一跃成为长江航线上最重要的转运商埠和湖北三大商业城市之一。1914 年，新成立的宜昌商埠工程局请英国人编制"拟修宜昌商埠规划"。经过地形勘测，在古城大南门、通惠门外东南 2 公里以内 4.65 平方公里，修 20 条道路。其中纵向干道 8 条，横向道路 12 条。形成通惠路、公园路（中山路）、陶珠路、二马路、一马路、云集路、福绥路、怀远路、滨江路一片商业区。

随着商埠文化的进一步发展，一马路沿下游方向又连续修建了四条与长江垂直且相互平行的小巷子，俗称一道巷子、二道巷子、三道巷子和四道巷子。这四条巷子的居民，主要是在船运中打拼生活的人，数代人在此繁衍生息，最鼎盛的时期聚集了两千多户居民，一百三十多家各色商铺。自从 1876 年《中英烟台条约》签订以后，宜昌便成为内陆长江沿岸开放最早的通商口岸，英、法、德、日等在宜昌设海关，建领事馆，修教堂，开办洋行，从事航运、贸易、仓储等商业。国内各省的商人也先后来宜昌做生意，逐渐形成万商云集之势。宜昌这座码头城市逐渐活

———————

① 郝庆瑜：《百年茂大　雅香新生》，《中国烟草》（黄鹤楼·新生雪雅香手册）2013 年 9 月 24 日。

跃，铁轮取代了木帆，数不清的中国棉花、布匹运往海外。城区人口逐渐上升，城市骨架不断拓展。

福建人在宜昌开埠不久也来到宜昌做生意，他们以丝烟为主营业务。福建人历来信奉天后，称她为妈祖，就是把天后当成自己的祖先。他们的业务发展到哪里，就把妈祖的神像带到哪里，一旦条件具备，就会修建庙宇奉祀。从福建到宜昌，当年的交通工具主要靠水运，为求妈祖庇护船只安全，便在宜昌建立妈祖庙。同时，他们在宜昌开店定居后，经常有福建同乡往来，为求互相帮衬扶持，共同抵御外帮欺侮，接待同乡同行，便要组建同乡会，建立会馆，招待食宿。于是，在宜昌的福建商人，把妈祖庙和福建会馆合为一体建造，取名天后宫（妈祖最后被晋封为天后）。天后宫进门处便有一个戏台，不是庙中应有的建筑物，它是为会馆所设，是福建商人在此聚会议事和娱乐的场所。正殿和小殿两旁的厢房，便是招待客人住宿的房间。正殿的左面，还有一大片空地（被学校作操场用），可能是会馆的附属建筑物，已被战火毁坏。只有正殿和小殿，才是供奉天后等神像的场所。

在镇江阁下的长江岸边，湖南米商又修建了一座杨泗庙，庙内供奉的是杨泗将军。杨泗即南宋初年在洞庭湖起义的首领杨幺。他是一位湖神，受到湖南商人的崇拜，湖南商人求助杨泗将军保护江河、湖泊的水运平安。海神与河神、湖神邻近相处，各司其职，共同维护商家海运、河运、湖运的船只安全。在这里，天后表现出极其可贵的海纳百川的包容性。妈祖的这种包容度，在海外与西方文化交融，便形成了和平往来、自由贸易、平等相待、共存共荣的文化价值观念。正是因为华侨持有这种价值观念，才能在国外经营中站稳脚跟，取得长足的发展，数百年来立于不败之地。

1876年宜昌被开埠通商后，以解放路为轴心的商业中心很快成为商业集中区之一和城市繁华区域。解放路最早叫通惠路，其名出自《左传》"务财训农，通商惠工"。19世纪70年代前，这里还是一片荒凉坟场，人迹罕至。1876年，《中英烟台条约》签订后，宜昌城区逐渐向古城以南发展，于1914年辟为街道，命名通惠路。之后，洋行、外国领事馆、商铺林立，商贸繁荣，人流集中。随着城市的发展，解放路逐渐向周边辐射扩展，成为主城区人流集中的地区，并且形成了最鼎盛的商业"重镇"——宜昌解放路。为了适应近现代交通，民国初年，国人专门聘请英国工程人员修建了通惠路（解放路）、二马路、一马路等，形成繁华的商业区。

清咸丰二年（1852 年），川盐过境。1908 年宜昌港埠全年进出口轮船 404 艘次。其中，中国轮船 110 艘次，美国轮船 14 艘次，英国轮船 135 艘次，日本轮船 145 艘次，总吨位 38.82 万吨。1908 年大批川米用木船运至宜昌，换轮船运往江苏，宜昌转运业务兴旺。史载，古宜昌镇江阁二楼为戏台、一楼为南北米行，长江上下米商多在此交易。1908 年由唐寿卿经营的"惟肖"照相馆在宜昌鼓楼街开业，是为鄂西三府（荆州、宜昌、施南）照相行业第一家。

随着开埠通商后，宜昌成为鸦片烟土集散地，辐射川鄂等十几个省市。"老三条街"——光前街、浙江路、美华里以宿娼而闻名，"新三条街"——富裕街、日新巷、一菜场是宜昌城内"黑社会"的交易场所，以鸦片烟土交易为主。1908 年宜昌全年进出口货物总值为 3 136.04 万海关两，全年关税收入总额为 4.26 万海关两。

在宜昌鼓楼楼下，通往江边镇川门有一条十分热闹的街道叫"鼓楼街"，长约 200 米，宽 5—6 米，是城内商业中心，街两旁各种店铺有几十家，柴行、米店、茶馆、饭店、酒楼、当铺……所谓"人生日用所需，以及金珠宝石，布疋细缎，皮张冠带，估衣古董，精粗毕备"。街上整齐的青石板从鼓楼一直铺至江边，行人从早至晚都是摩肩接踵，川流不息。1921 年，南京人商雨生在鼓楼街兴办元兴利印刷纸号至 30 年代，有员工 60 多人，设备齐全，资金雄厚，是宜昌当时最大的印刷企业。1940 年，宜昌遭日军飞机轰炸，鼓楼街同鼓楼一起变成了一片残垣断壁。1949 年 7 月宜昌解放，1956 年市政府设鼓楼街办事处，下辖鼓楼街、新民街等九个居委会，古城内原鼓楼街经东门口一直延伸到东山脚下（今西陵一路）。

同样在康熙年间，当天主教传到宜昌之初，最早的一所天主堂，也是修建在白衣庵街上。晚祷的钟声，更增加了这条小街的宗教气氛。然而，商业经济的影响也是大的。清末民初，与商业繁荣的鼓楼街相接的白衣庵街，也逐渐建立起手工作坊和商店，铜匠铺、秤铺、丝烟铺、布庄等，几乎把整条街都摆满了。以后，随着商业中心的逐步南移，这条街才冷落下来。

　　裕懋厚绸缎号，是宜昌开埠后很有实力的一家商铺，它高调宣扬的"一言堂"要向顾客表明：本店没有漫天要价、讨价还价的陋习。一切货物明码标价，童叟无欺，绝无因人而异、随意提价的奸商作风。但是，这并不意味着在"裕懋厚"市无二价。如果碰上大户人家娶媳妇、嫁姑娘，而客户执意要商家让价，只要有利可图，"裕懋厚"也会灵活处理。那么，怎样把握降价的幅度？依据暗码。标签上"明码标售价，暗码标进价"。"裕懋厚"的暗码设有代号，这个店的老员工后来回忆，10 个字："勤、俭、持、盈、久、谦、和、受、益、多"。分别代表数字 1—10，譬如，"勤俭"就是 12；"谦和"就是 67。顾客看不懂，店员心中有数，价格就依据暗码去谈。显然，谈判的结果是只会低于明码价，实质性的问题只是到底"低"多少。20 世纪初，宜昌商界普遍传播这样的商业信条："本小利大仍是小，本大利小还是大。"这一个商业哲理了不起，既充满着商业辩证法，也包含着职业道德。裕懋厚凭借自己雄厚的资本、畅通的货源、可靠的市场、精明的队伍，诚信经商。因为它信奉"本大利小还是大"。

　　外国商人在宜昌城的招牌以突出外商的姓氏为主，如立德洋行、太古洋行、隆茂公司、麦尔斯洋行、怡和公司、亚细亚煤油公司、美孚油公司、大坂洋行。宜昌人与外商做生意的商号多数沿袭宜昌城的民俗传统，如为日商收购生漆的永生公、寿康、林源茂；经销日本布匹的裕丰昌、裕茂源、大顺德、仁和利、穆恒发。也有直接用外国名号为招牌的经销商号，牟鹤龄开办的美孚经理处，杜子木开办的德士古经理处，梁梅村开办的亚细亚经理处。①

　　商埠城市建设促使宜昌城内市场随之向外发展，商业贸易进一步繁荣，到抗日战争前，全城商业已有 73 种行业，商户达 2 032 家，较开埠前的 1 300 余家增加一半以上。"至民国十一年（1922 年）城市人口已达 111 309 人，较光绪二十六年（1900 年）增长 2.27 倍。宜昌已成为在湖北仅次于武汉的第二大城市，形成了南北约 5 公里，东西约半公里，大

---

　　① 魏祖培：《古城宜昌招牌的风采》，《三峡晚报》2010 年 12 月 3 日。

小街道 260 多条的商埠区。"①

　　宜昌开埠还促进了宜昌近代旅栈业的兴起与繁盛。清朝末年，随着宜昌轮船运输业的不断发展和商埠区的逐渐开发，南来北往的行旅日益增多，有来三峡宜昌观光的，有来宜昌洽谈商务的，有来宜昌地区进行考察的。据统计，光绪九年（1883 年）从长江下游乘汉宜班轮来宜昌的旅客有 2 218 人，到光绪十七年（1891 年）旅客人数上升到 12 367 人，几乎增长了六倍，于是宜昌近代旅栈业便应运而生。到民国二年（1913 年），滨江的"轮栈帮"已有 10 家，这是宜昌近代旅栈业的发端。那时把旅栈业称为"轮栈帮"，足见旅栈与载客轮船的关系密不可分。

　　宜昌旅栈业在数十年发展过程中，形成了自己的办栈特色。其一，旅栈滨江而设。宜昌城区经过二十多年的建设，由原来集中于西北隅而向东南大大拓展，滨江且呈带状。过往轮船停靠江边，上下旅客熙熙攘攘。那些精明的旅馆老板便把目光瞄准这里，办起旅栈，既方便旅客，也方便自己。只要看一下宜昌城区的旅栈分布，就不难看出其中很多都是设在靠近江边码头的地方，如二三十年代所开的旅栈，像泰安、德明、大陆等店栈无不设在滨江路和福绥路，占当时（1934 年）13 家旅栈中的三分之一强，后来开的就更多了。旅客上岸走不了多少步，就可以找到旅馆。其次才是建在繁华地段的通惠路，如神州、彝陵、高升、世界等。其二，办栈起点较高。宜昌旅栈大多在 20 世纪 20 年代后期到 30 年代中期开办起来的。早些年开办的旅栈，由于受外来文明的影响，一些老板不惜巨资建造好的房舍，设施齐全，装饰豪华。如 1924 年开办的峡州大饭店，1928 年 8 月间同时开办的"远东饭店"和"南洋大旅社"，都是三层洋楼，室内有现代化的电器设备，饮食、家具和床的前面都带有一个"西"字，"洋"气十足。无怪当年有位四川成都来客说，他是第一次出川，路过宜昌，宜昌给他的印象很好：交通便捷，码头较大，与成都相比，这里要开放些。成都招待旅客的地方叫客栈，封建气味很浓，宜昌则不同，受外来影响，旅栈称为饭店，内部摆设也很讲究。成都旅客的这番话，是在半个多世纪以后所忆及的。其三，浴池兼营旅栈。在近代宜昌旅栈业发展历程中，还出现浴池带旅栈这一特殊现象。在 20 世纪

---

　　① 刘开美：《宜昌开埠后的城市建设》，载《三峡晚报》2008 年 10 月 24 日 B13 版。

20 年代宜昌十余家旅栈中，"新新浴池"就是浴池带旅栈的。据当年曾服务于"新新"等五家浴池的李德喜老人回忆说，新新浴池坐落在西陵巷，是 20 世纪 20 年代后期开办的，三层楼房，底楼大厅为普通座，二楼为雅座间，另设有家庭间，三楼是栈房带餐室。整个楼房别致，外形美观，屋内设施齐备，颇受顾客青睐。30 年代中期开办的"月华浴池"也是浴池带旅栈的。月华池坐落在学院街，20 世纪 30 年代宜昌最大的一家浴池，服务人员最多时曾达 50 人。楼下设有普通大厅、官座和雅座，楼上前楼为栈房间，后楼为家庭间，由于该浴池带栈房，对外做广告又称"月华池华洋旅馆"。又如，在抗战胜利后恢复的"中央""江南""华华"和"大华"4 家浴池中，其中就有三家是带旅栈的。浴池带栈是对宜昌近代旅栈业的一种补充，曾经接待过无数的普通旅客。

　　旅栈既办，是等客上门还是迎客上门，后者自然为店家的明智选择。宜昌旅栈业在招揽顾客方面可真有几招：一是在报上做广告，宣传自己。宜昌 20 世纪 20 年代后期开办的"远东饭店"，在《彝陵日报》上这样向顾客说："本饭店不惜巨资在宜昌大南门外源发里口新建西式三层洋楼，内设客厅、寿堂、喜堂、中菜间、西菜间、特别浴室、剪发室、中西茶点、随意小酌，日夜听从采办。电铃、电扇、西式铜床、绸缎被絮，备有包车、藤轿，房间宽大，卫生洁净，茶房侍候，招待格外周到，无美不备，请贵客赏临一试。"他们通过宣传，以提高本店号的知名度，来招揽顾客。

　　二是接客上门。宜昌的"黄金水道"给轮船运输带来便利，也给宜昌旅栈业老板带来财源。旅栈业老板熟谙过往轮船靠港时间，他们及时派出本号人员赴码头接客，生怕错过机会。这号人日复一日奔波于码头接客，人们便送给他们一个雅号——"拉客帮"。有的真的形成了地道的帮派，如秭归人王仲浩的"十兄弟"，他们拉拉扯扯，从中渔利。又据屈仁声老人闲谈说，宜昌还有所谓"摇手帮"的，他们手里捏着一种印有本号的专用纸条，一等轮船到来，便蜂拥码头，乃至爬上轮船接客，摇手示意，一经谈妥，便将手中的纸条贴在旅客的行李上，把旅客带回自己的栈房。有的还为旅客备有人力车，旅客凭那张纸条起程去往他们的旅栈。不管这帮那帮，总的都是到码头接客，为旅客提供方便。

　　三是以声誉赢得旅客。旅客心中有杆秤，谁好谁差一清二楚。宜昌旅栈的老板们深知旅客的这种心理，除为旅客提供舒适的环境外，还在热诚服务、项目的设置与开发上费尽心机，一般中等以上的旅馆、饭店都为旅客提供伙食，膳宿一起结算；要办商务的，旅馆为他们代办关税往来；要旅游观光的，像宜昌中旅还有专轮把他们送到三游洞游览，领略峡口风光，一饱眼福；旅客要离开宜昌，旅馆为他们雇船买票，如此等等，不一而举。总之，旅馆以热诚服务，在旅客中树立自己良好的声誉，以赢得旅客对自己依赖，旅栈生意则越搞越红火。

宜昌旅栈不是每家都能为旅客提供伙食，像那些小的旅栈就只供旅客住宿，不管伙食，这就是人们所说的"干号"。"干号"多为那些层次低些的旅行者服务，那时在环城西路滨江一带这种小旅栈不少。来的多半是那些做小买卖、跑单帮等这类普通旅客。"干号"价廉物美，各取所需，颇受他们的欢迎。

### （三）近代交通业的发展

#### 1. 内河航运业的兴起

长江在古代中国千百年来的内河交通运输中占有重要地位，它横贯大地东西，京杭大运河贯通后，它的运力又可直达中原腹地。而宜昌正处在这条大通道的关键节点上——连接西南物产丰富之地、通衡南北政治经济重心，作为"水码头"，它在中国内河航运史上占有重要的一席之地。而宜昌近现代航运业始于开埠。

19 世纪 60 年代以后，随着洋务运动的兴起，火车、轮船、电报等现代科学技术相继传入中国。清同治十一年（1872 年），洋务派首领，当时任直隶总督兼北洋大臣，掌握全国军事、经济、外交大权的李鸿章，责令浙江漕运局总办、海运委员朱其昂以 20 万串作为官借资本筹办轮船，组建招商局。第二年，这个中国最早设立的全国性航运企业正式成立，总局设在上海，汉口、天津、香港、日本横滨等地都设有分局。光绪三年（1877 年），轮船招商局以高价购进美商旗昌轮船公司一批旧船和设备，扩大经营。同年，派"固陵"号轮船驶抵宜昌，这是宜昌历史上出现的第一艘轮船。其后，英、法、美、日等国轮船相继航宜。从此，结束了千百年来宜昌航运仅仅依靠古老木船的历史。宽阔的江面上，到处是飘扬着不同国旗的各国轮船。

1876 年宜昌开埠前，基本是非机动力的木船，靠拉纤穿越长江三峡险滩。宜昌是一个转运码头，从汉口到宜昌要 50 个小时，下水只要 36 个小时。货轮依靠的主要是木船，"如果天好并且途中不停留"，从汉口到宜昌要走 25 天，宜昌到重庆要航行 20 天到 30 天，如果是小船，不需要中途转运，从汉口沿汉水，通过那条便河可以从汉水到沙市就会更近。《十年报告》指出："要完成汉口到宜昌和宜昌到重庆的航行不是易事……汉口到重庆途中无数急流险滩，使来往航行的庞大笨重的木船不仅行走吃力，代价很高，而且非常危险。至于向东航行，在浅水的季节，沙滩和浅水地带极大地妨碍了轮船的自由入港。"① 1891 年，一艘"夷陵"号轮船从汉口来宜，就因为搁浅不能动弹达三个月之久；同年在平善坝淹死的海关稽查员英国人李斯特才上任就一命呜呼了。1882 年，中国的一个叫鲍超的官员在回川途中遇难，两个儿子被淹死。1883 年，英国驻汉口领事加德纳和朋友游览三峡在新滩翻船，所幸当时他们正在岸上行走，只是行李全部丧失。当时，宜昌没有信号灯、浮标和灯塔。

1876 年宜昌开埠后，码头东移至今大公桥—九码头—亚栈一带。随着汉宜、宜渝、宜申轮运的开通，古老的宜昌码头被近代轮运的新兴码头取代。19 世纪末，宜昌辟有 18 个码头，沿江绵延十余里，四千余名码头工人，六千余个"散扁担"。亚栈路一带因起运的"洋油"（煤油）等"洋"货较多，这一带码头俗称"洋码头"。

19 世纪八九十年代，宜昌江边洋码头与老码头相接，依次是招商局码头、二马路码头、大阪洋行码头、日清公司码头、隆茂洋行码头、邮局码头、海关码头、太古洋行码头、怡和洋行码头、聚福洋行码头、普济医院码头、一马路码头、一马路下码头、大碑巷码头、内地会码头、三北公司码头、三北台子码头、川江公司码头、验关房码头和盐局码头。郭沫若《初出夔门》记有"宜昌的江面飘着万国旗"，外国人称之为"有城墙的码头"。

当时，航宜的轮船大多停靠在大南门至二马路一带。因为这里临近古城南门，进城上街都很方便。南门外正街这时候也已初步形成。由于装卸货物的需要，沿江一带逐渐形成为堆栈和码头，加上商旅大量在这里集中，各种店铺应运而生。1914 年以前，南门外正街以下至二马路沿

---

① 原宜昌海关署税务司李约翰：《宜昌十年报告》，1891 年，第 12 页。

江岸逐渐形成为一条街道。由于宜昌轮船招商局设立在这条街上，人们也就将其称为招商局街了。后来，又因为街道滨江，才改称为滨江路（后延伸至一马路）。这个街名一直沿用到1967年滨江路并入沿江大道时才消失。

随着开埠，西方列强侵入宜昌，宜昌水运便开始由传统方式向近代方式转变。早在19世纪中叶，西方列强就开始对宜昌虎视眈眈。咸丰十一年（1861年）英国海军中将贺布经上海抵达汉口，声称要到上游一带考察，并于当年3月14日率武官随员"开火轮二只，溯流西上"。湖广总督官文饬令宜昌各属"沿途照料"。同年，英国"远征队"由少校萨利勒和船长布克思通率领，乘木船抵达宜昌，随后又溯江上至夔府（重庆奉节县），收集长江水文情报。同治二年（1863年）夏，美国地质学家彭柏莱来中国出洞庭湖经宜昌西上考察地质，赴秭归香溪一带勘察煤矿资源，并将此地命名为"归州煤田"。同治八年（1869年）上海洋商总会派商董到宜昌调查商务情况。同年，英国海军人员抵达宜昌，测量宜昌至奉节的长江三峡航道，了解航道中各段的水文情况。

在对宜昌及其上游资源、航道、水文窥探的基础上，同治十一年（1872年）上海英国商会便一再胁迫清政府将长江中上游宜昌至重庆的航线对外开放。宜昌开埠前二年的同治十三年，英、美、法三国商人联手，在宜昌雇用木船69只，装载洋货首次闯入川江。宜昌开埠后的第二年，英商立德乐便雇用中国领江员王定邦引水驾驶"夷陵"号轮船进入宜昌港。这是进入宜昌港口的第一艘轮船。随后，立德乐便在宜昌开设了立德洋行，经营舶来品。同年，清政府的轮船招商局也跻身宜昌，在宜昌设立分局，其"江平"号开了汉口至宜昌的客货营运航班。这是宜昌港埠第一艘正式航线的商轮。随即，英商太古洋行的"沙市""吉安"号与怡和洋行的"昌和""江和"号于光绪六年（1880年）相继投入汉宜客货运输航班。次年，英商太古洋行在宜昌滨江路设置营业机构。于是，汉口至宜昌的轮船航班就这样开通了。

光绪九年（1883年）宜昌港埠全年轮船运载汉口至宜昌的旅客达到2 281人次，至光绪十七年（1891年）便达到12 367人次，不到十年增长近6倍。

1908年10月19日川商集资开办的川江轮船有限公司以银24万两在

上海建造"蜀通"轮船，抵宜昌。"蜀通"轮聘英人蒲蓝田为船长，国人陈兴发为引航员（旧称领江）于是日上驶。29日抵重庆。

再上推10年，1898年，英国人立德驾驶"利川"号轮船，在其夫人阿绮波德·立德的陪伴下，由宜昌驶抵重庆，是为通行三峡第一轮。

相对而言，汉宜轮运的开通较为容易，而川江轮运的开通则较为困难。光绪九年（1883年）英商立德乐乘木船进入川江，一路详细勘察川江航道，写成《经过扬子江三峡游记》一书，认为轮船只需马力大、吃水浅，在川江轮运是可行的。随后，法国人谢瓦利埃也对长江上游自宜昌至屏山段的航道进行了测量，并绘成64幅图，为外轮行驶川江提供依据。光绪十年二月立德乐设计建造能行驶川江的"固陵"号轮船，抵达宜昌并准备入川。光绪十三年长江上游轮船股份有限公司派立德乐在宜昌设立航运办事机构。由于四川绅士和民众特别是依靠木船为生的广大船工的反对而未能实施。后经磋商，于光绪十五年由清政府出银12万两赎买该船，转交招商局改行汉宜航线。中日《马关条约》签订后，立德乐又仿效行驶川江的柏木船型，建造了一艘长55英尺、载重10吨的木壳小汽轮"利川"号，于光绪二十四年（1898年）2月15日雇员驾驶，由宜昌溯江西上，进入三峡后多次靠纤夫拉滩上驶，终于闯过新滩、兴隆滩等处危险，于3月9日抵达重庆，获得探航成功。光绪二十六年（1900年）立德乐又建造了一艘长180英尺、载重150吨的轮船"肇通"号，蒲兰田任船长，由上海驶至宜昌。当年5月16日又由宜昌西上，经过泄滩时绞断钢缆2条，途中浪沉小船2只，历经9天，于5月24日抵达重庆。这是外国铁壳商轮第一次由宜入川。立德乐虽然三次进行川江探航，但是都未达到经营航运的目的。在这期间，英国政府也以保护侨商为名，建造浅水炮舰"山鸡""山莺"号，驶抵宜昌，闯过三峡，进至重庆，但是也未能实现商轮通航。就在立德乐第三次探航川江当年的12月27日，德国人所造"瑞生"号也由宜昌入川，船上还载有中外旅客34人。时至三峡江水枯落，行船危险。但是德国籍船长强令航行，上午11时行至崆岭二珠触礁沉没，船长及部分乘客遇难。至此，航业界视川江为险途，裹足不前，以致川江航行近10年归于沉寂。

随着汉宜、宜渝轮运的开通，古老的宜昌帆船文化便进入了近代轮运的新时期。到宜昌开辟航运业务的轮船公司不断增加。其中，太古、怡和、日清、捷江等公司先后在宜昌修建码头、堆栈和仓库，开辟客货运输、仓储和水火保险等业务。沿江一带各公司的码头、泊位鳞次栉比，绵延十余里。从此，每年成百上千艘次的中外轮船出入于宜昌港埠。民国八年（1919 年）以前每年都在数百艘次；以后则每年都在上千艘次。其中，民国九年最多，达 4 067 艘次。据统计，自光绪二十六年（1900 年）至民国二十二年（1933 年），进出宜昌港埠的中外轮船共计 50 880 艘次，其中中国轮船为 18 045 艘次，仅占总艘次的 35.47%。开埠后宜昌轮运的殖民性不言而喻。

宜昌水运方式向近代轮运的转变，并非意味着以往传统方式的结束。固然，随着轮船运输的发展，木船运输萎缩，进而被取而代之，是必然的趋势。但是，开埠后的宜昌轮船运输的发展却是与木船运输密不可分的。因此，开埠后宜昌传统水运方式不但没有萎缩，反而乘势而上，出现了驳船、挂旗船和厘金船竞相发展的局面，形成了传统水运"夕阳红"的景象。

驳船业的兴起，挂旗船的出现，厘金船的发展，促使宜昌开埠后传统水运方式，无论是种类还是规模均呈扩展上升的势头。至光绪三十二年（1906 年）往来宜渝间的木船达到 17 766 只次，较光绪十八年（1892 年）增长 28%。正因为如此，致使宜昌城从豆芽湾（葛洲坝靠大江）、紫云宫（三江桥）到八标（十三码头）的十里江岸，桅杆林立，连樯接舳，一片帆海。开埠后宜昌帆船文化的盛况，形象生动地展示在世人面前。

2. 码头城市及码头文化

宜昌自开埠以来，其码头城市的地位一直彰显无遗。史料记载，近代以来，特别是 20 世纪 20 年代以来，宜昌江边自镇川门至九码头一带，码头林立，带有峡江特色的吊脚楼可谓鳞次栉比，而船工、小商贩和码头工人成为江边最活跃的一群人。

长期以来，长江三峡险滩急流制约长江航运，纤夫拉船运输成本很高。直到清咸丰二年（1852 年），太平天国定都南京后，淮盐上行受阻，川盐大量下运，使宜昌码头运量陡增。一时在宜昌倒载、换装、揽货、休整的船只数以千计，船民船工达万人以上，以致舟船从上河街（板桥）一直排到大南门、二马路河坡一带，江面连樯接舳、桅杆林立。

　　罗洪波考证发现，由于川盐大量下运，并在宜昌转口，带来了宜昌码头文化的短暂繁荣。川江盐运的繁荣，也极大地促进了宜昌城镇商业贸易的发展。从鄂西北山区陆运来的山杂、毛皮、油脂、大米、煤、盐、糖、烟叶、烟土、水果等，除在宜昌销售外，多数在此转口运往下游。而由下游船只运来的日用百货、瓷铁器、大米、布匹，除在宜昌集散由陆路运销各县镇外，绝大部分由此换船运往上游。于是沿江河街成为商行货栈的交易市场。

　　每逢枯水季节，小摊小贩还在沿江沙坝经营"河肆"。宜昌城内的鼓楼街、锁堂街一带成为商贸中心。于是，宜昌被冠以"过载码头"的头衔。码头文化又演绎出很多与之相关的文化。比如，新船下水这天，船家沐浴净身吃斋，点香烧纸，燃放爆竹，安祭龙神。下水时，需有几人随船下河才会免除翻船之灾。开船要举"开江"仪典，船家备办鸡鱼猪牲醴和"斋饭"祭祀河神，打牙祭招待船工和纤夫，鸡为正菜摆在中央。

　　码头文化是中国社会依靠码头生存的特殊群体、阶层的人们创造的一种特殊文化，其中，凡是有码头的地方就有帮派，也就伴生了码头帮派文化。据《东湖县志》载：乾隆年间，渝州下楚地大米十万担计，而百货贩运均非船莫及，大都由湖北地区专航川江的宜昌、荆沙、汉阳、武昌四大帮承运。这是长江中游出现最早的船帮。船帮一般按乡籍、航区、货种组成，带有浓厚的封建家族和乡土关系色彩，垄断一定范围的货源，对本帮船户起一定的保护作用，对外则有排他性。各帮都有各帮的帮旗，悬于桅杆之上；各有帮庙、会馆、货运范围和码头。而船帮的帮主，又大都是"袍哥""汉留"大爷。

　　随着宜昌开埠，外商云集，上海的青帮组织便传入宜昌。民国时期，宜昌最大洪帮"双龙头"大爷王宏谦（王泉山），是宜昌洪帮组织"西陵社"社长，36家报关行联合办事处董事长，势力范围扩展至嘉陵江、沮漳河、汉江和湘水一带，手下"大哥"300余席，兄弟6 000余人，是宜昌及长江中上游一带的头面人物。在王泉山做六十大寿时，杜月笙、黄金荣还专程派代表前来宜昌送礼祝寿。

　　宜昌曾被外国人称为"有城墙的码头"。清末民初，宜昌城有在卯时、午时、酉时分别鸣放火炮的习俗。旧时宜昌城治安以鸣炮告示，东门城楼一角设有铁炮一尊，配有专门负责放炮的炮手。每日要按时辰分别鸣放"醒炮""午炮"和"关门炮"。凌晨六七点钟天亮为卯时,放铁炮三声才开城门,俗称放"醒炮"。晚上七八点为酉时,放铁炮三声关闭城门,俗称"关门炮"。中午十二点钟为午时放的炮,叫"午时炮",又俗称"午炮"。形成城墙码头特有的市井遗风。

卯时"醒炮"放过以后,惊醒还在梦中沉睡的人们,陆续起床。"午炮"顾名思义是在午时鸣放,鸣放午炮后,告诉人们已至中午,可以进行午餐或午休了。为防城外山中和长江上的"棒老二"(旧时的土匪)扰民,"关门炮"鸣放后,即关闭四维城门,城门关闭后由衙役和更夫把守。"关门炮"鸣放前,闲散人等都不再东游西荡,有事的人就要抓紧办完事,好在"关门炮"鸣放前赶回到城内或城外各自的家中,否则闭门后进出城门不仅要花些冤枉钱,还要受到衙役盘查,十分麻烦。

码头文化推动了宜昌的茶文化。宜昌既是产茶之地,又是沿江码头城市,来往客商多,茶肆历来甚多。而宜昌的茶肆又是随着宜昌开埠后码头文化的兴起而得到广泛传承和繁荣的。20世纪30年代,大小茶馆就达二百多家,抗战胜利后已达到三四百家之多。宜昌的茶馆各有特色,宜昌民俗的万种风情尽入码头上的茶馆,是浓缩的小社会。宜昌的茶馆丰富多彩,有油货茶馆、风景茶馆、文化茶馆、行业茶馆和帮会茶馆。所谓油货茶馆就是泡茶兼售油炸食品和蒸笼食品,颇有特色,这种古老遗风的茶馆现在演变成提供煲仔饭、铁板饭,可谓异曲同工。风景茶馆自然起胜,宜昌自古有游客和文人雅士到公园名胜坐茶馆的习俗。而这些茶座多为露天,或设于公园草丛,或设于江滩凉亭,游人来此品茗,旨在山水合一。茶馆还会加点文化节目,如附加弹唱、说书、相声等文娱活动,便形成了文化茶馆。后来,北方京韵大鼓、苏州评弹和木偶戏班、皮影艺人也到茶社演出。行业茶馆和帮会茶馆不对外营业,主要对本行业和帮会成员开放。

宜昌码头文化衍生出与码头上生存的贩夫走卒的特有市井文化,也就有了各种庙宇、庙会。旧时宜昌城市百姓的文艺生活,全靠各庙宇、会馆演戏酬神时看戏。早年宜昌古城内和关外沿江码头有二三十座庙宇和会馆可供唱戏。那时各行各业组成的若干行会,各拜其尊神,各有庙会。如:成衣缝纫的做"轩辕会";剃头理发的做"孙真人会";打铁、打铜的,各做各业的"老君会";泥、木、石工匠,各做各业的"鲁班会"；勤行糕点、斋铺茶楼、酒店饭店分别做"雷主会"；医生、药店分别做"药王会"；卖酒的、做豆腐的，分别做"杜康会""淮南会"；教书的做"文昌会"；没有什么神可酬的，也要做个"财神会"；连算命测字的，每年也要聚集到"圆觉庵"做一两次纪念"鬼谷子会"。还有以地域划分的四川帮、湖南帮、陕西帮、山西帮等要做"川主会""禹王会""马援会""帝王会""武圣会"等。各行会庙会的名目繁多，举不胜举。每年每月，"你谢幕他登场"，不是这个庙里唱，就是那个会馆里演，连绵不绝。

做会时，由经办的会首请来戏班子演戏，还要大开宴席。会众坐在大殿里，边饮酒边看戏。老百姓则闻讯而至，站在大殿前广场看不花钱的戏，这叫作"赶庙会"。庙会外，做小生意的，其他帮会来做捧场的，贺喜的民间杂耍、采莲船、狮子龙灯等热闹非凡，歌舞升平、一派祥和。戏剧对社会起着潜移默化的教化作用，一些目不识丁者闲谈起来，对上下古今的忠奸贤愚，得失兴衰，也能头头是道地发表一通自己的见解。此种站着看戏，集众同乐的景象和风俗，一直延续到新中国成立前。由于频繁的战事，许多庙宇、会馆成为军队的营房，加之新中国成立后移风易俗、"文化大革命""破四旧"和改革开放后旧城改造对古迹的破坏，宜昌庙会几乎消失。

宜昌依水而建，因码头而繁荣，从数千年前的小渔村到现代化的港口、水电之都，随着江面千帆竞发，随着无数商贾的南来北往，书写了辛酸而多彩的码头文化。

3. 陆路驿道的开拓

宜昌自古以来不仅水路发达，而且在历朝历代陆路交通的地位亦十分重要。地处江汉平原西部、秦岭荆山东端，道路纵横下连阡陌旁通四邻。公元1378年朱元璋以南京为中心修筑了8条国道通向全国13个布政使司和亲军12卫等军政要地，改变了国道南北走向总体格局。我国第一条由东至西的国道在无数独具特色的桥梁贯通之下由南京直通西藏，史称该国道为长江大路。由宜昌往西这段险峻的长江大路被称为三峡驿路。三峡驿路延续二千多年的驿运历史，近百年来发生了巨大的变化。

清朝时宜昌府有驿铺76处。乾隆年间为保证三峡驿路畅通无阻，在秭归西65里、巴东东25里的牛口，两县交界处的溪沟上，由巴东人向昭出资修建一座东西走向，高 13 米，长 29 米，宽 28 米的"寅兵桥"。造桥时，秭归、巴东两地的桥工巨匠各施才干各建一头。两地工匠选料和构筑工艺不尽相同，秭归修造东头桥采用拱圈结构，衬砌两层拱圈垒砌桥孔；巴东工匠在桥西端施工，砌筑桥身时逐层向桥瓦处挑出，不砌拱圈。两种不同的砌桥工艺，最后合璧筑成"美人肩"桃形桥孔，线条流畅，东西对称浑然一体。巴东、秭归两地的宜昌人修筑"寅兵桥"，传为美谈。

三峡驿道，驿路坎坷崎岖不平。清光绪十四年夔州（今奉节）知府汪鉴筹集资金数万元，历时二年在瞿塘峡和巫峡率先开凿出五六尺宽的平坦驿道之后，当年湖广总督张之洞来宜督修西陵峡驿道。宜昌人以绳系腰，对壁凿孔，旋炸旋凿，在千仞峭壁之腰开出一百多里的平坦驿道，从此三峡陆路运输无不称便。

1940 年宜昌沦陷以后，必须恢复驿运制度。宜昌人组成 4 000 人民夫队双肩背着沉甸甸的背篓，一步一吆喝步履踉跄走在三峡驿道上，为抗战军队运送军粮，转运西迁的物资，保障大后方军民粮油供给，用血与汗写下了一篇篇爱国抗战的历史。①

（四）近代宜昌邮政业的建立

清末，中国近代邮政的建立，是中国通信史上一项重大变革。它取代了千百年来传统的驿站和近代兴起的民办信局，逐步发展成为政府、社会团体和人民群众传递信息的主要工具，是国民经济的重要组成部分。宜昌邮政通信是我国近代邮政早期建立的地区之一。随着交通发展和社会各界的需求，邮政业务经营范围不断扩大，除函件外，逐步增加了包裹、汇兑、储金、快递以及保价、航空、代收货物等业务，为宜昌城市的市场繁荣、促进物资文化交流，发挥了积极作用。然而，由于近百年来帝国主义列强的侵略，邮权初由外国人把持，因此，我国邮政事业的发展，经历了一段艰难曲折的过程。

从"客邮"到海关邮政。"客邮"是第二次鸦片战争后 1861 年到 1922 年间，外国在华设立邮局的通称。宜昌"客邮"最早始于 1903 年。

---

①　宜昌市地方志办公室、宜昌市档案局档案馆据清同治三年《宜昌府志》重新译著，参见新版《宜昌府志》，鄂宜图内字［2001］第 17 号。

这些所谓"客邮"没有任何条约依据，也没有取得清政府的允许，随意在各通商口岸甚至边疆重镇开设邮局。最早的一家"客邮"是英帝国主义在上海开设的"大英书信馆"，继而法、美、日、德纷起效尤。外国邮局不但收寄本国侨民的信函，而且还揽收华人邮件。更有甚者，他们竟利用"客邮"收集情报，进行走私、偷漏关税和投机倒把贩毒活动。"客邮"实际上成为帝国主义列强侵略中国的工具。

1876年9月，伴随宜昌沦为商埠，各国"客邮"随之纷至沓来。1903年2月，德国驻宜昌领事馆于馆内开设邮局，处理德奥侨民的邮件。1906年6月，重庆的法国邮局委派普兰特为宜昌邮政代办，负责交换邮件。日本虽未在宜昌设局，但变相利用日清公司暗地受理邮件，然后用日本轮船运往沙市。此外，沙市的日本邮局局长每月还专程来宜昌一趟，揽收信函、汇款、包裹。"客邮"的侵略行径，严重影响了宜昌邮政创办初期的业务经营，致使财务收支连年亏损，入不敷出。收支比例系数一般在百分之二百至三百之间，故不得不依靠上级拨款补贴。至于房屋扩建更是无款可筹，宜昌辖区局房全部租自民间。据1913年宜昌所辖10个局的用房情况统计，除宜昌局本身租赁英商隆茂洋行房屋有4 680平方尺外，其余各县邮局最多不过1 000平方尺，甚至还有几百平方尺的，窄狭的营业办公地点，其惨淡经营可见一斑。

第一次世界大战后，德国战败，其在华邮局亦随之宣告结束。其他各国，由于中国人民坚决反对，并多次在万国邮联提出抗议，最终于1922年各国在华邮局全部关闭，宜昌"客邮"亦于此时寿终正寝。

但由于当时广大农民起义不断，特别是太平天国运动的兴起，使清廷为洋人传邮多有不便，甚至危险。清同治五年（1866年），总理衙门便委派海关总税务司英人赫德代管各国邮政。赫德趁势夺取中国邮政大权，遂于同年在海关总税务司署内，设置邮务办事处，兼办邮政。后来还取了一个十足洋化的名字，叫作"海关拔驲达"（POST）（即英语"邮局"的译音），这便是海关邮政的开始。海关邮政建立后，将原海关内所设书信馆一律改称邮政局，并逐步向内地及沿江一带扩展。宜昌海关邮局便是在这样的历史背景下出台的。

宜昌邮界于1897年2月成立，将原海关邮局改称宜昌大清邮界总局，这便是宜昌创办邮政之开始。从此经历大清邮政和中华邮政两个阶段，历时 52 年，直到 1949 年宜昌解放。

宜昌邮政建立之初，仍属海关管辖。宜昌邮界总局设在滨江路海关内办公，由宜昌海关税务司美国人伍德罗夫兼任宜昌邮界总办。1911 年 5 月，清政府为了欺骗人民，宣布《预备立宪》，决定将海关兼办的"大清邮政"改属邮传部管辖。邮政总局局长虽由邮传部任命，但邮政实权仍操在外国人手里，即使地方邮政亦是如此。宜昌从 1897 年 2 月成立邮界总局到 1927 年 3 月，30 年间，历任总办（局长）共 26 人，全是外国人。他们利用手中的特权奴役中国员工，对下级邮务人员用信差、听差、苦力、局役、车夫等羞辱性的称谓，随意使唤；而洋人则被呼为"老爷""大人"。工资也悬殊得惊人。洋人邮务长月薪银洋八百元，而中下级员工月薪不过十几、二十元，每天工作十三四个小时，有时还得通宵加班。

1926 年 10—12 月，北伐军攻克武汉、宜昌，在反帝浪潮一浪高过一浪的大好形势下，宜昌邮政工人组建工会，奋起抗争，提出改善低职邮工的待遇，同工同酬，实行八小时工作制，加班加点增发工资等要求。在内外压力之下，最后一任英人局长鲍威尔，不得不满足邮工的合理要求，并于 1927 年 3 月灰溜溜地离开了宜昌。同年 10 月，邮政总局任命李进禄为宜昌一等邮局局长，从而结束了洋人的统治。

总而言之，宜昌邮政通信是我国近代邮政早期建立的地区之一。回望历史，百年前的宜昌邮政事业见证了宜昌早期在全国领先的开放历程。

### （五）近代经由宜昌的川汉铁路修建始末

川汉铁路的修筑建设是中国近代史的一个重大事件，亦是中国中部地区连接西部地区快捷交通的重大变革。川汉铁路是四川富商绅士群体倡议修建、清廷拟办的铁路。计划线路东起湖北汉口，西至四川成都，"首尾四千里，依京汉、粤汉先例，定名川汉"。光绪二十九年（1903 年）闰 5 月，"四川总督锡良疏请自办川路，严杜外资，权与汉皋"。朝廷批准后，四川省遂在成都成立了川汉铁路公司。经过两年时间的筹备工作，光绪三十一年（1905 年）6 月，"官绅均权合议"，初议工程从汉口修起，旋改至宜昌。"因金铁大木机体之器，避峡禅险，冀省烦费，故工场悬寄鄂境"。当时湖广总督张之洞以"川越疆作业，先无契约"为由从中作梗，四川总督锡良"乃与往复畴咨"，最后双方达成协议。次年正月，"川鄂合疏，言鄂境铁路自宜昌以上归川修，路成 25 年后，鄂人备价购回。于是川鄂皆受约"。是年，川汉铁路由官商合办改为商办。直至光绪三十二年7月，方设商办川省川汉铁路有限公司驻宜公司，筹划宜昌至万县工段事宜，此为宜昌川路工场发生之始。蹉跎两年后，又申报朝廷聘请著名的铁道专家詹天佑为川路宜万工程总工程师。

詹天佑，字眷诚，号达潮，广东省南海县人，中国首位铁路总工程师，有"中国铁路之父""中国近代工程之父"之称。辛亥革命后，詹天佑任汉粤川铁路会办兼总工程师、督办等，修建了从武昌至长沙总长365公里的铁路。

1909年11月27日，詹天佑第一次从北京出发到宜昌。12月10日川汉铁路在宜昌举行开工典礼，中外来宾接踵来观，惊为奇事。詹天佑回北京后，忙于为川汉铁路招标定购器材，对川汉铁路山区线，提出试选用五十分之一的坡度，对山区选线，建议采用螺形环节线比"之"字线更为优越。1910年6月，詹天佑第二次到宜昌，巡视并深入了解宜昌地区车站、机务处、材料库等部门工作。川汉铁路宜昌至万县间共分10个工段。7月13日，第一工段路基基本筑成，由宜昌新码头起铺轨至小溪塔，长15华里。詹天佑亲自参加铺轨典礼，打下第一颗道钉。

詹天佑在宜昌至归州工地巡视中，发现一些工程不能令人满意，要求副手颜德庆每一个工段的坡度已经选下并准备开工时，要率领工程司沿着工段走一下，并且仔细地安排落实每项工程；然后，工程司必须提出该工段的修筑费用预算上报。詹天佑言这一次在宜昌工作达两个多月之久，走行全段路线，视察宜万全段，解决了工程中的各种问题。在宜昌，向京奉函购瞭望车，作为川汉铁路的通行列车。他还针对川汉铁路在山区坡道上接连通过山洞的行车特点，提出改进机车构造的设想，并向美国机车制造公司函商制造川汉铁路专用机车。詹天佑回到北京后，针对川汉铁路机务工作不太正常状况，从京张铁路调机车监督，司机、副司机到川汉铁路工作。

1910年4月，美国公使提出川汉铁路借款应有美国参加，美国银行与德、英、法三国银行应利益均分。美、英、法、德四国多次向清政府递交照会，施加压力，要求签订借款筑路合同。1911年3月，日本政府扬言也要介入川汉铁路。在帝国主义强大压力下，清政府为了维护自己的统治，借助帝国主义的力量，镇压人民的反抗，于1911年5月，宣布将铁路干线收归国有，然后再将筑路权拱手交于帝国主义，激起了人民的强烈反对，导致伟大的辛亥革命。

川汉铁路由于旧中国政治腐败，经济衰退，加之帝国主义列强乘机掠夺，最终宣告破产，宜昌铁路成为废墟。民国二年（1913年）6月，交通部派员接收，四川商办川汉铁路驻宜公司停撤，工程物资包括已筑成线路的铁轨、枕木都陆续拆运，移作营建粤汉铁路之用。宜昌工场就这样结束了。

民国四年（1915年），李稷勋（宜昌反正后出任宜昌商务分会总理）撰写了《四川商办川汉铁路宜昌工场志痛》一文，后于民国七年卒葬城郊东山。宜昌商会为他修建"铁英亭"和长廊，并将其"宜昌工场志痛"文勒石在亭内，以资纪念。

从清宣统元年至宜昌新中国成立前，川汉铁路始终未能修成，仅留下一些路基的残迹。由于铁路坝一带曾为修建川汉铁路的基地，故得此名。往昔铁路坝一带本是荒郊野地，历经战乱，愈显荒凉。到处野草丛生，沟壑纵横，罕见人迹，故有民谣："铁路坝，鬼打架。"民国二十三年（1934年）冬至民国二十四年春，湖北省第九行政区督察专员兼宜昌县县长罗经猷奉命征集民工，利用原川汉铁路宜昌火车站旧址改建飞机场，称铁路坝飞机场。后存复建。

## 二　近代宜昌的水利及移民

### （一）宜昌的水利演变

宜昌因水而建，因水而生，因水而兴，故宜昌城邑也因水而多次迁移，其中水利在宜昌的变迁史上发生着重要作用。宜昌的地理环境直到清末民初适才有了今天所看到的基本状况。

滚滚长江三峡水过南津关后，以开阔的胸襟往下奔流，经过西坝穿流三江之一股，到汛期有势不可当之气概。于是西坝与宜昌城区间的水流出口处，地理位置特殊，自然水情与人文心仪相融，产生一种独特的地貌现象。有人考究，在这个地方江边有北宋著名文豪夷陵县令欧阳修题记的"至喜亭"。顾名思义，亭名表达的意思是汹涌的三峡水至此平

稳，人心喜悦，便于水运经商与生活，用古代名人的话说，"夫天下之大
险，至此而始平夷，以为行人之喜幸"①。至喜亭"历久遂废"后，在三
江对岸西坝末端建有祀治水神大禹和镇江王李冰的黄陵庙，清乾隆二十
六年还悬上"至喜亭"匾额（清同治《宜昌府志》）。

这块适合人类居住的三江两岸，明清时不仅有黄陵庙和镇江阁，隔
江以供奉同一个镇江王对应生辉，相映成趣。更让人叫绝的是在这块风
水宝地的城区江边，明夷陵古城将此处城门初定名西塞门，后改名为镇
川门，城外靠江更近的古阁取名为镇江阁。这两个建筑物上的"川"字
与"江"字辞意，宜昌的老年人都知道是指难以驾驭的"川江水"。在此
筑"门"建"阁"，意愿旨在以物镇住川江水，祈保一方平安。

清朝同治九年（1870 年），嘉陵江及长江干流重庆至宜昌之间发生了
一次特大洪水。农历六月，洪峰流量最大时，重庆寸滩为 100 000 秒立方
米，万县为 114 800 秒立方米，宜昌为 105 000 秒立方米，枝城为 110 000
秒立方米。据考证，1870 年宜昌长江洪峰流量，是自 1153 年有碑刻记载
以来大洪峰的首位。根据水文计算，这年宜昌洪峰流量的概率，在千年
一遇至万年一遇之间。上述数据，是令人震惊的，人们已经感受到长江
之水的排山倒海之势。《涪州志》载："夏六月十六至二十日，江盛涨入
城，江岸南北漂没民居无数，此数百年未见之灾也。"《丰都县志》载：
"六月大水，全城淹没无存。"《忠县志》载："六月大水，浸入州城南门
内，沿江州民房，漂没殆尽。"《万县志》载："县地陆沉，道路断绝，舟
船阻碍不进。房屋、庙宇、木树、禾苗、人畜杂踏蔽江下。"《云阳县志》
载："江水大泛冒城，濒江数千里奇灾，近古所罕见。"《奉节县志》载：
"夏六月，洪水泛涨，漫城而过，遂将自西而东临江一带城墙，全行淹
没、冲塌。"《荆州府志》载："公安、枝江大水异常，大水城堞尽坏。"

到了清末民国时期，由于泥土淤塞等自然原因和筑路修堤等人为原
因，把南湖分成为若干个湖塘。民国初年，修建了一马路及延伸段鹏程
路到南湖，把偌大之湖隔成有水面的大南湖和无水面的小南湖。在小南
湖一侧，修筑了隆中路及两旁若干条街巷。隆中路东头筑起高高的石坎
堤防，堤外的水面被定名为"八合塘"，断开了南湖水系。到 20 世纪 30

① 欧阳永叔：《欧阳修全集·峡州至喜亭记》，中国书店 1986 年版。

年代，大南湖周边又修筑了康庄路和湖堤街。至此，南湖及周边的这个格局一直保持到 20 世纪下半个世纪。

（二）宜昌的移民流变

宜昌素称楚文化的摇篮，巴文化的发祥地，巴楚文化的交融地，巴楚文化的形成、融合与发展与地处巴楚之地的移民不无关系。宜昌地势自西向东逐级下降，大体结构是"七山两丘一平"。这里古多荒芜，人烟稀疏，迁徙无常。迁徙原因主要是战乱、灾荒避难，间有仕途、商贾生计，及形势发展与自然流动。

据清同治三年（1864 年）《宜昌府志》载：

> 归州，户口原额人丁二千三百五十丁。自明末诸寇出没，盘踞蹂躏数十年，百姓逃亡殆尽，康熙三年八月初五日，剿平流寇李来亨之后，前后招抚到州难民共 1 337 户，俱编保户，安插各乡，渐次开垦复业。

> 长阳疆域辽阔，明盛时，烟民户口当不下十数万。旧志载：明季户口五万余。崇祯十六年后，叠遭兵火，犹有万户。继以土司连年掳掠而辗转于沟壑者十去三四，罹于锋镝者十去二三，逃散于四方者十仅存一矣。康熙三年，邑令樊侯招抚，残黎渐次归籍。至十二年，计复一千九百有奇户口。今生聚又十余年，乃得实有粮户二千七百七十一户，五千八百九丁口。①

清代移民不逊于明。辛亥革命著名将领黄恺元是宜昌府东湖县城区人，祖籍江西吉水，清嘉庆年间，其祖父举家迁居宜昌南正街，落籍经商；其父黄任斋承继家业，经营"黄大顺"钱庄和花沙市，积成巨资，成为当地首富，与当时宜昌大家族陈、王鼎足而三。连任五届南阳知府的顾嘉蘅祖籍江苏昆山县，其父名顾槐，不知何时迁至宜昌，大约在清光绪初年（1875 年）定居于城区中书街（古名迄今）。相传，顾氏嘉蘅金榜题名时，不禁口占一联："五百年来新甲第，三千里外旧家风"，并写出来贴于大门两侧。当地绅耆学究便哗然非议，遂以顾为客户，并拒

---

① 宜昌编纂委员会：《宜昌县志》，方志出版社 2011 年版。

绝顾氏参加社祭。顾嘉蘅年过花甲携眷归里，年近八旬辞世。在《宜昌府志·名宦传》中，杨继焕是最后一位。其人祖籍江西，迁徙湖北监利，清道光二十四年（1844年）受聘任宜昌府教授（主管地方教育和考试的官吏），遂举家迁居宜昌南正街。宜昌近代名儒杨毓秀生于监利县，2岁时随其祖父杨继焕迁居宜昌。杨家在宜昌以世代书香闻名。抗日战争前，宜昌老人把杨家在南正街的住处称"杨家朝门"。

清光绪二年（1876年）九月《中英烟台条约》增辟宜昌为通商口岸，次年宜昌即"华人十万""洋人七十"，往返重庆之商贾数千。

（三）宜昌民俗风土的变化

宜昌开埠后，在外力的强力冲击下，宜昌社会由农耕时代向着近代工商业社会转型，于是，宜昌的民俗风土也烙上了这个转型时代的强烈特征。宜昌人世世代代、祖祖辈辈点油灯，以麻油、菜油、桐子油、木梓油、漆子油等植物油作为燃料。千百年来，从来没听说过"火油"。宜昌人刚刚接触煤油、接受煤油、使用煤油，是在19世纪末及20世纪初。油商们闻风而动，溯江而上，一系列石油产品犹如江潮，滚滚而来。亚细亚公司登陆宜昌后，美孚和德士古接踵而至。"亚细亚"有个宜昌支公司，在"老宜昌"的记忆中，"亚细亚"是一个再熟悉不过的概念。

旧时，宜昌古城内大街小巷随处可见"九佬十八匠"。九佬十八匠是中国民间对靠手艺谋生的民间工匠的一个统称。十八匠的行当即为金、银、铜、铁、锡，石、木、雕、画、皮，弹、轧、机、篾、瓦，染、棕、漆；九佬为杀猪佬、阉猪佬、打鱼佬、打榨佬、剃头佬、补锅佬、打墙佬、修脚佬、吹鼓手。不同行当有不同的习俗。

1916年，一个叫邓子敬的文化商人，在南门后街开设了一家名叫"留光"的照相馆，那是宜昌最早的一家照相馆。20世纪20年代后期，留光照相馆迁到通惠路，就一直在通惠路当今解放路营业。"留光"，算得上一个百年老店。1924年前后，邓子敬将自己创立并经营了将近八年的留光照相馆，连同馆舍、器材和名号，一起转让给镜中天照相馆业主彭振清。1926年，彭氏租用通惠路中段一幢三层楼经营，名号"渭记留光照相馆"。彭振清把一个设备先进、技术精湛、格调高雅的一流照相馆建立在宜昌最繁华的街面，让人们眼前一亮。据《宜昌市志》记载，早在民国二年即1913年，离解放路上端不到一里路的木桥街，一家宅院内，便有先行者使用手摇机放映无声电影。

　　20 世纪初的宜昌城，市民的打扮很会赶潮流。他们既注重衣衫的档次，也注重鞋帽，甚至更看重鞋帽的档次。当时就有民谚说："光棍两头俏，一双鞋子一顶帽。"这里的"光棍"，是土话，譬如"光棍不吃眼前亏"，"光棍"指聪明人。兴昌鞋庄是宜昌很有实力的一家轻工企业。它看准了"两头俏"的商机，下功夫在消费者的鞋子上作文章。现在男士穿衣着鞋，也有讲究：衣服差一点不要紧，但是，一双皮鞋、一条皮带不能含糊。当时的农村居民穿鞋，大都来自女主人的千针万线，纳底上帮，很费时。城市作坊制作的布鞋，都是皮底，制作简便，价格便宜，穿着舒适。20 世纪 30 年代的宜昌女士，时兴烫发。看她的行头、打扮：修长的旗袍，粉白的面颊，再披一头如花的烫发，要怎么时髦有怎么时髦。女士们有了这样的行头，大都会去拍一张照片：留住青春，留住记忆，留住美好。

　　为了满足不同阶层、不同年龄、不同嗜好顾客的需要，兴昌鞋庄应时而变，款式不断翻新。譬如就式样而言：女鞋有圆口布鞋，方口布鞋，还有所谓京圆口、尖圆口，带绊布鞋，绣花鞋等；男鞋有圆口布鞋，方口布鞋。就大小而言一应俱全。就面料颜色和质料而言，适应市场需要，丰富多彩：春季男鞋鞋面大都是豆沙色毛料、春秋季是青色南京裤缎、夏季是咖啡色和白色帆布、冬季为青色毛西呢。

　　女子绣花鞋鞋面大都用缎子，从上海、苏杭专程购回面料：春为咖啡色，夏为白色，秋为深蓝色，冬为青色。预测消费群体的时候，"兴昌"的时髦鞋子瞄准了那些殷实人家的男女青年。一投放市场，果不其然，那些公子、小姐、少夫人竞相购买，"兴昌"因此赚了个盆满钵满。30 年代后期，因日军步步逼近，驻军云集宜昌。兴昌鞋庄敏锐地抓住一批青年军官的着装喜好，赶制出一批深筒马靴和浅筒马靴，靴后跟还安装铜马刺，行路噔噔有声，更显威风凛凛。这样的马靴在店堂一摆，那些"臭美"的青年军官相互攀比，竞相购买。

　　农历九月初九为传统的重阳节。每逢这一天，宜昌古城市民有出城登高、赏菊、喝菊花酒、吃重阳糕、身佩茱萸等习俗。据清同治《宜昌府志》和民国《宜昌县志初稿》等史籍志书记载，明清及民国时期宜昌人们在九九重阳节这天去登高的地方较多，主要是山冈高岭和名胜古迹：

有城郊的东山、桃花岭，江南的葛道山（民国后改叫磨基山），或到绿萝山庄、忠园昭忠祠以及城内的尔雅明月台、关圣楼、文星阁等登高游玩。

## 三　近代宜昌的教育文化事业

### （一）宜昌的教育

据《东湖县志》记载，清同治年间，学院街东段建有贡院、文星阁等，故名学院街。西段因建有府文庙，故名府学宫街，后来则统称为学院街。还有育才路，此路上有小学、技术学校、省重点高中，因此被命名为育才路，把人们重视教育，期待科教兴市、文化育民的思想融入其中。

据《东湖县志》记载①，清同治年间学院街即已形成，东起环城东路，西起滨江大道，长约 450 米，街宽约 10 米。当时学院街东段建有贡院（即学院），西段建有府学庙，并在庙内设有学校，东西段统一为学院街之后，府学庙内的学校被命名为宜昌县立第二小学，即学院街小学。学院街是条老街，一百多年前就存在。

从前，举人考试三年一科，正式的名称叫"乡试"，考上的就是举人。每年八月，乡试都在各地举行。乡试的考场，就称为贡院。取纳夷陵先贤志士的贡院当时就傲立在今天学院街的东段。而府文庙，也是孔庙，是祭祀孔子的庙宇。府文庙一般有殿、阁、坛、祠、堂、斋、亭等主建筑，周边配以角楼、苍松翠柏，一切事物森然排列。据《宜昌地名志》记载，学院街的府文庙之大成殿在 1964 年被拆除。至今只尚存台阶基石，基石长约 24.5 米，宽约 13.7 米，还有 24 根石柱，从这些建筑残留可以看出当年建筑的宏大规模，也可以想象出当年宜昌府文庙殿宇的雕梁画栋、金碧辉煌。在这一带，以前还建有一座文星阁，俗称钟楼、方塔，是一种形制独特的古建筑。学院街正是因为有了这些建筑的存在，所以古韵悠远、学术浓厚、文人会聚。

学院街的浓厚古学氛围也可以从它周边的街巷考证一二。学院街与环城东路、沿江大道、中书街、南正街、西平巷、璞宝街等十二条街巷

---

① 宜昌市史志办、夷陵区史志办、西陵区地志办校勘整理：清同治三年续修本《东湖县志》，宜昌市委党史（地方志）办公室 2012 年。

相通。据《东湖县志》记载，因明代中书王遂曾在中书街安居立"中书坊"，故得"中书"之名。"璞宝街"中的"璞宝"二字是指没有经过雕琢的玉。中书、璞宝，读来都让人不由口含幽深古意。

康熙五十二年，宗思圣主持重建"六一书院"，其地址在当时东湖县城的东门外四贤街。它的外围墙有 30 余丈，占地一至二亩。重建的书院内，正中构筑讲堂三座，堂前空地上栽植"嘉树名花"，空地前端凿一方形的石砌池塘，取名为"洗墨池"。讲堂后依山岭筑台阶而上，并在台阶近处铲出一片平地，另建一座楼阁，这便是"六一书院"的主要建筑"四贤堂"了。

在漫长的中国社会，文化知识是极少人的专利，大多靠私塾传播。宜昌自从有了"六一书院"，就有了官方的资助办学。自李一迪之后，又有四川内江人姚宗尧（字剑南）继任夷陵知州。姚在任"有循声"。"其在州课士尤勤"，为了督促这些学子们认真学习，他曾在"六一书院"里立碑并撰文示教。"六一书院"兴建后，本地的教育发展形势越来越好，文风大盛。地方上先后出现了像王篆、左应麟、刘一儒等比较知名的文职官员。其后，又有雷思霈、郭维藩、刘戡之和刘襄之兄弟等一批后起之秀。特别是刘戡之这位地方名儒，他虽贵为工部尚书刘一儒之长子、当朝一品宰相张居正的乘龙快婿，却自甘淡泊，避嫌不参与科举，潜居夷陵钻研经史，是当时夷陵文学界有代表性的人物。

宜昌办新式学堂始于 19 世纪末，开始为外国教会创办。光绪二年（1876 年）后，英美等国基督教会步法国天主教会之后尘，相继而至，依持清政府给予的特权，传教办学，进行文化侵略。光绪四年（1878 年）英国苏格兰长老会在市区"福音堂"首办识字班。自光绪二十一年（1895 年）起，瑞典行道会、英国女公会、美国圣公会、比利时天主教会先后设立新式小学堂、幼稚园（班）、女青年学堂、女公会学校、圣灵女校、美华中学及宜昌文都修院等，教会办学旨在培养教友子弟及传道人员。

1876 年，《中英烟台条约》签订后，宜昌开埠，帝国主义列强进入宜昌，各种教会开始在宜昌办学校。民国三年左右，英国教会首先在岭上开办了华英中学，是第一个教会学校。接着，德国领事府也从招商局街迁至岭的北部。领事府西侧还有美国教会开办的美华中学（亦称美华书院）。后来，又有了第一个女子教会学校哀欧拿女子学校。这些学校完全按照西方的课程编排，有外语、数学、物理、化学和历史、地理。

哀欧拿女子中学是民国宜昌城区首所正规的女子学校，创始人是英籍新西兰人穆秉谦。1897 年，穆秉谦被派来宜昌传基督教。1900 年，她牵头在宜昌开办女子学校，此为哀欧拿私立学校的前身。当时设初小四年、高小二年，初中三年。抗战八年，哀欧拿学校避难四川，继续办学。抗战胜利后学校还迁宜昌，直到 1950 年被接管。穆秉谦在宜从事教育五十年，是公认的宜昌近现代教育的开拓者。

除了教会学校，20 世纪之交，宜昌旧时私立学校也不少，大多是以街道为单位的私塾，教材都是老式的《三字经》和四书五经，少数私立学校也教算术。当年的私塾，人数少则十几人，多则近百人，不过能读满小学（五年）的很少。

宜昌官办新式学堂，始于光绪二十九年（1903 年）。当时宜昌府及东湖县（入民国改为宜昌县）奉命就学宫、书院及祠堂开办学堂。同年，东湖县搞定小学堂创办。光绪二十一年（1895 年）宜昌府初级师范学堂建立。光绪三十二年（1906 年）始，邑绅及其他社会人士先后设立小学堂。至光绪三十三年（1907 年），宜昌共有官立宜昌府公共学堂、高等小学堂 2 所，县立高等小学堂 2 所，在堂学生 238 人；初等小学堂 8 所，在堂学生 306 人。

宣统二年（1910 年）宜昌府中学堂创办，为宜昌有官立新式中学之始。同时在中小学堂分别附设中等、初等商业学堂，为官立实业教育之始。宣统三年（1911 年），宜昌共有高等小学堂 3 所，初等小学堂 9 所，蒙学堂 4 所，国民学校 1 所，教习（教员）60 人。[1]

清光绪三十年（1904 年）东湖县知县熊宾奉省令按年前在北京由朝廷颁布的《钦定学堂章程》在东湖和府属各县撤书院、建学堂。熊宾不敢怠慢，当即与地方商绅讨论并议定，决定就六一书院旧址筹备开办东湖县高等小学堂。据熊宾所撰写的《创设东湖高等小学堂碑记》记载："东湖本属山区，民气朴陋。旧有六一书院，在东门外，仅斋舍十余间。

---

[1]　《宜昌教育志》编纂委员会：《宜昌教育志（1840—1986）》，宜昌编纂委员会 1990 年，第 4 页。

其余左右昨地，草木丛集，荒凉不堪，唯去城市稍远，无嚣尘气，可备学舍之用。"于是，"就书院扩充之"并以学堂扩建用地"缺西北隅"为由，向本县闽（福建）帮商人首户简清泉和简直卿等人商洽，将书院西北侧外的一块空地，捐赠给学堂。于是，书院的范围就此扩大了两三倍，大门外形成了一条石板街，并和东门外正街以及气象台巷衔接起来，成了通往东山茶庵的一条交通要道。因六一书院的上首建有赣南吉安帮商人黄氏的家祠，所以这条四贤街又称黄家祠堂街。光绪三十年（1904年）春天，在六一书院旧址上兴办的高等小学堂正式开学。

（二）宜昌的报业

近代文明的重要载体——报纸，也早早登陆宜昌。《湖北近代报刊纪事》披露，清代同治十二年（1873年），上海《申报》在宜昌聘请人员，设立"分销处"，光绪九年（1883年），《申报》又在宜昌等全国19个城市聘请记者采访新闻。其时，该报在宜昌发行二三百份。

宜昌何时开始有自己办的报纸？资深报人周功臣先生考证撰文认为，《宜昌政学报》是迄今知道的宜昌最早的一种报刊，报社就在通惠路附近。光绪三十二年（1906年）春季发行，月出一册，按季汇订。该刊长27厘米，宽15厘米，用十行纸直排印刷，每行20字，每面200字，活字油印，无句读。周文介绍，浙江图书馆古籍部藏有《宜昌政学报》第二册，共58页116面，约23 200字，刊有《除烟害说》《宜昌口岸华洋贸易情形论略》等24篇文章。

周文考证认为，从1906年至1949年7月，宜昌报刊由刻印到石印、再到铅印，先后有《宜昌政学报》《宜昌日报》《彝陵日报》《国民日报》《工商日报》《新宜昌报》《武汉日报（宜昌版）》等五十余种在宜创刊发行。

（三）宜昌的戏曲

汉剧传入宜昌约在清光绪年间，当时应邀参加庙会唱会戏、唱堂戏的多为汉剧。民国初年，在宜昌县城及当阳、枝江、宜都等地较为盛行。20世纪30年代，宜昌县城的"胜利""合记""乐安"剧院经常上演汉剧，但无固定戏班。何金波、雷祥甫、殷承德等汉剧票友，常邀外地汉剧艺人来宜传艺搭班演出。

面对京剧和汉剧的兴盛和垄断地位，宜昌也有自己特色的戏剧文化，并且星光闪耀，对外来戏剧大有寸土不让之势。在璀璨的宜昌地方戏剧中，人们记忆深刻的是兴山围鼓、宜都梆鼓、枝江楠管、远安花鼓戏和长阳的南曲等。

兴山围鼓，又称"八音子"（唢呐用八个眼孔吹奏而得名），起源于武当山附近地区，100 多年前通过谷城传人和保康传人两条途径传入兴山。传入前是受道乐强烈影响并吸收当地民歌及地方戏曲曲牌营养而逐渐形成的一个既能唱又能奏的民间音乐品种，是以唱为主的"八人班子"的坐唱形式，除击乐外还有笙箫管笛。

宜都梆鼓（"梆鼓子"）是在民间薅草锣鼓的基础上发展起来的一个新的曲艺品种。其演唱形式可一唱到底，也可唱中夹白，还可唱、白、表、数兼而有之，并可与乐答问或由乐队帮唱等，结构比较自由。梆鼓音乐最初属音曲体变奏板腔式，1973 年以后才逐步向联曲体过渡，故曲牌不多，现有"清江河""唢呐调""一枝花""倒采茶""平水调""甩腔""数板"等。

枝江楠管，源于民间的"拍楠管"，原为天沔一带渔民敲篙竿而歌的"渔鼓"，传入枝江则以怀抱的楠竹筒起名"楠管"。演唱时由单独一人掌握楠管筒一个，筒板一副小镲一面。以筷子敲小镲为高音部，带上筒板为中间部，右手拍楠管形成低音部，敲击多种节奏，坐唱表演，以说书人身份和观众直接交流感情。

远安花鼓，俗称"花鼓子"。传统的远安花鼓为小生、小旦、小丑三个角色出场，故又称"三小戏"。1956 年定名为远安花鼓戏。

远安花鼓起源于清同治年间（1862—1874 年）远安县苟家垭（今荷花镇）。这里地处襄阳通往宜昌的商贸通道口，是往来商贸云集之地，也是当地艺人和外地艺人会聚、交流之所。襄阳、荆州艺人相继带来了襄阳花鼓、天沔花鼓、湖北越调的部分剧目和唱腔，被远安花鼓吸收，在远安薅草锣鼓、民歌、小曲的基础上，逐步形成了远安花鼓独特的音乐特色。

除了这些地方特色的戏剧，当年宜昌戏园子和茶楼众多，这些地方单口相声、评书、说书、评剧和话剧纷纷登场，在街头，皮影、卖唱的比比皆是。据老宜昌人回忆，当年宜昌从二马路到十三码头一带，到处都有杂耍，到处有唱戏的班子安营扎寨，好不热闹。

　　宜昌最早的戏园子是家庭的"堂会"，后来慢慢有了专业的戏园子。据考证，宜昌古老戏园子有以下几处：坐落在镇川门江边的镇江阁，始建于清康熙三十八年（1699 年），后又多次修缮。原为周仁和、毛泰和等八家粮商集资修建，供奉镇江王爷与福禄财神。阁前为粮食行公所，厅内可供数十人洽谈生意。每届三月十五、六月初六，为同人酬神集会之期，届时于阁上邀班唱戏。厅内与会者饮茶看戏，热闹非凡。这是宜昌江滩最大的戏园子。

　　位于西坝的川主宫是四川帮帮庙，约建于清中叶是供祀李冰的庙堂，有和尚侍奉香火。据佛悦老人回忆，这座庙的文昌殿外有兰宫、桂殿，内有万年台（大戏台）和内戏台，左右还有"游目""骋怀"两座看楼。每年举行祭祀活动或迎送川籍达官贵人，都要大摆酒宴，邀班唱戏。抗日战争时期，川主宫已大部分毁于日机轰炸。

　　位于献福路的靖江宫宫内有小舞台，约可容纳 300 人看戏，是古老戏院里规模较大的。位于东湖门内街（今西陵一路中段）的火神庙始建于明代，清雍正七年（1729 年）重修。庙内戏台台口木刻雕花极为精致，逢祭祀活动即在此演戏。这是宜昌建筑最古老的戏园子。

　　还有位于今天后宫巷内的天后宫，清乾隆二十六年（1761 年）福建客居民众修建。宫内供奉海神"天后"，建有舞台，也是福建会馆所在地。酬神集会即在宫内演戏。位于东门口的万寿宫。一名许旌阳庙，清乾隆二十六年江西客民修建。宫内建有戏台，常酬神演戏。

　　清末、民国时期，为了满足普通百姓听戏，宜昌出现了一批清唱茶园。这种清唱茶园，可以一边饮茶一边听曲。起初，影响较大的有两家，一家位于陶珠路与美华里交会处的，谓之"东园"；一家位于通惠路中段与致祥路之间的，谓之"西园"。两园均有茶棚和小戏台，后演变为戏院。到抗日战争前后，宜昌相继出现了许多家这样的清唱茶园。

# 第 三 章

# 战争时期宜昌城市发展的起伏

进入 20 世纪，宜昌因为川汉铁路、保路风潮、辛亥革命而被外界广泛知晓。孙中山领导的辛亥革命，推翻了清王朝封建统治，在中国大地上树起了民主共和国的旗帜，宜昌开始与革命紧密相连。其后，经历了对民主共和的期盼和失望、北洋军阀的黑暗统治，大革命和土地革命，抗日战争和解放战争。在长期的战争中，宜昌经历了战乱的凤凰涅槃，走过了一段起起伏伏的蹒跚历程，在比较中选择了中国共产党，走上了民族复兴的伟大道路。

## 第一节　辛亥时期宜昌城市的变迁

### 一　辛亥革命风潮中的宜昌城市

（一）宜昌成为保路风潮前沿

1910 年 7 月 30 日，川汉铁路宜万段开工仅半年时间，已由宜昌新码头经铁路坝车站修至晓曦塔，共长 15 华里，已铺轨和通车，并已向西展筑三十余公里。1911 年 5 月 9 日，清政府突然颁布川汉铁路国有，注销商办，并向英、法、德、美四国财团订立借款合同，同时商办所筹集的铁路股本 1 670 万两（白银）概不退还，激起四川人民和宜昌地区股民的反对。川汉铁路宜昌总理李稷勋致电成都总公司称，"铁路国有，注销商办，政府牺牲信用"，"人民受损甚巨，当拼力拒之"。6 月，川汉铁路股东代表在成都开会成立保路同志会，提出"路存与存，路亡与亡"的战斗口号，掀起了轰轰烈烈的保路运动。同月，共进会派张伯祥（同盟会员，四川孝义会首领）等由武昌到宜昌活动，并联络宜昌公益会胡绍尧、严绍陵等在宜昌四川会馆（西坝川主宫）成立川汉铁路研究会。张伯祥因发动工人并聚群众数千人演讲于工地，向工人宣传革命，被清宜昌府署拘捕押送出境，但保路风潮并未因此而稍有歇缓。宜昌逾四万修筑铁路的工人，"自闻收回国有之命，谣言四起，各包工异常惶骇"。"夫役骚动"，"无日不滋事端，兵警弹压为难"。川汉铁路宜万段被迫停工后，商股群起质问，纷纷向川汉铁路宜昌公司索回股本。筑路工人起而支持，警察"不敢犯其锋芒"。宜昌知府派兵镇压，工人"恨官府以威劫民，霎时聚集数千人"，打死清兵二十余人。

清廷为了镇压风潮，派钦差大臣端方率湖北新军三十一标抵达宜昌，严令捉拿革命党人，每天派兵在城里巡查四五遍。同盟会会员黎怀瑾以承揽包工事务的工头身份，组织筑路工人起事，计划乘机夺取驻防营兵武器举行暴动。湖广总督瑞澂派新军三十二标二营两队和四十一标一营驻防宜昌，防范重镇口岸，弹压铁路工场，黎怀瑾和二十多名筑路工人被捕惨遭杀害，这更加激起人民的愤慨，宜昌保路风潮高涨。

9月7日，清廷四川总督赵尔丰在成都制造了屠杀保路请愿群众三十余人的流血事件，即"成都血案"。次日，四川保路同志举行武装起义，宜昌闻讯遥相呼应。连日来，湖广总督瑞澂报请清廷派军舰"楚同号"由汉口驶赴宜昌，并伺机入川协助镇压保路起义。在此期间，宜昌公益会便和潜伏在新军三十一标中的革命党人取得联系，决定由宜昌公益会派出会长胡冠南和会员郭炳炎二人秘密跟随端方入川，一路上严密监视端方，必要时对其采取行动。胡冠南在离开宜昌前，将宜昌公益会联络新军举行起义的重任移交给副会长严绍陵。而随驻宜弹压保路风潮的湖北新军来到宜昌的文学社社员唐牺支、共进会会员胡云龙等，在宜昌开展活动，酝酿起事。

9月24日，武昌的文学社和共进会共商首义大计，成立了武昌起义指挥部。接着，宜昌的文学社社员、新军第四十一标一营排长唐牺支等与公益会严绍陵取得联系，翘首等待武昌方面的首义行动。此时的宜昌，"革风日炽"，犹如革命的火药库，一触即爆。以上充分说明，宜昌处于辛亥革命武昌首义导火索保路风潮的前沿。

（二）宜昌首先响应武昌首义

1911年10月10日，辛亥革命武昌首义爆发。10月13日，武昌起义的消息传到宜昌，驻宜新军中的文学社和共进会党人立即响应，在湖北军政府特委派来宜昌联合军队的张鹏飞还未抵宜之前，即于 10 月 14 日，共进会党人代表胡云龙等、军界代表唐牺支等、警界代表严绍陵等、学界代表唐人瑞等、商界代表李春澄等共 43 人，在宜昌城东山寺秘密集会，谋划方略，协同议决，郑重决定于 10 月 18 日夜间举兵起义。

10 月 18 日晨，唐牺支与军界的胡云龙等在商会商防队（以维持治安为名招募 300 人组成）管带李春澄家开会，商议起义大计，公推公益会严绍陵为起义的领头人。但严认为起义的主力应是军队，因而坚决推辞。后经商议，改推 24 岁的唐牺支担任起义的指挥，共进会会员胡云龙、黄汉卿为副手，严绍陵则自居协助地位。会议刚结束，已获宜昌准备桴应武昌首义消息的宜昌知府金世和突然闯入，经李春澄的开导，金世和并动员东湖知县邓寿椿等向革命党人投降。这就给宜昌起义创造了更有利的条件。

会议结束后，与会者立即分赴各自的驻地，调兵防守全城各要害部门，防止任何不轨的阴谋活动。是时，因原驻防宜昌三十二标二营管带戴寿山和队官施化龙闻讯逃走，所以军队的调动极为顺利。尔后，唐牺支等立刻派人赴川汉铁路工地弹压局，通知该局武装人员立即出动配合起义。又派欧阳超率军士一队，直接向弹压局原管带杨正坤索取库存弹药，当即得数万余发。同时又截获了四川转运局主事黎迈转运的枪械弹药，武装了起义军。与此同时，李春澄所指挥的商防队员 300 人也即时集合进入岗位。于是，各路起义人马兵精弹足，一夜之间，全城易帜，革命党人不发一枪一弹，即宣告宜昌光复，从此结束了宜昌被清朝统治 260 余年的历史。10 月 19 日，宜昌海关税务司葛礼（英国人）向上海海关总税务司安格联去电报告："革命党本月 18 日夜间占领宜昌……第二天早晨，革命党人占领了全城……知府和知县归顺了革命党……新政府继续着非常好的秩序。"

当宜昌起义胜利的消息于 18 日晚传到武昌时，民军士气大为振奋，大败瑞澂所率领的反扑清军于汉口刘家庙。10 月 19 日，汉口各国领事公开宣布中立态度。所以，宜昌起义的成功，标志着辛亥革命已进入全面胜利的阶段，是一个很重要的历史转折点。

武昌民军起义仅八天，宜昌民军起义，时任川汉铁路宜昌总理的李稽勋于 1912 年撰文称:"全国义师桴应武昌,以宜昌为最先。"

10 月 19 日,宜昌城内各处都插上了九星旗,鼓乐喧天,人民喜气洋洋,共庆宜昌民军司令部成立。各界代表公举唐牺支为司令长,在旧镇署设司令部。民军司令部对于混乱的金融市场加强了管理,及时布告安民,公布"所有宜昌现有之官票"加盖印信后,暂继续流通使用,"俟鄂军政府新票到宜,再行收换旧票"。为使鄂西川东响应武昌起义,司令部还派遣了多名联络员分赴宜昌府、施南府、荆州府、襄阳府和川东一带各州县,运动反正。对于聚集在宜昌附近的四万多筑路工人,民军司令部用省军政府的拨款作了妥善安置。光复后的宜昌,人心安定,秩序井然。从武昌起义消息传入到宜昌起义成功,时间仅六天。

此外,宜昌起义成功后,民军做了两件令人鼓舞的大事:一是联络各地军队起义;二是攻打荆州,光荣地完成了推动鄂西各府州县起义和捍卫武汉的历史使命,为宜昌的革命史写下了光彩夺目的一页。

## 二　辛亥时期宜昌城市的畸形繁荣

### (一) 宜昌建制、人口及社会状况

### 1. 民国前后建制沿革

宜昌,在辛亥革命前后设宜昌府,知府公署设宜昌城区,辖东湖(1912 年 2 月改名宜昌县)、长阳、长乐、巴东、兴山、归州(1912 年 2 月改名归州县)六县州。1912 年 1 月,在宜昌设荆宜施鹤总司令部,湖北军政府都督黎元洪令唐牺支节制荆、宜、施、鹤四属军队,旋该部编为湖北第七镇(相当于师),唐牺支任统制。1913 年 2 月,设荆宜施鹤道(亦称鄂西道),观察使署设宜昌城区,辖原宜昌、荆州、施南三府所属共 20 个县,其中长乐、归州于 1914 年 1 月分别改名为五峰县和秭归县。1914 年 6 月至 1926 年 12 月,荆宜施鹤道先后改为荆南道(湖北全省设江汉、襄阳、荆南三个道)和荆宜道(1921 年改名),道尹公署均设宜昌城区。其中,1921 年至 1926 年 12 月,湖北全省由三个道改为四个道,荆南道划出恩施七县、划进荆(门)当(阳)远(安)三县,改为荆宜道,道尹公署仍设宜昌城区,辖江陵、公安、石首、监利、松滋、荆门、巴东和宜昌 9 县共 16 个县。本书以宜昌现在行政辖区为范围,追溯当时宜昌所辖 9 县历史。

2. 人口与社会状况

1911 年东湖全县人口 408 743 人，1912 年宜昌县人口增至 44.73 万人。自 1919 年以后，宜昌市区的人口逐年增加，至 1918 年突破 10 万人，达 109 320 人。1922 年，宜昌城区人口增至 20 万人。

由于帝国主义入侵，帝国主义列强大肆在宜昌倾销鸦片，到 20 世纪初，宜昌成为全国最大的鸦片公卖市场，造成宜昌社会畸形发展。1922 年，仅宜昌城区土税号由原 3 家增到 18 家，烟馆一百多家，明暗烟灯达八千多盏。"著名的大烟馆……每天中午后，榻无虚席"，仅"南诚信烟馆……最盛时一天零售烟膏二万多元。"同时，酒楼、旅栈、妓院等常常客满。宜昌商会会长韩慎之经营资金由原不过 2 000—3 000 元，很快扩大到 3 万元左右，活动资金在 5 万元以上，成为新闻等各界抨击的对象。同年，仅宜昌县年收鸦片税银 1 000—2 000 万元，城区人口猛增至 20 万人。这种畸形发展和繁荣的宜昌经济，令商人惊呼为"黄金时代"。1923 年 11 月 16 日北京《晨报》发表文章，对北军当局在宜昌保护贩卖烟土，"以接济军饷，交换利益"的行为大加披露。12 月 29 日又载文，驻宜昌军阀"贩运烟土，包庇土贩"，保护"烟土公卖"。1924 年上海《民国日报》称，"宜昌城内外有烟灯八千余盏"。1926 年 3 月 25 日出版的《东方杂志》发表署名文章称，宜昌"沐'烟化'较他处为深"，"闻宣埠烟馆注册缴纳灯捐者三千余盏"。5 月 20 日《民国日报》载文：鸦片征税机关宜昌济宜事务处"每月税收旺时可收一百七八十万元，最低收入每月亦有百万之谱，不惟（唯）为各省之骇闻，亦世界各国所鲜有"。文章揭露军阀官僚及其亲朋好友在该处坐领干薪，提股分红，渔利颇大。1926 年，仅宜昌城区鸦片征税达二千一百多万银圆，城区烟馆达四百余家，郊区销售点达 2 240 个。1926 年 5 月，宜昌教育界人士为抵制鸦片、吗啡，筹建拒毒会，推举黄树堂为拒毒会会长。直到 1927 年 1 月 1 日武汉国民政府财政部在宜昌设禁烟支处。

（二）宜昌社会历史性变化的开始

1. 宜昌新文化运动兴起

1915 年，陈独秀在上海创办《青年杂志》（次年更名为《新青年》），以民主和科学为旗帜，在思想文化领域掀起了一场向传统的封建思想、道德、文化宣战的新文化运动。新文化运动自同年秋从上海开始逐渐推向全国，宜昌地区的当阳、宜都、远安等县的一批具有新思想、提倡新文化的进步青年，在思想、文化、教育等领域掀起了新文化运动。

当阳进步青年朱绍裔于1916年从武汉回乡后，立志教育改革，推动当阳新文化运动的兴起。1917年，朱绍裔以淯溪第二高等小学校长的身份，聘请品学兼优的教师，首创男女合校、男女合教。1922年秋，为积极推行教育改革，朱绍裔率领当阳县教育参观团先后赴北平、天津、南京、上海、武汉等城市一百多所学校学习参观，汲取教育改革经验。次年夏，朱绍裔升任当阳县教育局长，极力推行教育改革，宣传新文化，提倡白话文，统一教学内容，讲授陈独秀、李大钊、鲁迅等的著作和文章。

15岁时就去北京读中学的胡敌（宜都县聂家河人）于1916年考入北京法政大学，1919年在北京直接参加了五四爱国运动，并受李大钊、陈独秀的教育和影响，接受了新思想。1921年秋，胡敌大学毕业后在北京从事工人运动，引起反动军阀的注意，被迫离京回宜都。胡敌回乡后，一面从事新文化运动，兴办学校，一面来往于北京、武汉、宜昌等地进行革命活动。他在家乡创办了冠英小学，推广新文化，灌输新思想。

新文化运动的浪潮还波及远安、长阳、兴山等地。新文化运动在宜昌地区的兴起，有力地打击了封建主义的旧思想、旧文化，促进了一批知识青年的觉醒，为马克思主义在宜昌的传播创造了有利条件。

2. 马克思主义在宜昌的传播和五四运动的影响

1917年俄国十月革命一声炮响，给中国送来了马克思主义。俄国十月革命的成功，给中国指明了出路，有力推动了中国一批有先进思潮的人们去探索社会主义学说和社会主义道路。一些进步书刊，如《新青年》《向导》《共产党宣言》等，由宜昌一些在外地求学的进步青年通过各种渠道秘密地传到宜昌；同时，宜昌一些在外地加入中国共产党的先进知识分子和青年回乡，如胡敌、李超然（当阳人）、陈海涛（远安人）等回乡开展各种活动传播马克思主义。

1919年，北京爆发了反帝爱国的五四运动，激发了宜昌人民反帝爱国的革命热情，唤起了宜昌人民的觉醒。继5月上旬武汉15所学校举行集会声援北京学生以后，宜昌、宜都、当阳等县学生纷纷集会，上街游行示威。宜昌成立了学生联合会。宜昌学联组织九字学校①师生和校外青年，以演出话剧的形式，揭露卖国的"二十一条"和北京政府媚日求荣的丑恶行径。同时，还成立了宜昌各界外交后援会。宜昌商界也行动起来举行罢市，声援北京学生的爱国斗争。同年12月，宜昌工、商、学界又纷纷集会，游行示威，抵制日货，抗议日本帝国主义在福州制造枪击学生的暴行。继后，宜昌各界民众二万余人冒雨集会游行，要求北京政府废除中日"二十一条"，实行对日经济绝交。不久，宜昌民众又一次集会游行，抵制日货，遭日舰水兵枪击。为此，宜昌、武汉、沙市各地学生联合会通电声援，陈独秀在《向导》上发文抨击"日本人在宜昌杀死中国学生"的暴行。宜昌反帝爱国斗争更进一步发展，使日货船半数停航。

3. 宜昌乡俗改良运动和中共宜昌地方组织的创建

在新文化运动和五四运动的推动下，在马克思主义的传播和中国共产党的影响下，就读于襄阳湖北省立第二师范学校的荆门、当阳、远安、南漳、钟祥五县五十余名进步学生，受到中国共产党早期青年运动领导人、在襄阳省立第二师范学校任教的萧楚女进步思想的熏陶与启发，于1920年冬发起筹组荆当远南钟五县边界乡俗改良会。当阳籍王培林起草了《乡俗改良会宣言》和《章程》，送请萧楚女审阅定稿。乡俗改良会的主要宗旨：反对封建迷信；打倒土豪劣绅；反对缠足，提倡大脚；反对吸鸦片烟，反对坐兜、轿，反对请客吃酒；反对读四书五经，提倡白话文。

正在积极筹组开展五县乡俗改良运动时，中共一大于1921年7月在上海召开，宣告中国共产党正式成立。在中国共产党的影响和推动下，同年冬，在地处荆当远南钟五县边界方家口（位于今远安县），举行了有五百余人参加和二百余人签名为正式会员的荆当远南钟五县乡俗改良会成立大会。王培林在会上宣读了《乡俗改良会章程》《宣言》和《行动大纲》。《行动大纲》提出："打倒一切封建迷信；废除祭孔礼节；提倡白话文，反对文言文；提倡放足，反对裹脚；提倡男女平等，反对虐待妇女；打倒烟、赌、娼；打倒三妻四妾，反对坐轿子；反对崇洋、亲洋；

————————

① 清代拔贡王步点创办九字学校，取"居处恭，执事敬，与人忠"九个字之意。

打倒土豪劣绅；学习马克思主义，打倒帝国主义才能救中国；雪耻图存，保家卫国。"大会要求会员宣传乡俗改良会的宗旨，大造革命舆论。当阳县乡俗改良运动，后在回乡共产党人的领导和推动下，发展到以反帝、反封建为宗旨的革命活动，使乡俗改良运动成为社会政治运动。至 1925年春，在当阳，乡俗改良会的基层组织遍及当阳全县乡、镇，成立了当阳县乡俗改良会，选举中共党员李超然担任主席，并在县政府"立案注册"，取得了合法地位，参与县政，为开展革命宣传，扩大中国共产党的影响，提供了更为有利的条件。当阳县乡俗改良会直到 1926 年 9 月继续开展活动。五县边界乡俗改良运动，在中国共产党的影响和中共党员的带领下，从 1921 年至 1926 年，长达五年之久，在反帝反封建的斗争中发挥了重要作用，一大批乡俗改良会的成员在斗争中不断成熟，不少骨干以后成为当地中国共产党组织的领导成员和主要负责人。

随着马克思列宁主义的广泛传播及其同工农群众的结合，当宜昌社会内部出现了一批接受马克思列宁主义的先进分子时，建立新型的工人阶级革命政党及其组织，即创建中共宜昌地方组织的任务被提上了日程。

（三）宜昌经济地位的上升与畸形发展

1. 外地资本进入宜昌与宜昌商业的繁荣

1909 年"川汉铁路动工，外地手工业者纷纷奔往宜昌。当时棉絮行业发展至 120 家，从业人员约 300 人"。当年 12 月，宜昌商务分会成立，入会商号达九百余家，次年 8 月，"宜昌商会成立，会员 563 名"。随着辛亥革命序幕的拉开，宜昌商会向着宜昌商人所期望的方向迈出了加入革命阵营的步伐，宜昌商人的思想意识随之转化为宜昌商会的政治行动意识，并伴随着宜昌商会社团组织社会权力，融入宜昌辛亥革命运动之中，进而对这一运动的运行产生了影响。

外地资本大举入宜促进了宜昌商业城市的发展。宜昌商会会员由1910 年的 563 个发展到 1913 年的 816 个。宜昌商务分会于 1913 年 11 月改组为宜昌县商会，细分有 49 个商业行帮，859 家商户，1913 年输入宜昌的川盐 51.5 万包，较往年增长 10%，除本埠销售 1 万包，其余转销各地。1914 年 1 月，省署在宜昌设盐务稽核处。国民政府中央和湖北省署（省府）把宜昌作为商埠重点开发建设，于 1914 年 2 月成立了规格很高的宜昌商埠工程局，省署直接委任金鼎为局长，聘请英国工程技术人员编制了《拟修宜昌商埠规划》。规划大南门的通惠门以下城东南区域，面积为4.65平方公里，修建纵向道路8条，横向道路12条，共20条道路，形成商业区和住宅区，依照上海、汉口的城建格局规划建设。据1923年7月24日《申报》报道：宜昌"现商埠系建筑于南门外沿岸一带，且绵至数里之长，新修马路八条，约宽绰平坦可喜。目今南湖公园路一带，正在开拓展筑，加工赶修，新建卖菜三所，有公园、有球场，有戏院，布置均井井有条"。

1915年3月，覃兆祥创办的吉利祥糕点铺开业，制作经营传统中式糕点独具特色，发展成宜昌乃至鄂西中式糕点行业中最大的一家，至20年代中期，该店拥有"德尔科""西门子"发电设备，所发电自给有余，职工达三十余人。1917年3月，大总统黎元洪任命胡俊采为湖北宜昌商埠局局长。同年10月22日《大公报》载文评述宜昌在商业、交通方面的重要地位时称："宜昌，该处居沙市之上，直接重（庆）夔（府），为上游一巨埠，商务向称繁荣。"是年，缝纫机作商品首次通过海关进入宜昌市场。同年，宜昌正记和旭记两家袜厂开业，共有织袜机16台。

1918年9月，浙江老万年金店在宜昌通惠路口建四层钢筋水泥结构楼房落成开业，店主徐绥华，开办资金一万余元。1919年12月和次年9月，美泰食品店（后改为美泰食品糖果公司）和成章服装店在宜昌二马路开办。成章服装店以后另设分店，改名为鸿彰服装店，发展为宜昌服装行业中的大店。1921年、1923年春和1924年，味馥番菜馆（宜昌一家著名的西餐馆）、宴春楼（现名陶珠酒楼）和峡州大饭店（1926年改名神州饭店）、丁同兴厨刀店、兴昌鞋庄等先后开业。其中，宴春楼后发展为宜昌著名餐馆之一；丁同兴厨刀店生产的各种刀具工艺精湛，成为鄂西、川东一带的名牌产品，畅销省内外。1923年，宜昌泰升百货号开业，以批发为主，兼营零售，设申、汉两庄直接从上海、汉口进货，为当时宜昌百货业首户。1926年，宜昌邓祥和棉花号（拥有财产10万两）由西坝迁至大南门正街营业（西坝原址作为打包场），不几年发展为鼎盛时期，成为宜昌屈指可数的百年老店。直到1927年5月，蒋介石任命杨森为第20军军长兼川鄂边防司令和前敌总指挥率部占领宜昌后，税务等机关人员由杨森各部委任，宜昌市面商务才停顿。

2. 宜昌民族工业全面起步

逐渐兴起的宜昌民族工业大多为传统手工业的转型发展，集中于面粉、纺织、药材、造纸、酿酒、发电及少量机器制造。1905 年 3 月，引进日本织机，在宜昌创办第一家机器动力织布厂，亦称宜人组织机厂，有铁木织布机 30 台，生产细布（俗称洋布）。同年，宜昌还兴办了一家寸磷火柴厂，还在宜昌兴建了一家煤坪，经办各国船舰加煤的供应业务。

1907 年 11 月，在宜昌开办了一家李正顺机器翻砂厂，最初生产玲珑牌铁木混合脚踏织布机，后又生产轧花机和压面机等，产品行销省内外、湖南等地。1910 年 2 月，吴道生翻砂厂在宜昌北门外土街头开业，以生产制造犁铧为主，经营到解放初公私合营。同年，相继在宜昌创办同吉祥织布厂和杨义和染坊（位于猇亭）。1912 年年初，枝江县江口已有谦泰吉（发源于 1817 年，现枝江酒业）、元盛和、太春永等 14 家酿酒作坊；宜昌城区和近郊共有 14 家榨坊。其中，朱大顺榨坊创始于 1870 年，到 1917 年 1 月已拥有阳记、恒记、慎记三家，有职工三百多人，拥有资金二十多万元，年产 50 万斤皮油和 30 万斤梓油、2 万多斤麻油，为鄂西榨坊首富。1912 年 2 月，公昌营造厂在宜昌成立，业主李春澄（汉阳人），为辛亥革命宜昌起义有功人员，后发展为宜昌最大的一家建筑厂商。5 月，英商亚细亚火油公司宜昌支公司成立，在宝塔河建办公楼，在万寿桥江边修建油库、油船码头，建筑面积二千四百多平方米，经销煤油、柴油、汽油、矿烛等。该公司有行驶长江中上游的油船 5 艘，载重量 2 100 吨。公司于 1925 年 4 月在宜昌修建一座大油库竣工，在宜油库容量共达 1.4 万吨。1912 年 8 月，兴山县张官店张氏两兄弟赎回其祖父创办于清咸丰年（1851—1861 年）间的青龙口纸厂，并重新开业，生产古连纸，远销恩施、宜昌等地。

1913 年 4 月，宜昌籍留日回国学生陈仲泉出资 6 万元，购回一台 100 马力的柴油发电机，在宜昌廖家台建成光明电灯公司发电厂，为城市供 4 000 盏电灯的照明用电，为宜昌电业之始。是年，美商美孚石油公司在宜昌三北巷修建两栋办公楼，在美孚码头上首修建油库。宜昌城区已有三十多家手工印花染踹作坊，进行来料加工，其中较大规模的有同茂荣等。当阳县河溶创办湖川缫丝厂。

1914 年 9 月，设于宜昌学院街西栅子的龙发昌机器厂开业，以制造铁木织布机、压面机为主，并生产轧花机、打米机部件。该厂经过几次改组，延续到解放初期参加公私合营。1915 年 9 月，宜昌县知事丁春膏主持创办贫民工厂，厂址设旧小北门内报恩寺。1916 年 12 月，又成立宜昌县贫民工厂，以府城隍庙为厂址；又成立荆南贫民大工厂，以报恩寺为厂址。

1918 年 3 月，宜昌美孚洋行置制冷设备，在三游洞附近下牢溪畔开办宜昌最早的机制冰厂，用溪水制冰在市内外销售，为湖北第二家制冰厂（第一家在汉口）。是年，宜昌务本社置织袜机 6 台，在小十字街口（今民主路口）开业。宜昌平民工厂设袜科，置有织袜机 20 台，收容孤儿乞丐习艺织袜。1919 年 2 月，秭归县向氏兄弟俩在香溪开办煤矿，次年 5 月正式成立正大煤矿公司。该公司迅速发展到有 1 500 余职员和工人、12 口煤井、年产 2 万多吨优质烟煤的规模。同年 6 月，枝江县江口开办皮均和织布厂，有高脚铁木织布机 30 台，生产白布和丝绸。7 月，宜都县郑家塥成立信义煤矿公司，年产原煤 5 000 吨。

1920 年 1 月，高雨生（南京人）在宜昌鼓楼街兴办元兴利印刷纸号，有员工六十余人，为当时宜昌最大的一家印刷工厂和纸张文具店。同年 9 月，宜昌创办森茂肥皂厂开业，生产爱国牌、无敌牌肥皂，后又生产兰花皂和中国牌香皂。1921 年 1 月，由益丰、祥大、天后宫、乾隆泰等米厂和鸿昌机器厂、华美香菜馆、麦斯洋行、转运公司、轮船公司等 18 家组成，在宜昌成立昌明电灯公司，有小型发电机组 18 套，张剑秋任董事长。同年 3 月，兴盛祥药材号在宜昌创办第一家傅济春店，后来发展到三家分店，成为宜昌药材行业的首富。新中国成立后，兴盛祥联合另两家创办民康制药厂。是年，宜昌弥罗宫巷的熊氏、燕子窝的吴氏先后开办织毛巾工场，产品纯白色，应市后物美价廉，十分畅销。1922 年秋，设于宜昌三道巷江边的渝昌兴机器厂开业。该厂车、铣、刨、钻设备齐全，工人百余人，以修理轮船为主，并于 1925 年组装了一艘"江渝"轮船，为宜昌造轮船之始。次年秋，宜都开办了维新机器米厂。1924 年 1 月，渝兴隆机器厂在宜昌小东门（后迁至一马路碑巷口）开业，以修理小轮船和制造压面机为主，到解放后与同行组成宜昌市新华机器厂（今市机械工业局所在地）。1925 年 7 月，志成化妆品厂在宜昌北正街成立开业。该厂接受上海三友实业社的生产技术，批量生产"扇美牌"雪花膏和"志成牌"香水，为鄂西首家制作化妆品的厂。同年秋，福祥袜厂在宜昌北正街开业，有织袜机80台，横机18台，职工逾百人，发展成宜昌最大的一家袜厂。12月，枝江县江口镇开办瑞和米厂，从事动力碾米兼发电照明业务。是年，同利电镀厂在宜昌开业，承接机件的加工、抛光、镀铬。由德国人孙林、孙尼两兄弟于1903年开办的宜昌白沙垴砖瓦厂，引进英国制造的砖机和轮窑烧砖技术，生产机制砖，其生产技术在湖北省尚属首创。1926年，宜昌有机器厂5家，规模较大的为鸿昌机器厂，系是年开办的合股经营的工厂，备有8匹马力发电机1台，车床3台，钻床、刨床各1台，专修汽船和配装机件等。

3. 宜昌贸易、税收和土特产出口

1910年，宜昌进出口货物总值为3 847.61万海关两，关税收入总额为6.47万海关两。柏油出口，仅宜昌县在1910年出口1.2万多担，次年增加到3万余担，两年创价值66.58万多元。

1911年，宜昌进出口货物总值为1 292.01万海关两，关税收入总额为6.35万海关两。远安县苟家垭（现嫘祖镇）所产蚕丝命名为"垭丝"，至是年已装运出口远销英、法、印度、巴基斯坦、缅甸等国和地区。

1912年至1915年，宜昌进出口货物总值和关税收入总额，分别保持在1 200多万海关两和9万海关两上下，到1916年，宜昌进出口货物总值和关税收入总额，分别达到1 883.45万海关两和11.36万海关两。

1913年1月，中央财政视察员陶德琨和湖北省民政长夏寿康在湖北组织国税厅，在宜昌、汉口、沙市三埠设国税分厅。同年，宜昌海关首次将桐油出口列入对外贸易簿册，出口桐油15.3万担，出口煤1万吨。是年，宜昌土货（特产）出口量激增，柏油出口量由前年之12 041担、去年之5 700担，激增至30 047担；生漆约增一倍，五倍子增至4倍，烟叶由去年183担猛增至11 249担。同年，煤油进口300万加仑。

1915年1月，湖北省为增加税收，特在宜昌等五处分别设立稽查征税专局。是年，宜昌征地丁、屯饷及其附加30 366元。同年，宜红茶因欧战而销售大旺，五峰、长阳、鹤峰等县大批宜红茶通过宜都运汉口，英商轮较往年早一月来汉运茶。

据海关部门1917年5月4日报告，宜昌1916年收入税钞之详数为113 583.145两，沙市为53 972.263两，比沙市多出59 610.882两。

1917 年至 1919 年，宜昌进出口货物总值和关税收入总额，分别为
1 383 万、1 298.73 万、1 852.48 万海关两和 7.85 万、6.37 万、5.8 万海
关两。枝江县一带植桑养蚕源远流长，1917 年全县产蚕茧 2.05 万公斤，
并在江口等地开设缫丝作坊，加工生产的蚕丝销往省内外各地。

1920 年至 1926 年，宜昌进出口货物总值和关税收入总额，除 1923
年进出口货物总值为 2 489.54 万海关两和 1920 年至 1923 年关税收入总
额 7 万海关两上下外，其他年份分别超过 3 000 万和 13 万海关两。其中，
1924 年进出口货物总值达到 3 947.6 万海关两和 1926 年关税收入总额达
到 15.44 万海关两，均创 1910 年至 1926 年历史最高。宜昌转口贸易额，
由 1911 年 106 万海关两增加到 1921 年 388 万海关两，十年增长了 2.66
倍。1920 年，长阳县彝新有限公司经营红茶，其琼露、瀛珍、仙蕊等品
种曾获湖北省劝业展览会南洋劝业奖金奖，远销印度、苏俄等国，公司
以后迭次更名为翠享、豫丰、顺昌。1921 年，外商进入远安县。英商亚
细亚和美商美孚煤油开始销往远安县，英商安利因洋行亦到该县收购桐、
木油。秭归县栽培柑橘历史久远，1921 年柑橘丰产，行销宜昌、沙市等
地。1923 年，宜昌棉花出口 2.12 万担。同时，出口运往日本等地的桐油
亦猛增，达 25 581 担。次年，宜昌桐油市场扩大，外销量巨增，全年桐
油出口增至 52 750 担。1924 年，宜昌女红针线，其精美工艺品刺绣销往
国外，被暹罗（泰国旧称）女皇收作皇宫御用品，并在旧金山博览会上
获得金质奖章。1925 年，糖和煤油进口激增，糖价值达 115 万多海关两，
煤油价值达 126.44 万多海关两。同年，宜昌棉花丰收，出口总值达
49.67 万多海关两；桐油出口总值 54.52 万多海关两，较上年有增加。

4. 宜昌交通、邮政

自 1909 年 2 月，川江轮船有限公司在宜昌设办事处。是月起，该公
司蜀通轮正式航行宜渝之间。同年和次年宜昌港埠全年进出口轮船分别
为 603 艘次和 470 艘次。船舶总吨位分别为 40.22 万吨和 42.05 万吨。
1911 年至 1913 年，宜昌港埠进出口轮船 1 349 艘次，年均近 450 艘次。
船舶总吨位 112.98 万吨，年均 37.66 万吨。1912 年 7 月，宜都和沙市商
人集资创办宜都享记轮船航运股份有限公司，购置日新、鼎新、裕新三
艘小轮船，开沙市至宜昌班航，沿途停靠江口、董市、枝江、宜都、古
老背等码头，后又添绥远号轮船。1913 年春，川路轮船公司在重庆成立，

有大川、利川两轮行驶宜渝线，从事客货运输，并于 1916 年在宜昌下河街设宜昌分公司。1914 年至 1918 年，宜昌港埠进出口轮船 3 575 艘次，年均 715 艘次，船舶总吨位 229.29 万吨，年均约 47.26 万吨。1915 年 12 月 27 日，修浚长江上游水道公会在重庆成立，整治宜昌至重庆间险滩，川路、川江、瑞庆三家轮船公司耗资 6 000 余两，整治秭归峣岭滩，航道略有拓宽。是年，三北轮埠公司（1914 年在上海成立）在宜昌设分公司。同时，川江、川路轮船公司在宜昌修建新货栈。1917 年 11 月，岷江轮船股份有限公司（设四川万县）在宜昌设分公司。1919 年，宜昌港埠全年进出口轮船 1 142 艘次，是历史以来首次超过千次，船舶总吨位共 64.9 万吨。1920 年，宜昌港埠全年进出口轮船 4 067 艘次，比上年翻 3.56 番多，创历史最高，船舶总吨位共 74.21 万吨。1921 年至 1926 年，宜昌港埠进出口轮船 18 180 艘次，年均 3 030 艘次。其中，1922 年 3 948 艘次。船舶总吨位 684.63 万吨，年均 114.1 多万吨。其中，1925 年船舶总吨位 146.5 万吨，创历史最高。1926 年 6 月 11 日，民生实业股份有限公司在重庆成立，总经理卢作孚旋即赶到宜昌，接上海建造的民生公司第一艘轮船"民生"轮。该轮抵宜后，因水势过大，在宜昌扎水半月后才驶渝。

　　1924 年春，襄（阳）沙（市）汽车路筑成通车，其支路荆门县的十里铺至当阳县的河溶于年底竣工，长 22 公里。廖如川联络沙市、河溶商贾，集资 15 万元，创办沙溶长途汽车公司。次年春，该公司汽车往返于沙市、河溶之间从事客货运输。此为荆宜道首开公路汽车运输。1925 年秋，宜（昌）荆（门）长途汽车路筹备处成立，计划修筑宜昌经当阳到荆门十里铺与襄沙路街接的公路，组织荆宜长途汽车公司，购置汽车进行客货运输。同年，时任北洋陆军第十八混成旅旅长于学忠（新中国成立后任河北省人民政府委员、民革中央委员）率第二十六师驻防施鹤期间，扩修宜昌至恩施间汽车路，于次年春竣工，并组织施宜长途汽车公司营运。1926 年，荆（州）宜（都）南岸沿线居民发起筹建荆宜长途汽车公司，投股合计 20 万元。

　　1908 年，宜昌电报局由官督商办收归国有，更名为宜昌电报局。不久，改为宜昌邮政总局。宜昌早于 1905 年 1 月 11 日置第一艘邮政船，并在当年共置五艘邮政船，行驶宜昌与万县之间。是年，共在宜昌城内设有三家民信局。1910 年 5 月 9 日，宜昌邮政总局改为宜昌邮政分局，隶属汉口邮政总局管辖。宜昌邮政分局管辖邮政区域为宜昌、施南两府的州县邮政局、所。同年 11 月和次年 5 月，先后建立宜昌至孝感、宜昌至重庆邮班，邮程全长 1 720 华里。1913 年 12 月 1 日，宜昌邮政局定为一等邮政局，隶属汉口邮区。在宜昌、沙市、武昌三个一等邮政局中，仅宜昌为一等甲级邮政局。同年 10 月 1 日，宜昌邮政局开办保险信函业务。1917 年 12 月 24 日，邮政总局通渝，自 1918 年起，宜昌邮政局定为特汇局（湖北有 5 个，另 4 个是汉口、武昌、汉阳、沙市）。1919 年 10 月 15 日，北京政府令自本年 7 月 1 日开始在各大中城市试办邮政储金。是日，宜昌邮政局设储金柜，开办邮政储金业务。1920 年，长阳、远安两县建立三等邮政局。1926 年年底，邮政总局拨给宜昌邮政局自行车四辆，用作市内快信投递。1927 年 3 月 16 日，宜昌一等邮政局局长包威尔（英国人）被迫告退，移由邓子如代局长。至此，宜昌邮政始为中国人掌管。是年 10 月 15 日，李进禄正式接任宜昌一等邮政局局长。

5. 宜昌金融

自 1906 年，清廷户部在汉口设户部分银行，同时在宜昌开设分银行，为宜昌有银行之始。1908 年，户部银行改名为大清银行，户部银行宜昌分行随之改为大清银行宜昌分行。在全国 23 个大中城市（包括宜昌）所设的大清银行分支金融机构中，大清银行宜昌分行在 1910 年放款利率偏高，年利率达 12%—18%。1911 年 2 月，在宜昌南门外设立交通银行宜昌办事处（后改为支行），经营存款、放款、储蓄、信托等业务。1912 年 6 月 1 日，接湖北军政府都督黎元洪令，湖北官钱局宜昌分局开兑银币。同年，大清银行改为中国银行，次年 7 月中国银行总行派胡中侯来宜昌，在原大清银行宜昌分行行址筹建中国银行宜昌分行。1913 年 1 月，四川聚兴诚商号（聚兴诚银行前身）在宜昌设立分号。是年，宜昌钱庄已有 47 家，尤以履康钱庄领用川汉铁路公司资本银 10 万两而设，业务最为发达。不久，银行代兴，资本雄厚，各钱庄营业额遂下降。1914 年 3 月 29 日，中国银行宜昌分行（一度称分号）挂牌成立，隶属汉口分行。1915 年 3 月，聚兴诚银行在重庆开业，4 月在宜昌设立聚兴诚银行宜昌分行。1917 年 1 月，万国储蓄会宜昌支会成立，开展有奖储蓄，广泛吸收会员、储户。该支会 1935 年 6 月 1 日结束。同年，蔡云程开设裕厚祥钱庄，搞活两家绸缎号的资金流通和对外开展汇兑业务。1923 年秋，宜昌宏裕银号开业，专营各种存款、放款等业务。

（四）宜昌教育、文化、卫生

自 1904 年至 1909 年，先后建立了长乐县高等小学堂（长乐书院改）、当阳县第一高等小学堂（玉阳书院改）、东湖劝学所、宜昌初级师范学堂（1909 年改为宜昌府中学堂）、宜昌模范高等小学堂（1907 年改名为宜昌府立高等小学堂）和长阳县、兴山县、归州、宜都县、枝江县高等小学堂及宜昌女子职业学校、长乐县初等师范学堂等学校，并创办了《宜昌政学报》和宜昌"惟肖"照相馆等。

1910 年，长乐县在高等小学堂内附设初等农业学堂，枝江县开办了职业学堂（分设商业、医学、农业、缝纫等班）。东湖全县共有小学堂 42 所，学生 1 808 人，其中，省官立小学堂 13 所，公立小学堂 1 所。当阳县共有小学堂 53 所，学生 1 824 人。

1911 年，开办了宜昌第一家新式书店——晏文盛书局和华英学校。1912 年，开办了宜昌女子高等小学校，宜昌县又成立了两所高等小学堂和回教初等小学校等。1913 年 9 月，宜昌湖北省立第三师范学校（简称宜昌三师）和湖北第九区彝陵中学校成立。同年，成立宜昌模范高等小学校（1923 年改为宜昌县立第一高等小学校）、宜昌乙种商业学校和宜都乙种工业学校。1918 年，汪洋世捐资在远安县建私立国民小学，受到省授匾表彰。

1920 年 2 月，宜昌创立博爱学校和成德学校，当时两校被美称为"南博爱、北成德"。1925 年 1 月，经中华护士学会注册，宜昌普济医院创办普济护士专科学校。1926 年 6 月，燕京大学毕业的李玉英（女）创办私立宜昌女子中学（后改名为鄂西女子中学），学生来自宜昌、宜都、当阳、长阳等县。1927 年 4 月，湖北省政务委员会议决定实行综合中学制，将全省中等学校改组，无论师范、职业学校一概并入中学。设宜昌的省立第三师范与省立第十二中学合并，改编为省立第四中学，四中设初中、高中和附设师范科，毕祖高为首任校长。

1913 年 8 月，旅宜蜀绅李稷勋、杜成章等捐款，在宜昌培心路修建一所培心善堂，为贫困市民送诊施药。1915 年，宜昌创办仁济医院，推行新法接生（1919 年办成妇婴医院，备有 50 张病床）。次年，为除天花向求诊者延医送药，行科学种牛痘。1916 年，宜昌留光照相馆、宜都郑炳轩照相镶牙馆先后开业。

1918 年，宜昌"东园"（后改为新新大舞台）、"西园"（后改为神州花园）开业，上演汉剧、楚剧、京剧和汉滩小曲。1919 年 11 月，法商在宜昌投资开办的寰球电影院开业。同年，当阳县开设照相馆，1913 年 1 月，宜昌始用手摇放映机放映无声电影。

1922 年 6 月，在宜昌云集路修建的"留园"落成。园内建有剧场，开办京剧清唱并演戏和放电影、照相等。同年，《宜昌日报》创刊，社址设璞宝街，始为石印，1925 年改为铅印，日销 500 份。是年，宜昌已有晏文盛书局、广益书局、进步图书社三家新式书店。次年，《宜昌商报》创刊，鄂西通讯社、荆南通讯社（年底改为《宜昌新闻报》）、《宜昌益世报》《屈原故里报》《精益日报》创办，宜昌成立第一至第六共六所高等小学。自 1923 年起，当阳、远安、长阳、宜昌等县成立教育局。1924 年，《宜昌时报》、宜昌《中报》创刊，次年又创刊《宜昌大公报》。

## 第二节 军阀混战与大革命年代宜昌发展的拐点

### 一 北洋军阀在宜昌的黑暗统治和对宜昌城市的破坏

（一）宜昌进入北洋军阀统治的黑暗时期

辛亥革命失败后，中国陷入军阀割据和军阀混战局面。袁世凯死后，代表大地主、大资产阶级利益的北洋军阀分化为直、皖、奉三系。从袁世凯到段祺瑞的历届北京政府及各派系，为了巩固和扩大地盘，经济上横征暴敛，政治上黑暗统治，并争夺对北京政府的控制权，在帝国主义的支持下频繁混战，严重阻碍了生产力的发展，给人民、经济、社会带来无穷的灾难，使广大人民陷于水深火热之中。

早在 1912 年年初，袁世凯窃取了中华民国临时大总统职位，在北京建立了代表大地主、大买办阶级利益的北洋军阀政权（简称北京政府），第一届内阁组成后，即于 1913 年 2 月将湖北全省设三个道，并派观察使。其中，荆宜施鹤道（亦称鄂西道）观察使署设于宜昌城区，辖原宜昌、荆州、施南三府所属各县。同时，对宜昌施行黑暗统治，内务部下令长江及其他水师一律改组为水上警察，宜昌设立湖北水警总厅第四分署。5 月，将峡江内救生红船（清末设置）移交宜昌水警第四分署管制。次年 2

月至 5 月，先后派军队及兵舰驻防宜昌。为严防革命党人潜入宜昌，宣布至宜昌的船只，不经军警查验均不准上岸。袁世凯任命王占元为湖北军务帮办，曹锟为长江上游警备总司令（司令部设宜昌）并于 5 月率第三师（师长曹锟）移驻宜昌。1914 年 12 月，王占元先后两次派步兵一营、机枪两排和北洋军来宜昌镇防和布防。1915 年 1 月，司法部令湖北高等审、检两厅长筹设高等分厅两处，于 2 月在宜昌正式设湖北省高等审判检察厅第一分厅。12 月，袁世凯悍然称帝。蔡锷等聚会云南昆明，组织反袁的护国军，出兵四川，护国战争开始。北洋军阀直系头目曹锟奉命借道宜昌入川督战，其前锋第七师奉令开赴宜昌，并奉令成立宜昌县保卫团，改编 13 乡为 13 区团。自 1916 年 1 月初至 5 月，袁世凯调兵遣将和军火集结宜昌入川迎战镇压护国军，截至 5 月 14 日，宜昌驻北洋军阀部队已达 3 万人。驻宜军队在宜昌抢劫商店，并发生枪伤店主和店员，宜昌军方强征民船、轮船抢运兵员和军用物资，致使宜昌商业等和社会秩序大受影响，进出口贸易停顿数月。护国战争结束后，北洋军阀张敬尧和曹锟分别率第七师和第三师先后由四川撤回，驻宜昌，兵帅横生滋事，大肆抢劫。

1917 年 7 月，北洋军阀皖系段祺瑞在日本帝国主义支持下，重任北京政府国务总理，拒绝恢复国会和《临时约法》。为此，孙中山发动护法运动，并于 8 月在广州成立护法军政府。孙中山被选为大元帅，领导抗击北洋军阀段祺瑞的进攻。8 月 6 日，北洋政府代总统冯国璋（直系军阀首领）任命驻宜昌的将领吴光新为长江上游警备总司令四川查办使。司令部和查办使署设宜昌，下辖陆军第二、第十三混成旅和驻沙市等地的第八师等部。不久，王占元应吴光新之请求，派靠近省城的第二师第三旅到宜昌驻防。随即，北洋军阀加强对宜昌的黑暗统治，冯国璋直接任命宜昌关监督等官员，湖北组成五路军事检查局，省署责令荆宜军事检查局对其辖境负责。吴光新、王占元（1916 年 7 月任湖北督军兼民政长，属直系军阀）令并率所辖部队在宜昌与响应孙中山领导护法运动的石星川（原鄂军第一师师长，以靖国军第一军名义于 1917 年 12 月 1 日宣布独立）等部激战，先后夺当阳、占宜都等地，并于 1918 年 2 月在宜昌成立陆军第十八混成旅（旅长赵荣华）。

据中国红十字会宜昌分会和宜都分会于 1918 年 2 月调查统计，北洋军阀造成宜昌战役伤亡 1 216 人，其中死亡 269 人。同年 3 月 27 日和 28 日，北洋军吴光新部先后占领当阳、远安。3 月，吴光新命其部队在宜昌各地抓兵拉夫，成立暂编第一、二、三、四旅，开赴战场与护法军作战，先后于 4 月底和 5 月上旬占领巴东、秭归、兴山。湖北督军王占元为强化其军阀在经济上的横征暴敛，政治上的黑暗统治，于 4 月 19 日至电北京北洋政府总统、国务院和财政部，以遏制川省势力和截断靖国军之饷源为由，请求下令在宜昌没收川盐，电文称："将川盐暂作税论，没收入官，断其饷源，促进和平。"宜昌驻军于 10 月禁止川盐入境。8 月，王占元将驻扎武汉之北洋军编成若干混战旅团，先后派往宜昌助战，并数次致电北京北洋政府对宜昌采取切实措施和速派三旅团援鄂。同月，陆军第十八师（师长王懋赏）进驻宜昌，下辖第三十五、三十六旅。被皖系军阀控制的国会在 10 月选为总统的徐世昌，于 11 月 16 日发布"前方军队罢战退兵"的命令，并提出北洋军退兵办法和地点，其中鄂西北军退至宜昌和沙市。1919 年 4 月，北洋军第十八师师长王树功及第十三混成旅旅长李炳之率部驻宜昌。吴光新部入川，令暂编第四旅旅长费国祥部留宜。

1920 年 7 月 14 日至 23 日，爆发北洋军阀直系与皖系争夺北京政权的战争。直系在奉系的支援下打败皖系，直、奉两军进入北京，共同把持北京政权。北京总统徐世昌下令免去段祺瑞本兼各职。从此，皖系军阀开始衰落。7 月 29 日，大总统徐世昌令：免去吴光新（段祺瑞的妻弟）长江上游总司令等各职，交王占元彻查确情核办，其所辖军队由王占元妥为收束。湖北督军王占元遵令出动部队将吴光新所部缴械。9 月 1 日，湖北督军署军法会审判处吴光新徒刑 15 年，于 5 日将吴交军法处执行。至此，在宜昌称霸横行实行黑暗统治三年之久，指挥镇压孙中山领导的护法军并造成宜昌战役重大伤亡的祸首吴光新得到了应有的惩罚。不久，参加解决吴光新所部的第十八混成旅进驻宜昌担任"绥靖"任务。

（二）北洋军阀对宜昌的破坏，宜昌进入历史拐点

北洋军阀在宜昌两次兵变对宜昌城市造成重大破坏。1920 年 11 月 29 日夜，驻宜昌王汝勤第八师一部因欠饷发生兵变。是日夜，变兵手提马灯、举着火把，就近道闯入正操办 50 大寿生日的富豪曹耀卿家中，将曹家主人、宾客珠宝首饰和钱财洗劫，接着扑向宜昌繁华商业街道，对银

行、商店等大肆劫掠和任意践踏，宜昌全城均被劫一空。特别是征收局、邮政局、中国银行、交通银行等吸纳现金较多的机构，无一幸免地被席卷一空，继而大肆焚烧。是夜，变兵抢占电报局，不准市民向外拍报通话。据初步统计，中国交通银行等银行和邮政局被抢走银圆1.68余万元，钱2 905万多串，债票1 630元，国库券10.2万元，烟土4万余两。商民典当等财产损失625.3万余串。烧毁房屋一百余户，死于骚乱的市民六十多人。外商受灾40家，损失约150万元。据《大公报》和上海《申报》、北京《晨报》等报道：头天还是繁华富庶的地方，被匪徒们一夜蹂躏和糟蹋，已烧成一片焦土，剩下的均已破乱不堪。据以"宜昌公民二十万人同叩"署名宜昌灾民请愿团于12月17日向全国发出的通电称："宜昌于上月二十九日驻本市之兵匪作乱，作城被劫一空，无一家幸免……望勿效我县任其欺压残杀，养虎自伤人……"然而，此时的湖北督军、两湖巡阅使王占元私人名下敛财已数百万元，却贪得无厌，仍不放过任何雁过拔毛的机会，乘宜昌兵变之机，大发横财。

　　1921年春，直、奉两系军阀巨头聚会天津，王占元玩弄权术挤入。会后，王占元与曹锟、张作霖等一道赴京，转向总统府和财政部逼讨军费，开口索要600万元。总统徐世昌设法筹到300万元拨付给王占元。王占元于5月得到300万元巨款后，即指使心腹将其中大部分别存入上海、大连等地外国银行，只拿少部分摊分给全省各地驻军。王占元索到巨额军饷企图侵吞的消息在部队流传开来，激起广大官兵的不满。人们尚未从去年11月兵变灾难中喘过气来，一场更加惨绝人寰的血火之灾又降临到宜昌人民的头上。

　　6月4日晚，驻宜昌东门外第十八师第二十一混成旅第一团士兵倾巢出动，一手举着火把，一手握着大刀，杀气腾腾奔向闹市商业街道，冲向商号店铺，大肆抢劫财物，烧杀奸淫。继而南门驻军亦继起响应，一时枪声大作。宜昌全城繁华商业街区及中国银行、征收局、烟酒专卖局、印花税局、商会等均遭抢劫焚毁。外商洋行、公司和海关亦被抢。据事后调查统计，是夜市民1 000多人惨遭杀戮，1 000多栋房屋被焚毁，公私财产损失1 200多万银圆，成为全省各地兵变灾祸之最。且此次兵变，匪徒们更加凶残和肆无忌惮。据当时报纸披露，有个兵匪要抢劫一位少妇手腕上的金镯子，少妇吓得不知所措，匪徒就残暴地将她杀死，又砍断手腕，抢走沾满鲜血的手镯。另一个匪徒更是灭绝人性，为得到一个幼童颈上的银项圈，竟丧尽天良地挥刀斩幼童脖颈，从血淋淋的尸身上夺走银项圈。造成遭此浩劫的市民惶恐不安，居无定所。

## 二　大革命洪流中的宜昌城

### （一）国民党组织在宜昌各县的筹建

根据中共三大、三届一中全会、四大精神，董必武、陈潭秋于 1925 年 7 月在武昌主持召开了国民党湖北省第一次代表大会，正式成立了国民党湖北省党部，选举的 14 名执委和候补执委中，中共党员占 11 位，董必武为常委（即主要负责人），负责处理日常事务。湖北共产党人"在国民党中完全占于主持地位"[①]。宜昌的国共合作是在国民党湖北省党部成立后，由宜昌城区向各县逐步发展的。在各地的中共党员以国共两党党员双重身份走上国民革命第一线，以主要精力组建各县国民党基层组织。国民党宜昌各级组织，都是由中共党员帮助建立的。同时，在建立国民党基层组织的过程中，中共党员队伍也得到发展。

1925 年秋，董必武等委派中共党员、武昌高等师范学校教员祖山竹和国民党左派、辅德中学教员冼百言到宜昌城区开展国共两党的建党工作。冼百言利用在宜昌三师任教务主任的便利条件秘密筹建国民党宜昌市党部。他首先在进步学生中发展国民党党员约四十人。与此同时，祖山竹也在宜昌三师和彝陵中学先后发展了黄大桢等三十余名中共党员。至 1926 年 1 月，宜昌城区具有国共两党党籍的学生已达三十多人，并组成了几个国民党区分部，黄大桢为总负责人。随后，国民党组织由学校向社会发展。1926 年 4 月，冼百言带领学生开展声讨北京段祺瑞政府"三一八"枪杀爱国学生的斗争，遭到驻宜昌城北洋军阀追捕，即撤离宜昌，筹建国民党宜昌市党部的工作暂时停止。

为了发展革命形势，培植革命力量，1926 年冬，在中共湖北区委的支持下，国民党湖北省常务干部学校开办。随后，董必武又以国民党湖北省党部名义拨款支持毛泽东主办武昌农民运动讲习所。宜昌城区及各县进步青年、学生近 40 人参加了这两所学校的学习。他们在学习过程

① 《中共中央文件选集》（第 1 册），中共中央党校出版社 1989 年版，第 426 页。

中，大部分被吸收为中共党员，全部参加了国民党。结业后，均委以省党部特派员、省农运特派员身份回宜昌各地活动。

同年12月，国民革命军第二十军党代表兼政治部主任朱德的秘书杨逸棠经过宜昌时，通过宜昌学生联合会主席王雄等找到中共党员李芳园。杨逸棠根据总政治部要求，指示李芳园等七人组建成国民党宜昌市党部筹委会。

1927年1月，在董必武主持下，国民党湖北省第四次代表大会在武昌举行。宜昌地区参加的代表有宜昌城区易吉光、远安县陈海涛、枝江县杨哲昌、当阳县李超然等①。大会选举产生了省党部新的执、监委，其中中共党员占52.5%，并居领导地位。会后，省党部派黄大桢、佟文正等三名中共党员到宜昌筹建国民党宜昌市党部，并请当时在宜昌的吴玉章指导工作。黄大桢等回宜昌后，得知李芳园等已组成国民党宜昌市党部筹委会，便承接了市党部筹委会的工作。1月20日，中共党员曹壮父以国民党湖北省党部代表和巡视员的公开身份，率武汉各团体赴鄂西发展民众运动，代表团经宜都到达宜昌城。代表团成员中分别被委任为湖北省党务特派员、农运特派员和工运特派员的十多名中共党员，结合组织开展工农群众运动，分赴宜昌城乡以及宜都、枝江、长阳等地，指导、帮助建立国民党组织。3月，宜昌城区国民党党员代表会议召开，正式成立了国民党宜昌市党部。选举的执行委员七人中，有六名是中共党员。

1926年1月，李超然主持召开中共当阳县小组会议，根据中共三大的精神和中共武汉地委的指示，决定党小组全体成员都以个人身份加入国民党。随后又发展了朱绍裔等一批国民党员。2月底，在当阳县城成立了国民党当阳县党部筹委会，李超然为主任委员。并将筹委会名单报省党部审批。12月国民党当阳县党部正式成立。在县党部十名执委中，中共党员有七名，李超然任执委常委。随后在全县成立了11个区党部。

1926年2月，中共党员邱宗鼎受国民党湖北省党部委派，来远安任县长，同时筹建国民党远安县党部。中共远安县支部决定，由陈海涛、邱宗鼎等具体负责国民党远安县党部的筹建工作。8月，在县城成立宜昌地区第一个国民党县级组织——国民党远安县党部。县党部执委和候补

---

① 《汉口民国日报》1927年1月7日。

执委共 15 人，其中中共党员有 11 人，陈海涛为执委常委。县党部成立后，随即在城厢等五个区成立了国民党区党部，区党部主要负责人几乎全是中共党员。

1927 年 2 月，曹壮父在宜都县城主持召开国民党宜都县第一次代表会议，宣布成立国民党宜都县党部。中共宜都县支部书记胡敌任常委。3 月，在中共党员、国民党湖北省党部巡视员胡楚藩指导下，国民党枝江县党部成立。同月，国民党长阳县党部成立，中共党员田进武任常委。至 1927 年 4 月，宜昌城区以及各县的国民党县党部均已正式成立。市、县党部共选出执委 79 人，其中中共党员 49 人，占 62%。市、县党部主要负责人，除枝江、秭归两县为国民党左派人士外，其他均为中共党员。而且，宜昌县的易吉光、当阳的李超然、远安的陈海涛、兴山的刘子和、五峰的邓宗禹和宜都的胡敌等六人，既分别是国民党县党部的主要负责人，又是中共县委或支部书记。国民党基层组织得到发展，宜昌市、县以下建成的国民党区党部共有 43 个，主要负责人大多是中共党员。中共党员在宜昌各县、区级国民党组织中"完全占于主持地位"。

第一次国共合作在宜昌的建立，开创了宜昌革命的新局面。通过国共合作，即使国民党在宜昌获得新的生命，促进了工农运动的发展，又使共产党人从隐蔽走向公开，发挥了先锋领导作用。

（二）中共在宜昌地方组织的建立与发展壮大

1. 中共宜昌地方党组织的逐步建立

中共宜昌地方组织的创建活动主要有三条途径：一是在北京、武汉等地加入中共组织的宜昌籍先进知识分子，回到宜昌各地后，从事革命宣传和党组织的初创工作；二是由中共武汉地委、中共湖北地委、中共湖北区委派遣中共党员来宜昌，开展党的创建工作；三是在黄埔军校、广州和武昌农民运动讲习所培训时加入中共组织的宜昌籍学员，结业后受组织派遣回宜，进行建党和组织发展工作。

1925 年，中共党员李超然、罗国玺等，纷纷回当阳领导和参加了工人、农民运动。同年 7 月，中国共产党当阳小组在当阳县城中心小学正式建立，成员有李超然、罗国玺、李万英、王怀之、李炼青等八名党员，李超然任党小组长。中共当阳小组是宜昌地区组建的第一个党组织。中国共产党组织在宜昌的建立，标志着宜昌的革命斗争进入一个新的起点。

根据中共四大会议（1925 年 1 月在上海举行）精神，中共武汉地委为推动各地革命斗争，加强中共在国共合作中的领导权，秘密派遣一些中共党员分赴各地。同年 9 月，派遣中共党员祖山竹来宜昌省立第三师范学校（1913 年成立，简称宜昌三师）任教，以学校为阵地，利用教学作掩护，进行革命宣传和发展共产党员，至 1926 年春先后在进步学生中发展了三十多名共产党员。宜昌三师后被誉为"鄂西革命的摇篮"。1925 年 9 月，陈海涛从广州农讲所回乡从事马列主义宣传和党的创建活动，并在远安县小学建立了中国共产党远安县支部，陈海涛任书记。中共远安县支部是宜昌地区组建的第一个党支部。此后，宜昌地区各县均建立了县级党组织。

2. 中共远安部委和中共当阳部委建立

1926 年 7 月，中共中央在上海召开四届三次扩大会议，决定把"部委员会"作为一级组织，"从中央至区委或者地委，从区委至地委或者部委，从部委至支部干事会，以至组长会议，是党的本身一个系统"①。这时，中共远安县支部干事会正按照鄂西先遣政治工作组关于发动当阳城关起义的部署，结合推进国共合作、筹建国民党远安县党部，重点开展农民运动，组建农民武装。当阳城关起义攻克远安县城后，农民运动的高涨，进一步壮大了党员队伍，远安县党员人数增加到三十余名。

根据斗争形势发展的需要和党中央的指示精神，10 月，中共远安县支部干事会扩建为中共远安部委员会。这是党在宜昌地区建立的第一个县级党组织。部委由九人组成，陈海涛任书记，隶属中共湖北区委。部委建立后，随即建立了城厢、南乡、北乡三个党支部和 12 个党小组。

中共远安部委建立后，全县农民运动和党的建设开创了新的局面。到 1926 年冬，全县成立农民协会达 23 个，拥有农协会员 2.2 万人，约占全县农民的 40%。全县有七十多个土豪劣绅被关押、斗争和游乡。由中共远安部委领导下的农民自卫团、队等农民武装，已达到二千六百余人。同时，中共远安县地方组织得到进一步发展。在此后半年多时间里，全县已建立 9 个党支部、30 个党小组。先后建立的共青团远安部委、县委

① 中国档案馆：《组织问题决议案》，载《中共中央文件选集》（第 2 册），中共中央党校出版社 1990 年版，第 128 页。

等各种群团组织四十多个，在党的领导下，积极投入反帝、反封建军阀的斗争。

中共县级组织在宜昌的建立，标志着党领导下的宜昌地区革命斗争进入一个新的发展阶段。

3. 中共宜昌特别支部委员会成立

随着国共合作形势的发展，中共党员队伍的扩大，远安、当阳相继组建了中共县级地方组织。于是，中共湖北区委抓紧建立中共宜昌地区性组织的工作。1927 年 1 月，根据中共湖北区委指示，曹壮父按照湖北区委加强党对宜昌地区革命运动的领导、建立中共宜昌地方领导机构的指示，以国民党湖北省党部鄂西巡视员身份和率团的形式到宜昌工作，并得到吴玉章按照董必武的要求给予的关怀和指导，于 1927 年 1 月正式组建成立中共宜昌特别支部委员会，曹壮父任书记，机关设在宜昌城区。隶属中共湖北区委，下辖五个党小组。

宜昌特支除领导宜昌城区党的工作外，还负责联系指导宜昌、宜都、枝江、兴山、秭归、长阳、五峰等县工作，成为党在宜昌地区的指导中心，是宜昌地区最早的地级党组织。后由胡楚藩、易吉光接任宜昌特支书记。

中共宜昌特支建立后，卓有成效地进行了以下主要工作：团结组织工人群众，举办培训班，为中共宜昌组织的发展和开展工作培养骨干力量；指导宜昌城区和部分县搞好国共合作、民主联合战线工作，加快建立以中共党员为主体的国民党宜昌市党部和各县党部的步伐；推动农民运动和工人运动的深入，建立健全各地农、工、妇、学等群团组织；加强对宜昌各县中共地方组织建立和发展工作的领导与指导，进一步发展壮大党员队伍。中共宜昌特别支部的建立，使党在宜昌地区有了集中、统一的领导机关，并使中共宜昌地方组织形成系统化和网络化。

4. 中共宜昌地方组织在大革命中发展壮大

1926 年 8 月，中共党员胡敌根据上级党组织的指示，从宜都县聂家河拖溪来到县城，经与中共党员罗光翟、江崇本取得联系，在县城秘密发展中共党员。于 9 月成立了中共宜都县支部，胡敌任书记。到次年 3 月，全县中共党员发展到十余人。4 月，在国民党湖北省党务干部学校学习期间加入中国共产党的罗克强、熊慕弼，受中共湖北区委派遣由武汉来宜都，加强了中共宜都地方组织的力量。

12 月中旬，宜昌博爱小学教师郑良品、宜昌实验中学学生胡荣仁和宜昌三师学生胡荣本等三名长阳籍中共党员，受党组织委派回到长阳，一面筹建国民党长阳县党部，一面发展中共党员。次年 1 月，曹壮父派遣长阳籍中共党员田进武、李勋、刘继和等回长阳开展工作，加快了中共长阳地方组织建设的步伐。随后，在省党务干部学校学习的中共党员陈泽南、龚良鹏结业后，受中共湖北区委派遣回长阳，主持中共长阳地方组织的筹建工作。同时，中共宜昌特支委派中共党员熊少英（女）、郑修懿（女）到长阳开展妇女运动。不久，建立了中共龙舟坪、流溪等三个支部，长阳全县的中共党员发展到近 30 人。在此基础上，中共长阳县特别支部于 1927 年 3 月成立，书记龚良鹏，隶属中共宜昌特支和中共湖北区委领导。

1927 年 3 月，宜都籍中共党员邓宗禹在省党务干部学校学习结业后，被中共湖北区委直接派到五峰县开展建党工作。他沿途串联发动在武汉、荆州、宜昌等地读书的五峰籍进步学生郭之睿、索化久等数人一起回到五峰。邓宗禹以县高等小学为据点，以国民党湖北省党部驻五峰县指导员身份召开各种会议，宣传革命形势，组织开展反帝反封建军阀斗争，组建了国民党五峰县党部。吸收郭之睿、郭宏春等加入中国共产党，于 4 月建立了中共五峰县地方执行委员会，邓宗禹任书记。

4 月，中共党员柴燔（浠水县人）受中共湖北区委、湖北省农民协会的派遣到枝江县开展革命活动，筹建党的组织。柴燔在枝江县城和洋溪一带组建农民协会，在工人群众中进行革命宣传，筹建工会和妇女协会。先后发展薛开选等加入中国共产党，于 5 月初成立了中共枝江县小组，柴燔为组长。接着，枝江县党小组在县城和长江以北的高殿寺地区开展农民运动，在斗争中培养和发展了一批中共党员，建立了中共高殿寺支部，杨平章任书记。枝江县中共党员增加到 11 人。

兴山籍中共党员刘子和、刘子泉等，在湖北省党务干部学校学习结业后，受中共湖北区委的派遣，回兴山开展中共组织的创建活动。1927 年 4 月，建立了中共兴山县特别支部，刘子和任书记。在兴山特支领导下，随后建立了城关、黄粮坪等四个党支部。全县共有党员 50 人，其中农民占 80%。

　　当阳、远安两县的中共组织建设，在北伐军进驻后又有很大发展。根据 1927 年 4 月召开的党的五大所通过的党章有关规定，中共当阳部委于 6 月改建为中共当阳县委，书记李超然。下辖七个区委，共计 23 个党支部，全县党员发展到 102 人。远安县的中共组织建设得到进一步发展。7 月，中共远安部委改建为中共远安县委，书记陈海涛，副书记胡士林。远安县委下辖党的基层组织由远安部委建立时的三个党支部、12 个党小组，三十多名党员，发展到建有三个区委、九个党支部、30 个党小组，党员人数发展到 271 名。

　　在宜昌城区，1927 年 3 月底，易吉光由省党务干部学校结业后以国民党湖北省党部特派员身份回宜昌，按中共湖北区委的指示接任中共宜昌特支书记。5 月，国民革命军独立第十四师师长、宜昌卫戍司令夏斗寅在宜昌叛变革命后，中共宜昌特支主要领导人及部分党员离宜赴汉，留下的转入地下斗争。7 月上旬，国民党湖北省党部执委会决定成立鄂西临时党务指导委员会，曹壮父任主任，段德昌、易吉光等为委员。指导委员会设宜昌城区，指导宜昌、恩施及各县国共两党的组织整顿、恢复工作。不久，根据省委指示于 7 月组建了中共宜昌县委，曹壮父任书记。

　　总之，北伐军胜利进军宜昌，加快了宜昌地区国共合作的步伐，推动了工农运动高涨，党员人数迅猛增加，党组织建设更加广泛深入发展。至 1927 年 7 月，宜昌地区除秭归县外，都建有党的组织。除宜昌特支外，共建有三个县委、一个县地方执委、两个县级特别支部和一个县支部。下辖有 12 个区委、51 个党支部，党员总人数发展到七百多人。在革命斗争实践中，中共宜昌地方组织积累了宝贵的经验，党的组织建设得到进一步加强，为宜昌地区工农群众运动高潮的掀起奠定了坚实的组织领导基础。

　　综上所述，北伐军胜利占领宜昌，为大革命时期宜昌地区群众运动形成全面高涨的局面创造了有利条件。中共宜昌地方组织根据中共湖北地委、湖北区委和湖北省委的指示，把宜昌各地广大工人、农民、青年、妇女、商民动员组织起来，汇集成汹涌澎湃的大革命洪流，同心协力地进行政治、经济、文化领域的斗争，其规模声势前所未有，使帝国主义、封建军阀受到了沉重打击。广大人民群众的英勇斗争，为宜昌地区的革命运动谱写了辉煌灿烂的篇章。

## 第三节　激荡年代宜昌城市的兴衰

### 一　大革命失败后宜昌的历史走向

（一）国民党各派军阀争夺宜昌

1. 各派势力角逐宜昌

1927 年大革命失败后，中国共产党所领导的人民革命斗争进入最艰苦的年代，即土地革命战争时期。

"宁汉合流"后，蒋介石、汪精卫及其国民党新军阀虽然在反共上趋于一致，但各派新军阀和政客之间既互相勾结，又互相争权夺利，矛盾日益尖锐，以至兵戎相见。1927 年 10 月下旬，宁（李宗仁、何应钦）汉（汪精卫、唐生智）之战爆发，桂系军队攻占武汉，击败唐生智部取得湖北政权。地处川鄂咽喉，又是川东鄂西政治、经济、文化中心的宜昌，自然成了各种势力和各派军阀争夺地盘、相互倾轧的焦点。5 月，夏斗寅叛变勾结杨森率部万余人经宜昌进攻武汉失败退驻宜昌。6 月，第二军鲁涤平、张辉瓒率部占领宜昌，杨森率部西逃，且所属第三师师长向成杰率部倒戈。第二军于 8 月东下，第二十军杨森卷土重驻宜昌。次年第三十军魏益三部攻占宜昌，杨森部又败退四川。

蒋桂战争爆发，湖北桂军胡宗铎被蒋军刘峙击败，逃至宜昌，蒋介石令刘湘所属唐式遵部与桂系刘和鼎部在宜昌天柱山、下牢溪一带对峙；又令张发奎、朱绍良率部向宜昌进击，桂军战败西逃。"军阀为地盘争，杨森虽被数派军阀联合威迫退守巴、归一带（即鄂西秭归、巴东），然怒目眈眈终不忘怀于宜等，以至于吴大帅之武汉等，择肥而噬之鲁涤平，大举图湘以后，鄂西流寇之李乐正自欣可以升堂（荆沙）而入室（宜昌）。北方饿虎之魏益三却大踏步占领孙传芳军阀发祥地之宜昌。其余之第五、第八十三师等杂色军队，都以此税收之地为丰满羽毛之地。"[1]1928 年，中共鄂西特委在给湖北省委的报告中写道：

---

① 《中共鄂西特委给湖北省委的报告》1928 年 8 月 17 日，载中央档案馆、湖北省档案馆、湖南省档案馆：《湘鄂西苏区革命历史文件汇集》甲 4，一九二八年——一九三二年，一九八七年六月印刷，第 19 页。

整个的宜昌陷于兵匪混战蹂躏之下。起初杨森退败，在城乡派数十万军饷，临时纵兵抢劫，加以"老二"的恐吓，宜昌全市闭户，街与街之交通完全断绝，强迫拉伕，乡村无人上街。……各军各师大索糈饷，乱拉夫役，使宜昌城市经济破产，除卖零星食品外，全体倒闭。……乡村中经济亦到不能恢复程度。在东南二乡所有集镇住各军骚扰，不惟货物食品如水洗，家用器具全被焚毁，到处闻"兵更甚于匪"的呼声。①

年年战乱，使沿途溃散的小股队伍也乘隙各据险要，占山为王祸害地方。宜昌各县均有溃散残匪侵扰，当阳尤为突出，仅 1927 年就有刘长春、魏登云等几股溃兵盘踞。国民党各派军阀为抢占宜昌地盘而互相攻击、火并，宜昌城乡人民更是苦不堪言，就连地方反动县政府的县长也是平白无故的乌纱帽难保，原因是哪派占的地盘就指派本派爪牙当县长。宜昌县 1927 年换了六个县长。当阳县更是离谱，仅从 1927 年 6 月至年底七个月的时间就换了七个县长。反动统治阶级内部争权夺利的斗争之激烈，可见一斑。

2. 宜昌陷入黑暗统治之中

以蒋介石为代表的一批国民党中央和南京政府的高级官员，利用手中掌握的政治、军事和经济权力，通过公开勒索、贪污、投机倒把、借款、发行公债和增加税率等手段，对广大人民群众实行超经济的榨取和掠夺，把许多国家财产变成由他们任意支配的私产，使其成为新的官僚买办的资本家。一段时间内，宜昌地区先后驻有鲁涤平第二军、杨森第二十军、李晓渊（李燊）第四十三军、魏益三第三十军等五个军和四个地方派系的军队，并在宜昌各地还设有军警联合稽查处、团防局、公安总队、常练队等武装，乡村还普遍建立了团防武装。这些反动武装对宜昌人民横征暴敛、巧取豪夺，苛捐杂税多如牛毛。据鄂西特委给中央的报告，"豪绅地主资产阶级的统治之下的鄂西，目前苛税繁兴，更为出

---

① 《中共鄂西特委给湖北省委的报告》1928 年 8 月 17 日，载中央档案馆、湖北省档案馆、湖南省档案馆：《湘鄂西苏区革命历史文件汇集》甲 4，一九二八——一九三二年，一九八七年六月印刷，第 26—27 页。

奇，各地均有月捐、田亩捐、团防之枪捐、冬防捐、清乡捐、门牌捐等。而宜昌最近更有什么统捐——田亩房屋新登记照数完税，至征收一切苛税时更多逼迫与剥削，否则即派武力到处捕人"①。湖北省 1934 年田赋附加税达 61 种，其中有的为正税的八十余倍。城市反动资本家趁机与军阀、豪绅勾结，肆意延长工人的劳动时间，压低工资，随时解雇工人，致使许多工人失业，生活异常困苦。"最近宜昌码头工人，每担货物由四百文降到二百八十文"②，宜昌人民群众购买力减少，城市商业萧条，进出大不如前，普遍"折本"，许多商店闭门停业。各地的纸票普遍不能兑现，导致钱庄纷纷倒闭。随之而来的是物价飞涨，尤其是宜昌城市人民生活直接所需要的米面价格逐日看涨，"目前的生活程度，较一年前又增加一倍以上（宜昌米价六百，去岁只三百）。各业工人的工资，不惟未随着物价增加，大部分反为减少，如宜沙的码头工人，每件货工价减少一倍"③。宜昌城乡人民处在水深火热之中。中共宜昌县委适时在宜昌城组织近 2 000 人力车夫工人，开展了罢工斗争，要求均益车业公司老板减少车租。在这一罢工斗争的影响下，宜昌卷烟厂工人、面馆工人以及兴山、秭归、宜都、枝江等地的煤矿工人相继开展罢工斗争。

3. 革命形势转入低潮时的宜昌共产党人

1927 年，蒋介石发动"四一二"反革命政变后，即于 4 月 18 日在南京正式建立国民党政权。随后即用法律、行政、特务、军事等手段残酷地镇压任何革命活动，集中一切反革命势力向共产党人和革命群众进攻。中国进入以蒋介石为首的国民党新军阀的反动统治时期。

早在 1927 年 5 月 8 日，国民革命军独立第十四师师长、担任宜昌防务的夏斗寅，按照蒋介石的密令，与四川军阀杨森相勾结，在宜昌发动反革命叛乱，首先在宜都县城制造了震惊全省的"宜都五八惨案"。至 6

---

① 《中共鄂西特委给中央的报告》1929 年 1 月 15 日，载中央档案馆、湖北省档案馆、湖南省档案馆：《湘鄂西苏区革命历史文件汇集》甲 4，一九二八年——一九三二年，一九八七年六月印刷，第 92、95 页。

② 同上。

③ 《鄂西工作报告》（原文注：原件未署作者，据内容似为中共鄂西特委）1929 年 5 月 16 日，载中央档案馆、湖北省档案馆、湖南省档案馆：《湘鄂西苏区革命历史文件汇集》甲 4，一九二八年——一九三二年，一九八七年六月印刷，第 131 页。

月 29 日，"共绑去四百余人，以款项赎回者仅百余人"，其余三百余人被押往四川下落不明，中共党员胡敌等五人先后被杨森叛军杀害。国民党"清乡委员会"远安县保安团将 1927 年 3 月担任远安县童子团团长，时年仅 11 岁的吴永德逮捕，次年 3 月将吴永德的年龄改为"二十岁"当政治犯杀害。宜昌各县在极其险恶的局势下，中共宜昌地方组织领导的革命活动被迫转入地下，革命形势进入低潮。

英勇的中国共产党人并没有被国民党反动派的屠杀政策所吓倒。他们冲破反革命的高压，在黑暗中高举着革命的光辉旗帜。许多共产党人以自己的鲜血和生命，捍卫了共产主义的信念。如 1900 年出生于宜昌归州（1912 年改归州为秭归县）的夏明翰（1921 年冬经毛泽东等介绍加入中国共产党，1924 年任中共湖南省委委员，1927 年初应毛泽东聘请到武汉，任全国农民协会秘书长兼毛泽东的秘书等职，6 月调回湖南任中共湖南省委委员、省委组织部长），于 1928 年初调任中共湖北省委常委，2 月 8 日在汉口被国民党反动派逮捕，3 月 20 日英勇就义前，大义凛然地写就了千古绝唱的就义诗："砍头不要紧，只要主义真。杀了夏明翰，还有后来人！"

曾先后于 1926 年 9 月和次年 9 月领导当阳城关起义、鄂西秋暴瓦仓起义的卓越领导人李超然，时任中共当阳县委书记，因叛徒出卖于 1928 年 1 月 26 日被国民党第三十军副军长郝梦龄逮捕。郝梦龄妄想通过审讯来欺骗当阳民众，逼李超然投降，但都被李超然侃侃言辞驳得无言以对，于 2 月 25 日将李超然杀害于当阳长坂坡①。

曾在当阳城关起义时率领远安县农民武装两千多人，会合李超然率领的武装部队，一举攻克远安县城，土地革命战争时期宜昌地区第一个县级党组织——中共远安部委书记陈海涛，于 1928 年 10 月被国民党远安县县长张继华逮捕入狱，被遭受"快活板凳""鼻子喝水""跪红炼"等种种酷刑始终坚贞不屈。于 1929 年农历正月初十临刑前，陈海涛咬破指头，在白衬衣上写下了"革命到底，志士仁人"八个殷红大字前往刑场，在他高呼"打倒帝国主义！""打倒国民党反动派！"等口号声中英勇就义。

综上所述，大革命失败后，中国政局和宜昌地区的形势发生了巨大的逆转，反革命势力已经大大超过共产党领导的有组织的革命力量，全

---

① 《民国日报》（上海版）1928 年 3 月 12 日。

国范围的革命高潮已经过去，宜昌地区的中共组织和革命力量遭到严重
摧残，党领导宜昌人民进行的革命斗争转入秘密活动的地下状态，革命
形势转入低潮。但是，在国民党新军阀的反动统治下，引起中国及宜昌
地区革命的基本矛盾不仅一个没有解决，而且更加激化。所以，中国及
宜昌地区革命的客观基础依然深厚，革命火种依然存在，革命低潮是暂
时的。面对国民党反动派的血腥镇压和残酷剥削，更将激起宜昌人民的
仇恨与反抗，而统治阶级内部的深刻矛盾和激烈争夺，也为党领导宜昌
人民进行革命斗争的兴起提供了有利条件，因此，中国共产党领导宜昌
人民的革命斗争，（为建设人民民主专政国家的斗争）高潮不可避免地要
重新到来。

（二）恢复和发展宜昌各级党组织

1. 成立中共鄂西特别委员会等领导机构

1927 年 8 月，中共湖北省委在武汉召集会议，贯彻中共中央八七会
议精神。宜昌县委书记曹壮父和当阳县委书记李超然等出席会议。会议
制订了秋收起义计划，将全省划为鄂西、鄂南等 7 个暴动区域，各暴动
区域成立党的特别委员会。省委指定曹壮父负责中共鄂西特别委员会
（简称鄂西特委）工作，机关设宜昌，指挥鄂西全区，管辖宜昌地区 9 县
及荆州、恩施部分县共 18 个县。9 月，鄂西特委机关改设沙市。1928 年
5 月 9 日，鄂西特委机关在沙市遭敌破坏，特委书记张计储等十余人英勇
牺牲。原中共湘西北特委书记周逸群自湘鄂边返回石首，闻讯赶往沙市，
会同幸存的部分鄂西特委成员组建了鄂西临时特委，机关驻地迁往宜昌。

2. 恢复和发展宜昌各级党组织

大革命时期，中共宜都县委和五峰县地方执委于 1927 年 5 月遭夏斗
寅叛军破坏后，活动停止。同时，中共枝江高殿寺支部因中共宜都县委
被破坏后，亦随之解体，党员分别转移或隐蔽。但中共当阳县委、远安
部委和长阳县、兴山县特支及于 1927 年 7 月组建的中共宜昌县委仍在继
续坚持活动。

中共鄂西特委于 1927 年 8 月在宜昌成立前后，即大力恢复和发展各
级党组织。首先，遵照党的“五大”党章规定，于 7 月将中共远安部委
改称县委，下辖 4 个区委。接着，鄂西特委于 9 月重建恢复中共宜都县
委。同时，将兴山县特支扩建为中共兴山县委。至 1928 年春下辖 3 个区

委、16 个党支部。1928 年 2 月，成立中共枝江临时县委。鄂西特委为加强对巴东、兴山、秭归三县的联系和领导，于 1928 年 10 月派特委副书记万涛等到兴山巡视。为加强统一领导联合三县的斗争，在万涛的指导下，于 11 月在兴山县城回水沱召开三县党的会议，撤销兴山县委，正式组建成立中共巴（东）兴（山）（秭）归三县联合县委，下辖宜昌地区的秭归、兴山两县共 4 个区委、1 个中心支部和 42 个党支部（其中 4 个直属支部）。1928 年年底，中共六大会议精神在宜昌地区党组织中传达贯彻，即根据大会精神，加强党的组织建设和思想建设，加快恢复和发展各级党组织。1929 年 1 月，鄂西特委特派员罗正品到长阳参加长阳县党员代表大会，经鄂西特委批准，撤销长阳县特支，选举产生了中共长阳县第一届委员会，下辖 5 个区委和 28 个党支部。5 月，鄂西特委决定，松滋、枝江、宜都三县共建一个县委，即中共松枝宜县委，统一指导三县工作，下辖 4 个区委，13 个党支部。1930 年 1 月，鄂西特委决定撤销松枝宜县委，分建中共宜都县委、松滋县委和枝江县特别支部。1930 年 4 月，贺龙率红四军攻占五峰县城，旋即由中共湘鄂西前委委员陈协平主持建立了中共五峰县委，隶属鄂西特委、鹤峰中心县委，下辖 3 个区委、16 个党支部。

　　1930 年 9 月，中共鄂西特委扩建为中共湘鄂西特委及所属宜昌中心县委成立后，湘鄂西特委于 11 月派王雨山到宜都，撤销宜都、松滋县委和枝江县特支，主持重建中共松枝宜县委。不久，湘鄂西特委于 1931 年 1 月撤销松枝宜县委，分建中共枝宜县委和松滋县委。2 月，又将枝宜县委、松滋县委分别改建为中共宜都县委、松枝县委。5 月，为协助中共宜昌特委在荆门、当阳、枝江、宜都、远安等地区的斗争，湘鄂西特委决定成立中共当阳中心县委，傅子和任书记，隶属宜昌特委和湘鄂西省委，联系当阳、荆门、远安、枝江等县及宜都县江北地区的党组织。至 1931 年，中共在宜昌地区的各级党组织得到很大发展，建立县委（特支）10 个、区委 28 个、支部 162 个，中共党员发展到 2 667 人。

## 二　土地革命时期宜昌城市的蹒跚前行

（一）宜昌建制和人口、面积

1928 年 1 月至 1929 年 6 月，国民党政权设鄂西行政区，委员公署设宜昌。所辖各县与 1913 年和 1914 年设鄂西道（荆南道）相同。1932 年 9 月和 1936 年 3 月，国民党政权先后设湖北省第九行政督察区和湖北省第六行政督察区，专员公署均设宜昌城。辖宜昌、远安、当阳、宜都、长阳、五峰、秭归、兴山共八个县。枝江县，先后隶属湖北省第七、第四行政督察区。1936 年，宜昌市区由 10 镇并为 5 镇，即春秋、县府 2 镇并为春县镇，中山、南藩 2 镇并为中南镇，南湖、大公 2 镇并为南大镇，北望、东湖、西上 3 镇并为北东镇，古城镇不变。

1932 年 7 月，宜昌县县长刘绪福执行 7 月 14 日蒋介石致湖北各县长"严格清查户口"的手谕，在宜昌城区开展户口清查。1935 年 9 月，长阳县奉令实施户口调查，全县共有 248 204 人。同年，据宜昌公安局调查报告，宜昌市区人口为 105 293 人，其中男性 59 822 人。1936 年 3 月，据职业市民情况调查，宜昌全市共有 21 986 户，总计 106 207 人。其中，经营商业者约占 30%，以收租为生及服务政教两界者约占 10%，经营手工业、小本贩卖以及车夫苦力人数约占 35%。此外，无业游民占 25%。1937 年，湖北省第六区各县面积和人口统计：宜昌县 3 982 平方公里，520 333 人（其中市区 105 917 人）；远安县 1 581 平方公里，106 893 人；当阳县 2 503 平方公里，303 314 人；宜都县 1 543 平方公里，296 944 人；兴山县 2 012 平方公里，112 961 人；秭归县 1 829 平方公里，226 989 人；长阳县 3 580 平方公里，235 290 人；五峰县 2 215 平方公里，80 745 人。第四区的枝江县 1 176 平方公里，249 430 人。人口在 24 万人以上的有宜昌、当阳、宜都、枝江 4 个县。

（二）宜昌经济社会情形

国民党政府对宜昌的严酷统治，使宜昌平民食不果腹，而大地主收租达数万石，富贾日费万钱，形成鲜明对照与反差。据民国二十五年（1936 年）版《鄂西政治丛刊》载：

> 贫苦之家，每多淡食，盖以无力买盐也。以余所见，能食米者，乃绅士或富户，固为一般人视为'神仙生活'矣。
> 而求洋芋、马铃薯一果其腹而不可得者，则比比皆是。瘦骨柴立，黄发蓬松，其艰苦可怜之状，观之心痛。其所以如此者，土地瘠碛，出产微薄，因为一大原因，而富豪剥削，兵匪扰乱，亦有以

促成之也。盖宜昌乡村虽贫，而大地主仍然不少，如逸贤潭之易茶，年可收租数万石，小峰寺之陈氏数家，亦各数千石，他处亦在多有。农民胼手胝足所得之微薄收成，为地主吸去大半……而通邮大邑之显宦富贾，食厌珍馐，日费万钱，犹无处下箸，曾梦想国内犹有终岁勤劳，求洋芋、马铃薯而不得一饱之贫民乎？'朱门酒肉臭，路有冻死骨'。呜呼！同为人类，同为中国人类，何不平等若是之甚也。

### 1. 宜昌商业的短暂繁荣

频繁战乱也导致了过载码头商业的暂时繁荣。1928 年 4 月，蔡云程和丁宝铭等集资 3 万元，在宜昌二架牌坊街开设裕懋厚绸缎号，全年营业额达 120 万—130 万元，跃居宜昌绸布业之首，成为近代宜昌著名的商店。同年 7 月和次年，宜昌长康先后开办上海养真豆汁公司和生活豆汁公司。生产麦精、豆汁、奶油等七个品种，向市民按日供应。8 月，同时在宜昌大南门外和济良路落成两栋三层洋楼的远东饭店、南洋大旅社开业。这两家和于 1924 年开业的峡州大饭店档次颇高，全是西式三层楼房。其服务设施几乎无不带上一个"西"字，如西式铜床、西式家具以及西餐、西点等。当时一位从四川省会成都第一次走出家门的求学者经过宜昌，见到宜昌这些大饭店感觉"大开眼界"，曾发生"蓉不如宜"的感慨。1934 年，宜昌已有上等饭店、旅馆 10 家，即神州、远东、泰安、德明、大陆、彝陵、三民、美华、峡州、南洋。到 1936 年，宜昌共有大小旅馆 63 家。11 月，根据国民政府公布的《商标局组织条例》，宜昌设商标局办事处。同年，美商德士古洋行到宜昌大公桥江边建油栈、修油池。

1929 年，宜昌县商会，以同业公会为会员的团体会员 41 个，有同业公会会员户 1 632 个；以商号加入商会为会员的 177 人，涵盖 40 个行业。1930 年，时值中秋节，宜昌北门吉利祥糕点食品店，制作中秋月饼霓虹灯门面广告，自设发电设备供电。这是宜昌最早出现的霓虹灯。

"在民国二十年（1931 年）以前，宜昌经营工商业之稍具规模者，在三千家以上"。1931 年 11 月，宜昌鸿彰成衣店开业。该店资金雄厚，技术力量强，以做毛料西服著称，四季时装式样新颖。据海关调查报告，1931 年宜昌商埠人口为 107 940 人，比 1921 年 9.5 万人增加 12 940 人。1932 年 8 月，宜昌最大的糖坊元昌糖坊在北门外尚书巷开业。主要熬制糖稀（即饴糖）供各食品店作糖果饼饵用。

1933 年 1 月，宜昌商会机关报《工商日报》创刊，对开四版，铅印。10 月，宜昌商界积极响应上海发起的 1933 "国货年"，各商号大力推销国货。宜昌利昌泰商号推销"国产天厨味精"，抵制日本所产的"味の素"。

1934 年 6 月，宜昌三游洞冰厂制作菊花牌冰棒投入市场，为宜昌生产冰棒之始，受到消费者欢迎。宜昌餐饮服务业到 1934 年，市区有较大的餐馆 13 家（其中西餐 5 家），如岭南、味馥、宴春楼、一品香等。开设在离码头近的繁华商业大街，如通惠路、福绥路、怀远路、南门外正街一带。而饭馆店名为魁记、毕记、辉记、和记等，多开在人流多的老城区和城乡交通要道。餐馆又细分为妙菜馆（或称酒楼餐馆）、面馆、三堂馆和油货稀饭馆。另外，有些旅栈也开设有餐食部，较高档旅栈如远东饭店等的餐食还分设有中、西菜间。市区较大的餐馆还分有各种品味，如广和利（广味）、宴春楼（汉味）、豆花村（川味）等。

在餐饭业发展的同时，宜昌全城糕点行业发展到 22 家，专营下江糕点的有 10 家。主要开设在通惠路、二马路、大公路等几条大街、港口和银行较多的商埠之地，著名的有美泰、兴阳泰、稻香村、美星、德利祥等。进入宜昌的下江食品，开始以蛋糕、饼干、酥糖三大品种站住脚，且品种名目繁多，广东帮将广式月饼引进宜昌。其中，美泰食品店很快扩大成美泰食品糖果公司。德利祥食品店在以自制中、西风味的糕、饼、酥糖、桃酥的同时，还同上海、汉口的著名大食品公司建立长期合作关系，经销沪、汉名产听装饼干、罐头食品、牛肉干和蜜饯果脯，并将擅长做下江风味的桂花年糕和猪油年糕推为年节前的抢手货。吉利祥糕点食品店则常年备置 20 个蜜饯罐，每罐蜜饯糖汁重四十余斤。浸渍的果品樱桃、枣子、天冬、生姜等，畅销不衰。与此同时，各传统型大斋铺品种多样的礼品，都注重配合民间风俗，并与承接婚嫁寿诞的喜庆食品相融合，按社会流行的礼仪成套地提供。礼品糕点又带动了食品包装的改进，纸盒、小木盒加工厂及专业店应运而生。

1935 年，宜昌全县有副食杂货店 244 家，年营业额达 208.92 万元。到 1936 年，县商会对行业再次界定，有 73 个行业。商户多的行业如餐馆、茶馆、米店均有二百多户；百货、旅栈均为一百多户；户数少的如人力车行、丝行、猪行、骡马牛行均为2—3户。各行业均组成同业公会为商会团体会员。另据有关资料记载，宜昌县城乡共有牙行315户。其中，市区有河米、棉花、茶、酒、木耳、青果等牙行23个行业，238户。1937年6月，宜昌美泰食品糖果公司开设夏令冷饮茶座，日夜供应美泰冰淇淋及其他冷饮食品。

2. 宜昌工业的勃兴

1927年，朱大顺、朱茂林斥巨资一举将因难于支撑的洪盛昌榨坊和工具全部买下，扩宽了店堂。店后的榨坊拥有8张碓、18部榨，成为宜昌、鄂西最大的榨坊。该榨坊全盛时期，除生产皮油、梓油外，仅麻油、菜油年产60万斤左右。

被誉为开宜沙及鄂西机械行业先河的宜昌李正顺机器厂，因兵祸停业半年后，于1928年2月重新开业。该厂先后生产的玲珑轧花机、玲珑制面机、高脚织布机，畅销鄂西南、鄂西北及川东地区。同年8月，仁记肥皂厂在宜昌西坝建厂开业，生产强国、罗汉、宝鼎、如意、三星、寿星等牌肥皂。创办有一年的龙盛昌机器厂，于1928年12月在宜昌生产压面机，并由年产60台逐年上升到1934年的二百余台。

1929年6月，宜昌聚兴祥西式木器店老板张和泰（宁波人），购置的宜昌美孚洋行设在城郊下牢溪的冰厂，创设三游洞冰厂，使用日本制冰机长年生产冰块，供轮船、大餐馆、医院等单位的冰箱用冰，并在市区福绥路设门市部销售。于同年开办的古老背电灯厂，有8千瓦发电机组一套，供居民照明。1930年11月，宜昌又先后开办恒发肥皂厂和华昌肥皂厂。于1929年筹建的宜昌永耀电灯厂，在筹集资金16万多元和选厂址于小东门外后，于1931年建筑厂房，购置美制煤气发生炉3座、煤气机2座、120千瓦发电机2座，不久竣工发电，供电灯1.2万盏。至此，宜昌城就有光耀、永耀等3个电灯厂和机器及修造厂等二十多家兼营电业。于1927年建立的朱大顺榨坊率先安装电动碾子，投料后一次就省掉舂碓等两道工序和二十多头大黄牛，不仅每天加工芝麻油由30石提高到60石，而且改善了生产环境。枝江县江口镇明星电灯厂也于1931年开业，备有12千瓦发电机组一套，经营发电照明兼机器打米业务。与此同时，宜昌纺织、织布厂也得到发展。仅当阳县，到1931年就发展到8家。其中，清溪5家织布厂年产近30万米。煤炭业也在此时先后在秭归、当阳、长阳等地迅速发展，到 1933 年，仅秭归县境内私营煤矿达一百多家，且采煤机器化程度也有较大提高。如当阳县崔家沟煤矿，就用 60 马力蒸汽机发电抽水采煤等。秭归正大煤矿公司也于 1932 年 3 月在宜昌设立了办事处。同时，在宜昌怀远路建立了宜昌荣大煤厂，并在天后宫和璞宝街设了两个分销处，为居民供应煤球等。此时的造纸厂也有发展，仅远安县到 1934 年就有造纸厂（坊）达百余户。

于 1932 年 2 月依法将宜昌永耀电灯厂更名为商办宜昌永耀电气股份有限公司后，中央建设委员会于 1935 年 2 月 6 日发给民字第 222 号电气营业执照。在移厂址于一马路后，购买英国制造的生发炉一座，美国制造的 220 马力煤气机一座和 140 千瓦发电机一座，同时购买英国制造的 700 马力蒸汽涡轮机和 5 000 千瓦发电机各一座，于 1936 年 3 月装竣，供电灯 2.5 万盏和工业等用电。据 1937 年 9 月，国民政府经济委员会、资源委员会为上海各工厂迁移内地用电问题，对赣鄂湘川各地 14 家电厂电力容量进行调查统计，其中，宜昌永耀电气公司发电容量为 1 240 千瓦，沙市电灯厂发电容量仅为 400 千瓦。到 1936 年，宜昌城市工业形成纺织、电力、机器铸造、造纸、碾米、制皂、食品、印刷、建筑、运输等行业。其中，宜昌城区机器制造翻砂业就有 20 家，加工业五百余家；工业、手工业在 1936 年年产值 198.20 万元，纺织业在 1936 年年产值 132.33 万元。同时，宜昌城市有染织、卷烟、鞋作等 19 个手工行业，共 297 户，从业人员 1 354 人。其中，民间工艺美术艺人龙云华在宜昌隆中路开设民生玩具厂，木雕制作川江歪把船、江浙船和盐船等模型，以及古龙凤船、梁红玉战船模型。木雕模型船买主多为外国商人、水手、传教士。30 年代志书称其"制工精细，帆桅宛然"，为驰名埠内外的手工特产。宜昌城市手工业 1936 年年产值 198 万元。同年，宜昌城市区土地登记处发布公告：宜昌城市区共有房屋 13 627 栋（不含外国房产）。宜昌所辖县的工业、手工业到 1936 年也有很大发展。仅山区长阳县就有造纸厂 238 家，冶铁 7 家，手工业达 1 947 户。1937 年和 1938 年，湖北省政府等先后在秭归设兴秭煤矿管理处和开办鄂西煤矿公司。

3. 宜昌贸易、财税收入

1927 年，宜昌进出口货物总值 1 930.3 万海关两，关税收入总额 10.78 万海关两。远安县自 1927 年每年通过当阳县河溶行销国内外的黄丝有 2 280 余担。1928 年,宜昌进出口货物总值达 2 876.26 万海关两,比上年增加 946.23 万海关两;关税收入达 18.72 万海关两,比上年增加 7.94 万海关两。1929 年和 1930 年,宜昌进出口货物总值分别为 1 955.86 万海关两和 2 260.35 万海关两;关税收入总额分别为 15.12 万海关两和 24.15 万海关两。远安县从 1930 年开始数年里,县城徐万顺等四大丝行,直接运销汉口、上海并进入国际市场的垭丝,每年在 2 000 担以上。1931 年 4 月,宜昌县营业税局成立,设 8 个分所于城乡各区。同年,宜昌进出口货物总值 1 945.39 万海关两,关税收入总额 21.93 万海关两;出口柏油 17 268 担,桐油 27 226 担,生漆 9 081 担(36 000 桶)。

1933 年,宜昌县营业税局奉令改名为宜昌营业税局,兼管宜都、当阳、松滋、枝江四县营业税业务。7 月,遵财政部令,将土烟叶改办特税,土酒改为定额税,土烟叶、土酒公卖费税一律取消。宜昌土酒为征收计算方便,改以按桶征税,每桶收税 4.44 元。根据湖北省政府颁发的《鄂西各县整理田赋简单》,第九区(宜昌)各县于 1933 年 8 月相继成立田赋委员会,对农村田亩登记征税。1934 年 6 月,宜昌原设烟酒税机构奉令改为湖北省第八区烟酒稽征分局,共辖宜昌 9 县和恩施 8 县及松滋 18 个县烟酒稽征业务。

1932 年至 1936 年,宜昌进出口货物总值,除 1933 年为 1 175.62 万海关两外,其他年份均在 1 400 万海关两以上,其中 1932 年为 1 602.79 万海关两;关税收入总额,1932 年为 23.52 万海关两,1933 年和 1936 年超过 28 万海关两,1934 年和 1935 年超过 34 万海关两,其中 1934 年为 38.54 万海关两。宜昌设有盐税。仅宜昌县 1935—1938 年的盐税,"纳税川盐 588 088 担,淮盐 173 174 担,青盐 14 434 担,共计 775 696 担,年均 193 924 担,最高年税额法币 624 万元,最低 13.9 万元"。1937 年到日军侵占宜昌前的 1939 年,宜昌进出口货物总值分别为 1 901.5 万、1 161.4 万、1 081.3 万海关两,关税收入总额分别为 69.47 万、59.04 万、73 万海关两。

4. 宜昌交通、邮政、电讯的新发展

宜昌水运交通。1927 年,宜昌港埠进出口轮船 1 951 艘次,船舶总吨位 66.53 万吨。1928 年至 1933 年,宜昌港埠进出口轮船在 2 200 艘次以上,其中 1928 年和 1929 年超过 2 800 艘次,1928 年为 2 878 艘次;船舶总吨位在 100 万吨以上，其中 1930 年和 1931 年超过 131 万吨，1930 年为 133.93 万吨。1934 年以后，除 1935 年有资料记载宜昌港埠进出口轮船 58 艘次外，其他均无资料记载。

此时期，以民生实业股份有限公司（简称民生公司）为代表的民族航运业，在 1930 年"航业争雄"中崛起，尤其是 1931 年 2 月民生公司宜渝航线的试航成功，将航线由四川扩展到宜昌，贯通至湖北，并很快成为宜昌港的运输主力。此时到 1933 年，宜昌港区上至南津关，下到临江溪长达 18 公里，设码头三十多处，仅大型轮船年吞吐量一百多万吨。1932 年 5 月 1 日，民生公司在宜昌正式设立分公司，有客货班轮航行宜渝线。

与此同时，自 1931 年起，蒋介石国民政府为"围剿"革命根据地，对长江航道实行军事管制，成立战时航标标志委员会，由江务部门大量增设航标，并于 1936 年 7 月 15 日首次开放汉口至宜昌间的分段夜航。为改善宜渝航线的航行条件，湖北省政府协助有关部门整治境内长江航道。从 1932 年 2 月起，崆岭打滩委员会（后改为川江打滩委员会）对位于秭归庙河段的崆岭滩实施整治。又从 1935 年 10 月到 1937 年，先后在秭归青滩南岸开凿纤道，在重点滩险地段增设 157 座绞滩站。

自 1932 年至 1936 年，修建以汉（口）宜（昌）、荆（门）当（阳）、陆（城）鸦（鹊岭）等公路。其中全长 375.5 公里的汉宜公路于 1934 年 11 月全线贯通。1934 年 11 月 15 日，汉宜公路宜昌汽车站在珍珠路建成，于 12 月 1 日正式售票开通宜昌至武汉、沙市、襄樊的客货汽车运输。1935 年 7 月，成立湖北省公路管理局，下设 5 个车务段、3 个独立车务分段，宜昌汽车站隶属鄂西车务段第二分段。8 月，鄂西车务段第二分段在宜昌正式设置委办站。在此期间，汉宜公路宜昌地域沿线的河溶、当阳、玉泉寺、鸦鹊岭、土门垭均已设汽车站。1936 年春，宜昌商界人士喻锦棠在中山路组建鄂西长途汽车畅裕信托股份公司，置有汽车 10 辆，经营汉宜公路及往荆沙沿线之客货运输。

1929 年 4 月 20 日，中国航空公司与美国航空发展公司签订航空邮务合同发表。即日，南京国民政府拟定全国航空交通干线，其中京（南京）拉（拉萨）线上湖北有武昌、宜昌两个站，修筑飞机场，限 1930 年 3 月完成。中国航空公司"汉口"号水陆两用飞机，由上海经武汉于 1931 年

3月31日抵宜昌。自此，沪宜线（上海—宜昌）正式通航。每周二、四、六由沪飞宜，一、三、五由宜飞沪。正式通航前，中国航空公司在宜昌滨江路设立中航宜昌事务所。飞机场选定在宜昌美孚油栈长江水面，供水陆两用飞机起落。该公司此时有5架飞机，每架可坐6人，另载邮件400磅。中国航空公司继沪宜线通航后，于同年10月21日开通汉渝线（由汉口经沙市、宜昌、万县达重庆）。每周三、六西上，周四、日东下。

　　1935年春，宜昌铁路坝飞机场建成。机场长735米，宽580米。为发展中国航空，宜昌中国航空公司与宜昌中国银行、交通银行、农民银行、湖北省银行、上海银行、聚兴诚银行联袂于1936年初出售航空公路建设买奖券，并于3月6日开奖。8月，宜昌航业界组织宜昌商运联合会，制定《宜昌商运联合会章程》（草案），提出"扶持本国航业，维系劳工生计"为本会宗旨。1937年8月13日，日军进攻上海，即"八一三"事变。中国航空公司及上海龙华机场受日军威胁，遂京沪、沪平、沪粤各航线皆停航，公司由上海迁至汉口。开汉口至宜昌、宜昌至重庆航线。次年1月5日，该公司撤至重庆，汉宜、宜渝航线不变。

　　1928年10月，宜昌始设无线电报局，配置2部无线电台，办理国内电报业务。12月，由宜昌商界集资2.6万元，创办宜昌清新电话公司。该公司置有2台电话交换机，共200门（后增至300门），于月底首次开通宜昌市内电话。宜昌成为全省继武汉市之后开办市内电话较早的城市，并于次年采用报话双用的方式，开办长途电话业务。

　　1929年1月1日，邮政总署决定，宜昌一等邮局划定为一等甲级邮局，由署副邮务长管理。宜昌成为湖北全省唯一的高等级邮局。次年，湖北省邮政管理局在枝江县城及江口、白洋设立电报局，开展有线电报业务。

　　宜昌邮政随中国航空公司于1931年3月底沪宜线正式通航，即开始航空邮运。10月，又开通办理汉渝线经沙市、宜昌、万县的航空邮运。宜昌无线电报局于同年5月15日遵交通部令，和北平、天津、南京、重庆等15座城市的局设电台开放了国际电报业务。

　　1933年2月，宜昌邮局增办电报汇款，大中城市邮政电汇当天到达。宜昌电报局于1934年6月又在环城东路与学院街交界处内设立宜昌邮政支局。随着汉宜公路通车，宜昌至汉口的汽车邮路也于同年12月1日开通。

1934 年，宜都县政府电话管理所建立，最初有 10 门，后发展到 20 门电话交换机一台。同年，秭归县长途电话分局成立。

1935 年 2 月，政府赎买商办宜昌清新电话公司全部机线设备，成立宜昌电话局，隶属宜昌电报局。3 月，宜昌长途电话营业所在县府路设立，开始办理省内长话业务（已架通汉口经应城、十里铺至宜昌的长途电话线路）。同时，宜昌县政府在境内架设电话线，与各区公所及沿线较大乡镇通话，县府内设电话总机室。4 月，宜昌电报局与无线电台合并，组成交通部宜昌电报局，并开始铺设宜昌第一条地下电缆。

1936 年 9 月，宜昌至巴东长途电话线路架设竣工，宜昌长途电话营业所开办与巴东通话业务。为转运宜昌长江邮件，宜昌邮政局新置之钢质趸船于 1936 年 2 月 5 日由汉抵宜。同年 5 月 10 日，宜昌邮政局新置"鸿逵"邮轮，其排水量 30 吨，马力 220 匹，专用于转运上下轮船来往邮件。至此，邮轮取代木船接送轮运邮件。

1938 年 3 月，宜昌城福绥路邮局大楼落成。在此之前，宜昌地区各县均开通了多条邮路和邮政、电话、电报业务，成立了电话局或邮电营业所，并架设了通往各地的通信线路。如远安县在 1937 年就先后架设了通往宜昌、当阳、峡口、洋坪、雾渡河等方向的 6 条主干线路，境内总长二百余公里。

5. 宜昌金融

1931 年，川康殖业银行在宜昌设立代理处，后改为川康殖业银行宜昌分行。1933 年 7 月，湖北省银行宜昌办事处成立。同时，成立湖北省金库宜昌分库，出纳区域包括宜昌、长阳、兴山、当阳等县。9 月，豫鄂皖赣四省农民银行宜昌办事处成立。11 月，中国银行宜昌中国保险公司开办人寿保险。1934 年，湖北省银行宜都办事处成立。1935 年 4 月，中国农民银行由原豫鄂皖赣四省农民银行改组成立，宜昌行随之改为中国农民银行宜昌办事处，隶属汉口分行。5 月，中国华商第一家人寿保险公司——华安合群保寿公司（创建于 1912 年）在宜昌设立分公司。11 月 4 日，国民政府财政部颁布紧急法令，规定中央、中国、交通三银行（后加中国农民银行）所发行的货币为法定货币（简称法币）。中国、交通两银行宜昌分行和其他商业银行立即执行，并发行法币，同时取缔宜昌商会发行的公济票。12 月，中国农民银行宜昌办事处协助建立农村信用合作社，至年底已建 61 个所，合作社社员 1 356 人。中央信托局设中央储蓄会于 1936 年 3 月在沪开业后，于 9 月在宜昌设支会，开展抽签给彩、还本无息有奖储蓄。1937 年 1 月，湖北省银行宜昌办事处改组为省银行宜昌支行。同年，华安、合群、先施、天一等保险公司及代理处在宜昌开业，中央、中国、交通、农民四银行也在宜昌代理多家保险公司业务。

### 6. 宜昌城市建设

　　1927 年 9 月，在宜昌县县长发表的《整顿县政意见商榷书》上，提出宜昌"旧有城墙，阻碍交通，亟应克日拆毁"（《汉口民国日报》）。1928 年 4 月，成立宜昌建设委员会。1930 年拆除城墙，墙基修成 4 条环城路。经过几年的努力进一步扩宽了城市骨架，修筑了康庄路、隆中路、大公路、新河街（后改名复兴路，今为沿江大道大公桥至港务局一段），向东延伸至下铁路坝（今胜利一路、中心医院一带），形成沿江纵长约 10 里，东西横最宽约 2 里，260 多条大小街道，城市人口达 10 余万人。成为在湖北仅次于武汉的第二大城市。当年上海寰球图书出版社社长李鸿球考察宜昌后在日记中写道：1933 年到宜昌后的第二天，"购得街市图一纸，雇人力车游览全市……小南门外为商埠，马路纵横，洋楼栉比，足与汉皋（汉口）相若（足与汉口媲美）"（《近代史资料》总 85 号）。1936 年 4 月，宜昌行辕工程科绘制 1:5 000 的《宜昌市区形势略图》，详细绘出上自北门外土街头，下至美孚油栈之街道图，标出街道名称 129 条，码头名称 12 条，地点及单位名称 50 条。同月，宜昌建设委员会购大圆钟 4 座（后又增加 3 座），分别安设于市区主要街道临街处。据 1936 年宜昌城市区土地登记处发布公告：宜昌城市区共有房屋 13 627 栋（不含外国房产）。在扩宽城市骨架和修筑街道等建设的同时，也在城内修建了公园和植树绿化，并为防备日军飞机轰炸，对宜昌民众进行防空教育和防空演习等。

　　1936 年 1 月 22 日，宜昌行辕决定将宜昌筑路委员会改组为宜昌建设委员会，直属宜昌行辕，由陈诚兼任主任委员。下设 5 个专门委员会，分别负责筹建东山公园、公共运动场、三游洞风景区以及开展植树运动和整顿人力车等事宜。宜昌建设委员会于 4 月 20 日改由湖北省第六区行政督察专员公署领导，专员兼主任委员。

（三）宜昌教育、文化、卫生

1. 宜昌新式教育的兴起

1929 年 9 月，湖北省教育厅在宜昌设立省立第十一通俗教育馆，后改称湖北省立宜昌民众教育馆。馆内设教导、阅览、宣传、康乐四部。宜昌通俗讲演所改为通俗图书馆，内设阅书、阅报、讲演三部。不久，更名为通俗教育馆。同时，宜昌商会创办商业中学，并附设小学和幼稚园。

1930 年 2 月，在宜昌创办湖北省第一乡村教师养成所，该所于次年 10 月奉令改为湖北省立第二乡村师范学校，为全省 5 所乡村师范之一。同年 8 月，私立旅宜四川初级中学（简称川中）在原宜昌四川公学的基础上成立，杜桴声（中共党员）为首任校长。同年，湖北省继续在宜昌城区设省立宜昌第三至第六初级小学 4 所，同时在宜昌城郊成立乡村区第一至第四初级小学 4 所。宜昌县将原设两所通俗教育馆合并，成立宜昌县立城区民众教育馆。

1931 年 10 月，宜昌县立第一小学奉令改为县立中心小学，除本部外，还设第二部。

1932 年，根据湖北省令废止综合中学制，宜昌省立第二乡村师范（简称宜昌二师范）从省立四中分出单独成立（四中高中师范科转入），并先后附设实验小学 4 所和民众教育馆 1 所。宜昌二师范于 1935 年 6 月改名为省立宜昌乡村师范学校（简称宜昌师范）。

据 1932 年 11 月《最近湖北教育一览》载：在湖北省 68 县教育经费开支中，宜昌县教育经费支出为 87 761 元，是唯一支出达 8 万元的县。为推行短期义务实验教育，湖北省教育厅在宜昌等地设实验区，宜昌省立四中、十一小、宜昌二师范筹备的宜昌省立第一、二、三实验短期小学于 1933 年 9 月正式成立。

1934 年 2 月，创办宜昌盲童学校。5 月，省教育厅指定宜昌省立第十一小学为鄂西中心小学，负责辅导宜昌 9 县和松滋共 10 县的小学教学业务。8 月，省教育厅督学程发轫视察宜昌城区中心小学校，赞"都市的小学教育，以宜昌为最盛，教育经费开支年达十二万九千余元，居全省第一位"。1934 年，根据国民政府《各县政府裁局改科大纲》的规定，湖北省第六区（宜昌）专员公署所辖县的教育局裁撤，在县政府内设科管教育。

根据省教育厅要求初中学生接受童子军训练，高中学生接受军事训练的指令，宜昌各中学于 1935 年春设军事教官，开始对中学生军训。同年和次年夏，湖北全省大学和高中学生奉命在武昌接受军事训练，宜昌省立中学、宜昌师范学生参加集训。在 1936 年夏的集训中，宜昌少数青年学生加入复兴社。根据教育部颁行《实施义务教育暂行办法大纲》，湖北省教育厅于 1935 年 11 月至次年 4 月，在宜昌县相继设立短期小学 10 所，其中 7 所设于城区和郊区。1936 年 9 月，宜昌实施失学民众补习教育计划大纲，宜昌市区单独设立民众学校 3 所，附设民众学校 5 所，共 15 个班。在此之前，还设立了宜昌劳工补习学校。远安县民众教育馆于 12 月被列为全省 24 个优秀县馆之一，受到省政府嘉奖。据 1936 年版《鄂西政治丛刊》载："宜昌市计有公私立中学师范共六所，小学二十二所，总计中小学生人数，约六千人。学生风气，大都良好，朴质勤奋，不尚虚华；各学校教职员，多能实心任事，对地方公益，如开通民智，推行新运诸端，亦能踊跃参加。至于社会教育机关，则有省立县立之民众教育馆各一所。"1937 年 3 月，宜昌城区增置普及教育车 3 辆，分设大公路和北门外正街推广处。同年秋，宜昌先后由湖北第六区区立棉织科职业学校和宜昌县创办县立幼稚园、家事职业学校（不久改为县立初级缝纫科职业学校）。是年，各省及省内各地旅宜同乡会馆办学兴盛，宜昌城区共有会馆办的中学 1 所（四川中学）、小学 9 所。

2. 宜昌文化

1928 年 4 月，宜昌商埠局通俗图书馆成立，下设分馆 5 处。是年，宜都县和当阳县相继分别成立县立民众教育馆。1930 年 1 月，在宜昌中山路建立中山图书馆。同年，远安县陈衡山建立花鼓剧团，名新胜戏班，在本县和宜昌、当阳、长阳、秭归、兴山等地流动演出。1932 年 11 月，宜昌友联书局在通惠路（今解放路）开业。1934 年，宜昌新生书店开业，经销各种书籍、期刊、报纸和画报，在鄂西率先实行开架售书。3 月，寰星电影院在宜昌首映有声影片，上映的影片由上江影片发行公司驻宜代表租给，中国航空公司飞机转片。12 月，宜昌成立金石诗文书画研究社。1935 年 6 月，宜昌留光照相馆添置美国柯达公司出产的 10 号沙克梯摇头旋转机 1 部，在江南俞家垭山头试机，拍下宜昌全景照片。

1936 年春，驻宜第九十八师师长夏楚中督促该师五八七团会同当阳县政府及民众，在当阳县城重修长坂公园竣工。园内竖起五尺多高"长坂雄风"（乾隆时代遗墨）石碑，门坊有夏楚中撰"千古江山留战迹，满园花木仰雄风"楹联。9 月，宜昌县立图书馆成立，有新购和民教馆移交来的图书共 4 719 册，杂志 9 种。1937 年 1 月，上海大众书局在宜昌学院街设立支店开业，出售新书有各种古典和现代小说及百科工具书三千余种。

1928 年 3 月《彝陵日报》创刊，为铅印四开四版。该报在宜昌最先刊用制版照片。4 月，宜都《光明报》创刊，为油印八开版面，但不足一年停刊。9 月 23 日，《宜昌公报》创刊，为铅印对开四版。由国民党宜昌县党部主办的《鄂西中山日报》于 1930 年 10 月 10 日在宜昌创刊，为铅印对开四版。1931 年 7 月，《鸣报》在宜昌创刊，为铅印对开四版，自办雄风印刷所。该报常刊登"不平则鸣"的文章抨击时弊。1932 年 1 月，《宜昌快报》创刊，为铅印对开四版。4 月，枝江县民众教育馆主办的《枝江民众报》创刊，为石印三日刊，该报于 1935 年 10 月改为油印的《民众报》。5 月，宜昌《星光晚报》创刊，为铅印四开报。《宜昌周报》从 11 月 25 日起，将周报改组扩充为按日出刊的四开报纸。1933 年 1 月，《宜昌公报》《宜昌快报》合并为宜昌《国民日报》，铅印对开四版。1934 年 8 月，宜昌城区民众教育馆宣传部装设无线电收音机 1 台，专收中央广播电台广播，对民众开放。同年，远安县石印《民众旬刊》创刊，始由县民众教育馆主办，次年由县政府接办。民国二十五年（1936 年）版《鄂西政治丛刊》，发表宜昌《文化递嬗与民间》和《宜昌平民》的文章。

3. 宜昌卫生

1929 年 8 月，经中华护士学会注册，宜昌仁济医院创设仁济护士专科学校。1930 年，宜昌兴盛祥药材号年购销药材 50 万斤。同年，谭丹一在远安洋坪镇开办存仁复药号，颇有经营特色。1931 年 10 月 1 日，宜昌市立医院建立，置病床 20 张。该医院后改为宜昌县立，抗战初期改为防护团医院。不久，宜昌创办德济医院。至 1931 年，宜昌已开办有 67 家药店。1933 年 8 月，中国红十字改名为中华民国红十字会，宜昌红十字会由北门外正街迁中山路，有会员 105 人。1935 年 4 月 30 日，世界红十字会宜昌分会成立，有会员 62 人，隶属汉口世界红十字会华中主会。宜昌分会设有中西医施诊所、难民工厂和难民学校各 1 所。1937 年 7 月，宜昌普济、仁济两医院附设之普济、仁济两所护士专科学校合并，正式成立私立彝陵高级护士职业学校。同年，被誉为宜昌中医界"三鼎甲"之一的名中医简莹芳（兼中西医之长），在宜昌天后宫开设福荫诊所。

## 第四节　宜昌承载民族生命通道和
## 日军对城市的巨大破坏

### 一　宜昌承载民族生命通道

（一）宜昌特殊的地理位置和军事价值渐受各方重视

宜昌素以"三峡门户""川东咽喉"著称，自古为兵家必争之地。位于宜昌段的长江江面由东开阔向西变为狭窄，东起宜昌南津关向西至巴东官渡口为长江三峡中最长的西陵峡。古人对西陵峡有"两山夹江如壁立"，"江流如龙山罅来，动地如雷喧白日"，"峡中之险险莫此"和"鬼门关"等描述，被日本称："紧换宜昌西侧的'三峡之险'"[①]。其间，南津关至三斗坪，地势十分险要，江水磅礴，尤其是三游洞至石牌段，更为险要，可谓"一夫当关，万夫莫开"。且秭归茅坪与长阳和五峰渔洋关至巴东野山关一带的悬崖绝壁、天然山隘山洞，加之 1936 年奉军事委员会委员长令建筑的江防要塞工事，为阻止日军西犯形成了独特的防御体系。日本军国主义蓄意制造"七·七事变"后，疯狂发动了全面侵华战争，国民政府被迫于 1937 年 11 月由南京迁都重庆。从此，宜昌成为拱卫"蒋政权的首都重庆"的重要"门户"、重要的"战略要地"和重要的战略枢纽[②]，使宜昌彰显出其在中国抗日战争中非常重要的战略地位和作用。

（二）抗战初期宜昌大撤退承载起民族的希望

抗战初期宜昌大撤退为中国于虎口炮火中争夺中国工业命脉和"建设长期抗战的基地"，夺取抗日战争胜利谱写了壮丽篇章。

---

①②　日本防卫厅防卫研究所战史室：《中国事变陆军作战史》（第三卷第二分册），中华书局 1983 年版，第 20—21、55 页。

　　自 1937 年日军发动"八一三"事变前，平津沪大学于 8 月 3 日开始迁移内地起，到 1940 年 6 月 12 日宜昌沦陷前，尤其 1938 年武汉会战前后，大批人流、物流涌向宜昌。因为大型船只"很难通过紧挨宜昌西侧的'三峡之险'"，只能"以小型船只运往重庆"①。民生公司总经理、交通部次长卢作孚组织有关部门，调配海轮驳船，征集民船，并亲率民生公司全体职员，在中共宜昌组织和广大人民群众的积极配合与大力支持下，以民族利益为最高利益，依靠数万宜昌人民肩挑背扛，日夜不停，冒着日军飞机轰炸和炮火，投入到这场声势浩大的抢运战时人员和物资进川或由西向东转运抗战人员和武器、弹药、川盐等物资的抢运战中，紧张实施了抗战初期宜昌大撤退。到宜昌沦陷前，抗战初期宜昌大撤退运送部队、伤兵、难民等各类人员 361 万人次（其中出川东进和北上抗日部队 110 万人次）和各种物资 150 万吨（其中仅每月东下川盐达万余吨）入川，迁入川兵工厂十余家和南昌飞机厂、申钢厂、大鑫钢铁厂等二百五十余家。据日本战史转载：1937—1941 年"迁到内地重建的工厂"有 2 128 个，其中 44% 在四川省，并"假定在昭和 13 年（1938 年）攻占武汉作战时同时攻占宜昌，其战略价值就更大了"②。抗战初期宜昌大撤退为保住中国民族工业命脉和"建设长期抗战的基地"③，夺取抗日战争胜利做出了巨大贡献，成为中国人民抗日战争史上的千古绝唱，同时演绎了宜昌抗战的精彩序幕。

　　（三）宜昌抗战阻止了日寇前进的铁蹄，成为挽救希望的关键

　　1940 年 6 月 12 日日军攻占宜昌，正如日本战史载，"日中战争八年中，蒋介石总统最感到危机的时刻，就是宜昌作战的时候"和"宜昌失守的时候"④。为阻止日军西犯，蒋介石派重兵把守，以第五、第六两个战区长期驻守宜昌的部队共有 8 个军、22 个师等部，形成国民党军与日军长期对峙的正面战场。自枣宜会战（日军称宜昌作战）起，宜昌形成了长达历时五年多之久的正面战场。

　　枣宜会战中，第三十三集团军总司令张自忠率部与日军奋战，在 5 月 16 日的南瓜店战斗中，张自忠壮烈牺牲，成为在抗日战争中，国民党

---

　　①②③④　日本防卫厅防卫研究所战史室：《中国事变陆军作战史》（第三卷第二分册），中华书局 1983 年版，第 20—21、55 页。

军中牺牲的最高的将领。此后，在宜昌又先后发生了反攻宜昌战役、鄂西会战等重大战役。在 1941 年 9 月至 10 月的反攻宜昌战役中，中国军队第九十四军所部顽强冲锋，进至与日军肉搏。10 月 1 日拂晓，一个连数十人攻入日军阵地遭围捕，集体用手榴弹与日军同归于尽，壮烈牺牲。中国军队第三十九军第五师第十五团于 10 月 5 日至次日晨，向雷家冲和土门垭日军攻击，与日军进行了长达 7 个小时的肉搏战。反攻宜昌战役中，由于中国军队英勇抗战，曾造成日军第十三师团司令部烧毁从第一线联队取回的军旗和秘密文件，并摆设师团长以下幕僚及各部长自尽用的器具。同时用密码写好给军司令官的诀别书，师团长内山英太郎中将还在诀别书最后加上一句："皇国官兵最后尽了军人本分，在高呼大元帅陛下万岁声中死去。"后因日军援兵第三十九师团由荆门、当阳陆续赶到宜昌而自杀未成。在 1943 年的鄂西会战中，尤以石牌要塞保卫战非常激烈。死守石牌的江防军第十八军第十一师官兵于 5 月 30 日在曹家畈与日军展开肉搏战 3 小时，毙敌 1 000 余人，奇迹般地将敌歼灭殆尽。八斗坊争夺战击毙日军近 2 000 人，阵地前沿敌军尸体呈金字塔形。守卫天台观的一排战士死守阵地，与敌肉搏，予敌重大杀伤，最后全部壮烈牺牲。抗战将士英勇奋战杀敌，死守阵地，以血肉之躯筑成了坚固的钢铁长城，实现了他们与石牌共存亡的誓言。

国民党正面战场的宜昌抗战得到了共产党敌后战场和宜昌民众的大力配合与支持。宜昌敌后战场武装开辟到抗日民主根据地建立，直至日本宣布无条件投降，始终坚持全民族抗战路线，筑起人民抗战的钢铁长城，有力地配合了正面战场。陈毅在 1943 年 7 月 5 日《新四军在华中》一文指出：鄂西会战中，新四军"五师李先念部队""远出挺进，艰苦辛勤"，于"五月中转战于宜都、安乡、南县诸地"，"在敌后发动全面配合对敌之破击战"，"进袭敌寇，给友军以支援"，有力地配合了宜昌正面战场。包括当阳、枝江、宜都等县在内的襄西敌后战场和抗日民主根据地，在新四军第五师李先念和地方党委的领导下，所辖第十五旅第 45 团（原襄西独立团）、43 团（原第 6 团）和独立 33 团及地方人民抗日武装部队，与"地方居民有血肉一样的联系起来"，实行了"真正的全民武装"①，

---

① 李先念：《地方武装的成就与不够》，1941 年 7 月（原载《七七月刊》第一卷第七期）。

构筑了敌后抗日游击战场坚不可摧的铜墙铁壁,抗击了大量日军和襄西的全部伪军,牵制了日军西犯和东撤,有力地配合了宜昌正面战场。在坚持敌后抗日游击战争中的战略上顽强地做出了重要贡献。

同时,宜昌民众奋勇支前、拼死参战。在枣宜会战和反攻宜昌战役中,宜昌"军运民夫服务中被流弹击死"者,仅当时国民党宜昌县政府存案有稽的死亡名单就有82名,无名死者更难以计数。宜昌各界民众在鄂西会战中,有钱出钱,有力出力,忍饥挨饿,奋勇支前。尤其是宜昌民众"饥粮荐臻,民众掘食树皮、草根、观音粉(泥土之一种,即观音土,宜昌方言兔儿泥)……人民似此茹苦辛,对(支援抗战前线)运输工作,未稍松懈,老幼男妇,疲于奔命,晨夜抢运,终于助成鄂西大捷,未始非民力之伟大供(贡)献矣。"① 特别是会战地区民众更是拼死参战。鄂西会战后,陈诚当年在接待社会各界人士时曾说:"这次战役中,我民众参战极为踊跃,证明军民合作已有进步,这是克敌制胜的主要因素。在石牌要塞地区,居民几千人,不分男女老幼,曾在敌人炮火下,为我军运输给养弹药,抬送伤员,积极参战,这是可以告慰后方同胞的。"

宜昌人民以巨大的人力、物力支援抗战。经初步调研和不完全统计,宜昌人民在抗日战争时期,为支援抗战部队运送枪弹、军粮等物资和抢修道路等民夫达八千八百六十一万多人工日(缺枝江县资料数据),其中匠工一百三十三万人工日。物资支援抗战,仅远安县在1942年和1943年,先后"交军粮二百万零八千四百九十九斤"和"交军粮(谷)四万一千五百八十九石七斗八升四合七勺"(按一石等于250斤计算为一千〇三十九万多斤)②。

上述发生在围绕争夺宜昌的系列战役史称"宜昌抗战",宜昌抗战阻止了日寇的铁蹄,为争取抗战胜利赢得了宝贵的时间。

## 二 日军野蛮侵略对宜昌城市的巨大破坏

### (一)日机长期对宜昌轮番狂轰滥炸

1937年,日本军国主义蓄意制造"七七事变",发动了全面侵华战

---

① 兴山县政府编:《兴山县抗战史料》(1948年6月),湖北省档案馆藏 LS3-5-5508。
② 远安县县长毛懋猷:《工作检讨》,1944年7月4日,远安县档案馆藏 122-3-95-14。

争，中国全民族抗日战争爆发。日本军国主义妄图迅速变中国为其独占的殖民地，进而吞并亚洲、称霸世界，从而不断扩大侵华战争，直逼南京，国民政府被迫于11月由南京迁都重庆。从此，宜昌成为拱卫"蒋政权的首都重庆"的重要"门户"。日本军国主义为威逼蒋介石投降，从1938年1月24日起，日军飞机（简称日机）即对宜昌实行轰炸。当天，日机9架轰炸宜昌铁路坝，炸毁中国空军飞机6架，死伤民工二百多人。从此，日机不断对宜昌实行轮番轰炸，至日军攻占宜昌前，先后形成三次轰炸高潮。

在1938年1月至6月的第一次轰炸高潮中，"4月5日和6月21日，日机20多架袭击宜昌。尤其是6月21日下午，日机投下的大批硫黄弹除将大公路和四道巷子完全烧毁外，还将几十条船只焚掉，二百余人亦同归于尽"。①

在1939年1月至5月的第二次轰炸高潮中，日机9架于2月21日轰炸宜昌城区，并投下500公斤的重型炸弹，遭炸地段东起环城东路，西至新街，南始献福路，北至北正街，被炸毁民房312栋，万寿宫、晴川书院被毁，炸死230人，炸伤577人②。3月8日，日机36架"四次轮番轰炸，将大北门、东正街和璞宝街炸成一片瓦砾。老城区一带的地皮亦被炸得翻卷过来。街上躺着许多无头、无腿和无胳膊的尸体，令人惨不忍视"③。当年4月，在宜昌三游洞办公的省政府代主席严立三等即题石刻："中华民国廿八年春，寇机屡袭宜昌，居民死伤数千人，爰率本府同仁驻此办公，书以志痛。"同时，在宜昌督练新兵的国民政府军事委员会副委员长冯玉祥特地在宜昌西郊三游洞题记了"是谁杀了我们同胞的父母和兄弟？"的石刻，以激励国人的抗日斗志。

在1940年6月日军攻占宜昌期间的第三次轰炸高潮中，日机自6月9日到12日"终日袭击宜昌市区及近郊"，"不时俯冲，对准行人用机枪扫射，低洼积水处变成一片殷红……十多处街道及建筑横遭摧毁。许多被炸死的人四肢横飞，血肉遍地"④。6月11日，日机分批轮番轰炸宜昌

---

①③④　中央档案馆、湖北省档案馆编：《侵华日军在湖北暴行史料》，中国档案出版社2005年版，第322—323页。

②　《抗战损失汇报》（1948年），中国第二历史档案馆藏，全宗号7，案卷号7038。

市区及郊外，市区的二架牌坊、教军场及郊区的杨岔路等十余处街道及建筑物横遭摧毁。轰炸之情状，正如日本《大阪朝日新闻》昭和 15 年（1940 年）6 月 11 日报道，日军对"宜昌市街进行了猛爆"，"巨弹像暴风雨降落。"

除日机对宜昌三次轮番轰炸高潮外，日军第十一军于 1939 年 9 月发动"赣湘会战"前，"自 8 月着手会战准备工作"中，"为与军的作战相呼应，宣传及谋略"，"以攻占宜昌为内容的迷惑"，并"以击败中央嫡系重点兵团为目标"，"瓦解敌人的整个军队"①。此时的宜昌，又遭受了日机的大轰炸。仅 8 月 6 日一天，日机轰炸宜昌两次，共 28 架日机投爆炸弹 61 枚、燃烧弹 20 枚、炸死 471 人、炸伤 92 人②。在此前后，当阳、枝江、宜都、秭归等县经常遭受日机轰炸。据不完全统计，自抗战以来至 1941 年 9 月底，仅宜昌县被日军空袭 83 次，投弹 2 026 枚，被炸死居民 1 858 人，炸伤 1 971 人，损坏房屋 2 882 栋、745 间③。

（二）日军攻占宜昌对城市"破坏之甚，为全国冠"

日本军国主义为"向重庆国民政府施加压力"，"使蒋政权崩溃"，"发动宜昌作战"（中国方面称枣宜会战）于 1940 年 5 月 1 日打响。日军在 31 日夜突破襄河（汉水流经襄阳以下河段）后，即兵分数路南下、西进，"直指目的地宜昌"。6 月 8 日至 12 日，日军先后攻占当阳、远安（不久收复）及枝江、宜都江北地区和宜昌城。

日军在攻占宜昌期间，以飞机和大炮对宜昌实行狂轰"猛爆"，并"大举进攻县城及附近重要地区，遂于轰毁之"④。当时驻宜昌的长江上游江防司令部司令、第九十四军军长郭忏在电告蒋介石时称，"敌机终日袭击宜昌市区及近郊，投弹多枚，我建筑物及平民死伤，被毁颇巨"。日军并以地面机械化等各种部队和陆海空飞机、大炮、兵舰紧密配合，实行迅速疯狂毁灭性攻击，造成大量平民死伤，"归于毁灭者，实不可以数

---

①　日本防卫厅防卫研究所战史室：《中国事变陆军作战史》（第三卷第二分册），中华书局 1983 年版，第 129—146 页。

②③《湖北省一九四一年统计提要》，中国第二历史档案馆藏，机关代号 2，目录号 1，案卷号 5048。

④《湖北省善后救济调查报告纲要》，湖北省档案馆藏 LS6 - 2 - 836。

计"，"街道及建筑横遭摧毁"[①]。当占领宜昌的日军奉命"自 16 日半夜撤退"，日军第十三师团已"开始自宜昌撤退"，但师团长于 17 日上午 7 时在土门垭接到"重新占领宜昌"的命令，又于"17 日 12 时 30 分重新占领了宜昌"[②]。致使日军在一周时间内两次攻占宜昌，造成"死居民无数"[③]。据 1946 年 5 月《湖北省临时参议会会议记录》载："宜昌从城市毁灭的程度讲，可谓'破坏之甚，为全国冠'"。

（三）日军野蛮侵略暴行在宜昌大肆泛滥

日军在 1940 年 6 月攻占宜昌城和当阳、远安及枝江、宜都江北地区后，又在 1943 年的鄂西会战中先后攻占宜昌江南宜都、枝江和长阳、五峰（长阳、五峰不久收复）等县部分地区。从日机轰炸宜昌算起，日军侵略宜昌长达七年又七个月；从日军攻占宜昌到 1945 年 8 月 15 日日本宣布无条件投降，日军侵占宜昌长达五年多。自日军侵占宜昌后，在日本法西斯铁蹄下，宜昌成为人间地狱，城镇和乡村遭到焚烧，父老兄弟遭到屠杀，母亲姐妹遭到蹂躏，财物遭到抢掠，劳动者遭到强抓成为"苦力"，军民遭到生化毒气弹的摧残和毒杀，人体遭到活体实验和解剖，人民心灵遭到奴化和麻痹，人民精神遭到恐吓和折磨，大好河山惨遭践踏，给宜昌人民带来了前所未有的巨大灾难。

日军大肆疯狂抢掠。日军于 1940 年 6 月 12 日攻占宜昌后，连续五天集"骡马约一百多匹，汽卡车 30 辆"，将抢掠的物资运走。"寇至之日，见物资山积，乃大肆掳掠，集中于大公路、杨岔路等地，十室遂成九空"。其抢掠的物资，正如日本防卫厅研究所战史室编著的《中国事变陆军作战史》载："在宜昌缴获了'其数无法形容'"的物资。日军侵占宜昌后，为达到"以战养战"之战略目的，除不断发动侵略战争外，大肆直接专卖鸦片、食盐和组织伪合作社等进行疯狂掠夺。仅日军在当阳县专卖销售鸦片、食盐、掠夺"刮去"财产损失，折合大米 7 946 万斤，其中专卖鸦片赚取价值，折合大米 6 150 万斤。

---

①③　中央档案馆、湖北省档案馆编：《侵华日军在湖北暴行史料》，中国档案出版社 2005 年版，第 323、325 页。

②　日本防卫厅防卫研究所战史室：《中国事变陆军作战史》（第三卷第二分册），中华书局 1983 年版，第 24—28 页。

日军大肆纵火焚烧。日军攻占宜昌后，"四处纵火……熊熊巨火，达三星期始息"①，"公私建筑全部被焚"②，"死居民无数"③。1943 年，日军第三十九师团司令野地率部侵略宜昌时，由联队长尾浦兼任警备司令"命令士兵逢村即烧、逢人即杀、逢女即奸"，烧毁房屋和杀死、烧死及战后饥饿死者"不计其数"。

日军大肆制造集体大屠杀和残忍屠杀。日军攻占宜昌后，即在宜昌连续不断地制造集体大屠杀。其中，日军一次屠杀宜昌民众近百人以上的集体大屠杀达数十次。日军"在土门残杀的人达 4 000 之多"④。日军"在古老背江边曾先后屠杀七百多人，齐入江中，名曰'鸭子浮水'"。1943 年 5 月 21 日，日军在当阳修建的飞机场基本竣工，日军"将最后五百多名苦力集合于汉宜路北的一块空地上，全部用机枪扫死灭口"。日军在宜昌肆意残忍屠杀，并以杀人取乐。日军在宜昌县土门，"唤使狼狗咬破段华廷姐姐的肚皮，掏出胎儿，取出心肝，连同挖出李自成、宋兴甫共 3 人的心肝，一起炒了喝酒"。日军在宜昌县小溪塔"将一老婆婆用木棒从肛门内串至头顶，架在水沟上，当桥走"。日本宣布无条件投降后，日军竟在投降撤退时将宜昌县"大桥边至曹家畈方圆四十余里的乡村，放火烧光，杀死和平居民六百余人，尸横遍野，路不通行，造成了无人区"⑤。

日军大肆强奸轮奸妇幼女并杀害妇女。日军在枝江县"强奸轮奸2207 人，奸污致死者 211 人"⑥。日军在宜昌设有 10 个"慰安所"，其中宜昌城区 4 个、鸦鹊岭 3 个、当阳县 3 个。每个"慰安所"里一般

　　① 宜昌县政府编：《宜昌县抗战史料》，1948 年 3 月，湖北档案馆藏 3 - 5504。

　　② 《内山英太郎罪行调查书》（1952 年），载中央档案馆、湖北省档案馆编：《侵华日军在湖北暴行史料》，中国档案出版社 2005 年版，第 322 页。

　　③ 《田中静罪行调查书》（1952 年），载中央档案馆、湖北省档案馆编：《侵华日军在湖北暴行史料》，中国档案出版社 2005 年版，第 325 页。

　　④ 中央档案馆、湖北省档案馆编：《侵华日军在湖北暴行史料》，中国档案出版社 2005 年版，第 328 页。

　　⑤ 《13、39 师团罪行调查书》（1951 年 12 月），载中央档案馆、湖北省档案馆编：《侵华日军在湖北暴行史料》，中国档案出版社 2005 年版，第 351—352 页。

　　⑥ 枝江县人民政府公安局：《日寇在枝江县残杀奸污统计表》（1951 年 12 月 2 日），枝江市档案馆藏 1 - 22 - 5。

保持"慰安妇"在 150 人以上。日军虐杀、强奸中国妇女罪行罄竹难书。

日军大肆强抓巨大数量劳工为其修建工事、飞机场和筑路等，被冻馁、虐待、杀害等致死者不计其数。驻当阳县干溪区日军自 1941 年 5 月至 1944 年，强抓劳工将山林砍尽，运往当阳、宜昌、汉口等地建仓库营房，"其中被打死饿死者，每天平均二十余人"或劳工"因不堪虐待逃跑，被抓回后用机枪扫射死"。日军"第三十九师团于 1942—1945 年在当阳城东门外之朱家湾修飞机场时，每天强拉民工四五千人，被打骂、杀害、冻馁、虐待致死者……无法计算"，仅在工地附近边沿挖的"填尸坑"就有"好几处"，以朱家嘴挖的最大，人称"万人坑"。日军盘踞宜都江北和渡江南犯，即大肆强抓劳工大修公路，筑阵地、工事和被日军强抓"赴湘者"达 44 万人（次）之多，且"去数庞大，而归来者极少，其遭虐待或死于饥病者复不知凡几？"[①]。

日军令人发指的多次大量施放毒气和投射毒气弹，毒杀宜昌军民。日军违背国际公法，在宜昌长期驻扎了专门从事生化战的部队，并设立了化学武器装配厂，大量施放毒气和投射毒气弹。日军从 1940 年 6 月起，先后在宜昌、当阳、枝江、宜都、长阳、五峰等地多次大量施放毒气和投射毒气弹，并多次"在宜昌周围大规模地使用了毒气武器"[②]。仅日军第十三师团步兵第 103 旅团和山炮兵第 19 联队，分别从 1941 年 8 月 28 日至 10 月 13 日和 10 月 7 日至 11 日，在宜昌磨基山、土门垭、东山寺、土城等地，发射和空掷黄弹 1 000 发，赤弹 1 500 发，九八式发射特殊筒 1 125 只，九四式轻迫击炮赤弹 630 发，九四式山炮赤弹 62 发，特殊弹 27 发，共计 4 344 发（只），以致"使用毒气弹收到了巨大的效果"，造成宜昌军民极惨重的伤亡。

日军惨无人道地用人体活体实验生化毒气弹和用人体活体解剖训练"学兵"。日军一等兵平田日出雄《笔供》（1954 年 8 月 22 日）：时以学兵身份参加瓦斯等毒气弹效力试验训练，"1940 年 9 月 14 日起约 10 天

---

① 宜都县政府编：《宜都县抗战史料》，1948 年 2 月，湖北档案馆藏 LS3 - 5 - 5505。

② 参见步平等编著《日本侵华战争时期的化学战》，社会科学文献出版社 2004 年版，第 343—344 页。

中，在酒井中将统辖下，以 39 师团工兵 39 联队长金原大佐为教官，由 13 师团、39 师团、独立混成旅团挑选的军官、下士官、士兵 150 名，及野战瓦斯队员（军官六七名），在湖北省当阳县西南方 3 公里处的丘陵地区，实行试验持久性瓦斯、糜烂性、催泪性、短时性红蓝筒及瓦斯弹、榴弹的效力，并演习防毒。"将"抗日军人俘虏，赤裸身体，向脸上撒布糜烂性瓦斯"或将"抗日军人俘虏，绑上手脚，扔进""交通壕及两个碉堡里，然后操作"，"发射瓦斯弹，而将该等杀害"。在约 10 天中，其中仅连续两日就杀害抗日军人俘虏 80 名。日军还于 1942 年 6 月，在宜昌县高家店，对抓到的 20 多岁男子邹连山，实行活人解剖，即"用注射方法使其陷入昏睡的状态后，便从该人的胸部直到腹部实行了解剖，后又用手术刀子刺杀其心脏部位"，以其"身体内的五脏，向卫生修业兵进行了说明""实地教育"。

日军强迫宜昌民众注射毒针（药）致民毙命。仅 1945 年 6 月，"驻宜昌的敌九十七旅团医院，最近藉口预防脑膜炎，强迫我民众注射某种毒针（药）。这种针（药）注射后，顷刻间手臂就发肿胀"。到 6 月 30 日，"已毙命千多人"①。

日军"强制推销"鸦片，强迫宜昌人民吸毒，毒害人民。据统计，仅伪宜昌县政府 1941 年 4 月至 1944 年，"责由伪逆等按保甲强制推销"鸦片达"56 995 两"，并大肆"在宜市设烟馆，强迫市民吸食"，毒害宜昌人民。据湖北省当阳县政府 1946 年 7 月 10 日《查报敌伪毒化罪行》载：敌伪盘踞当阳时，毒化"无知小民被迫吸食烟毒者，已有一千六百三十人之多，所受经济上之损失，总计消耗七万万一千九百二十四万八千八百七十七元五角"②。

日军大肆进行奴化教育，麻痹宜昌人民思想以"亡其魂"。日军在占领区成立伪宣传、教育机构后，即实施"欲亡其国，必先亡其魂"的奴化宣传教育。通过电影、报刊和办学校等，对沦陷区的人民进行"唯有信赖日本军及伪南京政府才有将来幸福"的欺骗宣传，甚至在小学语文

---

① 《新华日报》1945 年 8 月 5 日。

② 湖北省当阳县政府：《查报敌伪毒化罪行》，1946 年 7 月 10 日，湖北省档案馆藏 LS3 - 4 - 4717。

课本中，蓄意把"太阳"比作日本，将"雪人"比作中国，侮辱中华民族和中国人民"太阳一出，雪人就融化了"的奴化教育。据《汉奸陶伦卿供词》：日军第三十九师团占领当阳后，对中国人民政治、文化侵略不亚于经济上之掠夺和榨取，一方面勾结一批汉奸，组设伪当阳县政府，通过这一傀儡政权，以达到镇压和榨取中国人民之目的，并派日本浪人石神纯友，在县内普设新亚会、青年会、妇女会等反动组织，以流氓地痞为骨干，强迫群众入会，实行反动组织统治；另一方面利用一批文化汉奸，创办《沮漳新潮月刊》《鄂西大江日报》，实行反动宣传，鼓吹"大东亚圣战""东亚新秩序""共存共荣""中日亲善"等反动言论，以麻痹中国人民思想，永远当奴隶，作牛马，又在该县设中小学五所，编辑反动教材讲授以奴化我下一代。

综上可见，日本军国主义发动的侵华战争，在人类文明史上犯下了骇人听闻的野蛮罪行，给宜昌人民带来了前所未有的巨大灾难。

（四）日军野蛮侵略造成宜昌人口巨大伤亡和财产惨重损失

日本军国主义发动的野蛮全面侵华战争造成宜昌人口巨大伤亡。根据 1946 年 2 月湖北省政府社会处、湖北省政府统计室合编《湖北省抗战损失统计》、1947—1948 年宜昌九县编《抗战史料》和日军战犯《笔供》《口供》《罪行调查书》等史料，经初步考证和不完全统计，日本军国主义发动的侵华战争造成宜昌人口伤亡总数达 370 523 人（不包括军人）。其中，直接伤亡 92 304 人，间接伤亡 278 219 人。仅"日军在宜昌（县）虐杀致死致伤 187 224 人"①。据湖北省政府社会处、湖北省政府统计室合编《湖北省抗战损失统计》之《湖北省第六区人口伤亡统计表》（1946 年 2 月）和《13、39 师团罪行调查书》（1951 年 12 月），仅宜昌县直接伤亡达 49 739 人。间接伤亡中，仅日军侵占宜昌后，兴山、秭归等县"一变而为后方之前方""以致万军云集""军马仓皇"②，长期处于恶劣的战争环境中，酿成回归热、霍乱等"瘟疫流行蔓延所至（致）"灾

_____

① 宜昌县政府编：《宜昌县抗战史料》，1948 年 3 月，湖北省档案馆藏 LS3 - 5 - 5504：57 - 58。

② 兴山县政府编：《兴山县抗战史料》，1948 年 6 月，湖北省档案馆藏 LS3 - 5 - 5508。

民死伤巨大①，其中仅 1941 年春，兴山县因回归热"死亡达 5 万余人"②；1944 年，秭归县"全境染疫而死者实已不胜指数"，仅兰陵、二圣、三元"三乡死亡率已在一万人左右"③。

　　日本军国主义发动的全面侵华战争造成宜昌财产损失惨重。根据上述史料，经初步考证和不完全统计，日本军国主义发动的野蛮全面侵华战争造成宜昌财产损失总值 110 135 914 万多元，按 1937 年 7 月全国抗日战争爆发时通用货币法币（1935 年 11 月 4 日，国民政府财政部颁布紧急法令，规定中央、中国、交通三银行〈后加中国农民银行〉所发行的货币为法定货币，简称法币）的币值折算（以下简称折算成 1937 年 7 月法币）为 180 946 万多元，其中直接损失 107 966 249 万多元，折算成 1937 年 7 月法币为 80 619 万多元（包括社会财产直接损失 5 882 322 万多元，折算成 1937 年 7 月法币为 40 544 万多元；居民财产直接损失 102 083 927 万多元，折算成 1937 年 7 月法币为 40074 万多元），间接损失 2 169 664 万多元，折算成 1937 年 7 月法币为 100 327 万多元。造成宜昌居民财产直接损失中，房屋损失最为惨重，宜昌地区 9 县居民房屋损失 81 321 栋，价值 57 870 029 万元，折算成 1937 年 7 月法币为 22 535.49 万多元。据《宜昌县抗战史料》（1948 年 3 月）载，宜昌城区房屋"在战前能居三十万人，火后仅存百分之十……迄光复时，祇存百分之五，且多破烂不堪"。造成宜昌居民房屋损失惨重的原因，主要是日军多次反复对宜昌主要城镇实行飞机空袭投弹狂轰滥炸和"地毯式轰炸"后，在地面进攻时又对宜昌进行"巨弹""猛爆"毁灭性的"破坏""轰毁"或"全部摧毁"以及日军侵占时实行"予以彻底破坏焚毁"所致。

　　综上所述，日本军国主义发动的野蛮全面侵华战争，造成宜昌经济、社会发展和生态环境、人民的生存环境及生存基础、人民的心灵及心理健康等巨大破坏及其严重危害和恶劣影响。

---

　　① 秭归县政府致湖北省政府电：《为准电以瘟疫流行请予核发大批药品以资救济》，1944 年 11 月 11 日，湖北省档案馆藏 LS18 - 1 - 236。

　　② 湖北省地方志编纂委员会编：《湖北省志·卫生》（上），湖北人民出版社 2000 年版，第 6 页。

　　③ 秭归县政府致湖北省政府电：《为准电以瘟疫流行请予核发大批药品以资救济》，1944 年 11 月 11 日，湖北省档案馆藏 LS18 - 1 - 236。

## 第五节　宜昌迈向新的发展起点

### 一　宜昌人民争取新前途的斗争

（一）国民党对宜昌的统治

抗日战争胜利后，中国人民热切希望从此有一个和平的环境休养生息、重建家园。中国共产党代表人民的根本愿望，主张团结一切爱国民主力量，把中国建设成为一个独立、民主、富强的新国家，并明确提出了"和平、民主、团结"的口号。但以蒋介石为首的国民党统治集团企图依仗美国的支持，在中国继续维持国民党的专治统治。由此，中国进入了一个光明与黑暗两种命运、两个前途决战的新时期——全国解放战争时期。

1945 年 8 月 18 日，国民党第三十二军第一三九师进驻宜昌城区。25日，国民党第二十六集团军总司令周碞进驻宜昌城，并饬令宜昌、当阳等地日军接受当地驻军监督缴械受降。随后，国民党湖北省第六行政督察区（宜昌）专员公署和宜昌县政府，分别从秭归茅坪和宜昌县太平溪进驻宜昌城区。国民党专员公署和宜昌县政府进驻城区后，即组建特务组织和警察，以加强对人民群众的控制。1946 年初，国民党当局还在宜昌城区组建军统"宜昌通讯站"，其控制范围包括宜昌、当阳、远安、宜都、秭归、兴山、长阳、五峰等县。在此前后，国民党当阳、远安等县政府令其县、乡武装，随国民党正规军抢占县城和重要乡镇，对襄西解放区进行吞食封锁。

（二）中国共产党在宜昌争取和平民主的斗争

1. 以当阳为代表的争取和平民主的斗争

中共襄西中心县委根据中共江汉区委员会（1945 年 9 月成立，简称江汉区党委）和襄南地委的指示，要求所属荆（门）当（阳）县委、当阳县工委和远安县特别区委，组织解放区军民坚持斗争，"筑堤防洪"保卫人民抗战胜利的果实。

1945 年 9 月上旬，国民党正规军大举东下，使襄西解放区新四军部队的活动区域日益缩小，形势急剧恶化。不久，国民党当阳县自卫大队一千余众，配合国民党驻当阳正规军对当东解放区"扫荡""清乡"。中共襄西中心县委根据襄南地委指示，率领新四军独立三十三团及当阳县工委领导的荆当大队等人民武装开展自卫斗争，并进行了自卫反击，捕获并就地正法了国民党靖乡保警干事汪盛远，抓获敌谍报人员刘心传，经审讯将其处决，镇压了原官文乡联队长许德浩等叛徒，并夜袭了敌武安乡公所，还打击了为非作歹的谢华庭队伍和土匪赵志甲部，震慑了依仗国民党军队而胡作非为的反动势力。

9月中旬，新四军独立三十三团奉命调赴襄南，改编为江汉军区第三团。中共襄西中心县委和襄西政务委员会及其所辖荆当县委、当阳县工委党政军机关和人员，除少部分留守人员外，于11月开始了向襄东、襄南的战略转移。至同年冬，尚在当阳解放区坚持的当阳县工委及所属部队，按照江汉区党委的决定，全部撤往鄂中地区。至此，襄西及当阳解放区丢失。与此同时，中共当阳县工委在撤离当阳以前，根据上级指示精神，安排了一批没有暴露身份的党员和统战工作人员，利用社会关系和教书、经商等合法职业，打入国民党军政界，秘密坚持地下工作，团结群众，以便下一步更有力地开展民主运动和开展搜集情报等地下工作。

这一时期，抗日战争时期延续下来的中共湘鄂边地下组织（后经与原中共中央南方局改称中共中央重庆局汇报后，建立包括枝江、宜都、五峰等县在内的"中共六县据点"，亦称江南地下党，通称湘鄂边地下党组织），先后在五峰清水湾、长乐坪等地建立和巩固了一批地下联络站，开辟了五峰至宜都、松滋、宜昌等地和通往鄂豫边区的地下交通线。

2. 革命根据地的相继建立

6月26日拂晓，蒋介石悍然撕毁停战协定，兵分四路向中原解放区发起进攻，企图实现其在48小时内一举歼灭中原军区部队的"惊人之举"。中原军区司令员李先念等遵照中共中央批准的突围计划，指挥中原军区部队于是日晚主动开始战略转移，分路展开震惊中外的中原突围战役。

由中原军区副司令员、第一纵队司令员兼政委王树声率领的南路军于7月10日至13日渡过襄河（汉水流经襄阳以下河段），由江汉军区司令员罗厚福等率领的江汉军区主力部队于7月5日至6日渡过襄河，两部分散活动于襄西（襄河以西、长江以北地区）等地开展游击战争，创建鄂西北根据地，待机会合，并于同月成立了中共兴（山）宜（昌）中心县委等。

8月初，江汉区党委、军区根据中原局创建根据地指示、电令在鄂中坚持的江汉中心县委、江汉支队立即转移到襄河以西的荆门、当阳、远安等县开展游击战争，创建革命根据地。至 8 月 10 日，分两路西渡襄河的江汉中心县委、江汉支队全部会合于荆门西北地区。次日，江汉中心县委召开扩大会议，传达了中原局、江汉区党委关于"发展游击战争，创造根据地"等指示，研究了在襄西建立革命根据地等问题。会议决定成立中共荆（门）当（阳）工委、南（漳）远（安）工委、板桥工委、荆（门）钟（祥）宜（城）工委及相应的政权、军事组织，任命了各组织领导人，并划定各地区开辟工作。上述四个工委及其政权、军事组织的成立，标志以荆当远为中心区的襄西革命根据地初步建立。

8月27日，南路军与江汉军区部队胜利会师，随即召开领导干部会议，决定成立鄂西北区党委和鄂西北军区，下设第一、二、三、四地委及军分区。经中央批复同意，王树声任区党委书记、军区司令兼政委。不久，又成立了第五地委、第五军分区。10 月 8 日，经中共中央批准，鄂西北行政公署和第一、二、三、四、五行政专署成立。其中，第二地委（亦称兴房保宜地委）、第二军分区（兴房保宜军分区）、第二行政专署（兴房保宜行政专署）在兴山、宜昌、秭归等县开展游击战争，同月成立了中共保（康）兴（山）房（县）县委、县政府及武工队，并于 11 月联合第一军分区先后两次攻克兴山县城，成立了保兴房县龙口河区署，后因国民党湖北省保安团于 1947 年 1 月偷袭，龙口河区署转战到远安、当阳一带开展游击战争。第四地委（亦称荆当或荆山地委）、第四军分区（荆当或荆山军分区）、第四行政专署（荆当或荆山行政专署）活动于襄西，包括荆门、当阳、远安全部、南漳、保康大部和钟祥、宜城、宜昌、枝江、宜都、江陵部分地区。

9月25日，第四地委召开扩大会议，决定撤销江汉中心县委，宣布新组建的中共荆当远中心县委、荆钟南宜中心县委和中共南远县委及其行政委员会、军事指挥部和所属工委的领导成员，并对各活动区域、工作任务、武装配备等进行了具体部署。第四地委及军分区、行政专署管辖宜昌地区的组织有：荆当远中心县委、荆当县工委、紫山工委、南远县委等及其政权、军事组织。至此，荆当远等革命根据地得到发展并迅速展开。

1947 年 2 月 4 日，鄂西北区党委在远安老观窝召开紧急会议，决定采取坚持内线与外线作战相结合的斗争方针，即由罗厚福等率部在荆当远等地坚持斗争和由张才千率主力部队南渡长江与李人林所率部队会合在湘鄂边开展游击战争。在荆当远等地坚持斗争的部队，直到 5 月中旬与张才千、李人林率江南游击纵队（于 2 月 24 日在五峰县江渔坪会师整编）北渡长江在远安县偏头山等地胜利会合。江南游击纵队活动于湘鄂边区 17 个县，行程 3 500 余华里。其中，多次进出五峰、长阳、宜都等地。纵队先后与敌作战二百余次，歼敌三千余人，缴获长短枪三千余支，轻重机枪三百余挺，牵制了国民党军四个正规旅和六个保安大队的兵力，有力支援了各解放区的作战。同时，纵队还广泛地宣传群众，扩大了政治影响。江南游击纵队与罗厚福所部会合后，部队整编改称中原游击纵队，张才千任司令员兼政委，于 1947 年 5 月下旬东渡襄河向豫皖苏解放区挺进。

（三）宜昌解放区的恢复与发展

1947 年 5 月，中共中央批准成立新的中共中央中原局，邓小平任书记。同时决定李先念任中原局第二副书记兼晋冀鲁豫野战军副司令员。遵照中共中央指示，刘伯承、邓小平率晋冀鲁豫野战军四个纵队 12 万余人（通称刘邓大军），于 6 月 30 日强渡黄河后即发起鲁西南战役，问鼎中原，揭开了人民解放军战略进攻的序幕。后于 8 月下旬千里跃进大别山。12 月 6 日，刘邓大军第十二纵队与中原独立旅胜利会师后，奉命组建新的江汉军区及同级党委与行署。12 月下旬，李先念来江汉军区指导工作，决定江汉军区武装开辟襄西，重建襄西解放区。

1948 年 1 月，江汉军区党委根据中原局和李先念的指示，决定成立中共江汉区襄西工作委员会（简称襄西工委）和襄西支队，黄德魁任书记。抽调江汉军区警卫团第三营，会合鄂西北军区主力部队于 1947 年 5 月撤出襄西后，坚持在荆门、钟祥交界的中共北山工委及其领导的游击队，组成襄西支队，黄德魁任支队长。1 月下旬，襄西支队攻打了国民党地方政府设在当阳河溶镇天后宫的粮仓，将十多万斤粮食分给了当地贫苦群众。随后，部队击溃了敌观音乡乡公所武装。2 月 19 日傍晚，黄德魁率领五百多人的部队，从南漳县东巩出发，一夜急行军 130 华里到达远安县洋坪。自 2 月 20 日凌晨至次日下午 3 时攻打盘踞在洋坪的大恶霸杨泽九，俘杨泽九等一百七十余人，击毙三十余人；缴获轻机枪六挺、步枪二百余支、手枪二十余支和各种弹药二十余箱等。洋坪战斗的胜利，揭开了重建当阳、远安解放区乃至襄西解放区的序幕。

3 月，襄西工委决定成立中共南（漳）远（安）县工作委员会。同时成立南远县人民民主政府和南远县军事指挥部。接着，消灭了南远边界的五个地方反动联防团等反动武装。6 月，襄西支队又攻打了当阳河溶、清溪的敌镇公所。

7 月上旬，江汉区党委鉴于襄西根据地日益恢复与发展的形势，决定撤销襄西工委，成立江汉区第四地委（又称襄西地委）、第四专署、第四军分区。彭天琦任地委书记兼军分区政委，刘真任地委副书记兼专署专员，黄德魁任军分区司令员。将襄西支队改编为军分区第十三团，将军区警卫团第一、二两个营编为第十五团，将南远县军事指挥部的部队扩编为第十四团。至此，第四军分区部队共有三个团二千余人。江汉区第四地委、第四专署和第四军分区的成立，标志着襄西解放区进入全面恢复阶段。同月，第四地委决定建立中共荆（门）当（阳）县委、荆当县人民民主政府、荆当县军事指挥部。7 月 22 日，第四地委召开第一次地委会议，确定下一步先开辟荆当，然后依托荆当，向江（陵）枝（江）宜（都）发展。8 月，南远县工委改建为中共南远县委，原政府改为南远县爱国民主政府。新建立的县委、县政府机关从南漳迁入远安境内。

江汉区第四军分区决定发起远（安）当（阳）战役，先后于 8 月 6 日上午和 8 日夜攻克远安县城和当阳县城。8 月 11 日，正式宣布成立中共荆当县委、荆当县人民民主政府、荆当县军事指挥部。接着，第四军分区第十五团一部先攻打了国民党第七师驻清溪的部队，又奔袭了国民党清溪镇公所及驻镇保警大队二中队。共毙敌十余人、俘敌中队长等 71 人、缴获机枪 3 挺及步枪 6 支、长短枪 69 支、子弹 2 200 百余发。随后，荆当县委组建了清溪区政府，并加强了区委领导力量。至此，宜昌地区的当阳、远安解放区基本得到恢复，为全面开辟和恢复襄西解放区奠定了基础。

同年 9 月起，大批从华北、华东等老解放区南下干部张三杰、杨春亭等到宜昌地区工作。9 月，第四地委决定成立中共江枝宜县委。11 月，中共江枝宜县委、江枝宜县人民民主政府正式成立。同月，第四地委决定成立中共宜（昌）当（阳）县工作委员会。

与此同时，按照中共中央中原局的指示，于 10 月组建了中共桐柏区汉南工委、桐柏区第四军分区。汉南区委于同月宣布成立中共南（漳）保（康）兴（山）宜（昌）县委、南保兴宜县爱国民主政府、南保兴宜县军事指挥部。

## 二　为迈向新阶段做准备

### （一）解放战争时期宜昌的衰微

抗日战争胜利后，国民党及其军队、政府占领统治宜昌。宜昌工业，自 1938 年 1 月日军飞机轰炸和 1940 年 6 月 12 日日军攻占宜昌前夕，"纺织业、机器制造与翻砂业、电业等大户大都外迁四川"等地[1]。抗日战争胜利后，仅永耀电气股份有限公司奉国民政府经济部之令，于 1945 年 9 月由四川迁回宜昌，经在一马路电厂原址修复装机于 1946 年 3 月 1 日发电外，一些工业大户均未迁回。仅先后迁回公昌营造厂、上海老同兴绍酒酱油厂、泰丰染织厂（1946 年 1 月由秭归杨贵店迁回宜昌）等几个私营小型工厂，加之后来在宜昌先后开办的正兴电池厂、民生工厂（即宜昌县政府于 1946 年 6 月接收的贫民工厂）、宜大企业股份有限公司（生产砖瓦和承接房屋、道路、桥梁设计及建筑）、大新电机洗染厂（洗染、干洗）、枝江县江口轧花厂（加工籽棉）等几家小厂。蒋介石国民党统治集团因忙于内战，无暇顾及城市建设和经济发展。至 1949 年 7 月，仅有永耀电气股份有限公司、泰丰织布厂等 16 家小厂及机器翻砂业"私营企业尚在维持生产"。1949 年工业总产值为 380 万元[2]。农业生产力低下，1949 年产值为 195 万元，粮食奇缺。

宜昌商业和财政经济状况。原逃难在外的商号店铺，在抗战胜利后，相继迁回宜昌复业。到 1945 年年底宜昌市区商店虽然增至 1 019 家，但到解放战争中后期，因物价暴涨，货币贬值，宜昌商业处于严重的萧条状态。1947 年 6 月 2 日，宜昌县财政预算 27 亿元，入不敷出，差额达 10

---

① 湖北省宜昌市地方志编纂委员会编纂：《宜昌市志》，黄山书社 1999 年版，第 328 页。
② 同上书，第 332 页。

亿元，县参议会决定向商界摊派 5 亿元。宜昌市区因物价飞涨，市民怨声载道。当时，宜昌《鹦鹉周报》在 1947 年 10 月 10 日发表社论《双十节看物价》。由于物价暴涨，教师工资低，生活困难，宜昌城区各校教职员工推选代表于 1948 年 5 月 1 日到县政府内静坐，要求增加薪水。县长帅云屏接待，被迫同意代表要求。宜昌商会于 1948 年 11 月 1 日庆祝第二届商人节，《武汉日报》（宜昌版）发出"商人节特刊"，刊载《代哭歌》，述说商人受货币贬值之苦。

物资供应奇缺。如煤油因奇缺，宜昌商会于 1948 年 3 月 24 日召集美孚、亚细亚、德士古各石油公司开会，决定对煤油实行限量供应。但仅维持不到半年，宜昌美孚石油经理处于 9 月 16 日以"存油告罄，点滴无存"而"停业"。宜昌米价到 1949 年 1 月 2 日，每石涨至 240 元。据《川鄂日报》载："涨风猛击宜昌，一夜之间广货、土货均涨 80%"。该报 24 日又载文说："理发店的价格太大，每头已是 200 元，已堪和袁大头（指铸有袁世凯头像的银圆）媲美了。"到 3 月 26 日，米价每石涨到 2.6 万元。

宜昌贸易、财政税收。虽然国民政府在 1946 年 1 月 1 日将财政部湖北区货物税局巴东分局迁至宜昌市区，改名为宜昌分局，管辖宜昌、恩施等 14 个县的货物税业务，同时，财政部鄂豫区直接税局宜昌分局改为湖北区直接税局宜昌分局，由三斗坪迁至宜昌市区，下设巴东（兼兴山）、长阳（兼五峰）、远安（兼当阳）、枝江、宜都、秭归 6 个查征所，共管辖宜昌等 10 个县直接税业务。1948 年 8 月 16 日，财政部湖北区直接税局宜昌分局与货物税局宜昌分局合并，成立财政部湖北区国税管理局宜昌稽征局。但一直无贸可易，无财可收。国民党政府只得另立名目，压榨人民。

1948 年 5 月，流通于宜昌市面的法币急剧贬值，银圆与法币之比为 1：78，商店拒收千元以下小钞。六区专署电请中央银行速运大钞以解钞荒，并规定军民人等按大钞八成小钞二成搭配使用。宜昌城防指挥部、宪兵队、警察局、车航管理处查禁小钞入境。1948 年 8 月 19 日，国民政府实行"币制改革"，发行金圆券。以金圆券 1 元兑换法币 300 万元，金圆券 2 元兑换银圆 1 元，金圆券 200 元兑换黄金 1 两。一时，宜昌抢购成风，不仅日用品，甚至包括棺木、寿衣都在被抢购之列。鉴于物价上扬，宜昌各有关机关于 9 月 13 日召开经济会议。专员蒋铭表示币制改为金圆券，以 8 月 19 日所订物价（日前，每天公布八一九标准物价）已难平衡，"爰作合理调整"。遂金圆券已开始贬值。宜昌海关也于 1949 年 2 月奉国民政府财政部令撤销。

总之，宜昌解放时，宜昌市和各县新生人民政权面临的是国民党统治集团留下的烂摊子，财政经济严重困难，粮食和物资供应奇缺，物价暴涨，货币贬值，商业严重萧条，工业生产处于停滞状态，工人失业，人民生活极度贫困。

### （二）宜昌新城市的曙光

#### 1. 建立基层人民政权

截止到 1949 年 3 月，宜昌各解放区普遍建立起基层人民政权。在远安境内，自 1948 年 8 月中共南远县委、南远县爱国民主政府组建后到 1949 年 2 月，南远县共建立 11 个区委、区人民政府，其中远安有 5 个，下辖 18 个乡人民政府，县、区、乡大都成立了农民协会、妇联等群团组织。在当阳境内，建立了七个区委、区人民政府，以及 26 个乡人民政府。在枝江、宜都境内，建有三个区委、区人民政府。在宜昌县境内，到 1949 年 3 月中共宜昌县委、县人民政府成立时，共建立了八个区委、区人民政府，以及 10 个乡人民政府。在兴山县，1949 年 2 月，中共南保兴宜县委、县政府建立了兴山小白果园爱国民主办事处的基层人民政权。

#### 2. 实行土地制度改革

中共南远县工委、县人民民主政府地 1949 年 3 月成立后，在南漳的东巩、巡检和远安的河口等地区的 17 个村（保）进行了土改工作。对每个区派出一个工作队，每个村派出一至两名工作队员。首先，宣传发动，访贫问苦，组织贫农团，发给贫农团证；然后，统计田亩，划分阶级，确定分田方案。在土地分配上，实行不管阶级阶层，一律按人口平均分配的方法。在运动初期，执行政策比较慎重，打击的对象仅限于群众痛恨的少数地主恶霸，受到了群众的欢迎。但由于处在战争时期，并且限期完成土改，加之有的工作队员执行政策的水平有待提高，有的地方没有完全掌握"依靠贫雇农，巩固地联合中农，消灭封建剥削"的土改总路线，对中农采取拒绝态度，侵犯了中农利益；有的地方落实力度不够，仅造了一个分田名册，宣布了分田方案，贫雇农大多未分得土地。总之，中原解放区一些地方土改运动中出现了"左"倾急性的问题，虽然时间不长，但造成了一定的负面影响。

3. 为新城市建设准备干部

1948 年秋，第四地委决定将原襄西支队政治部主办的《襄西周刊》改为《襄西报》，作为地委的机关报，陶君彦任报社社长。同年底陶君彦调离后，由地委宣传部长焦林义兼任社长。随着解放战争的胜利发展，江汉区党委对宜昌办报十分重视，1949 年 3 月，特调原《江汉日报》编辑主任肖松年等 18 人，充实襄西报社的力量，在地委领导下组建了新华通讯社襄西支社。因战斗频繁，环境艰苦，襄西报社与新华社襄西支社合署办公，肖松年任新华社襄西支社社长兼襄西报社社长、党支部书记，采编人员发展到四十多人。为印刷地委机关报《襄西报》和有关宣传资料，地委在袁家畈建立了石印馆。

为了适应解放区发展的需要，扩大干部队伍，提高干部素质，襄西党政军领导机构根据江汉区党委的指示，决定开办教导队和江汉公学襄西分校。1948 年 2 月，湘鄂边地下党组织送来一批青年学生，部队又急需干部。襄西工委、襄西支队决定成立教导大队，负责干部的培训工作。1948 年夏，第四军分区教导队成立。同年底，第四地委和专署创办了江汉公学襄西分校。地委对办好襄西分校十分重视，由地委副书记兼专员刘真任校长。襄西分校于 1949 年 2 月正式开学，到 6 月结束。学员三百余人结业后，大部分学员相继被分配到宜昌地区和宜昌市各级党、政、军领导机关任职，为各地、各战线输送了急需的干部。

4. 建立后勤保障机构和开展解放区内的防奸防特工作

中共江汉区第四地委、行政专员公署、军分区于 1949 年 1 月更名为当阳地委、行政专员公署、军分区后，成立了卫生处，下设两个休养所，初步建成了具有一定规模的后方医院；开办了军需被服厂，组织群众为部队加工衣被；设立了军械修理所，为部队修整被损坏的武器设备。针对当阳境内发生的几起由国民党地方反动势力制造的捣乱、破坏事件，荆当县委、县军事指挥部采取六项措施，给予狠狠打击和加强防范，保卫、巩固了革命胜利成果。

（三）宜沙战役和宜昌全境解放

1949 年 5 月 17 日，人民解放军相继解放了九江、武汉，27 日解放了上海。至此，国民党的长江中下游防线全线崩溃。

为了彻底摧毁蒋介石的长江中游防线和所谓"西南联防计划"，打通大西南的通道，中共中央军委决定，第四野战军第十三兵团第三十八、四十七、四十九军，并配属第十四兵团的第三十九军、湖北军区独一师、独二师和宜昌军分区的两个独立团等共 18 个师、56 个团约 25 万人，在第十三兵团司令员程子华的统一指挥下，发起宜（昌）沙（市）战役。6 月底，各参战部队先后按预定计划，到达南漳、宜城、荆门、钟祥一线集结、待命出击。

此时，在长江中上游的江陵至巴东沿长江两岸由国民党华中剿总副总司令兼湘鄂边区绥靖司令官宋希濂所指挥的第十四兵团盘踞，其部属兵力包括第二、十五、七十九、一二四军和国民党湖北保安第二至十二旅、湖北自卫军各县自卫队共约 14 万余人。宋希濂的指挥机关设在宜昌城，重点布防沙市至宜昌长江两岸，修筑了大量的钢筋水泥工事，构建有稠密的堑壕和碉堡，埋设了大量地雷。第十三兵团司令部决定，将所属部队分为西、中、东三路：以第四十七军为西路军，从南漳县武安镇经远安向宜昌进击；以第三十八军、配属湖北独一师为中路军，从宜城经荆门、当阳向宜昌及宜昌以东进击；以第四十九军、配湖北独二师为东路军，从应城、钟祥、天门一线经荆门、江陵县境向荆州、沙市进击。以第三十九军为预备队，随第四十九军向荆沙方向前进。

7 月 9 日，宜沙战役正式打响。11 日，远安县城解放（中共远安县委、县人民政府先于 6 月底进驻县城）。13 日，当阳县委、县人民政府机关进驻县城，14 日当阳县全境解放。16 日凌晨，四野第四十七军、湖北军区独一师攻占宜昌。同日，中共宜昌县委、县人民政府机关从南仗垭进驻晓曦塔，19 日迁入宜昌市。25 日，宜昌县全境解放。第三十八军于7 月 16 日南渡长江向宜都、长阳方向追歼逃敌。16 日，宜都县城解放。22 日，中共宜都县委、县人民政府机关进驻县城。10 月 24 日，宜都全境解放。7 月 17 日，枝江县城（今宜都市枝城）解放，中共枝江县委、县人民政府机关由问安迁至江口镇。至 18 日，枝江县全境解放。同日，长阳县城解放。24 日，中共长阳县委、县人民政府机关驻县城。11 月 11日，长阳县全境解放。7 月 19 日，中共宜昌市委、市人民政府进驻宜昌市。22 日，宜昌市警备司令部宣告成立；同时成立中国人民解放军宜昌市军事管制委员会，全面接管城市。7月底，中共宜昌地委机关由当阳进驻宜昌市。8月初，宜昌行署机关由当阳迁至宜昌市。8月6日，兴山解放。8月7日，秭归解放。至8月上旬，宜沙战役胜利结束。11月上旬，五峰县城和平解放。11月11日，人民解放军进驻五峰县城。至11月15日，宜昌地区全境解放。

宜沙战役先后解放了远安、当阳、宜昌、宜都、枝江、长阳等十多座县城，宜沙战役的胜利，彻底粉碎了国民党军长江中游防线，为人民解放军进军大西南扫清了障碍。

随着宜沙战役的全面胜利，中共宜昌地委、宜昌专署和中共宜昌市委、市人民政府及地委、专署所辖各县委、县人民政府相继驻各县城。

至此，宜昌人民在中国共产党领导下，经过长期浴血奋斗，终于推翻了国民党反动统治，夺取了新民主主义革命在宜昌的胜利。

# 第 四 章

# 宜昌建市和三线建设与宜昌城市的发展

　　1949年4月，中共湖北省委决定宜昌建市；5月，中共宜昌地、市委，专署、市政府成立。7月16日，宜昌城解放；宜昌市成为宜昌地、市、县治所。面对新的形势和新的任务，地、市委在中央、省委的领导下，率领宜昌人民全面贯彻实施新民主主义建国纲领，把恢复国民经济、大力发展城乡生产、改善宜昌人民生活放在突出位置。宜昌人民经过新中国头三年的艰苦努力，胜利完成了民主革命的遗留任务，巩固了人民民主政权。到1956年，宜昌地区基本完成对生产资料私有制的社会主义改造，标志着社会主义基本制度在宜昌的建立。党的八大后，中共宜昌地委带领宜昌人民开始走上社会主义建设在艰辛探索中曲折前进的道路。这期间，宜昌建市和三线建设对宜昌城市发展的定型、定位产生了重大作用。

## 第一节　宜昌建市与城市功能的完善

### 一　宜昌建市开启城市化进程

　　宜昌在近三千年的历程中，行政建制一直在县、州、府、路之间转换并作为军事重镇、都市治所、过载码头和商贸中心而存在。一直到20世纪的民国时期，才将建市提上议事日程并两度筹备建市。一次是1929年，主要为发展宜昌的工商业；一次是1946年，为修建三峡水闸工程，但两次筹备建市均无疾而终。这一梦想终于在中国共产党领导下得以实现。

（一）宜昌省辖市的建立和接管城市的准备

1949 年 5 月 16 日至 17 日，武汉三镇解放。5 月 20 日，中共湖北省委、湖北省人民政府、湖北军区正式宣布成立。全省划分宜昌等八个地区和沙市、宜昌两个省辖市。省委、省政府、湖北军区同时决定将中共江汉区当阳地委、当阳行政专员公署、当阳军分区分别改建为中共湖北省宜昌地方委员会、宜昌地方行政专员公署、湖北军区宜昌军分区。根据省委、省政府决定，原当阳地委、专署所辖的荆当县、荆钟宜县、南远县党政军机构撤销，分开恢复原有建制。随后，江枝宜县机构撤销，分开建县。原中共桐柏区汉南工委所辖南保兴宜县也分开建县。经过调整，宜昌专署行政区辖当阳、宜昌、远安、枝江、宜都、五峰、长阳、秭归、兴山九个县。同时，宜昌县城及郊区从宜昌县辖区划出，成立宜昌市。

5 月 19 日，中共湖北省委来电，正式确定了中共宜昌市委和宜昌市人民政府领导成员。原当阳地委书记彭天琦为中共宜昌市委书记，分别兼任宜昌市警备司令部政委、宜昌市军事管制委员会主任；原当阳行政专员公署专员刘真任市委副书记、宜昌市人民政府市长，何定华任市委宣传部长、代理组织部长，黄宏伸任市警备司令部司令员，市委委员为彭天琦等共八人。5 月下旬，宜昌地委、专署、军分区和宜昌市委、市人民政府正式成立。5 至 6 日，相继成立当阳、宜昌、远安、枝江、宜都、长阳、五峰县委、县人民政府。8 至 10 月，又相继成立兴山和秭归县委、县人民政府。随着宜昌各级领导机构的调整、建立，根据省委的指示，地委和市委结合学习贯彻中共七届二中全会精神，研究部署接管城市、发展经济和支援大军南下等各项工作的任务。

1949 年 5 月 20 日，当阳地委作出了《关于接管宜昌市的决定》，指出："宜昌为鄂西重要战略城市、川鄂交通要道、工业品和农产品的集散市场。""我们进入宜昌后，必须迅速建立革命秩序，保护人民的生命财产安全与民主自由，保护公共的、私人的工厂、商店、银行、仓库、船舶、汽车、电灯、电话、学校、医院、教堂及一切建筑物，保证城市政策的正确执行与公有工商、文化及军政等机关有秩序的完整的接管。"《决定》对实施接管城市的对象、内容、步骤、方法，以及维护社会秩序、实行军事管制等事项作出 12 条规定。同日，地委还颁发了各级干部和工作人员进城后的"十不准"纪律。

5 月 28 日，新成立的宜昌市委召开第一次会议，研究、部署接管宜昌市的工作。彭天琦在总结时强调，进城后的主要工作是按中共中央指示，搞好公教机关和官办企业的接管，迅速恢复生产，安定人民生活，并做好对第二野战军入川的支前工作。为此，进城后立即要抓好三件事：一是加强警备与迅速建立市区秩序；二是开展宣传工作，揭露敌人谣言；三是让人民币顺利占领市场。

6 月 4 日至 11 日，宜昌地委召开地委全体会议。会议认为，中共中央于 1949 年 3 月在西柏坡召开的七届二中全会，是在中国革命转折关头召开的一次具有重大历史意义的会议，党作出的工作重心由乡村转移到城市，将恢复和发展城市中的生产作为中心任务的决策，对于地委当前的工作有着现实的指导意义。会议要求，地委领导成员要带头加强思想建设，在革命即将取得胜利的形势下，要按中央的指示精神，"务必继续地保持谦虚、谨慎、不骄、不躁的作风，务必继续地保持艰苦奋斗的作风"。王延春在会议总结讲话中强调，地委当前的工作重点，就是按照党的七届二中全会的指示精神，恢复发展生产，保护私营工商业，发动群众组织农民协会，减租减息，清匪反霸，征收公粮，支援大军南下。对此，会议作出了相应的部署。为保证党的政策贯彻执行，加强党的集中领导和统一指挥，地委建立了请示报告制度，健全了党委分工责任制。为适应形势发展对干部的需求，根据地委会议精神，还从先解放的地区招收了一批具有一定政治和文化素质的工农积极分子和知识分子，经过短期培训后，充实到地委各工作部门和县、区（镇）、乡党政组织，加强了新解放区的干部力量。

6 月 11 日，宜昌市委、市人民政府在当阳县淯溪卢家湾召开全体干部大会，正式宣布成立中共宜昌市委、市人民政府。市委要求全体干部要加紧学习党的城市政策，保持和发扬艰苦奋斗的作风，全心全意为人民服务。为使干部和工作人员的思想作风适应城市工作的需要，从 6 月 12 日起至 7 月 6 日，市委先后在当阳卢家湾、观音区赤沙河组织入城工作队全体干部、队员学习党的七届二中全会文件，把思想和认识统一到党中央作出的工作重点转移到城市的重大决策部署上来。在学习中，刘真介绍了宜昌市社会经济的概况，勉励大家加紧学习党的城市政策，一步一步学会管理城市和建设城市；保持艰苦朴素、密切联系群众的优良作风。刘真强调，工作队进城不是去做官当老爷，而是宜昌人民的"长工队"。彭天琦在讲话中要求，实现党的工作重心的战略转移，开展城市工作，要着重解决好依靠谁、团结谁、争取谁的问题。他指出，党必须全心全意地依靠工人阶级，吸收大量工人入党，接管城市首先要依靠产业工人，还有搬运、手工业工人等也是依靠的力量；要广泛团结其他劳动群众，组织起来发展生产；要争取知识分子，重视和发挥他们的作用；还要争取尽可能多的能够同共产党合作的民族资产阶级及其代表人物，共同把城市建设好。

通过对党的七届二中全会精神的集中学习、培训，宜昌地委、专署和宜昌市委、市人民政府在政治上、组织上和思想作风上，为迎接宜昌解放，接管城市，做好了充分准备。

（二）人民政府对宜昌城市的全面接管和宜昌各级人民政权的建立

1949 年 7 月 17 日，中共宜昌市委、宜昌市人民政府机关干部在市委书记彭天琦、市长刘真的率领下，由当阳县城出发，于 19 日进驻宜昌城区。7 月底和 8 月初，中共宜昌地委、宜昌专署机关分别由当阳进驻宜昌城区。

为了顺利地接管宜昌市，中共当阳地委、宜昌地委和宜昌市委在宜昌城解放前夕，就对宜昌市的经济和社会现状、敌特机关与匪特活动等方面的情况，作了大量的调查研究，并写出了《宜昌敌伪机关及工商情况初步调查报告》。在此基础上，先后于 1949 年 2 月 27 日、5 月 20 日、6 月 17 日，发出《关于接收管理宜昌市的意见》《关于接管宜昌市的决定》和《进入宜昌市后对群众宣传工作的指示》等文件。这些文件，对干部进城的制度、纪律，接管方针、重点、办法以及群众工作等方面作了具体的规定。

7 月 21 日，宜昌市委召开进城后的第一次会议，研究了接管宜昌市的组织领导等问题。22 日，中国人民解放军宜昌市军事管制委员会、中国人民解放军宜昌市警备司令部同时成立，并宣布对外办公。市军事管制委员会主任彭天琦、副主任黄宏伸，警备司令部司令员黄宏伸、政委彭天琦。军事管制委员会为军管时期最高权力机关，统一领导全市军事、政治、经济和文化事宜。同时还成立了市接管委员会，具体领导和协调城市接管工作。

在实施接管的过程中，市军事管制委员会、市接管委员会与市委、市政府相互配合，严格按规定具体实施。城市接管工作按照"各按系统，自上而下，原封不动，统一接收，分别管理，先接后分"的原则，在政治上，摧毁国民党政权、警察机构，在经济上，没收国民党政府国有资本和国民党官僚私营资本，根据不同情况采取不同的接管方式。对电信、邮政等单位实行边接边管；对港口、码头、电厂等单位实行先管制后接收；对文教、卫生等单位实行先接后管。对已接收的单位，再按行业分类由对口政府部门管理。到 7 月底，城市接管工作结束，共接管了国民党宜昌专员公署、财政部国税稽征局、中央银行宜昌分行、川鄂日报社、电讯局、邮政局等 54 个单位。

在接管工作中，由于严格按组织程序，在市军管会、接管会的统一指挥下，认真执行党所规定的接管方针及有关政策，使接管工作进展顺利，圆满完成了接管任务。

党通过对宜昌城镇的接管，彻底打碎了旧的国家机器，迅速安定了人心，确立了新的革命秩序，并将国民党政府国有资本与国民党官僚私营资本的企业转化为新民主主义国家全民所有企业，使新的人民政权直接掌握了宜昌地区和宜昌市的经济命脉，为确立国营经济的领导地位奠定了重要基础。

在进行接管的同时，宜昌市和宜昌地区各县都加强了各级人民政权建设。1949 年 7 月下旬，根据湖北省人民政府电令，宜昌市设立三个区人民政府。以旧信义镇、仁爱镇分别为第一区、第二区，以旧忠孝镇、和平镇合并为第三区。各区人民政府接收各镇后于 29 日正式成立。至此，宜昌城区与宜昌县分开，宜昌市正式形成建制。

为了彻底废除国民党反动政权的基层组织，宜昌市人民政府于 8 月 5 日发出《布告》，宣布自即日起，废除保甲组织与制度，建立人民民主性质的居民组织。同时，颁布《宜昌市居民小组之组织暂行条例》。《布告》发出后，宜昌市军事管制委员会和宜昌市人民政府废除了设在宜昌城区的原国民党宜昌县政府的四个镇，39 个保，475 个甲。经过调查准备、宣传发动、直接选举三个阶段，共建立居民小组 766 个，选出了组长、副组长。

根据中共湖北省委、省人民政府于 1949 年 5 月作出的分开建县、恢复原有建制的决定，以及随着宜昌各地的相继解放，中共宜昌地委、宜昌专署立即着手各县中共县级组织的组建和人民政权的建立。自 1949 年 3 月到 10 月，先后建立了中共宜昌、当阳、远安、宜都、枝江、长阳、五峰、兴山、秭归县委和县人民政府。

各县县委和人民政府成立后，加强了区、乡（镇）级党组织和基层人民政权建设。到 1949 年年底，宜昌地区共建立 61 个区级党组织和区人民政府，宜昌、当阳、远安三县共计建立了 76 个乡级党组织和人民政府。

（三）宜昌市辖区的频繁变动

宜昌行政区专员公署辖 9 个县中，宜昌、远安、当阳、宜都、兴山、秭归、长阳、五峰 8 县为旧第六行政督察区，枝江县为旧第四行政督察区。宜昌市辖原宜昌县的忠孝、仁爱、信义、和平 4 镇，东至土城、北至长江溪（即黄柏河入长江处）、西至长江、南至万寿桥，总面积为 34 平方公里，其中建成区仅 2 平方公里，总人口 7.4 万。新中国成立不久，省委委员、湖北军区政治部主任郑绍文指出：宜昌市的辖区范围应"南至白沙脑，包括宝塔河、杨岔路、亚细亚公司，西包括河西五龙、十里红，北至南津关。宜昌市的码头街道建设应向杨岔路方向发展"。因此，1951 年 3 月，将宜昌县所属第八区的云集村（杨岔路）和江南第九区的安安村、五龙村划归宜昌市管辖，宜昌市面积达 37.12 平方公里，共辖人口 17 581 户 78 565 人，其中非农业人口 6.8 万人。1954 年 11 月，宜昌市由省辖市改由地辖市[1]。1956 年 3 月，宜昌县白洋乡联合社（宝塔河）划入宜昌市。1958 年 10 月，宜昌县点军、艾家 2 个乡和伍家乡的共前、共勤、共强 3 个农业生产合作社，白洋乡的火光、联丰、旭光、万年、合益 5 个农业生产合作社，小溪塔乡的第七、第八、第十、第十一、第十二、第十三、第十四等 7 个农业生产合作社划入宜昌市[2]。至此，全市

---

① 中共宜昌市委党史办公室编：《中国宜昌市组织史资料》，湖北人民出版社 1992 年版，第 43 页。

② 郑龙昌：《宜昌五十年回眸》，载《宜昌市文史资料》（总第二十辑），鄂宜图内字 [1999 年] 第 55 号，第 27 页。

总面积扩大到 156.4 平方公里，其中建成区 5 平方公里。此后，宜昌市行政区划变动频繁，城市规模逐步扩大。

## 二　宜昌城市的社会治理

### （一）清匪反霸，巩固新生政权

解放初期，潜伏在宜昌的国民党特务与被击溃的国民党军、政、警、宪中的顽固分子，纠集成伙，形成当时特有的政治土匪。他们大多隐蔽在崇山峻岭之中，依仗险峻的山势，进行所谓"游击"；收聚、改编国民党军残部和惯匪，勾结封建恶势力组建成建制的股匪，从事建立反共根据地和破坏新生人民政权的暴乱、爆炸、暗杀等活动。他们造谣煽动、纵火抢劫、挑起事端，使宜昌城乡一度匪患严重，社会秩序混乱，新生人民政权受到严重威胁。

1949 年 7 月开始，宜昌地、市委发出一系列文件，强调把清剿土匪作为重要工作任务，在对土匪进行军事清剿的同时，要大规模地开展政治攻势，促其分化瓦解。

10 月 27 日，地委就贯彻省委《关于剿匪的指示》，向各县县委和剿匪指挥部发出指示，要求各县剿匪部队，应将战斗队（军事清剿）和工作队（政治攻势）两种职能灵活而具体地结合起来；应重新组合，变化为工作队，配合地方党政干部，深入群众，细密侦察，搜捕潜伏隐藏的匪特。11 月初，国民党特务在兴山、秭归、巴东一带纠集"神兵大道会""黄香会"土匪，煽动不明真相的群众四千余人进行暴乱。他们抢劫支前物资，杀害干部、群众，袭击执行任务的解放军战士。宜昌军分区迅速抽调三百多名指战员，平息了匪患。战斗中毙伤匪徒八十余人，活捉了匪首，俘获中小匪首五十余人，缴回了被抢的全部武器和物资，取得了平暴的胜利①

1950 年元旦前后，五峰、长阳、秭归、兴山、当阳、宜都、宜昌等县的匪特恶霸活动更加疯狂，迅速发展匪众数千人，并配备了大量武器，形成有计划、有组织地对新生人民政权进攻的态势。他们采取种种欺骗手段，蛊惑群众，图谋暴乱。4 月 8 日，五峰县采花匪首勾结流氓地痞，

---

① 中共宜昌市委党史办公室：《中共宜昌简史》，中央文献出版社 2001 年版，第 85 页。

胁迫煽动群众二百余人包围采花区政府，残酷杀害区委书记刘美树等区委、区政府工作人员和战士 17 人。4 月 11 日，地委发出《关于镇压暴乱的紧急指示》。军分区独立团一部和五峰、长阳县大队旋即奉命进山围剿，在巴东等县大队配合下，经过艰苦的山地周旋，围追堵截，于 8 月底彻底平息暴乱。4 月 24 日，秭归县两河口区再次发生暴乱，反动会道门和土匪共六百余人抢劫政府粮食仓库。当日，地委作出紧急指示，要求坚决武装镇压，决不能有丝毫手软。军分区迅速派出剿匪部队，在秭归县大队配合下，击毙土匪 139 人，生擒土匪 10 人，至 29 日平息暴乱。

7 月上旬，地委发出"防止暴乱，镇压暴乱"的指示，在五峰、长阳、兴山、秭归、当阳、宜昌等县大队配合下，深入到各地全面清除匪患。至 1950 年 11 月底，共清剿了 164 股 9 237 名土匪，收缴各种枪支 2 521 支和各种凶器 958 件。其中，兴山 2 股 4 003 人，枪支和凶器五百余支（件）；秭归 3 股 689 人，枪支和凶器 120 支（件）；五峰 16 股 1 003 人，枪支和凶器 760 支（件）；当阳 24 股 906 人，枪支和凶器 370 支（件）；枝江 4 股 556 人，枪支和凶器 40 支（件）；宜昌县 2 股 449 人，枪支和凶器 252 支（件）；宜都 8 股 364 人，枪支和凶器 247 支（件）；长阳 105 股 965 人，枪支和凶器 1 090 支（件）；远安土匪 302 人，枪支和凶器 100 余支（件）。[①]

宜昌各地在清匪的同时还开展了反霸斗争。各级党委认真贯彻执行中央"依靠贫农、团结中农、争取富农、中立中小地主、集中力量打击恶霸"的方针，对罪大恶极的恶霸地主，既进行政治清算，又进行经济清算。清匪反霸斗争的胜利，沉重打击了国民党残余势力和农村中的封建势力，广大翻身农民群众扬眉吐气，真正成为新时代的主人。

（二）镇压反革命运动

1950 年 3 月，中央发出《关于严厉镇压反革命分子活动的指示》；7 月 23 日，政务院和最高人民法院联合发布了《关于镇压反革命的指示》，明令各级政府必须严厉打击那些潜伏较久、隐藏较深的给生产恢复和社会稳定带来极大破坏、对新生的人民政权造成严重威胁的反革命分子。

8 月 10 日，湖北省政府发布《关于镇压反革命活动的布告》。《布

---

① 中共宜昌市委党史办公室：《中共宜昌简史》，中央文献出版社 2001 年版，第 86 页。

告》要求对这些危害国家和人民利益的反革命行为，应及时严厉地予以镇压。9 月 13 日，省委发布《关于加强清匪肃特工作的决定》，并对镇反运动进行了部署，全省镇压反革命运动全面铺开。

10 月，宜昌地、市委分别成立了清匪肃特委员会，由党、政一把手和公安局长组成的 3 人领导小组，负责领导镇反运动。镇反运动打击的重点是土匪、特务、恶霸、反动会道门头子、反动党团骨干等五类反革命分子和其他现行反革命分子。

1950 年 11 月至 1951 年 10 月，为宜昌镇反运动的第一阶段。共依法逮捕各类反革命分子 1.01 万人，其中属于五类反革命分子 8 472 人（其中土匪 2 384 名，恶霸 3 722 名，特务 928 名，反动党团骨干 959 人，反动会道门头子 479 名）；其他反革命分子 1634 名（其中原国民党军政官吏 721 名，不法地主 597 名，现行犯 190 名，汉奸 122 名，叛徒 4 名）。在第一阶段的行动中，破获了大量的反革命案件。

1951 年 11 月至 1952 年 10 月，为宜昌镇反运动的第二阶段。共逮捕各类反革命分子 3 740 名，其中属五类反革命分子 2 840 名，其他反革命分子 900 名。在这一阶段共处理了反革命分子 5 176 名（含原有积案），其中判处死刑 658 名，判处有期徒刑 3 446 名，判处管制 582 名，教育释放 33 名，因各种原因死亡 457 名。这一阶段打击处理的反革命分子多是罪行特别严重，在第一阶段中漏网逃跑的反革命罪犯。

1952 年 11 月至 1953 年年底，为宜昌镇反运动的第三个阶段。共逮捕各类反革命分子 4 104 人，其中属五类反革命分子 2 836 名，其他反革命分子 1 268 名。依法处理反动会道门头子 494 名，其中判处死刑 9 名，判处有期徒刑 325 名，判处管制 139 名，教育释放 1 名，因各种原因死亡 20 名。在水上民主改革、水上镇反运动中，共有 275 名反革命分子受到打击处理。[①]

历时 3 年的镇反运动，基本扫除了国民党反动派在宜昌各地的反革命残余势力，土匪、恶霸及反动会道门等黑社会组织基本被肃清，社会秩序得到安定，新生人民政权得到巩固，广大人民群众参与社会主义建设的积极性空前高涨。

---

① 中共宜昌市委党史办公室：《中共宜昌简史》，中央文献出版社 2001 年版，第 89 页。

（三）取缔反动会道门

解放初期，被国民党匪、特、霸所控制掌握的反动会道门，遍及宜昌市和宜昌地区 9 县的 168 个乡（镇）。设有 12 支，1 286 个堂（坛），共有成员 46 188 人。其中会首 5 756 人，会众 40 432 人。反动会道门谋划组织多起反革命武装暴乱，杀害干部和革命群众，抢劫粮仓，制造反革命谣言，散布封建迷信，进行反革命破坏活动①，在镇反运动中，被宜昌地、市列为重点打击的五类敌人之一。宜昌专署依法逮捕了反动会道门头子 793 名，处决 320 名，判处有期徒刑 365 名，判处管制 18 名，作其他处理的 90 名。宜昌市依法逮捕了反动会道门头子 56 名，其中 7 名被依法处决。在实施严厉打击的同时，地、市委发出布告，明令对反动会道门进行取缔。在镇反运动的强大声势下，宜昌市自动声明退出反动会道门组织的会众就达 1 535 人。

会道门的反动性，突出表现在反动会首的反革命身份、反动立场和反革命罪行。天旱，他们说"是共产党得罪了上帝，而降罪"；雨多，又说"是共产党得罪了龙王爷"；发生虫害，他们则针锋相对造谣破坏，说"蝗虫是天虫，捉了虫子就会生病"，致使农民不敢灭虫，造成虫灾蔓延；在征兵时，会道门头子竟造谣说"局势不好，在招炮灰"，煽动青年不应征，直接破坏征兵工作，等等。

1952 年，一贯道汉口道首王达成来宜昌，在宜昌道首王汝滨处，召集残存的七个支会的会首李耀增等人秘密开会，传授进行复辟活动的"中道法"，并任命石月清为反动会道门一贯道宜昌组组长，统领其他道首，进行反动会道门的复辟活动。8 月，根据全省第五次公安工作会议精神，地、市公安机关分别作出部署，调集专门力量，开展对反动会道门的调查摸底和专案侦查。

1953 年 4 月 8 日，取缔反动会道门的斗争在宜昌市迅速展开，按照"打击反动会首，教育改造中小会首，团结争取会众，教育提高群众"的方针进行。根据在斗争准备阶段缜密侦察所掌握的情况，一举取缔了一贯道、同善社、新母教、老母教、济公活佛等反动会道的 5 个支、37 个

---

① 本章均为中共宜昌市委党史办公室著。《中国共产党宜昌历史》（第二卷），中共党史出版社 2010 年 9 月第 1 版，第 74 页。

坛、1 个活动坛及新心佛堂 2 个堂。逮捕会首 90 人，其中，处决 15 人，关押 64 人，管制 8 人，作其他处理 3 人；登记集训的中小会首 94 人，退道会众 3 659 人。根据地委的统一部署，全区共逮捕各种反动会道门首犯 1 287 名，依法判处死刑 329 名，判处无期徒刑 3 名，有期徒刑 687 名，管制 157 名，死亡 110 名，直接戴帽 32 名，具结悔过 59 名，自动退道 20 266 名。至 5 月，宜昌境内的反动会道门组织被全部取缔、彻底瓦解。

（四）恢复生产和发展工商业

宜昌市新生人民政权建立之初，市委、市政府面临的是国民党反动派在溃逃时的严重破坏，工厂停工，工人失业。恢复和发展工商业生产，对宜昌城来说显得异常重要，直接关系到人民生活的安定，社会秩序的稳定，甚至关系到新生人民政权的巩固。市委、市政府先后召开了 372 次座谈会，认真分析和研究了工商界存在的问题。一是停工停业情况比较普遍，原料、资金缺乏；二是一些民族资本家受国民党长期反动宣传的影响，对共产党尚缺乏信任感，对有关政策将信将疑。因此，有的拖延时间不予复工，有的收缩营业，有的企图分财散伙；三是少数工人对增加工资和改善生活福利待遇方面要求过高，劳动纪律松弛，任意干涉资本家的正常经营管理，由此引起的劳资纠纷时有发生。

宜昌是一个转口商业城市，航运业突出发达，百分之七八十人口直接间接依赖航运业为生，故恢复航运业为恢复生产之本。1949 年 7 月 24 日，市委、市政府在莎乐美电影院召开大会，动员码头工人、划夫和人力车工人复工复业，支援前线。随后，市委、市政府组织多路船工由干部带领分头到外县购买粮食、山货、水果，换取布匹、食盐和煤油，沟通城乡贸易，使一些私营工厂、商铺、码头工人陆续恢复了生产。8 月 16 日，市委作出《关于恢复与发展生产的宣传工作决定》，要广泛动员群众积极参加恢复生产的工作，发动群众建立革命秩序，巩固人民政权。

9 月 26 日，市委、市政府召开九百多名工商界人士参加的大会，对恢复和发展生产进行广泛动员。号召广大工商界人士和工人，以主人翁姿态，努力恢复和发展生产。市政府为私营工商业提供物资和贷款，帮助工商界渡过难关。9 月至 10 月，有 54 户私营企业贷款 5 500 元（新币值）。11 月，私营工商户由刚解放的 37 个行业 1 227 户，迅速增加到 65 个行业 2 585 户。1950 年 11 月 11 日，宜昌市召开第一届工人代表会议。

市委书记彭天琦作了题为《目前如何正确执行恢复与发展生产的方针》的报告。他指出，工人阶级不仅要顾眼前利益，更要看到长远利益，在调整公私关系和劳资关系中，要发挥主人翁的作用，和党一起度过暂时的财经困难。市委、市政府派出干部到当阳、远安、宜昌等县组织市内急需物资，把沟通城乡贸易作为恢复与发展生产的中心环节来抓，促进了市场活跃，安定了人民生活。由于采取了多方面的措施和正确实行劳资两利的政策，全市工商业的恢复与发展取得了明显的成效。

（五）稳定物价和统一财经

宜昌解放初期，全市人民面临的严重困难是物价狂涨，经济形势异常严峻，广大人民群众的生活受到严重威胁。长期战乱使宜昌金融市场混乱，币政多门、币种多样，不仅有国民党发行的各种纸币、伪钞，还有法币、铜圆、镍币、银圆等。广大人民群众受到法币、金圆券历次贬值直至崩溃的危害，普遍对纸币持怀疑态度，迷信金银硬通货的心理根深蒂固。7月16日宜昌城解放当日，第四野战军在城区发出本币800万元（旧币，下同），规定人民币与银圆的兑换比值为1 000∶1。7月26日，四野又发出本币筹码约2 000万元。7月底，比值由1 000∶1上涨为2 000∶1至3 000∶1，黑市市场上的比值达到15 000∶1。由于人民币币值的大幅贬值，8月后市场上的米、盐、油、土布、猪肉等主要生活品价格大幅度上涨。市场一天一个价，一天比一天高。在产粮的枝江县，7月15日，中米每斗3 000元，食盐每斤460元，香油每斤800元；16日，中米每斗13 000元，食盐每斤1 200元，香油每斤1 800元；宜昌城区物价涨幅更大①。

针对严峻的货币形势和市场物价问题，8月5日起，地、市多次召开财经工作会议，就禁止使用银圆、统一货币、繁荣市场、稳定物价等问题作出明确规定。8月31日，市委发出《拥护人民币拒收银圆的宣传大纲》。当日，市总工会组织五千多名工人、学生、教职工上街游行，号召广大人民群众拒用银圆。9月1日，全市各商店都贴出"本店拒用银圆"的告示，店员卡住了银圆流通第一关。9月2日，码头工会、海员工会、电信局等二十多个单位二千多名职工举行大游行，高呼"坚决拒用银圆，

---

① 《中国共产党宜昌历史》（第二卷），中共党史出版社2010年9月第1版，第41页。

拥护人民币"口号，并散发《全市职工告各界人民书》，号召全市人民团结起来，坚决拒用银圆，拥护人民币。9月6日，宜昌市军管会和专署联合发布禁用银圆布告，规定金银只准保存，不准流通，严禁从事金融投机；人民币是唯一合法货币，一切交易都必须以人民币作为计算单位。

　　10月，地委作出决定，从11月起粮食调拨权实行全区统收统支。12月16日，地委、专署发出通知，建立并统一经费开支制度。1950年1月5日，地、市委根据省委指示，实行全国财政大统一，所有公粮由中央统一调度，各地仓库即为国库。这标志着全市财税管理工作由解放初期的混乱无序状态向逐步建立社会主义计划经济财税体制转变的开始。

### 三　宜昌城市的社会改革

#### （一）土地改革

　　1950年6月，中央人民政府颁布实施的《中华人民共和国土地改革法》指出：只有进行土地制度改革，才能从根本上解决广大农民的疾苦，使广大农民获得真正意义上的翻身解放。10月，地委组建土改工作队，在宜昌县白洋乡开展土改工作试点。由此揭开全区土改工作的序幕。

　　1951年4月11日，地委决定在全区开展土地改革运动，组建了1 236人的工作队，赴当阳、远安、宜都及枝江、宜昌县的部分农村，共243个乡，有26个乡作为土改工作的重点乡。到11月，完成了80万人口的第一批土地改革。第二批开展土改运动的有长阳、五峰、秭归、兴山及枝江、宜昌县尚未进行土改的部分农村，共有53个乡作为重点，计120万人口的土改运动全面展开。第三批开展土改运动的为部分县遗留下来的三类乡，共计46个乡。宜昌地区的土地改革工作到1952年4月结束，完成了200万人口所在地区的土地改革任务①。1951年1月，市委成立土改委员会，负责领导和组织市郊土地工作。

　　1953年2月、4月，宜昌地、市的土改复查工作分别结束。宜昌地区的复查情况是：地主成分由复查前的20 838户，降为12 576户；富农由复查前的14 409户，上升为15 081户；中农由复查前的124 012户，降为107 623户；雇农由复查前的9 292户，上升为10 383户；贫农由复查

---

① 《中国共产党宜昌历史》（第二卷），中共党史出版社2010年9月第1版，第55页。

前的 182 490 户，上升为 201 099 户；其他成分由复查前的 13 880 户，上升为 14 914 户。地主成分的管制户由复查前的 12 367 户，减少到 1 569户，管制面由 21.51% 降为 0.95%。被管制人由 35 493 人降为 1 723 人，管制面由 57.66% 降为 0.45%。在处理土改遗留问题中，已被没收土地、山林的地主、富农 1 243 户，土地 6.9 万亩，山林 2.7 万亩。抽出土改分配不公的 2 723 户，土地面积 4 096 亩，山林 2 814 亩，另加上遗留土地、山林，为贫农、雇农、中农等 6.8 万户新增土地 13.72 万亩，山林 4.6 万亩，房屋 2.1 万间，耕畜 782 头，农具 1.6 万件，家具 7 513 件，粮食74.8 万斤。

宜昌市郊区的土改复查情况是：贫雇农由复查前的 361 户，上升为635 户；中农由复查前的 614 户，降为 475 户；富农由复查前的 85 户，降为 46 户；地主由复查前的 55 户，降为 35 户；贫农由复查前的 23 户，上升为 150 户；工人由复查前的 9 户，上升为 55 户；小贩由复查 13 户，上升为 49 户；商人由复查前的 1 户，上升为 14 户；其他成分由复查前的233 户，降为 103 户。

土地改革和土改复查的全面完成，彻底消灭了地主阶级的土地所有制，使翻身的贫雇农 26.6 万户，109 万人分得了土地 186 万亩，耕牛1.74 万头，农具 105.8 万件，房屋 33.9 万间，家具 157 万件，粮食1 327.7 万公斤等生产、生活资料。

（二）码头搬运和工矿企业民主改革

1949 年 7 月，市委决定成立宜昌市职工总会筹备处，同时派出干部深入工厂、码头、商店开展工运工作，组建基层工会和系统工会组织。8月 16 日，码头搬运系统工会率先作出决定，废除码头封建制度，行使工人管理码头的权利。由此揭开了宜昌市码头搬运业、工矿企业和交通运输业的民主改革序幕。

11 月 13 日，市委、市总工会召开全市三十多个单位、一千多人参加的斗争封建把头大会，控诉清算封建把头的罪行。会上，市委书记、市军管会主任彭天琦号召全市人民团结起来，检举揭发封建把头、特务、恶霸的反革命罪行，扫除一切封建残余势力。

码头搬运工人斗争封建把头，市人民政府为工人撑腰，封建把头受到应有的惩处，在全市引起极大的震动。全市旋即组建成立了 74 个基层工会和搬运、海员、店员、手工 4 个系统工会，工人代表六百五十多人，组织起来的职工达八千四百多人。全市各系统、各行业在工会组织的领导下，广大工人纷纷起来检举揭发斗争本系统、本行业的封建把头和反革命分子，开展反对封建残余势力的民主斗争。

1950 年 5 月，宜昌市搬运公司成立，市委委派南下干部担任搬运公司经理。随后，市划驳业工人打破封建把头划分的势力范围，统一了全市的划驳业务；人力车工人清算了车行老板的残酷剥削，接管了企业；建筑业废除了封建的包工头制度，由工会主持实行集体经营；手工业系统各作坊场店废除了旧社会遗留下来的封建陋规旧习，以新的方式进行经营管理；商业系统废除了"五八腊说话"①，实行以劳资两利为原则的用工及工资福利制度。

6 月 18 日，市委从机关、事业单位抽调 152 名干部组成宜昌市民主改革工作队。7 月 10 日，工作队进驻搬运、海员、建筑、手工、产联（市产业工会联合会）5 个系统，在 5 个系统中确定永耀电灯公司、邮电局、海员引水驾驶工会、搬运九支会、十支会、十一支会、鄂西染织厂、造船业、手工皮鞋皮件业 9 家企业，作为试点单位，先行开展民主改革运动②。7 月 13 日至 17 日，宜昌市第二届各界人民代表会议第三次会议召开。会议通过了《关于开展民主改革的决议》，会议要求全市各界人民积极支持、参与民主改革，为工人撑腰。民主改革运动大体分为民主斗争、民主团结、民主建设三个阶段进行。

1952 年 2 月，全市工矿企业的民主改革运动胜利结束。工矿企业的民主改革，是彻底废除封建残余势力、确立工人阶级在工矿企业中由被统治改变为真正主人翁地位的重要举措。

（三）街道的民主改革

1949 年 7 月宜昌解放后，第一区辖 13 个保 152 个甲，第二区辖 11 个保 149 个甲，第三区辖 15 个保 174 个甲，全市共 39 个保 475 个甲③。保

① 封建社会遗留下来的一种用工制度，凡五月端午节、八月中秋节、腊月年关节，老板要找工人说话，决定去留。工人把这三个节日称为"过劫"。
② 中共宜昌市委党史办公室：《中共宜昌简史》，中央文献出版社 2001 年版，第 91 页。
③ 郑龙昌：《宜昌五十年回眸》，《宜昌市文史资料》（总第二十辑），鄂宜图内字［1999年］第 55 号，第 32 页。

办公处有正副保长和保干事、保队附、保丁。市人民政府进城不久即分别召开保甲人员会议和群众大会，宣布保甲制度是国民党反动统治阶级的基层组织机构，保甲人员应认真悔过，停止作恶犯罪，接受人民群众的监督；应继续完成和做好人民政府交给的工作任务，争取立功赎罪。

1950年5月10日，市委、市政府决定宜昌市建立居民小组工作委员会。抽调干部一百二十余名组建民政工作队，分5个组11个小组展开工作：一是宣传发动。二是选举。6月1日至15日为普遍选举和居民小组正式成立阶段。宣布废除保甲制度设立居民组长的决定，责令保甲在居民组长选举后办理移交；以投票、举手、丢豆、打圈形式，选出758个居民小组，正副组长1 517人，直属各公安派出所管辖。

1951年3月，《宜昌市居民代表委员会组织通则》公布实施，主要任务是协助政府处理居民行政事务，开展支前、救济、调解工作，同时对妇女、儿童和入学少年进行业余文化教育。1952年8月，城区设立第一、第二、第三、第四、第五街政委员会，为党政合一的基层政权。通过街道民主改革，新发现破坏分子、"黑户"、国民党军官184名。

1953年2月2日至3月8日，为民主建政阶段。通过召开居民代表会议，建立居民委员会19个，居委会的规模原则上1 000户左右，设主任1名、副主任2名，委员9至13名，设治安、调解、生产、卫生、妇女5个工作委员会，共有委员913名。3月1日，民主建政选举工作全面铺开，选举方法是在第二街政委员会进行试点后推广的。选举工作8日全部完成，5个街政委员会改为第一、第二、第三、第四、第五街道办事处（后分别更名复兴路、滨江路、解放路、学院街、鼓楼街道办事处），其辖区为原各街政委员会所辖范围。街道办事处为市政府派出机关，代表市委、市政府行使职权，贯彻市委、市政府政策法令，宣传与组织辖区内政治、经济、文化生活，并领导和监督各居民委员会工作。

（四）革除城市顽疾建立新风尚

1. 禁烟、禁娼、禁赌，扫除旧社会遗毒

过去的宜昌是洋烟"云土"内运，"川土"东下的转运码头，为18省烟土总局的所在地。鸦片烟毒给宜昌社会和人民带来了深重的灾难。宜昌专区的五峰、长阳、秭归、兴山等县的部分山区解放初期依然还在种植罂粟。贩、制、运毒品及吸食毒品者随处可见，数量在万人以上，故宜昌有"鸦片城""吗啡城"之称。

1949 年 8 月 12 日，宜昌市公安局发布第一号布告，明令禁止贩卖毒品、吸食毒品和聚众赌博。至 1951 年，共破获、处理毒品案 1 251 件，毒贩 1 854 名，收缴鸦片烟土 1 081 两、吗啡 471 两、沃水 50 箱。全面取缔贩毒吸毒场所，处决朱吉运等大毒贩 3 名，强制劳动改造 111 名①。

1952 年 6 月上旬，宜昌市抽调一百六十余名干部参加禁烟禁毒工作，"五管齐下"：禁种、禁制、禁贩、禁运、禁吸，目标是："查禁""根绝"。一百六十余名干部分别到街道、旅店、轮船公司、熟食等重点地方开展工作，掌握了 11 个大案线索和 812 名毒犯情况。在强大的政治攻势下，迫使 1 941 名毒犯向政府坦白交代。经调查核实，全市共有大小毒犯 2 884 名，其中 200 两以上大毒犯、惯犯 726 名。8 月 12 日，将列为第一批对象的 59 名案犯抓捕归案。8 月下旬，逮捕案犯 199 名。9 月 29 日，逮捕毒犯 312 名，追缴毒品 690 两，沃水 28 磅、代替品 17 盒、非拉西汀 19 两，行军丹 500 粒，制毒机 1 部、制毒工具 423 件，藏毒工具 390 件，吸毒工具 83 件、运毒工具 8 件、贩毒工具 97 件。为震慑毒犯，教育群众，市人民法庭先后召开三次公审公判大会，惩办毒犯 570 名，其中判处死刑 5 名，无期徒刑 4 名，有期徒刑 361 名，管制教育 103 名，取保释放 92 名，转外地处理 5 名。

卖淫嫖娼，也是旧中国遗留下来的社会丑恶现象。宜昌是进出川转运码头，商业较为发达，在旧社会有妓女多、烟土多、游民多现象，可谓繁荣"娼"盛。新中国成立前，陶珠路、浙江路、北门外正街、富裕街、力行街一带闹市区妓院遍布，生意兴隆。仅正式登记在册的乐户就达 153 户，妓女达 268 人，小小的宜昌城内青楼堂班、公私娼寮，举目可见。

1952 年 8 月，市政府制订了《宜昌市妓女改造工作计划》，并从公安、法院、民政、妇联、卫生等单位抽调人员组成专门队伍，实施禁娼。经调查，有钱和罪恶大的老鸨都带着班子转移和逃往外地，但城内尚有妓女 96 人，老鸨 11 人，台基（提供场所者）16 人。市公安局采取统一行动，逮捕全部妓院老鸨，依法惩办了"逼良为娼、虐待妇女"的首恶分子，对台基也区别情况进行了处理。对 18 名无家可归的惯妓，由民政

---

① 《中国共产党宜昌历史》（第二卷），中共党史出版社 2010 年 9 月第 1 版，第 69 页。

部门所属的生产教育院收容，安置在棉织厂生产劳动；对23名家在农村、被逼为娼者，经教育遣送回乡劳动；对家居城市者，安排劳动岗位，并由妇联、工会介绍同劳动工人结婚，组成家庭。

市政府明令禁止赌博，严厉惩处借此谋利的恶霸、赌头和窝主赌棍；帮助嗜赌者提高认识自觉戒赌。开展声势浩大的禁烟禁毒、卖淫嫖娼和聚众赌博的斗争，扫除了被称为三大社会公害的毒、赌、娼等社会丑恶现象，使宜昌的社会风气得到了净化。

2. 贯彻实施《婚姻法》

1950年5月1日，新中国成立后的第一部法律《婚姻法》颁布实施。《婚姻法》规定：废除包办强迫、男尊女卑、漠视子女利益的封建主义婚姻制度。实行男女婚姻自由、一夫一妻、男女权利平等、保护妇女和子女合法利益的新民主主义婚姻制度。这是中国妇女受歧视和压迫而进行反封建斗争的胜利，是几千年来中国社会家庭生活的一次伟大变革。

宜昌地、市委根据中央《关于保证执行婚姻法给全党的通知》精神，进行了广泛的宣传和组织工作，把贯彻执行《婚姻法》当作重要工作任务之一。11月1日，专署召开各县妇联主任和司法科长会议，明确提出了严禁一切破坏《婚姻法》，虐待妇女的行为。市人民政府规定，每年8月为检查《婚姻法》执行情况的时间。地、市均指定民政部门为婚姻登记机关。《婚姻法》的颁布实施，受到了广大人民群众、特别是广大妇女的欢迎。

从《婚姻法》的贯彻实施到1952年10月，宜昌有1.25万人依照《婚姻法》的规定，在民政部门办理了登记结婚手续，其中宜昌城区2 166人；有3.02万人依照《婚姻法》的规定，办理了离婚和解除婚约手续，其中宜昌城区1 378人[①]。

1953年1月6日、2月2日，宜昌地、市分别成立贯彻《婚姻法》委员会，培训宣传骨干五千四百多人，深入到区、乡、村，掀起了宣传贯彻《婚姻法》的群众运动。机关、工厂、农村剧团、文化馆、学校等单位，印刷了大量宣传材料，制作幻灯片、皮影戏、排练演出文艺节目等，以多种形式进行广泛宣传，使《婚姻法》深入人心。

---

① 中共宜昌市委党史办公室：《中共宜昌简史》，中央文献出版社2001年版，第92页。

中央决定 1953 年 3 月为"全国贯彻婚姻法运动月"。省农村妇女工作会议也对此作出部署，要求全省各地在"三八"妇女节前后，集中开展贯彻《婚姻法》的运动。3 月 11 日，宜昌地、市妇联在宜昌市文化馆广场联合举行妇女大会，纪念"三八"妇女节，宣传贯彻婚姻法，有 1.7 万余名各界妇女参加大会。地委书记蒋占义、副市长解苾民出席大会并发表讲话。大会为 46 对新婚夫妇举行了集体婚礼，蒋占义、解苾民向新郎新娘表示祝贺。通过广泛深入的宣传活动，使《婚姻法》成为人人知晓而自觉遵守的法律，从而为全社会建立团结和睦、幸福美满的家庭生活奠定了良好的社会基础。

## 四  宜昌由转口贸易城市向多功能城市转型

### (一)  宜昌实现发展转型

长期以来，宜昌因其地理位置和历史原因，通商口岸、过载码头城市特征十分明显，工业并不发达。1949 年 7 月建市时，全市工业包括手工业在内，共 36 个行业 314 户。仅有"永耀电灯公司""泰丰织布厂"等 16 家小厂以及机器翻砂业、棉织业、针织业等 10 个行业的 300 家私营企业尚在维持生产。1949 年的工业总产值 380 万元。

从机械制造业看，至 1949 年 7 月宜昌解放时，机器翻砂业中初具规模的只有渝兴隆、李正顺、吴道生等 3 家，共有机床 19 台。从业人员 97 人，3 厂中师傅 44 人，学徒 53 人。这几家翻砂机器厂，主要生产织布机、轧花机、织袜机、弹花机、压面机、碾米机以及承做工业性作业。这 13 家私营机器制造厂除渝兴隆翻砂机器厂资金相对雄厚、技术力量较强、有一定的发展外，其余都是生产规模小、设备陈旧，分散经营。这几个厂资金大约都在 2 000 元，师徒三五人。这种落后的半封建式的生产方式与当时国民经济逐步恢复的形势形成了明显反差。

新中国成立以来，宜昌市通过没收官僚资本，建立国有经济、两次工商业的调整、对资本主义工商业和手工业的社会主义改造，建立起一批相当规模的工业企业，逐步实现了城市发展的转型。如上述机械企业，宜昌市委、市政府考虑这种单独经营不适应新的形势，也不利于生产的发展，为改变市机械工业落后于形势发展的状况，按照国家对资本主义工商业采取扶植的政策，决定由市工商联和机器翻砂同业公会做会员的思想工作，以组织起来发展生产的办法，动员私营业主联合经营，集中设备、资金、技术力量，以便担任新的机器生产任务。1951 年 9 月 1 日，13 家私营企业愿意联合组成"联众机器厂"，合营后的公私合营新华机械制造厂焕发出新的活力。到 20 个世纪 80 年代，由新华机械制造厂演变而来的宜昌市机床工业公司，拥有职工 1 200 多名，占地面积 13 万平方米，下设一个金属回收机械研究所，25 个科室 8 个分厂。①

从 1953 年起，地、市编制并开始执行国民经济发展第一个五年计划。"一五"计划设定工业建设是整个经济建设的首要任务，但宜昌工业极不发达，且多为手工作坊，设备简陋，技术落后。主要是铁木农具、酿酒、造纸、土纺土织等行业。1954 年开始，地、市采取"分技移苗"的办法，利用各方面的力量兴办了化工、医药、纺织、造纸、印刷、服装、皮革等一批小型工厂，对一批私营工厂投资进行扩建、改建，实行公私合营②。至 12 月，先后有宜大砖瓦厂、永耀电厂、新华机器制造厂、鄂西染织厂、公力面粉厂、公庆烟厂、民康制药厂、峡江造纸厂、利民化工厂等十余家企业实行了公私合营。随后，地市把化工、医药作为发展主体，先后改、扩建了一批企业。新建了民康制药厂、红星化工厂、利民化工厂、红卫化工厂、光华化工厂、立新耐酸陶瓷厂等十多家化工、医药企业，其产品有硫酸、烧碱、烤胶、中成药等几十个品种。新办的国有企业有宜昌船厂、机床厂、电池厂、糖果总厂、制药厂、鄂西织布厂、新华机械厂、电机厂、电焊条厂、棉纺厂等企业。在全面贯彻落实过渡时期总路线，加快社会主义工业化建设步伐的热潮中，宜昌地方工业取得了扎扎实实的进展。

交通运输业也是"一五"计划的重点项目。对外运输主要靠水路。1952 年 6 月，市政府组织三千七百多名城市贫民和失业工人组成宜昌市民工大队，参加整修汉宜公路，使汉宜公路的运输能力大大提高。1953 年 9 月，宜昌境内的第一条公路 42.76 公里的远当公路全线贯通。

1953 年，中央军委、民航局投资亿元修复了宜昌境内的土门垭飞机场。1954 年 10 月，中国民用航空宜昌站在土门垭机场成立。同年秋，机

---

① 《中国资本主义工商业的社会主义改造·湖北卷》，中共党史出版社。
② 《中国共产党宜昌历史》（第二卷），中共党史出版社 2010 年 9 月第 1 版，第 132 页。

场正式通航。从 1955 年开始，宜昌至汉口的直达客运汽车开通。此后，宜昌汽车客运站先后开通了宜昌至当阳河溶，宜昌至分乡，宜昌至远安的公路客运班车。

（二）区域中心城市功能的完善

新中国成立后，宜昌地、市委为了从根本上改变宜昌的文化、教育、卫生、体育事业的落后状况，使广大劳动人民充分享受文化教育、医疗卫生方面的权利，使各项社会事业适应社会主义革命和建设的需要，按照中央提出的文教卫事业为工农兵服务，为国家建设服务的总方针，有计划地开展了对文教卫事业的调整和改革工作。

新中国成立前，宜昌地区中等学校仅 20 所，在校学生 4 690 人；小学 1 405 所，在校学生 10.28 万人。宜昌市中学公立 4 所（含师范），在校学生 1 816 人；私立中学 6 所，在校学生 3 780 人；私立小学 14 所，在校学生 3 623 人。人民政府接管后，将旧有的公立中学进行改编，私立学校维持现状，对老师则采取"包下来"的政策，废除了旧有的反动政治教育，取消了"党义""公民""童子军训练"等课程，确立了新的办学宗旨。到 1949 年年底，宜昌地区中小学校恢复发展到 2 715 所，在校学生 11.1 万多人①。1952 年下半年，宜昌所有私立中小学逐步由人民政府接办，全部改为公办学校。

1950 年，宜昌市成立识字运动委员会，全市办工人、农民夜校 26 所，在校学生 3 449 人。随后，工人、干部及市民学员发展到 7 792 人。其中扫盲班学员 6 280 人，高小 834 人，初中 388 人，普通班学员 290 人。此外，很多部门都开办了干部文化补习班，还有宜昌市干部业余文化补习学校，以提高干部文化水平。宜昌各县采取冬学、夜校、民校和举办文化补习班等多种形式，大力开展扫盲工作。全区农村办文化补习班 460 个，13.58 万人参加学习；冬学 5 757 处，23.47 万人参加学习。参加扫盲学习的人数 37 万人。

1949 年 8 月，建立了宜昌地区文艺宣传队；1950 年改建为地区文工团。文工团积极配合党的中心工作，演出了《九尾狐》《血债要用血来还》《菩萨挨打》等现实感极强的剧目。文工团还随部队赴五峰采花

---

① 《中国共产党宜昌历史》（第二卷），中共党史出版社 2010 年第 1 版，第 106 页。

剿匪，以刷标语、贴布告、演讲、喊话等形式，配合部队展开政治攻势，分化瓦解敌人。5 月，宜昌市京剧团成立；10 月又成立了宜昌市汉剧团，为配合市委中心工作，先后演出了《搬运工人翻身记》《罗汉钱》《走向一条路》《台岛之夜》《思想问题》《方珍珠》《龙须沟》《糖衣炮弹》《赵小兰》《一贯道》《田园新貌》《柳树井》等十几部话剧、歌剧；市京剧团演出了《抗金兵》《大破东平府》《十三妹》《三妹夸夫》《我要嫁给生产郎》《九件衣》《滚出中国去》《还我台湾》《白毛女》《闯王进京》《欢天喜地》《小女婿》《中秋之夜》《唇亡齿寒》《鸦片恨》等剧目和新戏，收到极好的宣传效果。1949 年，宜昌市文化馆成立，下设图书室、广播室、阅览室、业余剧团、艺术学校、街道俱乐部、文学创作组、美术工作组等群众文化机构。1951 年"五一"劳动节，在文化馆广场组织规模空前的万人大合唱，《没有共产党就没有新中国》《咱们工人有力量》等革命歌唱，极大地振兴了广大群众的爱国热情和战天斗地的精神。

接管宜昌时，城区内只有 3 所公立医院、1 所教会医院、13 所私人医院、42 家中药店铺和 13 家药房，各种卫生技术人员 162 人。原国民党省立医院更名为宜昌市人民医院，又将夷陵医院、天主堂医院并入市人民医院；将原宜昌县立医院更名宜昌专署（中心）人民医院。1951 年 5 月 26 日，宜昌护产学校成立并招生（宜昌卫生学校），培养急需的医疗卫生战线人才。

1949 年 9 月，宜昌市举办了以学生、战士为主的篮球、排球比赛，群众性的体育运动兴起。1950 年 8 月 1 日，宜昌举办了规模较大的综合性体育运动会，进行了篮球、排球、乒乓球、拔河、田径等十多个项目的比赛，近千名运动员参加了运动会。1951 年 5 月，宜昌市举办有各界群众参加的运动会，有工人、农民、学生、干部、市民、工商业者等共二千四百多人。12 月，中华全国体育总会宜昌市支会成立。在市体育支会的组织下，市内体育赛事不断，单位、学校间周末、节假日开展比赛活动，既丰富了市民的业余生活，也促进了宜昌体育事业的发展。

## 第二节　三线建设与宜昌城市发展

### 一　宜昌城市建设的良好起步

经过巩固人民民主政权的斗争和基本完成对生产资料私有制的社会主义改造，标志着社会主义基本制度在宜昌建立，为宜昌的社会主义建设奠定了根本政治前提和制度基础。1956 年 11 月 1 日至 5 日，地委召开全区市、县委书记会议，学习贯彻党的八大和省委一届二次全会精神。会议要求，各级党的组织要加强党的集体领导，贯彻党的群众路线，调动一切积极因素，保证社会主义建设事业获得更大的胜利，将全区工作重点转移到社会主义经济上来①。

1957 年，宜昌全面完成和超额完成了第一个五年计划的主要任务。在遭受了严重秋旱的情况下，粮食总产量仍达 14.8 亿斤（不包括 4 000 多万斤大豆），比 1956 年增长 2.1%，超过第一个五年计划 1957 年指标 14.22 亿斤的 5.6%；棉花总产量 23 万担，比 1956 年增长 43.2%；油料总产量 82 万担，比 1956 年增长 12.5%；牲畜和多种经济也得到很大的发展。地方工业从无到有，从小到大，建立了电力、机械制造、燃料工业、建材、纺织等地方国营，公私合营、合作社营的厂矿企业 111 个，提前一年半完成了"一五"计划指标。

"一五"计划期间，全区经济建设方面，累计完成固定资产投资总额 2 831 万元，新增固定资产 2 765 万元，分别比新中国成立头三年增长 5.8 倍和 9.4 倍；施工项目 702 个，有 372 个项目建成投产。1957 年，全区国内生产总值 7.72 亿元（按 1990 年不变价计算，下同），工农业总产值 12.48 亿元，与 1952 年相比，分别增长 27.81%、53.13%。到 1957 年，工业总产值达到 5 533 万元，完成计划的 388%，比 1952 年提高 35.6 倍，其中重工业增长 18.3%。1957 年，社会商品销售增长较快，仅宜昌市零售额达 2 666 万元，比 1952 年增长 72.33%。通信事业有了新发展，全区 396 个乡，有 395 个乡通电话。文化教育事业发展迅猛，小学生达 26.4 万人，比 1952 年增长 115.78%；中学生 1.12 万人，比 1952 年增长

---

① 《中国共产党宜昌历史》（第二卷），中共党史出版社 2010 年 9 月第 1 版，第 203 页。

56.4%；扫盲 15.64 万人，比 1952 年增长 234.7%。[①] 宜昌市新建了文化宫、图书馆、有线广播站，人民群众精神文化生活有了明显提高。

## 二　宜昌缓步前行与发展中的曲折

1956—1966 年是中国共产党十年社会主义建设探索时期，宜昌城市发展也经历了波澜曲折。1958 年 8 月，中央政治局在北戴河召开扩大会议，把全国"大跃进"和人民公社化运动推向高潮，以高指标、瞎指挥、浮夸风和"共产风"为主要标志的"左"倾错误严重泛滥开来。这是党在探索中国自己的建设社会主义道路过程中的一次严重错误。这期间，中央批准中共宜昌地委、专署改建为中共宜都工业区工作委员会和宜都工业区行政公署。"大跃进"不可避免地给宜昌也带来严重后果：由于不实的"高产卫星""大丰收"，导致了高征购、反瞒产、"共产风"等，给人民生活带来了严重的困难，致使有的地方严重缺粮、断粮，直至出现饿死人的现象。全党全民"大炼钢铁"的群众运动，造成人力、物力、财力的巨大浪费，国民经济比例严重失调和森林等自然资源的严重破坏，造成了市场物资供应紧张，生产和人民生活都发生困难。初步统计宜昌毁林 3.3 万公顷，损失林木蓄积三百多万立方米；实际林木损失远超此数。

这期间，虽然也贯彻执行了中央关于对国民经济实行"调整、巩固、充实、提高"的八字方针并报经国务院批准，撤销宜都工业区行政公署，恢复宜昌专员公署[②]。但宜昌城市建设起步不大。

在随后持续 10 年的"文化大革命"导致宜昌的经济建设蒙受重大损失。商品奇缺，物资匮乏。凭票限量供应的范围扩大，除粮、油、布票外，连煤球、火柴、肥皂、香烟和副食品、自行车、手表、热水瓶等都得凭票才能买到。很多职工十多年没增加工资，全区农民人均年收入仅 60 多元。

关于 1956—1978 年宜昌城市的发展，在《中国共产党宜昌历史》第

---

① 中共宜昌市委党史办公室著：《中共宜昌简史》，中央文献出版社 2001 年版，第 113 页。

② 中共宜昌市委党史办公室编：《中共宜昌市组织史资料》，湖北人民出版社 1992 年版，第 182、301 页。

二卷有详尽论述。本书从略。

### 三　三线建设与宜昌城市发展的新契机

#### （一）三线建设的由来

发生于 20 世纪 60 年代中期至 70 年代末的中国大三线建设，是我国社会主义建设史上重要的历史事件。三线建设与当时的国际环境和毛泽东战略思考的调整息息相关。

一是当时的国际形势使然。20 世纪 60 年代中叶，中苏两党已彻底决裂，中国的任何外交行动都面临着两个超级大国的夹击。中国工业布局，从军事经济学角度看，显得非常脆弱。东北的重工业几乎全在苏联轰炸机 1 小时航程和中短程地地导弹射程之内，反应时间短，防御能力差；以上海为中枢的华东工业区全部暴露在航空母舰和以台湾为基地的航空兵攻击之下，一旦桥梁道路中断，连 1 000 万人口的生计都成问题，何言工业的能源、电力、原材料、零部件以及产成品运输。总参作战部提出的报告称：在敌人突然袭击时情况相当严重，（1）工业过于集中。全国 14 个百万以上人口大城市，集中了约 60% 的主要民用机械和 52% 的国防工业。（2）大城市人口多。全国 14 个百万以上人口和 25 个 50 万到 100 万人口的大城市，大都在沿海地区，防空问题尚无有效措施。（3）主要铁路枢纽、桥梁和港口码头多在大城市附近，还缺乏应付敌人突然袭击的措施。（4）所有水库的紧急泄水能力都很小，一旦遭到破坏，将酿成巨大灾害。①

在 1964 年 6 月 6 日的中央工作会议上，毛泽东讲话，提出备战问题。毛泽东说，只要帝国主义存在，就有战争的危险。我们不是帝国主义的参谋长，不晓得它什么时候要打仗。决定战争最后胜利的不是原子弹，而是常规武器。他提出：要搞三线工业基地的建设，一、二线也要搞点军事工业。各省都要有军事工业，要自己造步枪、冲锋枪、轻重机枪、迫击炮、子弹、炸药。有了这些东西，就放心了。

1964 年 8 月 2 日北部湾事件爆发，美国驱逐舰"马克多斯"号与越南海军鱼雷舰发生激战。8 月 5 日，美国对越南北部的轰炸加上

---

① 宋宜昌：《三线建设的回顾与反思》，《战略与管理》1996 年第 3 期。

以中国为假想敌的大规模军事演习彻底改变了毛泽东对世界格局的看法。因为中国本来就处于美国和苏联双方军事力量的战略包围之中，中国对可能爆发的战争不能不有所准备。是年，美国制定了绝密报告——《针对共产党中国核设施进行直接行动的基础》，试图出动空军袭击中国即将进行第一颗原子弹实验的核基地。开展三线建设更是迫在眉睫。

二是计划必须考虑国防需要。三年自然灾害的痛苦教训，使人们对于保证基本日常生活用品和食品的要求殊为迫切。1964 年 2 月到 4 月，农业、财贸、工交三口长期规划会议先后召开。谭震林主持研究落实五亿亩稳产高产农田的建设问题。李先念主持财贸会议讨论农产品收购政策。薄一波主持工交会议。会议认为，"三五"计划的中心任务：一是按不高的标准基本上解决吃穿用，1970 年粮食产量达到 600 亿斤左右，衣着消费量（包括各种纺织品）达到人均 24 尺左右；二是兼顾国防，解决国防所需的常规武器，突破国防尖端技术；三是加强基础工业对农业和国防工业的支持。归纳起来就是吃穿用第一，基础工业第二，国防第三。但面对战争威胁，毛泽东和中共中央毅然决定，中止原来"抓吃穿用"的"三五"计划设想，毛泽东说，过去制订计划的方法基本上是学苏联的，先定下多少钢，然后根据它来计算要多少煤炭、电力和运输力量，再计算要增加多少城镇人口、多少福利；钢的产量变小，别的跟着削减。这是摇计算机的办法，不符合实际，行不通。这样计算，把老天爷计算不进去，天灾来了，偏不给你那么多粮食，城市人口不增加那么多，别的就落空；打仗计划不进去，国际援助也计划不进去。毛泽东还强调指出：要改革计划方法，这是一个革命。学了苏联方法以后，成了习惯势力，似乎很难改变。这几年我们摸索出了一些方法，我们的方针是以农业为基础，以工业为主导。按照这个方针制订计划，先看可能生产多少粮食，再看需要多少化肥、农药、机械、钢铁，还要考虑打仗的需要。

8 月 19 日，李富春、薄一波、罗瑞卿联名向毛泽东和中央提出了《关于国家经济建设如何防备敌人突然袭击的报告》。10 月 30 日，中央工作会议通过并下发了国家计委提出的《1965 年计划纲要（草案）》。决定从 1964 年起转而加紧进行战备工作，在云、贵、川、陕、甘、宁、青等西部省区的三线后方地区，开展大规模的工业、交通、国防基础设施建设。这些地区距西面国土边界上千公里，离东南海岸线七百公里以上，加之四面分别有青藏高原、云贵高原、太行山、大别山、贺兰山、吕梁山等连绵起伏的山脉作天然屏障，在准备打仗的特定形势下，成为理想的战略后方。

20 世纪 60 年代中期，无论从我国的安全需要，还是生产力布局的改善，建设三线战略后方，都是必要和必需的。战略后方是一个国家战时前线作战后勤供应的主要基地，它不仅是个地域概念，而且是个包括后方的军事、政治、经济和对战争的支援能力在内的综合的概念，是一个国家坚持战争、争取胜利的主要依托。在和平时期，它的存在仍是保障经济建设、保卫和平的重要力量①。

（二）三线建设的过程与成效

所谓"三线"，一般是指当时经济相对发达且处于国防前线的沿边沿海地区向内地收缩划分的三道线。一线地区指位于沿边沿海的前线地区；二线地区指一线地区与京广铁路之间的安徽、江西及河北、河南、湖北、湖南四省的东半部；三线地区指长城以南、广东韶关以北、京广铁路以西、甘肃乌鞘岭以东的广大地区，主要包括四川（含重庆）、贵州、云南、陕西、甘肃、宁夏、青海等省区以及山西、河北、河南、湖南、湖北、广西、广东等省区的部分地区，其中西南的川、贵、云和西北的陕、甘、宁、青俗称为"大三线"，一、二线地区的腹地俗称为"小三线"。实际上，三线建设的重点是八省一市，即：云南、四川、重庆、贵州、陕西、甘肃全境以及河南、湖北、湖南的西部地区。

1964 年 8 月，国家建委召开一、二线搬迁会议，提出要大分散、小集中，少数国防尖端项目要"靠山、分散、隐蔽"（简称山、散、洞）。有的还要进洞。三线建设宣告拉开帷幕。

在 1964—1980 年，国家共审批三线地区一千一百多个中大型建设项目。大批原先位于大城市的工厂与人才进入西部山区。更有"备战备荒为人民""好人好马上三线"等口号号召人们前往三线地区。

1980 年后，伴随着改革开放与冷战趋于缓和，三线建设由保密名词

---

① 李彩华：《我国大三线建设的历史经验和教训》，《东北师大学报》（哲学社会科学版）2005 年第 4 期。

逐渐见于报端。而改革开放后，许多三线建设单位由于位置偏僻闭塞而难有发展。1983 年 12 月，中国政府在成都设立国务院三线办公室，1990年改为国家计委三线办公室，在 21 世纪又改为国防科工委三线协调中心。

　　大三线建设历时（1964—1978 年）14 年，核心时间段为 1964—1972年计 8 年。在横贯三个五年计划的三线建设中，国家在主要 13 个省和自治区的中西部地区投入了 2 052.68 亿元巨资，涉及六百多家企事业单位的重建、搬迁、合并，整个工程规模史无前例。几百万工人、干部、知识分子、解放军官兵和成千万人次民工的建设者，打起背包，跋山涉水，来到祖国大西南、大西北的深山峡谷、大漠荒野。他们露宿风餐，肩扛人挑，用十几年的艰辛、血汗和生命，建起了星罗棋布的 1 100 多个大中型工矿企业、科研单位和大专院校。

　　三线建设史无前例地改善了大西南交通。基于建设全国战略大后方的需要，国家集中建设了川黔、成昆、襄渝三条铁路并彻底整治了长江航运。虽然成昆铁路是作为国防三线建设的重点工程而诞生的，但实际上所起到的作用远不只是备战。一位社会学家评论：成昆铁路和攀钢建设至少影响和改变了西南地区 2 000 万人的命运，使西南边塞地区整整进步了 50 年。成昆铁路与贵昆、川黔、成渝铁路相连，构成了西南环状路网，并有宝成、湘黔、黔桂三条通往西北、中南、华南的通道，彻底改变了新中国成立前西南几乎没有像样铁路的历史。

　　在铁路交通先行的前提下，西南诸省的工业进行全面深刻的再造，建成了基本完备的钢铁、能源、有色金属、电子、化学、机械等重工业体系，奠定了现在的发展基础。其中一部分后来被称为西部脊柱，如攀枝花、酒泉、金川等钢铁冶金基地，酒泉、西昌航天卫星发射中心，葛洲坝、刘家峡等水电站，六盘水、渭北煤炭基地，长城、水城等大型钢厂，贵州、汉中航空基地，川西核工业基地，长江中上游造船基地，四川、江汉、长庆、中原等油气田，重庆、豫西、鄂西、湘西常规兵器工业基地，湖北中国第二汽车厂、东方电机厂、东方汽轮机厂、东方锅炉厂等制造基地，中国西南物理研究院、中国核动力研究设计院等科研机构，形成了中国可靠的西部后方科技工业基地，初步改变了中国东西部经济发展不平衡的布局，带动了中国内地和边疆地区的社会进步。

国防科技工业方面，形成了以重庆为中心的常规兵器工业基地、以成都为中心的航空工业基地、长江上游的船舶工业基地以及以绵阳为中心的国防尖端科技研制基地，足以为现代化军队提供种类齐全的武器装备，形成了坚固的战略大后方。

三线建设还形成了中国可靠的西部后方科技工业基地，初步改变了中国东西部经济发展不平衡的局面，带动了中国内地和边疆地区的社会进步，堪称中国历史上空前的西部建设战略。

（三）"小三线"建设对宜昌发展的推动

1. 一批重点工程落户宜昌做大城市骨架

地处长江中上游，素有"三峡门户""川鄂咽喉"之称的宜昌，其得天独厚的战略地位优势成为湖北"小三线"建设的首选之地。

1964 年下半年，中央各部门陆续到宜昌地区进行选厂、勘察工作，先后到宜昌选厂地的部门有：国防工办、海军、空军、一机部、二机部、三机部、四机部、五机部、六机部、八机部、化工部、冶金部、纺织部、卫生部、地质部、文化部、水利电力部、石油部、国家物资储备局、中商部、建工部、建材部、全国供销合作总社、交通部、中国科学院、交通大学、复旦大学、地质学院、华师、华农等 30 个部门和单位，72 个工作组，704 人次；工作组人员中有国防工办主任，正、副部长和司、局长，设计勘探人员。选择厂址主要是以长江两岸为主，其次是汉宜公路两旁；也有不少部门先后到宜昌县、宜都、远安、当阳、枝江、长阳、秭归选厂址；宜昌县靠近宜昌市的区、社，是一些部门首选的区域。

1965 年 3 月，六机部第六研究所，投资 2 600 万元，代号为 7007 的"三线"建设工程开始修路。同年 8 月，投资 3 000 万元，当阳机场工程破土动工兴建。从此，拉开了宜昌地区大小"三线"建设的序幕。随后，枝城大桥、中南冶金地质研究所、棉花储备库、中商部物资储备库、石油储备库、地质试验站、华农宜昌分院、冶金勘探公司鄂西指挥部机修厂、清江整治工程处，以及省"三线"宜昌炸药厂等项目相继动工兴建①。

1966 年 9 月，纺织部在宜昌筹建宜昌纺织机械厂、宜昌棉纺厂。10

---

① 《中国共产党宜昌历史》（第二卷），中共党史出版社 2010 年 9 月第 1 版，第 454 页。

月，长航红光港机厂、湖北开关厂、中南橡胶厂在宜昌筹建。1967 年 3
月，湖北钢珠厂在宜昌兴建，与相继在宜昌市区石板溪一带兴建的轮胎
厂、电线厂、电子管厂、制药厂、硬质合金厂等构成铁路坝工业区。4
月，长江机床厂在宜昌兴建。8 月，红旗电缆厂在宜昌兴建。此后，一大
批内迁和新建的大、小三线企业落户宜昌，使宜昌的工业企业由原来的
144 个增加到 266 个，这些企业和科研院所给宜昌带来精良的技术和设
备，对宜昌市原来一些作坊式的企业是一次设备的更新和技术的革命，
为宜昌后期的工业发展打下了坚实的基础。

　　1967 年，已经动工和决定落户宜昌的三线建设单位，涉及电子、机
械、化工、光学、航海、航天等行业的军工企业和科研院所，以及核工
业部的公司等单位，使宜昌地区成为我国重要的战略后方基地。

　　1970 年 12 月 30 日，葛洲坝水利枢纽工程在宜昌破土动工，给宜昌
地区经济带来前所未有的大发展，带动了宜昌整体的城市建设，扩展了
宜昌的城市框架，宜昌城市面积由新中国成立初期 34 平方公里、城市建
成区 2 平方公里，扩展为城市面积 165 平方公里、城市建成区 19.5 平方
公里。正是大、小三线建设带动了宜昌经济的腾飞，使宜昌由小城市在
短时间内迅速发展成为一个工业门类齐全的中等城市。

　　2. "小三线"推动城市基础设施建设

　　(1) 铁路建设圆了世纪梦。1970 年，焦 (焦作) 柳 (柳州) 铁路动
工兴建；焦枝 (枝城) 铁路段与鸦官支线同时动工。鸦官铁路线东起宜
昌县鸦鹊岭与焦柳铁路相接，西至官庄，全长 58.3 公里。鸦鹊岭至宜昌
36.6 公里，称鸦宜段。1971 年 12 月，鸦宜段建成通车，至此，宜昌有了
铁路运输。宜 (昌市) 官 (庄) 段于 1972 年完成主体工程，12 月铺轨
到终点，1973 年 6 月 3 日办理验收交接手续，同年 7 月 1 日全线正式交
付武汉铁路局襄樊分局营运。鸦宜线担负着三线建设、宜昌及川鄂部分
地区的物资运输和旅客输送任务，是沟通中南、西南、鄂西、川东物资
及旅客运输的通道，又是宜昌外贸物资进出口及国际友人、港、澳、台
胞旅游、探亲的主要交通线。

　　(2) 架构起公路水路并驾齐驱新格局。"文化大革命"前，宜昌地区
就十分注重公路建设，深知公路建设对山区发展国民经济的重要性。但
因辖区地势险要、生产力水平低下，使陆路交通运输发展十分缓慢。随

着国家对国民经济的总体布局和大批"三线"企业、国防建设在宜昌兴建的需要，宜昌的公路、铁路等交通基础设施建设得到全面发展。历史上的宜昌以长江水路运输为主的格局被打破，逐步发展成为以陆路运输为主，水、陆、空并举的立体交通运输新格局①。

随着一批国防厂矿到宜昌落户，为支援"三线"建设，焦枝、鸦官铁路、宜昌至莲沱公路、汉管道公路等交通基础设施建设工程相继在宜昌动工兴建。一些三线企业还建设了铁路和公路专用线，对宜昌原有干线公路也进行了拓展延伸。宜昌地区在不断改善汉宜公路的同时，陆续修建了宜保路、宜周路、宜古路、宜莲路。五条出口干线公路与县乡公路纵横交错，并与省内外四十余条干线公路贯通。到1976年，全区公路通车里程达4 453.48公里，县乡公路以干线公路为依托向四方辐射，形成宜昌陆路交通网络。五条出口干线公路是：

汉口至宜昌公路（简称汉宜路，17107省道）。汉宜路全线长363.58公里。与省干线汉（口）、荆（州）、沙（市）、荆（门）相交，在十里铺又与国道襄（阳）东（岳庙）路相交，形成鄂中地区交通枢纽。

宜昌至保康路（简称宜保路，17312省道）。宜保路是连接兴山、秭归、宜昌、远安等县与南漳、保康直至陕西等地的重要干线。路线起于宜昌市，全长204.22公里，是宜昌市伸向北部山区的一条重要通道。

宜昌至周富口公路（简称宜周路，318国道）。318国道起自上海，途经南京、合肥、武汉、成都、拉萨至聂拉木，全程5 476公里。318国道宜昌境内段跨宜古、江南、宜周三线。宜周路是宜昌市西南至长阳，接汉渔线（汉口至恩施渔泉口）、汉川线（汉口至川东万县、涪陵地区）的重要通道。

宜昌至古老背公路（简称宜古路，318国道）。宜古路是宜昌市东部通往枝江、武汉、宜都、江西、湖南及两广地区的重要公路，起于宜昌市城区伍家岗，沿长江边至古老背与汉宜路相接，全长15公里。

宜昌至莲沱公路（简称宜莲路）。宜莲公路全长32.3公里，原属八二七厂专用公路。

随着葛洲坝工程的兴建，宜昌城区道路建设也发生了较大变化，东

①《中国共产党宜昌历史》（第二卷），中共党史出版社2010年9月第1版，第464页。

山大道、沿江大道、夷陵路等主要道路顺江水流向从西折向东南，纵贯城区。市区共有大小街道 177 条，总长 76 公里，纵横毗连。1959 年 4 月 15 日，宜昌行署汽运公司配 3 辆客车开辟宜昌市北门至伍家岗公共汽车线路，线路长 11.8 公里，设站点 10 个。1971 年 5 月 1 日，宜昌市开辟第二条公共汽车线路，从九码头开往长江溪，以适应葛洲坝工区交通的需要。1972 年 7 月，成立宜昌市公共汽车公司，客车 26 辆。

宜昌港为进出口、转口多功能的综合性港口，是鄂西、湘西、川东地区物资集散地和客货水运枢纽，20 世纪 70 年代后，宜昌港建设规模进一步扩大，港口装卸基本实现了机械化，港区总面积 2 242 万平方米，码头泊位 121 个。宜昌市始发和过境的客运航线有：宜昌至汉口、宜昌至重庆、宜昌至沙市、宜昌至南京、宜昌至巴东、宜昌至秭归、宜昌至太平溪、宜昌至白洋。

宜昌市的轮渡主要有：大南门至河口，配有轮渡 1 号至 5 号船，每天对开 16 趟，每趟可载客 500 人，年运量约 200 万人次；大公桥至五龙，配轮渡船两艘，每趟可载客 200 人，每天对开 16 趟，年运量约 40 万人次；三江渡口有 80 马力机驳一艘，日运量约 4 000 人，年运量 120 万人；镇江阁至朱市街；另位于五龙的红光港机厂，红旗电缆厂和 710 所三单位专用码头，在胜利一路江边设有泊位。宜昌市城区分布长江两岸，轮渡为大江南北两岸人民走亲访友、进行物资交流提供了极大便利，但随着城市交通建设事业的不断发展，城区轮渡逐年被公共汽车取代。

（3）城市水、电及园林建设①。1953 年，经宜昌市政府批准，公私合营永耀电气公司利用发电厂蓄水池附设一个日产 960 吨的简易水厂，水厂水源取于长江，投加明矾，稍加沉淀后即输送出售。自此，自来水在宜昌市诞生。起初，只向新华机械厂、市政府机关供水，继而向四新路人委宿舍、桃花岭、怀远路（红星路）、一马路等地段扩展。1959 年，铺设直径 100—150 毫米的主干管 1 800 米，配水管 5 100 米，分两条主干线供水：一条由水厂经怀远路、二马路、解放路、环城东路到木桥街；另一条由水厂经一马路、康庄路口到桃花岭。沿线设 10 个供水站，水价每担 0.02 元，用户 2 483 户 2 万余人。1961 年，该水厂设备移交自来水厂

---

① 城建志办：《宜昌市城乡建设志》，鄂宜图内字［2008］第 50 号，第 159、172、334 页。

管理。

市自来水公司一水厂（原东山水厂），位于市区东山陈家湾（绿萝路），海拔 100 米，占地面积 101 亩。1959 年 11 月筹建，1960 年 2 月开工建设。1961 年 1 月，因资金困难停工。1962 年 8 月 1 日水厂基建工程复工，同年 10 月 26 日，水厂向市区简易工艺供水，东山水厂水源取运河水，由重力自流供水。1965 年，水厂建成 5 万吨/日简易平流沉淀池一座、2.5 万吨/日竖流隔板反应池一座、5 000 吨/日悬浮反应池一座，自此向市区供应沉淀水，出厂水质得到提高。1966 年 7 月，建成第一组日产 1 万吨快滤池和 2 000 吨清水池。1969 年 7 月，建成第二组日产 1 万吨快滤池。至此，东山水厂日供水能力达 2 万吨，形成工艺齐全的供水系统。

1972 年，改建进水隧洞及明渠，在运河建截流闸一个，将悬浮反应池改成回流反应池。8 月，成立自来水公司，东山水厂更名为一水厂。1973 年，建成 4 万吨/日虹吸滤池一座，3 000 吨清水池一座，快滤池由单层滤料改为双层滤料，一组改为三层滤料，日供水能力增至 6 万吨。1974 年，为解决东山一带居民供水压力低的问题，建加压泵站一座。

市自来水公司二水厂（原宝塔河水厂），位于城区杨岔路汉宜村，占地 42.3 亩，由中南给排水设计院设计，源水取自长江。1968 年 6 月动工兴建，1973 年 11 月第一期工程完工投产，日供水能力 4 万吨；1978 年 12 月二期投产，新增供水 4 万吨，二水厂日供水能力达到 8 万吨。随着"东宜源水"工程的兴建，以长江水为源水的二水厂停止净水生产，仅保留加压泵房，成为市区供水管网的加压站，负责向中南路方向的高地势区域加压输水。

单位自备水厂。随着宜昌工业的发展，市内一些用水大户企业相继自备水厂，以满足企业生产和职工生活用水。1970 年，葛洲坝工程动工，1972 年，规划设计工区供水系统，先后于 1976 年建成西坝水厂，1981 年建成黄柏河水厂、1982 年建成紫阳水厂。1981 年，成立三三〇工程局自来水公司。建自来水的企业还有：红卫化工厂，1966 年建；宜昌造纸厂，1967 年建；红光港机厂，1969 年建；宜昌棉纺织厂，1970 年建；红旗电缆厂，1971 年建；建筑陶瓷厂，1978 年建；四〇三厂，1980 年建；宜昌树脂厂，1989 年建；热电厂，1990 年建；八一钢厂，1990 年建；等等。

　　新中国成立初期，宜昌市电业仅有民营企业宜昌永耀电气股份有限公司，装机容量 500 千瓦，只提供部分区域照明用电。1958 年，市区先后兴建了宝塔河火力发电厂和东山火力发电厂，到 1970 年，两厂年发电总量达到 4 866 万千瓦时，全市电力工业仍处于自给自足阶段。1968 年，为满足宜昌市江南红缆厂、红光厂等三线企业用电，动工兴建市区第一条 35 千伏过江电缆，1969 年安装临时送电，1974 年 10 月 1 日正式投入运行。1971 年年初，沙市—宜昌—当阳 110 千伏输变电工程并网后，改变了宜昌市电力生产的封闭状况。1981 年，葛洲坝二江电厂第一台机组投产，宜昌电网从此由省网的末端变为首端。葛洲坝电力通过 7 回 220 千伏，4 回 500 千伏输变电系统和正负 500 千伏直流交换站输入华中、华东电网。

　　新中国成立前，宜昌有东山公园、宜昌公园和中山公园，园林呈自然状态。由于战争破坏，到新中国成立时宜昌城区仅有一个颓败的东山公园，1951 年春，宜昌市委、市政府发动群众植树 1.72 万棵。1952 年，市区开始种植行道树，从此，街道和单位绿化逐步开展。1955 年，市委、市政府兴建西陵公园，即新中国成立后宜昌市第一个公园。西陵公园位于城区中心，东起夷陵路，西至培心路，南靠云集路，北邻西陵一路，占地面积 14.7 万平方米，其中绿地 12.68 万平方米，水面 1.4 万平方米。园内植被丰富，四季花香，环境宜人，儿童游乐设施和服务设施齐备，是少年儿童的游乐园地，也是市民及游客休闲、健身、娱乐的去处。公园景观分为中部、东部和北部三大部分：中部的荷花池中建有怡心亭，九曲桥将亭岸相连，游客可在池中划船赏景；东部有曲径幽洞，假山叠石，小桥流水，是仿自然之景的人工建筑；北部为游乐区，设有动物园、跑马场、儿童游泳池及游乐设施，是少年娱乐天地。1985 年 2 月，西陵公园更名为儿童公园，由全国政协主席邓颖超题写园名。

# 第 五 章

# 三峡工程梦想与宜昌城市崛起

梦想百余载，调查七十多年，论证四十个春秋，争论三十个冬夏。三峡工程这座超级电站在人们心头魂牵梦绕多少年，古人的梦，今人的梦，中国人的梦，外国人的梦。如今，三峡工程已梦想成真，她雄伟地耸立在宜昌这块人杰地灵的大地上。宜昌，成就了三峡工程，三峡工程铸就了宜昌崛起。

宜昌，是一座水电城。宜昌市域内水能可开发量达 2 500 万千瓦以上，除长江、清江干流外，境内水能蕴藏量在 10 000 千瓦以上河流有 29 条。宜昌聚集了世界著名的水电工程长江三峡工程和葛洲坝水利枢纽及清江水利枢纽等大大小小 330 座水电站。宜昌，是全中国最大的水电建设基地，全世界闻名的水电之都。

从葛洲坝防洪发电，到三峡工程千秋百世。因水电而兴的宜昌，圆了国人太多的梦想。

四十多年前，葛洲坝工程见证了宜昌从长江边蹒跚起步；二十多年前，三峡工程注视着宜昌在荆楚大地茁壮成长。1970 年 12 月 30 日，葛洲坝水利枢纽工程正式破土动工。18 年的建设期，宜昌由小城市发展为中等城市。1994 年 12 月 14 日，在宜昌市三斗坪，时任国务院总理的李鹏向中外宣布：三峡工程正式开工！世纪梦想终成真。如今，三峡工程已全面建成。二十多年间，从 1995 年起，宜昌市按照湖北省委、省政府"一年一变样，三年大变样，五年建成大城市"的要求，抢抓三峡工程兴建和沿江开发的大好机遇，一方面积极支援、服务三峡工程建设，一方面在奋进中发展崛起，宜昌由中等城市发展为大城市。目前，宜昌正紧锣密鼓地加快省域副中心城市建设步伐，朝着"特大城市"的宏伟目标迈进。

## 第一节 三峡工程梦想

### 一 孙中山先生的三峡梦

（一）孙中山实业救国理想与电力资源开发

1894年，孙中山先生以改良祖国、拯救民族的忧国忧民之心，最早提出中国开发水电设想："水力以生电。"

1883年7月，孙中山从檀香山返回祖国。檀香山五年的生活和学习使他获得了一些西方资产阶级的自然科学知识和社会科学知识。同时，也受到夏威夷人民反抗美国殖民主义者斗争的影响。他深深感到中国存在着许多不合理的现象，应加以改变。于是，孙中山立志"改良祖国，拯救同群之愿"，"使我国人人皆免苦难，皆享福乐而后快"①。

孙中山先生回国后不久，先到香港拔翠书室学习。1884年4月，转入香港中央书院学习。他在香港中央书院毕业后，曾想进入陆军、海军学校或法律学校深造，但都未能如愿。1886年夏，遂进入广州博济医院附属南华医学堂学医，后又转入香港西医书院学习。1892年7月，孙中山以优异成绩在香港西医书院毕业。

在香港西医书院学习的几年里，孙中山除努力钻研医学本科知识外，还广泛地钻研西方的自然科学和社会科学，获得了广博的学识，立志改良祖国，拯救民族。他在求学阶段，"以学堂为鼓吹之地，借医术为入世之媒"②，积极投身政治活动。他曾撰稿投送到香港教会报纸和上海《万国公报》等处，提出改造中国政治，发展工农业生产的主张。同时，还与社会上层人士联系，提出自己的改革意见。评论时政，抨击清王朝的暴虐统治，寻求救国救民的真理。

孙中山从香港西医书院毕业后，1892年年底开始在澳门、广州等地行医。当时帝国主义对华侵略有增无已，清王朝的黑暗统治日甚一日，实践使他认识到医术救人，所济有限，而"医国"比"医人"更为重要。

---

① 胡汉民编：《总理全集》（第三册），民智书局1930年版，第141页。

② 《孙中山选集》，人民出版社1981年版，第192页。

1894 年 1 月底，时年 28 岁的孙中山草拟《上李鸿章书》，向李鸿章陈述自己的主张，提出实业救国的愿望，"为生民请命"。《上李鸿章书》的主要内容是要以西方资产阶级国家为楷模，采用先进科学技术发展工业生产，使工商业摆脱封建束缚；同时，改革教育和选拔人才制度，达到国家独立富强的目的。上书中写道："窃尝深维欧洲富强之本，不尽在于船坚炮利，垒固兵强，而在于人能尽其才，地能尽其利，物能尽其用，货能畅其流。此四者，富强之大经，治国之大本也。"①

> 泰西之儒以格致为生民根本之务，舍此则无以兴物利民，由是孜孜然日以穷理致用为事……格致之学明，则电风水火皆为我用。以风动轮而代人工，以水冲机而省煤力，压力相吸而升水，电性相感而生光，此犹其小焉者也。至于水作汽以运舟车，虽万马所不能及，风潮所不能当；电气传邮，顷刻万里，此其用为何如哉！然而物之用更不止于此者，在人能穷求其理，理愈明而用愈广。如电，无形无质，似物非物，其气付于万物之中，运乎六合之内；其为用较万物为最广而又最灵，可以作烛，可以传邮，可以运机，可以毓物，可以开矿……然而取电必资乎力，而发力必借于煤，近又有人想出新法，用瀑布之水力以生电，以器蓄之，可待不时之用，可随地之需，此又取之无禁，用之不竭者也。②

这是孙中山在上书清政府直隶总督李鸿章时，对电能的一段论述。在洋洋八千言谈富强之大经、治国之大本中，对电能的认识与作用的陈述，是孙中山最初萌发的实业救国的思想，也是中国水电开发梦想的初现。

虽处布衣，而以天下为己任的孙中山的为生民请命的上书，却并不被腐败的清政府所重视。孙中山的《上李鸿章书》虽对中国实业发展有着清政府无法想象的作用，但再无下文。

孙中山上书李鸿章时，中国的电业寥若晨星，广大乡村以清油灯盏

---

① 《孙中山选集》，人民出版社 1981 年版，第 1 页。
② 《孙中山全集》（第一卷），中华书局 1981 年版，第 8—12 页。

照明，交通较畅的城镇也只能用洋油灯照明。旧中国极贫极弱，清政府根本不关心电力启蒙时期的发展。1882 年，英国商人狄斯·罗和威特迈等三人，在上海开办"电光公司"，安装 12 千瓦的火力发电机一台，于当年 7 月发电。1890 年，在北京西苑，安装了 14.7 千瓦发电机发电，供退居休养的慈禧太后享受。1892 年，在云南昆明市郊滇池出口螳螂川，建设石龙坝水电站装机 480 千瓦，并投入运行。这便是旧中国电业史的一点记载。渴望用电生产，用电照明，这对旧中国的广大民众而言，真是一个十分遥远的梦。

（二）孙中山《建国方略》与三峡电力资源开发的构思

1911 年，在武昌起义的隆隆炮声中，清王朝被推翻。1912 年 1 月 1 日，孙中山在南京盟誓就任临时大总统。民主革命的先驱孙中山以伟大革命家的胆识，在纷繁复杂的政治斗争中，研究着中国大地的物质资源，苦苦寻求中国的强国之道。1912 年 5 月，孙中山发表了为沟通南北大动脉建设 10 万英里铁路的计划。1913 年 3 月，孙中山赴日本考察铁路、工业、商贸，谋划发展兴农业、振兴商贸、兴办工业、建设交通，以推动城乡经济大发展。而要实现这些计划，开发电能则是至关重要的。

孙中山通过出国考察和对中国现实状况的研究，对发展中国的实业有了基本的认识。1918 年，孙中山在上海莫利爱路住所深居简出，发愤著书。他以"痛心疾首"的心情，把自己"奔走国事三十余年"的经验与教训，加以理论的总结，写成《孙文学说》（又名《知难行易的学说》，即《建国方略》之一的"心理建设"）和《实业计划》（即《建国方略》之二的"物质建设"）两本书。这两本书和他于 1917 年在上海写成的《民权初步》（即《建国方略》之三的"社会建设"）合起来，完成了《建国方略》这部重要著作。1919 年 2 月以后，以英文撰写了《实业计划》各篇，其中有《国际共同发展中国实业计划书——补助世界战后整顿实业之方法》等文，并译成中文在他创办的《建设杂志》上陆续发表。《实业计划》为共和国的建设勾画出了具体而宏伟的蓝图。《实业计划》阐发了开发中国实业的途径、原则和计划，目的是把贫穷落后的半殖民地半封建的中国，改造为资本主义强国。孙中山认为，开发中国实业是"此后中国存亡之关键"。孙中山将自己在《建设杂志》上陆续发表的各篇文章汇集成《建国方略》一书，并于 1921 年 10 月 10 日出版。

孙中山在《建国方略》之二——实业计划（物质建设）的第二计划第四部"改良现存水路及运河"一节中论述道：

> 自宜昌而上，入峡行，约一百英里而达四川之低地，即地学家所谓红盆地也。此宜昌以上迄于江源一部分河流，两岸岩石束江，使窄且深，平均深有六寻（三十六英尺），最深有三十寻者。急流与滩石，沿流皆是。改良此上游一段，当以水闸堰其水，使舟得溯流以行，而又可资其水力。其滩石应行爆开除去。于是水深十尺之航路，下起汉口，上达重庆，可得而致。[①]

"以水闸堰其水"，这一构想在《建设杂志》发表后，引起英国工程师波韦尔的关注。1919 年 8、9 月间，波韦尔来到中国长江三峡实地考察后，提出了《扬子江三峡水电开发意见》。孙中山开发三峡的梦想得到了第一次回应。

三年后的 1924 年，自元月以来，孙中山在广州国立高等师范学校举办讲座，系统讲解他的名著《三民主义》，共 16 讲。8 月 17 日，孙中山在讲述《三民主义》之"民生主义"第三讲时，对开发三峡水能资源再次进行论述：

> 像扬子江上游夔峡的水力，更是很大。有人考察由宜昌到万县一带的水力，可以发生三千余万匹马力的电力，像这样大的电力，比现在各国所发生的电力都要大得多，不但是可以供给全国火车、电车和各种工厂之用，并且可以用来制造大宗的肥料。……让这么大的电力来替代我们做工，那便是很大的生产，中国一定是可以由贫变富的[②]。

这是我国首次提出兴建长江三峡大型水力发电站的设想。

1929 年 1 月，陈湛恩先生在《扬子江水道月刊》上发表《扬子江最

---

① 《孙中山全集》第六卷，中华书局 1985 年版，第 300 页。
② 孙中山：《三民主义》，商务印书馆 1987 年版，第 359—360 页。

近之情势及整治意见》一文中，提出对开发扬子江三峡水能电力的选址、规模、投入、反馈的意见，于是出现了中国第一个开发长江三峡水电的初步设计。

1925 年 3 月 12 日，孙中山先生在北京溘然辞世，举国上下为之哀痛。孙中山先生再也不能为开发三峡水能资源奔走呐喊，但他给中国留下一个富强梦，给宜昌留下一个三峡梦。4 月 20 日，宜昌在商埠公园举行"宜昌各界追悼中山先生大会"，万余人参加追悼大会，八百余幅挽联寄托宜昌人的哀思。"人山人海，颇极一时之盛"，各机关下半旗，兵舰鸣炮，以致哀悼。上海《民国日报》对宜昌追悼活动予以翔实报道。为了纪念孙中山，将宜昌商埠公园命名为"中山公园"，公园内的图书馆命名为"中山图书馆"，公园内的路命名为"中山路"。中山路名沿用至今。

## 二　民国时期的三峡工程构想

### （一）民国时期的"三峡梦"

1932 年，国民政府建设委员会主持组成了长江上游水力发电勘测队。同年 10 月，国民政府组织开展了三峡水力开发的第一次科学考察，实地查勘后提出了《扬子江上游水力发电勘测报告》，计划在西陵峡东段的黄陵庙段和宜昌葛洲坝修建两座总装机容量分别为 32 万、50 万千瓦的低水头电站，并设置船闸，总预算 1.665 亿美元。由于受各方面的条件所限，对两个坝址均未进行地质钻探。1933 年 5 月，国民政府交通部批复称："所呈计划尚属详明，应予存案备查。"当年，扬子江水道整理委员会还商请军政部航空署及陆地测量总局施测了宜昌至重庆河段的三峡地区地形图。这次勘测，是中国为开发三峡水力资源所做的第一次勘测研究工作，也是对孙中山开发三峡水力资源的首次回应。

到了 20 世纪 40 年代，美国人对中国长江三峡水力资源开发产生了深厚的兴趣，并以中美合作的方式，与中国科技人员进行过一次尝试。

1942 年 5 月，国民政府资源委员会电业处草拟全国水力开发概要，并列出计划总表。其中对长江三峡水力开发，准备邀请美国内务部恳务局设计总工程师、世界著名坝工专家萨凡奇博士来华考察。萨凡奇当即接受了中方的邀请，并于 1943 年 12 月 28 日致函中国资源委员会，提出有关在其来华前应准备的中国大型水电发电资料。

1944 年 4 月，在中国政府战时生产局担任专家的美国对外经济局工程师潘绥（GR. Paschal），向中国政府提交了一份《中国利用美国贷金建造三峡水力发电厂及还款协议》的报告。潘绥建议利用美国贷款 9 亿美元并提供设备，在中国长江三峡修建一座装机容量为 1 000 万千瓦的水力发电厂和年产 500 万吨的化肥厂，用向美国出口化肥的办法还债，计划以 15 年时间还清全部贷款。① 这个报告一发表，就迅速引起中美两国朝野上下的重视。潘绥关于引进外资和技术、开发三峡水力的建议，被国民党政府采纳，开发长江三峡水力资源问题很快提到中央政府的议事日程上，并随即组织勘测设计。

（二）萨凡奇三峡工程计划

同年 5 月，中国政府经济部长兼资源委员会主任委员翁文灏、副主任委员钱昌照联袂邀请当时担任印度巴克拉大坝顾问的萨凡奇来中国考察长江三峡水力资源。6 月，萨凡奇抵达战时陪都重庆。萨凡奇是世界著名的坝工专家，当时已经参加建造了 60 座大坝，其中 4 座全球最大的水坝都是他设计的，而且以强烈的事业心和实干精神受到工程界的敬重。有人建议他利用自己的影响办公司发财，他说：“我对金钱没有多大兴趣。”美国政府要他出任恳务局长，他说：“我不会做官，上帝给我的使命就是多造大坝。”

萨凡奇到中国后，资源委员会向他介绍了潘绥的计划建议。1944 年 6 月 15 日，萨凡奇应邀出席了资源委员会召开的中国水力建设座谈会。会后，在全国水力发电工程总处处长黄育贤等的陪同下，先后到四川、湖南、广西、贵州、云南等省进行了为期两个多月的水力考察。在四川，考察了长江上游的岷江、沱江、嘉陵江、乌江等长江支流。

随后，萨凡奇提出要实地考察三峡，尤其是要实地踏勘潘绥报告中提出要在西陵峡一带建坝的宜昌。当时，中国第六战区军队对盘踞在宜昌的日军展开历时三个月的夏季攻势，将日军拦截在宜昌南津关以东。西陵峡两岸的硝烟尚未散尽，宜昌仍在日本侵略者的铁蹄之下。出于安全考虑，有关方面多次劝阻，萨凡奇仍坚持要亲自前往查勘。无奈之下，国民政府只得调用民生公司的“民康轮”，由中国第六战区副司令

---

① 恽震等：《扬子江上游水力发电勘测报告》，《工程》1933 年第八卷第 3 号，第 402 页。

长官兼江防军总司令吴奇伟和全国水力发电工程总处处长黄育贤（兼翻译）陪同，冒险赴宜昌考察。9月20日，"民康轮"从四川长寿（全国水力发电工程总处机关所在地）乘轮东下，前往鄂西抗日前线西陵峡进行考察。两天后，轮船进入三峡峡谷河段，萨凡奇站在船首甲板上，面对滚滚江水，只见两岸壁立千仞，重崖叠嶂，十分壮观，他被天赐的黄金水道所深深吸引。他对陪同考察的黄育贤说："贵国国父孙逸仙博士所言极是，扬子江真伟大。这里确实蕴藏着巨大的水力资源，今日有幸得见庐山真面目，可谓平生快事。"民康轮至三斗坪停靠，萨凡奇一行换乘小船，继续顺江而下至石牌下游3公里的平善坝，再舍舟登岸，沿江步行考察回至三斗坪。萨凡奇不顾生命危险，冒着日军飞机随时可能的轰炸和扫射，以老工程技术人员求实、严谨的科学态度，对平善坝、石牌一带的峡江两岸进行了为期10天的详细查勘，获得了宝贵的第一手资料。

由于宜昌战事未平，萨凡奇不能到南津关一带察看，不无遗憾。离开西陵峡时，他说："关于扬子江三峡之地质构造、地形状况、地权问题以及处理扬子江巨大迅疾之水所可能发生之困难，均直接得一概念矣"，"目前所得之资料已敷应用也"。

萨凡奇在写给中国资源委员会主任委员翁文灏的信中感叹道："扬子江三峡计划为一杰作，关系到中国前途至为重大，将鼓舞华中、华西一带工业之长足进步，将有广泛就业机会，提高人民之生活标准，将使中国转弱为强。为中国计、为全球计，建造扬子江计划实属必要之图也。"

萨凡奇回到长寿后，根据对长江三峡及长江支流的初步考察，在龙溪河水力发电厂工程处内将考察所获得的各项资料进行系统整理，向中国政府提交了一份《扬子江三峡计划初步报告》，即著名的开发长江水力资源的萨凡奇计划。萨凡奇在附言中说："三峡计划之初步报告，是我从事工程40年之一大快事。我能参与研究此项空前伟大的工程，至为欣幸。"其译文文本共16节，3万余字。"萨凡奇计划"所设计的三峡工程计划包括水库、拦河坝、溢水堰、泄洪道、引水道、厂房、尾水道和船闸。萨凡奇建议：在宜昌上游5—15公里的南津关至石牌之间选定一坝址，坝身用混凝土直线重力式，坝顶高度约250米（另一报告为225

米），抬高低水位约 160 米，水电站设在长江两岸，各安装 48 台水轮发电机组，每台机组容量 11 万千瓦，总装机容量 1 056 万千瓦，估计发电量为 817 亿度，水库蓄水量为 617 亿立方米，蓄洪量 270 亿立方米，工程造价估计 10 亿美元，计划 8 年内告竣。

萨凡奇的这份报告，对于坝址选择，在西陵峡东段石牌至南津关之间初选了五条坝线的比较方案。在开发方式上，提出拦河坝与隧洞、拦河坝无隧洞两种。上述所陈坝址及开发方式，均依实际情况从中选一。即第一、二、三、四号方案采用拦河坝与隧洞开发方式，第五号方案采用拦河坝而无隧洞之开发方式。第一号方案，坝址位置在石牌下游，拦河坝在松门溪口之上；第二号方案，坝址位置在沙捞溪上游，拦河坝在溪口之上，厂房分设两岸；第三号方案，坝址位置在扬子江两岸，拦河坝在沙捞溪口之下，厂房分设两岸；第四号方案，拦河坝置于沙捞溪下游 1 公里处；第五号方案，坝长约 3 公里，右达扬子江右岸，左抵长桥溪左岸，跨越江溪间之半岛最低狭处。

由于"萨凡奇计划"兼顾发电、防洪、灌溉、航运等多目标的开发，因此工程建成后将产生巨大的经济效益和社会效益。电站可发电力 1 000 万千瓦以上，供电区域东至京（南京）沪，西达成渝，南抵衡桂，北迄太原，每年净收入 1.53 亿美元。由于长江上游水位提高 160 米，万吨级海轮可由上海直达重庆，川江险途变通途，使航运成本降低。水库蓄洪量达 270 亿立方米，可使宜昌最大洪水峰由 7.5 万秒立方米减低至 4.5 万秒立方米，长江中下游的水涝灾害大为减轻，"五年一小灾，十年一大灾"的悲惨情景可不再重见；因水库调节水量，其灌溉水量足供湘鄂一带 1 000 万英亩农田之用水，每年或可多种米谷一次；也因水位抬高，沿长江各城市可得廉价的现代式给水设备。三峡胜景，驰名中外，工程建成后其本身就是一景，可吸引大量游客游览观光，增加经济收入。总之，三峡开发计划的实施，对于振兴工商，增强国力，提高人民生活水准等等，"利益之宏，无与伦比"。

"萨凡奇计划"极富想象力和科学性，算得上是第一个可以比较充分地综合利用三峡水力资源的计划，在当时堪称首创。萨凡奇自己也为此"至感兴奋愉快"。这时，美国战时生产局局长纳尔逊正在重庆，对萨凡奇的计划也很感兴趣，旋拍电报回华盛顿，向美国总统罗斯福推荐，并说:"深信美国政府将会尽力协助。"①

国民政府最高当局对萨凡奇开发长江三峡水力计划高度重视。中美媒体载文高度评价萨凡奇计划。中国资源委员会邀请行政院水利委员会、扬子江水利委员会、中央水利实验处、农林部中央农业试验所、交通部航政司、中央地质调查所、资源委员会工矿电三处、中央经济研究所、全国水力发电工程总处等单位组成了扬子江三峡水力发电计划技术研究委员会。随后,各项准备工作开始起步,相关技术性文件、报告稿陆续编制出台。1945 年 9 月 19 日,中国资源委员会与美国垦务局签订了《合作设计三峡工程合约》。11 月 21 日,中国政府与美国政府签订了《长江三峡开发合约》。

萨凡奇开发长江三峡水力计划出台后,国民政府最高当局对此极为重视,遂由中国资源委员会出面与美国内务部垦务局进行洽谈,以期中美合作设计三峡工程与开发三峡水力资源。1944 年 11 月 12 日,美国国务院就美国参与中国三峡水电工程计划致函萨凡奇,提出了九点意见。1945 年 1 月 24 日,翁文灏、钱昌照给中国资源委员会驻美国代表办事处代表王守竞"有关与美国垦务局接洽三峡技术合作的五点指示"函。3 月 15 日,王守竞代表就有关与美国垦务局签订三峡合同谈判情况及主要意见复函翁文灏、钱昌照。

其间,中美有关三峡工程谈判的消息由美国传媒开始传播。1945 年 2 月 8 日,美国新闻处发布了萨凡奇主持设计中国三峡工程的消息。3 月,萨凡奇也在《新共和国》杂志上撰文叙述中国长江三峡水坝计划,称:"长江为尚未开发之世界最大水力,水坝建筑后可供电 1 050 万基罗瓦特,灌溉地域数百万亩,水患完全可以防止,万吨轮船可直驶重庆。此工程如中美合作,可以达到互利。"同月,中国民生(轮船)实业公司总经理卢作孚亦在美国一家杂志上撰文称:"一个可能修建比美国著名的田纳西水利枢纽大好多倍的世界上最大的水电站的地址最近已在宜昌附近找到……建成后,水坝将使长江上游的水位大大提高,终年四季通航大船。"

---

① 以上萨凡奇言论见中国第二历史档案馆编《扬子江三峡计划初步报告》(上)(下),载《民国档案》1990 年第 4 期,1991 年第 1 期。

　　在第二次世界大战和中国抗日战争行将结束之际，世界经济建设的一大目标已瞄向中国三峡。

　　为进一步研究"萨凡奇计划"，1945年4月，中国资源委员会邀请行政院水利委员会、扬子江水利委员会、中央水利实验处、农林部中央农业试验所、交通部航政司、中央地质调查所、资源委员会工矿电三处、中央经济研究所、全国水力发电工程总处等单位组成了扬子江三峡水力发电计划技术研究委员会，钱昌照任主任委员。三峡水力发电计划技术研究委员会曾先后就三峡计划中的航运、灌溉、库区淹没、人口迁移、肥料制造以及库区测量等方面的问题进行了讨论。为主持三峡计划研究事宜，萨凡奇推荐柯登先生担任全国水力发电工程总处的顾问工程师。

　　三峡计划技术研究委员会成立以后，各项准备性工作开始起步。4月，全国水力发电工程总处拟出《三峡区域地质调查纲要初稿》。5月，柯登提出《扬子江三峡计划有关调查、规划及设计方面的建议书》；6月，柯登又提出《关于航测三峡水库的意见》《三峡综合性工程经济和设计方面的报告提要》。同时，经济部中央地质调查所提出《对扬子江三峡计划的意见和建议》。7月，翁文灏致函航空委员会周至柔，拟借用测量飞机及照相器材，航测水库详图；军令部第四厅、中央水利实验处、水利航测队提出《长江三峡航测计划书》；国防部测量局编制出《航测扬子江水力发电区域图计划》；柯登提出《三峡水库勘测标准》；同时，扬子江水利委员会呈报了研究工作报告及三峡水文概况。7月26日，中国外交部长宋子文与美国驻华大使赫尔利、参事罗伯逊在重庆举行有关兴建三峡工程的会谈。

　　抗日战争胜利后，中美合作兴建三峡工程的谈判进入了实质性的阶段。1945年9月19日，中国资源委员会与美国垦务局签订了《合作设计三峡工程合约》。10月23日，有关部门就"三峡计划"水土保持问题举行了讨论会。11月21日，中国政府与美国政府签订了《长江三峡开发合约》。随后，中国资源委员会成立扬子江三峡水力发电计划技术研究委员会，主持三峡开发事宜；全国水力发电工程总处与国防部测量局签订了航测三峡水库协定；中国资源委员会聘请萨凡奇为中国资源委员会顾问；钱昌照为进行三峡工程准备性工作函呈蒋介石及宋子文；扬子江研究委员会拟出三峡方案之可行性报告。各方面通力协作，把兴建三峡工程当作建国大计而积极进行。

1946年2月，全国水力发电工程总处顾问工程师柯登率领该处工程师唐凤喆、副工程师刘主青、助理工程师冯吉璋等，从四川长寿乘"华陀"轮首次到达光复后的宜昌，转赴工地进行实地查勘。2月26日，在宜昌南津关第五号坝址附近成立了三峡勘测队（队长唐凤喆），开始实地勘测作业。与此同时，长江水利工程总局第21、22、221、222四支测量队也开始勘测三峡水库地形，他们在上起重庆下至宜昌的长江两岸进行勘测。至此，国人企盼已久的三峡工程似乎已经露出希望的曙光。

1946年2月间，萨凡奇顾问前往印度视察巴克斯坦（另译为巴克拉）水利工程。中国资源委员会副主任委员钱昌照致电萨凡奇，请他于返美途中再度来华商讨三峡工程的设计事项。3月26日，萨凡奇由印度飞抵重庆，随即踏上复勘三峡之旅。4月3日，萨凡奇由黄育贤处长陪同从长寿乘"民武"轮顺江东下，6日上午到达宜昌。午后2时许，萨凡奇搭乘民生公司宜昌分公司提供的"生活"小汽轮，到当年因战事未涉足的南津关一带考察第四号坝址东岸地形地质状况，傍晚时分返回宜昌城内。4月7日，萨凡奇一行再乘民生公司的"生活"小汽轮溯江西上，到石牌考察第一号坝址两岸的地形地质状况。然后顺流而下，对在第二、三、四号计划中拟用为进水道或尾水道之东岸沟溪，均一一进行深入考察。通过实地考察，萨凡奇对南津关至石牌一带的地质地貌有了真实的了解。他对陪同考察的黄育贤说："石牌下东岸之第一道溪及三游洞溪宽广深奥，将来利用，颇为经济。""石牌之石灰岩较雄伟坚厚，用为坝址甚为优美。""南津关石质较破碎，被水侵蚀，岸崖平缓，不如上游陡峻。""三游洞岩层不甚良好，洞隙较多。"返回宜昌前，萨凡奇还到南津关西岸的石子沟考察，他对黄育贤说："该沟宽广深长，可供第二、三、四号计划尾水道之用。"石子沟又名鹅石子沟，与葛洲坝隔江相望，新中国筑起的万里长江第一批葛洲坝水利枢纽工程也就在这里。4月8日，萨凡奇再次乘民生公司的"生活"小汽轮到南津关考察，同行的还有宜昌地方政府工务处处长张境、工程师林民先、《武汉日报》（宜昌版）记者吴金麟。船行至石子沟口，舍舟登岸，沿两岸崖边考察。后又到小平善坝深入该处溪口察看，萨凡奇说："此溪亦宽广，堪资利用。"回宜昌途中，《武汉日报》记者吴金麟向萨凡奇详询三峡计划概要及其完成后之利益，萨凡奇一一作答，并说："长江三峡的自然条件，在中国是唯一的，在世界上也不会有第二个。三峡计划是我一生中最得意的杰作，如果上帝给我时间，让我看到三峡工程变为现实，那么，我死后的灵魂会在三峡得到安息！"

通过实地考察，萨凡奇对照原计划进行了认真的研究。他认为，"其概念似无修改之处"，唯对第五号坝址因地形不甚合适，拟放弃不用。同时，对于初步紧急地质钻探及地形测量工作向陪同考察的黄育贤等作了全面细致的说明，并写出书面意见。8 月，萨凡奇拟订了有关船闸、过坝通道、坝高等 7 个方面的暂时性结论。

为推进三峡水闸计划的顺利实施，萨凡奇迅速投入到四处奔波、多方协调的辛苦之旅。1946 年 4 月 11 日，萨凡奇乘"民万"轮离开宜昌，14 日抵达汉口。第二天即转乘飞机飞往南京。17 日，在南京拜会了中国资源委员会副主任委员、扬子江三峡水力发电计划技术研究委员会主任委员钱昌照，与之讨论推进三峡勘测及设计等有关问题。18 日，乘火车抵达上海，与美国马立森公司总工程师邓查理洽谈三峡钻探事宜。19 日，全国水力发电工程总处黄育贤处长代表中国资源委员会与美国马立森公司签订关于三峡计划坝址钻探合约。在上海期间，萨凡奇还访晤了陈纳德将军，商讨三峡航空测量问题。随后萨凡奇信心满满地飞返美国。

此次萨凡奇再度来华复勘三峡，中国朝野极为关注，舆论界更是广泛宣传，大造声势。宜昌专员钱法铭及宜昌各界人士在《武汉日报》（宜昌版）上发表文章，宣传修建三峡水闸的重要意义以及期盼三峡水闸早日建成的由衷心愿。南京、重庆、汉口、上海各报也都纷纷发表长篇报道和社论，详细介绍三峡水闸计划、宣传三峡建国大计以及对萨凡奇热心中国水电事业、竭力推进三峡工程进程的精神表示赞许。

萨凡奇复勘三峡水力后，国民政府迅速推进三峡水闸工程的各项准备工作。一是派出专业工程技术人员到美国参加三峡水闸工程合作设计；二是加快实地勘测工作；三是开展水库地形测量、经济调查。

国民政府为了在宜昌修建三峡工程，还对宜昌新城市建设作出了详尽规划。新建宜昌市以容纳 50 万人口为依据，其目的在使宜昌成为现代化都市，鄂西工业重镇。其布置拟与三峡计划配套，有关项目的设计图业已绘制完成。

（三）为筹建三峡工程宜昌第二次筹划建市

宜昌在新中国成立之前，曾经两度筹备建市。一次是 1929 年；另一次是抗战后的 1946 年，为修建三峡水闸工程，筹备设立宜昌市。

1929 年，宜昌市政会议应运而生，随即着手筹备建市。拆除了古老城墙，建成环城马路，使城内外商业区扩大、联片。后因种种原因，于 1931 年宜昌市政会议撤销，宜昌建市告停。第一次建市虽未能如愿，但现代化城市建设仍在继续进行。

第一次筹备建市，是为了适应开放型商埠、建设新兴城市、发展经济的需要。第二次筹备建市，则是在抗战后城市得到一定恢复的基础上，为在宜昌修建长江三峡水闸工程而提出来的。

1947 年 1 月，为推进宜昌建市工作，钱法铭专程赴南京国民政府和武昌湖北省政府进行了为期两个月的联络活动。3 月 1 日，湖北省政府特令设立宜昌市政筹备处，撤销原市政筹委会，任命钱法铭为处长，蒋铭为副处长。决定民政、教育仍由宜昌县政府主管，建设、地政、警政、社会等均由市政筹备处负责。市、县财政划分为 65% 属市，35% 属县。这标志着宜昌建市筹备工作进入了实质性阶段。

3 月初，国民政府内务部就宜昌建市问题，作专题研究，拟定派美籍顾问梅登到宜昌，为建立宜昌市政府进行设计。《武汉日报》（宜昌版）以显著版面，刊发《宜昌设市积极进行》的长篇报道。与此同时，市工务局绘制的建设规划图也晒印面市：重工业区定在伍家岗至古老背（今猇亭）；轻工业区为上、下铁路坝（上为旧飞机场，下即今胜利一路、胜利二路、胜利三路、胜利四路）；商业区为现西陵区中心地段；教育区划在镇镜山脚临江一带和前坪、后坪；住宅区向东山丘陵坡地延伸；沿江大道上至长江溪口，下抵古老背，许多地段的堤岸，将向外移出，建成平战结合的地下廊道，平时开放经营，战时构成江防工事；市内纵向主干三条大街贯穿其中；飞机场在土门垭原机场扩建；下五龙建造一座跨江大桥。建成拥有 50 万人口规模的城市，最终达到 300 万人口的现代化国际大都市。

随后，宜昌建市的一系列举措应运而生，令宜昌人无比振奋。一时间，修建三峡水闸工程、宜昌建市成了当时市民的热门话题。《武汉日报》宜昌分社发起"三千元"运动，号召宜昌乃至鄂西各界人民踊跃捐款，支援三峡水闸建设。大家慷慨解囊，包括中小学生，往报社送款者络绎不绝。

　　就在宜昌建市工作措施纷纷出台，人们翘首以待之际，形势突变，随着国民政府决定三峡工程计划因故暂停，宜昌建市工作随之止步。1947 年 5 月 15 日，新闻媒体报道了"三峡工程计划，因国内经济困难暂停"的消息。宜昌此次建市，本是配合三峡水闸工程建设而提出来的，三峡计划既告暂停，宜昌建市工作自然也就随之止步。但此时三峡水闸工程资料的收集调查工作尚在继续，所以市政筹备处的牌子仍存在，直到 1948 年 10 月三峡计划全面停止实施，宜昌市政筹备处才奉令撤销。为配合三峡工程建设的宜昌建市工作，从机构的设立到撤销，为时两年零五个月。直到 1949 年 7 月宜昌解放，正式建市，成立了中共宜昌市委、宜昌市人民政府，为湖北省人民政府管辖的省辖地级市。

　　（四）民国时期三峡梦的破灭

　　正当三峡水闸工程准备工作积极进行之际，由于国内金融危机，货币贬值，物价飞涨，加上内战军费开支猛增使国民经济濒临崩溃的边缘，国民政府已无力顾及修建三峡水闸工程。而这项工程所需巨额资金主要靠外国贷款，此时外汇筹措受阻，国民政府不得已于 1947 年 5 月宣告"三峡工程暂告停顿"。5 月 15 日，中央社播发新闻称："最近颁布经济紧急措施，凡属非短期内可见成效之工作，其需要经费均在停拨或缓拨之列，故三峡水力发电计划实施工作，资源委员会已奉国府令暂时结束。"接着，中国资源委员会主任委员翁文灏致函美国垦务局及萨凡奇，称有关三峡计划设计工作"因国内经济困难暂停"，并召回在美国的工作人员。萨凡奇原定 7 月再度来华考察三峡的计划亦随之取消。9 月底，设在湖北宜昌的扬子江三峡勘测处奉命撤销，交由全国水力发电工程总处接收。但资料搜集工作继续进行，各有关单位写出了中途报告。到 1948 年三峡水闸工程工作才告全面停止。经过几年的努力，当时已初步完成了各种拦河坝、电厂、船闸等比较布置，各配套工程比较设计，主要设计图样及施工规范、洪水量、水库容量、航运深度、坝顶高度设计定型等工作。完成的计划报告和设计图纸都交由南京国民政府资源委员会水电总处妥存。新中国成立后，这些珍贵的资料都移交给长江水利委员会。三峡水闸工程从决定修建到完成一系列的准备工作，其价值和作用都是不可低估的。

### 三 新中国三峡工程梦的启航

1949年10月1日，毛泽东主席在天安门城楼上向全世界宣告中华人民共和国中央人民政府成立。从此，中国进入了一个崭新的时代。中央人民政府在百废待兴的繁重日程上，列入了治理长江的宏伟规划。三峡工程作为长江流域规划控制利用长江水利资源的主体工程，经过反复考察论证，确定宜昌县三斗坪中堡岛作为三峡大坝坝址，并开展大量施工前的准备工作。党中央高度重视三峡工程建设，先后召开南宁会议、成都会议、北戴河会议，听取科研论证工作汇报，进行深入的讨论研究。毛泽东、周恩来等国家领导人为之倾注大量心血，实地考察调研，审时度势，慎重决策。

#### （一）新中国重提三峡工程的客观背景

开发利用长江三峡河段水能资源问题，虽早在20世纪20年代孙中山先生即已提出设想，之后，美国工程师萨凡奇也提出了"南津关方案"，但从三峡工程应有的科学性来说，都还构不上一个科学的工程方案，只不过是一种设想，真正大规模地研究三峡工程，并作出了世界第一流水平的工程设计，还是在新中国成立以后。而新中国第一个正式提出三峡工程的人就是毛泽东。

长江中下游水患严重，非治理不可，而要从根本上解决长江水患问题，就是要修建长江三峡工程，对此，毛泽东非常坚定。在毛泽东办公室案头关于长江水患的资料，是他一直十分关注的。据史料记载，1931年，长江洪水泛滥，湖北、湖南、江西、安徽、江苏五省186县受灾，受灾面积13万多平方公里，灾民人数达2800多万，死亡人数达14万之多，经济损失估约13亿银圆；1935年，长江洪水泛滥，仅湖北、湖南、江西、安徽四省就有153县受灾，受灾面积达5.9万多平方公里，灾民人数达千余万人，死亡人数11万多，估计损失3.5亿多银圆；1949年，长江洪水泛滥，长江中下游五省淹没农田2700多万亩，灾民人数达800余万，死亡 5 600 多人，估计损失 4 亿多人民币。① 这些残酷的数字说明，长江的洪患问题，不仅关系到广大人民生命财产安全，也关系到国家建设大局。要解决长江洪灾问题，没有与之相匹配的大工程是不行的，面对这样一个重大问题作出选择，没有一种对人民的高度责任感，没有一种超群的胆识，没有一种远大目光是不行的。而毛泽东的战略远见则为长江流域规划和三峡工程研究奠定了坚实基础。

不同的时代，就有不同的建设条件，对一项工程的建设就有不同的考虑。孙中山时代中国几乎没有民族工业，小型水电工程也极少，他的伟大设想或萌芽于欧美和日本诸国水利工程的见闻，或出自中外专家的建议，所以孙中山先生只能看到发电与航运两大效益。到了萨凡奇时，虽然中国的工业，特别是水利建设并无多大的进展，但世界科技却进步很快，三峡水利资源开发的综合效益也就更为显著。在萨凡奇计划中，三峡工程有六大效益，其利益大小依次为发电、灌溉、防洪、航运、给水、旅游。他将 225 米的高坝修建在南津关，抬高水位 160 米，计划向宜昌以东、武汉以西、襄阳以南、常德以北的大片土地引水灌溉，愿望固然可嘉，但这一带并非中国最需水区，更不要说这一计划在技术、经济等诸方面的可行性。所以，萨凡奇虽为世界顶级高坝专家，但在三峡工程的计划中仍存在一些突出的问题，比如南津关一带的地质状况、地理环境状况等，这些都在林一山主政长江水利委员会的三峡工程研究中，得以证实，并为科学决策提供了重要依据。

（二）毛泽东与"长江三峡"

为治理长江水患，开发长江水利资源，1950 年 2 月，新中国成立只有四个月，便在武汉组建设立了长江水利委员会（简称长江委，下同），中南水利部副部长林一山出任主任。当时长江水利委员会下设长江上游工程局（驻北碚，1953 年迁重庆）、长江中游工程局（驻武汉）、长江下游工程局（驻南京）、洞庭湖工程处（驻长沙）、荆江工程处（驻沙市）等。

1951 年 12 月，长江委主任林一山在《治江工作的简要报告》"治江

---

① 参见张瑞娟《1931 年江淮流域水灾及其救济研究》，中国硕士学位论文库 2006 年。山东泗水县水利局《中国水灾年表》（1931—1949 年），http://web.sishui.gov.cn。

三阶段"中，首先提出以三峡工程为长江防洪的治本性工程，以荆江分洪工程为当时平原防洪的重要措施。

荆江分洪工程完工后，党中央和毛泽东主席进一步考虑到了长江的治理问题。在不到五年的时间里，毛泽东先后六次召见林一山，都是为了三峡工程和长江水利建设问题。1953 年和 1954 年，毛泽东邀林一山进行了两次长时间的交谈，谈话重点都是长江治水和三峡工程。

1. "长江舰"上以防洪为主的三峡工程的再启

1953 年 2 月 19 日，毛泽东乘坐海军"长江舰"，由"洛阳舰"护航，从武汉码头起锚驶向南京。三天时间，毛泽东与林一山在"长江舰"上多次长谈，谈话主要围绕"怎样才能解决长江洪水的灾害？怎样才能兴利除害？"的话题展开。毛泽东听取了林一山关于在长江各个支流上修建水库的设想后提出，修建这么多水库，都加起来，能不能抵上一个三峡水库呢？林一山随即肯定地回答：对于长江中下游的防洪作用来说，这些水库都加起来，还抵不上一个三峡水库。于是，毛泽东在地图上用红铅笔指向西陵峡三斗坪一带说："费那么大的力量修支流水库还达不到控制洪水的目的，为什么不在这个总口子上卡起来，毕其功于一役。就先修那个三峡水库，怎么样？"林一山十分兴奋，回答说，"我们很希望能修三峡大坝，但现在还不敢这样想"，"毕其功于一役"。毛泽东胸中酝酿着一个伟大的设想。毛泽东对林一山说，你们回去之后抓紧研究，有了结果之后赶快向我报告，现在对外面不要讲。

1953 年毛泽东提出研究三峡问题后，林一山给长江上游工程局布置了任务：研究在金沙江、岷江、嘉陵江、乌江四大河流兴建水利工程控制四江代替三峡工程，能否解决长江中下游防洪问题。长江上游工程局随即组织力量对三峡大坝坝址和三峡水库以及金沙江等四大河流进行控制性水库的勘选工作，并对长江中下游的洪水来源与组成、发生特大洪水的机遇以及各种可能的防洪方案进行全面研究。1954 年 4 月，长江上游工程局组织人员对长江三峡进行勘查，选取坝址。经过一段时间的勘查，提出黄陵庙、三斗坪、茅坪等坝址更为有利，值得研究。

2. 列车上对三峡工程可行性的讨论

1954 年 11 月下旬的一天傍晚，林一山接到紧急通知，立即赶到汉口火车站。当他被引进一辆专列时，毛泽东、周恩来、刘少奇已在列车的会议室等候。林一山一上车，专列就开动了。这一年，长江发生了百年罕见的洪水灾害。虽然荆江分洪发挥了重要作用，但特大洪灾还是造成了重大损失：淹没耕地 4 800 万亩，受灾人口 1 800 万，死亡 3.3 万余人，京广线 100 天不能正常通车。中央及共和国的领袖们苦苦思索着长江水患的治理问题。在京广线的专列上，毛泽东、刘少奇、周恩来等用了一整夜时间，听取林一山关于长江流域规划和三峡工程设计工作的汇报。林一山讲道："在工程设计上，依靠我们自己的技术力量，在苏联专家的帮助下是可以完成的。""你的根据是什么？"毛泽东问，林一山回答道："目前苏联正在建设的水利工程，在技术上、规模上同美国已建成的相差不多。因此，美国水利工程师有信心兴建三峡工程，那么也应该相信苏联专家同样有这个水平。"林一山还说："如果不用苏联水利专家的帮助，我们自己也可以建设三峡工程，但需要在丹江口水利枢纽工程建成之后才能考虑。丹江口水利枢纽工程的规模，按大坝上游的正常蓄水位海拔170 米的方案建成，也算得上是世界第一流的大工程。我们有了这个工程的经验，就可以把技术提高到能够胜任三峡工程的设计水平。不过，设计工作的时间就要推迟。"毛泽东对林一山的这番谈话表示同意。在这次谈话中，毛泽东还对林一山汇报时讲到将三峡工程坝址选定在宜昌县三斗坪的相关问题进行了探究。这次谈话，毛泽东把治理长江的设想聚集在一个点上，即修建三峡工程。毛泽东要周恩来回北京后给苏联政府联络，希望苏联派专家来华帮助进行长江流域规划和三峡工程设计研究工作。

毛泽东与林一山谈话之后，长江三峡工程的准备工作迅速加快步伐。1955 年 6 月，应中国政府的邀请，以马林诺夫斯基为代组长的苏联专家组来到湖北武汉。7 月，苏联专家组组长德米特里也夫斯基也来到中国。长江水利委员会在苏联专家的参与下，大规模开展长江流域规划和三峡的水利枢纽初步设计工作。从 1955 年开始，长江水利委员会在三十多个部门和单位的大力协同下，在苏联专家的参与下，经过历时三年的长江流域规划和三峡工程勘测、科研与设计，于 1957 年年底，完成了《长江流域综合利用规划要点报告》，明确了三峡工程是长江流域规划中的关键性骨干工程。

由于长江流域规划涉及中央有关部委和长江流域各省市，1956 年 3

月，国务院副总理邓子恢传达周恩来的指示，决定将长江水利委员会改为长江流域规划办公室（简称长办，属国务院建制，由水利部代管）。10月，水利部转发国务院通知，批准成立长江流域规划办公室。长办具体承担长江流域规划工作，燃料工业部所属水电建设总局、交通部、地质部、水产部等单位亦派出人员参加长江流域规划工作。

1956年夏天，当长江流域规划和三峡工程研究有了初步成果时，毛泽东在武汉畅游长江后，写下著名的《水调歌头·游泳》："……更立西江石壁，截断巫山云雨，高峡出平湖。神女应无恙，当惊世界殊。"诗句展现出三峡的壮阔前景，奏响了兴建长江三峡工程的新乐章。

（三）南宁会议提出三峡工程的"八字方针"

1958年1月11日至22日，中共中央在广西南宁召开有部分中央领导人和部分地方领导人参加的工作会议。会议就三峡工程问题听取意见，展开讨论。会议特地邀请两位与三峡工程密切相关的重量级人物参加会议，一位是积极主张修建三峡工程的"长江王"林一山，一位是反对修建三峡工程、时任电力工业部部长助理、国家水电总局局长李锐。1月18日，林、李二人到达南宁的当天晚上，毛泽东、刘少奇、周恩来、朱德、彭真、李富春、李先念、薄一波及各大区、中南各省主要负责人集体听取了林一山和李锐关于三峡工程的发言。林一山讲了两个小时，在座的领导人被三峡工程的巨大效应深深鼓舞。李锐讲了半小时，陈述了不主张上三峡工程的理由。两人讲完后，毛泽东说："讲了还不算数，你们各人写一篇文章，不怕长，三天交卷。第三天晚上，我们再来开三峡的会。"第三天，两人都按时交卷。林一山写的题目是《关于长江流域规划的初步意见》，20 000字。李锐写的题目是《大力发展水电以保证电力工业15年赶上英国和修建三峡水电站的问题》，8 000字。交稿的当天晚上，讨论三峡工程的会议继续进行。在半小时的会议上，毛泽东讲了两个观点：中央还没有正式作出修建三峡工程的决定；对三峡我还是有兴趣的。南宁会议对三峡工程没有作结论，但明确提出了关于三峡工程的"八字方针"——积极准备，充分可靠。在南宁会议上，毛泽东委托周恩来亲自抓长江流域规划和三峡工程工作。

（四）周恩来与"三峡工程"——聚焦中堡岛

1. 对坝址的重新论证

1958 年 2 月 26 日至 3 月 5 日，周恩来总理率中央和有关地方负责同志，中国和苏联专家共一百多人，冒着严寒，实地考察了荆江河势和两岸大堤、三峡工程坝址（南津关坝址、三斗坪坝址）和库区，并听取了各方面的意见。3 月 1 日上午，周总理一行来到宜昌南津关。上山后，周总理发现目的地是风景名胜"三游洞"。周总理严肃地对随行的长江委主任林一山和长江委总工程师李镇南说："你们怎么领我到这里来？我是来查勘坝址的，不是来游山逛景的。"林一山笑着回答："这一带是喀斯特石灰岩地区，三游洞是个石灰岩大溶洞，在这里可以看到喀斯特地质状况。如果在这样的地方建坝，是犯了坝工大忌。请您来看，就是要说明为什么三峡大坝最好不要建在这里的原因。""南津关方案"是萨凡奇提出来的，新中国成立后苏联专家视其为经典方案，而林一山等中国专家经过大量勘察后，认为这里并不合适建坝，推荐"三斗坪方案"。周总理这次实地查勘，对于大坝选址具有关键意义。

当日下午，周总理一行乘坐的"江峡轮"在三斗坪靠岸。周恩来一行下船后，徒步踏过因枯水季节干涸的河床沙滩，来到中堡岛。这里是长江水利委员会专家们选择的未来三峡大坝坝址。在中堡岛上，长江水利委员会总工程师李镇南摊开三峡设计图纸，向周恩来汇报。"三峡大坝有这个山头高吗？"周恩来指着中堡岛对岸的山头问。"和这个山头差不多"林一山答。"三峡工程真伟大！"周恩来感叹。说着，周恩来来到地质部三峡勘察队的钻机旁，钻井旁摆放着一箱箱从中堡岛地下钻取出来的岩芯。林一山指着岩芯说："这里钻出来的岩芯都是花岗岩，在花岗岩上建坝，是最好的、最理想的。"随后，周恩来亲笔签字，取走一截岩芯石。不久，毛泽东在成都会议上高兴地看到了这截岩芯。此时，周恩来对大坝选址已心中有数了。但他还是对林一山说："在南津关建坝，是萨凡奇论证过的，你们一定要拿出科学依据和实际数据来说服世界和苏联专家：只有中堡岛才是三峡大坝最理想的坝。"

2. 积极准备兴建三峡枢纽工程

从 3 月 2 日起，周恩来在江峡轮上主持召开"积极准备兴建三峡枢纽会议"，正式讨论三峡问题。参加这次讨论的湖北省委书记王任重在日记中写道："这次讨论的问题，主要是需不需要建三峡大坝，能不能修建三峡大坝，三峡大坝是不是开发长江水利资源的主体工程，这个工程是不是有巨大的经济效益和社会效益，是不是要争取提前修建这个工程。"周恩来要求，与会人员敞开思想，各抒己见。林一山、李锐、钱正英都在会上作了深入的发言。苏联专家组先后有六人发言。参加会议的中国科学院副院长张劲夫，国家技术委员会副主任刘西尧，水电部副部长李葆华、刘澜波，四川省委书记阎红彦，湖北省委书记王任重都发了言。

经过三天讨论，绝大多数人的意见是一致的：赞成修建三峡大坝。3月6日上午，周恩来主持讨论一周考察的《总结纪要》。下午，周恩来作总结讲话。他说，这次通过实地考察，又连续开会讨论，大家一致肯定三峡工程必须搞，而且也能够搞，在政治上、经济上都具有伟大意义，技术上也是可能的，在不太长的时间，15年至20年，就可以建成。取得这样的一致意见，是很大的成功。从现在开始，必须积极准备，才能做到充分和可靠。

对于修建三峡水利枢纽的问题，周恩来也讲了很多重要的意见。他说："三峡大坝的正常高水位应当控制在吴淞基点以上200米，不能高于这个高程，同时还应该研究190米、195米两个高程。在进行三峡工程的同时，要抓紧时机，分期完成长江中下游各项防洪工程。要防止等待三峡工程和以为有了三峡工程就万事大吉的思想。他还指出，长江流域规划工作的基本原则应当是统一规划、全面发展、适当分工、分期进行。同时需要正确解决远景与近景、干流与支流、上中下游、大中小型、防洪、发电、灌溉与航运、水电与火电、发电与用电等方面的关系。这七种关系必须互相结合，根据实际情况，分别轻重缓急，具体安排。但把三峡工程作为主体的意见是对的，林一山同志书面报告的这个观点我赞成。"周恩来宣布，为了加强对三峡工程和长江流域规划的领导，应当正式成立长江流域规划委员会。周恩来指出，所有这些问题，要报告中央和毛主席，批准了之后才能执行。至此，辩论了几年的三峡水利枢纽工程的问题算是有了结论。

考察结束的第二天，周恩来赶到成都，出席3月9日至26日中共中央在成都召开的政治局扩大会议。

（五）成都会议与毛泽东考察三峡

1958 年 3 月 9 日至 26 日，毛泽东在四川成都主持召开中共中央政治局扩大会议。25 日，讨论通过了周恩来总理所作的"关于三峡水利枢纽和长江流域规划"的报告。4 月 5 日，中央政治局正式批准下发了《中共中央关于三峡水利枢纽和长江流域规划的意见》。这是中共中央下发的关于三峡工程的第一个重要文件。《意见》中关于三峡工程的主要内容是：从国家长远的经济发展和技术条件两个方面考虑，三峡水利枢纽是需要修建而且可能修建的，但是最后下决心确定修建及何时开始修建，要待各个重要方面的准备工作基本完成之后，才能作出决定。估计三峡工程的整个勘测、设计和施工的时间需 15 年到 20 年。现在应当采取积极准备和充分可靠的方针，进行各项有关工作。至此，兴建三峡工程正式提上了党和政府的重要议事日程。中央的《意见》，实际上对三峡工程两年多来的争论作了结论。

成都会议结束后，毛泽东开始了具有重大历史意义的三峡考察。1958 年 3 月 29 日清晨，毛泽东乘"江峡轮"从重庆出发，顺江而下，考察长江三峡。3 月 30 日，"江峡轮"驶近西陵峡段的三峡工程坝址中堡岛，林一山抓住机会向毛泽东汇报："将来三峡大坝的中轴线，就从这座小岛横穿而过。这神奇的岛上，将耸立起一座巨型水利枢纽。"林一山接着汇报说："在中堡岛修三峡大坝，是执行我们提出的美人沱筑坝方案，这是对 1944 年美国专家萨凡奇提出，前不久又经苏联专家认可的南津关筑坝方案的修订。周总理亲自考察过南津关，肯定了我国专家的意见。南津关是喀斯特石灰岩地区，要建大坝是犯了大忌。而三斗坪地区却是花岗岩石，正好建大坝。"

毛泽东频频点头，表示赞同。随行专家继续向主席报告，"在中堡岛建大水坝有其特有的天然优势，可利用大江、小江的有利地理条件，分两期施工，大江截流也不必另辟溢洪道。"毛泽东对专家们的分析和判断非常满意。

1958 年 3 月 30 日，毛泽东视察三峡大坝坝址三斗坪中堡岛。这于三峡工程是具有重大历史意义的日子。在修建葛洲坝工程的时候，国务院决定用这个具有纪念意义的日子作为代号：三三〇工程。葛洲坝工程局也称为：三三〇工程局。成都会议和毛泽东视察长江三峡以后，很快掀起了新的三峡工程热潮。

（六）新一轮的三峡工程热

1958 年 4 月，毛泽东在武汉会见一个外国代表团时说："我们准备在三峡筑一个水库。准备工作需 5 至 7 年，连筑成就要 15 至 20 年。""这将是我们的第一个大水坝。"此后，三峡工程的设计和科研工作进入一个新阶段。

4 月，周恩来责成国家科委和中国科学院立即组织三峡工程全国科研大协作。

5 月，长办根据成都会议和周恩来总理的指示精神，完成了湖北丹江口水利枢纽初步设计报告，由水利电力部和湖北省组织审查，通过了设计方案。

6 月，长江三峡水利枢纽第一次科研会议在武汉召开。会议由新成立的三峡科研领导小组组长、中国科学院副院长张劲夫主持。到会的有 82 个单位、268 人，同时还有 13 位苏联专家与会。会上制订了三峡科研计划。根据科研计划，全国先后有二百多个单位的近万名科技人员参加了这一大协作。此后，还召开过两次科研会议，就三峡工程重大科学技术问题、初步设计等进行研讨。

8 月，北戴河会议期间，周恩来总理主持召开了长江三峡会议。参加会议的有李富春、李先念、聂荣臻及长江流域西南、中南、华东三个大区的第一书记、各有关省委第一书记以及中央各部、委、院的主要负责人。会上更具体地研究了进一步加快三峡工程设计及准备工作的有关问题。周恩来总理作总结发言时，要求在 1958 年年底作出三峡工程初步设计要点的报告，随即进行初步设计；并可以以三斗坪中堡岛坝址为主进行设计，以陆水为三峡试验坝。工作要抓紧，要准备到"万事俱备，只欠东风"，不要东风来了而未准备好。随后周恩来总理作了"为 1961 年开工作好充分准备"的批示。

9 月，丹江口水利工程正式开工，1959 年 12 月实现了汉江截流。1967 年大坝达到挡水发电高程，下闸蓄水，1968 年建成，拦洪发电，1973 年全部竣工。丹江口工程是一座大型综合利用的水利工程。丹江口工程的成功建设，不仅达到了兴利除弊、造福人类的目的，而且为以后的葛洲坝工程、三峡工程建设积累了经验，锻炼了队伍。葛洲坝工程建设时，丹江口工程建设队伍是其主力之一。

1958 年 3 月成都会议以后，长办在完成丹江口水利枢纽初步设计等工作的同时，其工作重点主要是围绕三峡工程进行研究和设计，长办专家和苏联专家一起做了大量地形、地质比选工作。在规划设计方面，成立了三峡工程设计领导小组，全力抓设计工作。三峡工程设计领导小组每周召开一次会议，安排、布置、检查工作成果。

11 月，《三峡水利枢纽初步设计要点报告》编制完成。并于次年 3 月报送水利电力部。与此同时，周恩来总理批示要研究工程防护问题，并指示军事部门参加诸如防护化学炸药爆炸、核爆炸等工程防护的试验和防护方案的研究。

1959 年 2 月，三峡水力发电机组及高压电器论证会在北京召开。会议初步确定三峡电站第一批机组的容量。

5 月，援华的苏联专家 26 人集会北京，对《三峡水利枢纽初步设计要点报告》进行了五天讨论，一致同意放弃南津关坝址，选择三斗坪坝址，同意将正常高水位定在 195 米至 200 米之间。

5 月，"三峡水利枢纽初步设计要点报告"讨论会在武昌召开，会议就坝址选择、正常高水位选择及施工方案进行了重点讨论。经过讨论，绝大多数代表认为三斗坪与南津关两坝址相比，前者具有不可争辩的优越性。大会一致同意选用三斗坪坝址和正常蓄水位 200 米方案——这是第一次确定三斗坪坝址。

6 月底，长办开始对三斗坪坝址进行初步设计。以后又在该坝段比较了三条坝线，1960 年经过比较选择了上坝线，即现在通过中堡岛的坝线。

8 月，党中央庐山会议期间，周恩来总理听取了林一山的汇报后，问苏联专家组组长巴克塞也夫："三峡工程设计已达到怎样的程度？"巴克塞也夫答道："现在即可做施工准备。"[①]

10 月，第二次三峡科研会议在汉口召开。这是一次检阅一年来全国三峡科研大协作成就的会议，各单位提出七百多份科研成果报告。大会向周恩来、李先念、聂荣臻呈送了专门报告，并附送了《长江三峡 17 个重大技术问题简要介绍》，简介中阐述了有关地质、施工围堰及截流等重大技术问题，都是当时需要攻克的难题。

---

① 以上参见陈夕《中国共产党与三峡工程》，中共党史出版社 2014 年版。

1960 年 3 月，长江流域规划办公室（简称长办）完成了三峡水利枢纽初步设计阶段各项主要工作。

4 月，水电部在广州协作区会议上，提出在"二五"期间列 4 亿元投资，准备 1961 年三峡工程开工的方案。

就在三峡工程即将上马的时候，中央考虑到当时国家的经济情况和国际形势，决定放缓三峡工程建设的进程。

8 月，周恩来总理在北戴河会议期间主持召开长江规划工作会议，调整三峡工作部署，并指示"雄心不变，加强科研，加强人防"。

1961 年，全国开始纠正"大跃进"以来的错误，三峡科研小组把原来拟订的《1961—1962 年两年科研计划》调整为《1963—1972 年十年科研规划》。因此，所有的科研力量纷纷流散，上千的三峡工程设计人员最终仅保留了 40 人。在三峡工程建设放缓的总的指导思想下，长办在进行人防、泥沙、坝址等研究的基础上，根据当时国内的经济情况，研究了各种分期实施的方案。

1966 年 3 月，向中央、毛泽东报送了《关于三峡水利枢纽分期开发研究的报告》，提出分期开发方案，即第一期水库正常高水位 115 米，主要任务是提前发电；第二期将大坝加高到 162 米高程，正常水位 150 米，主要任务是防洪发电；第三期正常高水位抬高到 200 米的最终规模。根据国家经济情况，三峡工程宜早不宜迟，建议中央将三峡工程列为第三、四个五年计划期间的建设项目，争取 1968 年开始施工准备，1969 年正式开工，1975 年汛前开始发电。不久，"文化大革命"运动爆发，兴建三峡工程被搁置下来。

## 第二节　葛洲坝工程助推宜昌崛起

### 一　葛洲坝工程的兴建

（一）葛洲坝工程决策

1969 年，当时全国供电紧缺，水电部军管会研究对策，设想上三峡工程。为此水电部和湖北省一起于 3 月向中央呈送了《关于修建三峡水利枢纽的设想》的报告，建设三峡工程上马。10 月，毛泽东在湖北视察期间，湖北省革委会主任曾思玉、副主任张体学向毛泽东再次提出兴建三峡工程的建议。毛泽东向他泼了"冷水"，提出"头顶两百亿立方水，你怕不怕？"毛泽东当时认为"目前战备时期，不宜作此想"。毛泽东的指示传达后，长江流域规划办公室（简称长办）的邱忠恩（当时为技术员，后为高级工程师）最先提出先兴建葛洲坝枢纽的建议，立即得到湖北省和水电部的支持。12 月，水电部军管会正式通知长江流域规划办公室尽快提出葛洲坝枢纽的初步设计要点报告。长江流域规划办公室立即组织对葛洲坝枢纽的现场勘测、科研和规划设计工作。

1970 年 3 月，周恩来在全国计划工作会议预备会议研究"四五"计划纲要时说："兴建长江三峡工程是伟大领袖毛主席的伟大理想，我们一定要在他健在的时候把这件事定下来，不把这件事办好，对不起党，对不起人民。"[①] 并计划把三峡工程写进"四五"计划中。

与此同时，湖北省组建成立了以陆济民任指挥长的鄂西水电工程指挥部，负责对葛洲坝工程勘测、设计、科研和施工准备的领导。

5 月 22 日，鄂西水电工程指挥部向水电部汇报了葛洲坝枢纽初步设计要点的内容。5 月 30 日，水电部将《关于停建鄂西清江水电站，兴建长江葛洲坝水利枢纽的报告》上报国务院。当日，国务院领导李先念、纪登奎、李德生、余秋里等听取了汇报，都表示同意兴建葛洲坝工程。

6 月中旬，水电部和湖北省革委会在宜昌召开会议，对葛洲坝枢纽初步设计要点进行审查。6 月 22 日，湖北省成立葛洲坝枢纽筹建领导小组，宜昌地区革命委员会主任李地山任组长。

9 月，长江流域规划办公室提出《长江葛洲坝水利枢纽初步设计报告》。

10 月 30 日，武汉军区和湖北省革命委员会向中共中央、国务院呈送了《关于兴建宜昌长江葛洲坝水利枢纽工程的请示报告》。《报告》共四个部分，即工程规模、工程效益、工程保证、施工准备。随后，中共中央副主席、国务院总理周恩来主持召开国务院会议，经讨论，国务院同意兴建葛洲坝水利枢纽工程。并将武汉军区和湖北省革委会给中共中央的报告呈送给毛泽东主席。

---

①　魏廷铮：《长江三峡工程的决策（一）》，百年潮 2012 年第 3 期。

11月，中共中央政治局会议讨论后原则批准兴建葛洲坝水利枢纽工程。

12月24日，在呈送《中共中央关于兴建宜昌长江葛洲坝水利枢纽工程的批复》（送审稿）时，周恩来以《兴建葛洲坝水利工程是可行的》为题，致信毛泽东主席、林彪副主席，请主席审阅、批示。周恩来信中称：

　　去年10月，主席在武汉曾向曾思玉同志提议修三峡大坝时说到在目前战备时期不宜作此想。后来，他们就同水电部、长办转而设想改修三峡下游宜昌附近的葛洲坝低坝，采用径流发电，既可避免战时轰炸影响下游淹没的危险，（低坝垮了只多三亿到八亿五立方米水量的下泻，宜昌到沙市河槽内可容纳），又可争取较短时间加大航运和发电量（航运单向年达2 500万吨左右，发电装机可达到204万千瓦，确保出力80万千瓦，时间五年可成）。武汉军区和湖北省革委会本年10月就提出报告请中央列入"四五"计划。中央政治局11月会议讨论，原则批准，要他们多做水工试验和研究，并写一可靠的水坝工程资料。我和国务院业务组（先念、登奎、德生三同志均参加），与曾思玉、张体学、林一山等同志和水电部负责人经多次研究和讨论，认为在"四五"计划中兴建葛洲坝水利工程是可行的，他们所提出的资料和数据，也是经过十年来的现场地质勘察、水工试验和历史水文纪录的积累和分析得出，基本可靠。而在施工过程中，还可精心校正，精心设计，力求避免二十年修水坝的许多错误。至于三峡大坝，需视国际形势和国内防空炸的技术力量的增长，修高坝经验的积累，再在"四五"期间，考虑何时兴建。现将中央批复送审稿及报告和附件、附图呈上，请审阅，并请主席批示。林一山意见书一并送上，供参阅。

12月25日，中共中央以中发［1970］78号文件下发《中共中央关于兴建宜昌长江葛洲坝水利枢纽工程的批复》，批准兴建宜昌长江葛洲坝水利枢纽工程。中央的批复称：

　　　　武汉军区、湖北省革命委员会并告四川、湖南、河南省革命委
　　员会，国家计委、建委、水电部、交通部、一机部：中央同意你们
　　关于兴建宜昌长江葛洲坝水利枢纽工程的报告，修建葛洲坝水利枢
　　纽，是有计划、有步骤地实现毛主席"高峡出平湖"伟大理想的实
　　战准备。

中央批复中明确指出：

　　　　责成武汉军区和湖北省革命委员会主持，由水电、交通、一机
　　部和长江流域规划办公室等有关方面参加，组成坚强的施工指挥部，
　　进行现场设计，在今年内提出设计方案报国家建委审定。为争取时
　　间，你们可即组织力量进行施工准备。为了集中力量打歼灭战，清
　　江隔河岩工程停建，其所列今年投资转由葛洲坝使用。

　　12 月 26 日，毛泽东主席就关于兴建宜昌长江葛洲坝水利枢纽工程
作出批示："赞成兴建此坝。现在文件设想是一回事。兴建过程中将要
遇到一些现在想不到的困难问题，那又是一回事。那时，要准备修改
设计。"
　　于是，由中共中央作出决定，一个治理长江，兴建中国当时最宏伟
的水利工程的决策诞生了。毛泽东"赞成兴建此坝"的喜讯传到湖北宜
昌，早已集合在宜昌葛洲坝的 10 万军民振臂高呼"毛主席万岁！"
　　（二）葛洲坝工程历时 18 年全部完成建设
　　葛洲坝水利枢纽的设计与施工，经历了开工与停建、修改设计、复
工与完建三个阶段。
　　1970 年 12 月 22 日，成立长江葛洲坝水利枢纽临时领导小组，湖北
省革委会副主任张体学任组长，开始组织施工队伍进驻工地。
　　1975 年 3 月 30 日，土石纵向围堰基本建成。9 月，开始一期主体工
程的混凝土浇筑，至 1980 年 8 月基本结束。
　　1981 年 1 月 4 日长江截流成功。7 月 30 日，葛洲坝枢纽接受了最严
峻的考验，安全地通过了 1949 年以来最大洪峰流量 72 000 立方米每秒。
二江电站第一台（1 号）机组并网发电。

1983 年 7 月，二江电站的七台机组全部并网发电。

1981 年 3 月至 1983 年 6 月，进行二期主体工程的基础开挖。1981 年 12 月至 1985 年 12 月，进行二期主体工程的混凝土浇筑。

1986 年 1 月 17 日，拆除大江横向围堰混凝土防渗墙，二期工程开始挡水。6 月 8 日，大江电站第一台（8 号）机组投产发电，当年又有四台机组投产发电。

至 1988 年年底，大江电站 14 台机组全部投产发电，1 号船闸和大江航道完成。举世瞩目的葛洲坝工程至此全部完建。

葛洲坝工程总投资人民币 48.48 亿元，其中一期工程为 24.71 亿元，二期工程为 23.77 亿元。总开挖土石方 5 799 万立方米，填筑土石方 3 087 万立方米，总浇筑混凝土 1 042 万立方米，安装金属结构 7.29 万吨。

## 二　葛洲坝工程助推宜昌新跨越

### （一）葛洲坝工程多重效益

葛洲坝枢纽布置有冲沙闸、泄水闸、两个电厂和通航建筑物，是三峡水利枢纽的航运梯级，担负着渠化三峡大坝至宜昌段的天然河道，对三峡电站日调节非恒定流进行反调节和利用河段落差发电的任务。葛洲坝工程具有多重效益。

1. 发电效益

从 1981 年开始发电，1988 年全部建成的葛洲坝工程大大缓解了华中地区电力紧缺的局面，为华中地区的工农业生产以及长江三峡工程提供了施工用电。葛洲坝电站年平均发电量 157 亿千瓦时，按全部替代煤耗计算，年节约煤炭约 1 000 万吨，减轻了湖北省煤炭供应和铁路运输的压力。宜昌葛洲坝至湖南株洲的 500 千伏超高压送变电工程，线路输送能力为 60 万千瓦时，每年可输送电量 30 亿千瓦时。宜昌葛洲坝至上海的 500 千伏直流输电工程，对缓解华东地区电力紧张状况发挥了重要作用。葛洲坝电站从 1988 年建成至 1996 年 5 月，累计发电量 1 760 亿千瓦时，创造直接工业产值 143.3 亿元（按 1990 年不变价 0.079 元每千瓦时计算），相当于葛洲坝工程总造价的三倍。

2. 航运效益

葛洲坝水利枢纽使洪、枯水期的坝前水位抬高 10 至 20 多米，回水上溯 110—190 公里，库区淹没青滩、方滩、泄滩等急流滩 21 处，淹没石牌珠、崆岭滩、冰盘积等险滩 9 处，淹没单行控制航段及绞滩站 9 处。在水库常年回水区内，巴东以下 110 余公里的航行条件显著改善，船只在枯水期上行时间，由原来的 18—19 小时缩短到 11—12 小时；下行时间，由原来的 9 小时缩短到 6 小时。由于航行时间缩短，拖带能力提高，宜昌至巴东的每吨公里运输成本由 1983 年的 0.081 元降为 1986 年的 0.062 元。葛洲坝水利枢纽的一、二、三号船闸，自建成通航至 1991 年年底，累计运行 8.98 万闸次，通过船舶 57.89 万艘次、旅客 2 202 万人次，货物 5 642 万吨，客货运通过量平均每年递增 15%。

3. 防洪效益

葛洲坝水利枢纽工程 27 孔泄水闸和 15 孔冲沙闸全部开启后的最大泄洪量达每秒 11 万立方米，起到了很好的防洪作用。葛洲坝一期工程在 1981 年 5 月下闸蓄水，7 月川东地区遭受洪水，大坝第一次经受百年一遇的洪水考验。受大坝调控作用，宜昌市及下西坝长江水位在控制水位线以下徘徊，保证了市区不受洪水的威胁，葛洲坝工程起到了调控洪水的重要作用。

4. 工程效益

葛洲坝工程是中国当时在建设规模、发电、通航、泄洪等方面，从工程总量到开挖、浇筑、安装等各项施工强度和技术难度都雄居第一的伟大工程。葛洲坝工程验证和检验了一些重要的理论问题，尤其是在处理长江通航和建设、泥沙、截流等方面为三峡工程提供了很好的借鉴。工程建成后发挥了巨大的经济和社会效益，提高了中国水电建设方面的科学技术水平，培养了一支高水平的水电设计、施工和科研队伍，为中国的水电建设积累了经验，为修建三峡工程做了实战准备。

（二）助推宜昌实现新跨越

葛洲坝工程的兴建，有力地促进了宜昌市的各项建设和经济发展。从 20 世纪 70 年代葛洲坝工程动工兴建到 90 年代初葛洲坝工程全面建成，宜昌人抓住葛洲坝工程兴建的机遇，实现了宜昌的第一次大振兴、大跨越。

1. 经济效益增长

1970 年，葛洲坝工程开始兴建，为宜昌市赢得了经济发展的机遇，给宜昌带来了第一次振兴。

经济总量：1970 年，宜昌市国民生产总值为 0.57 亿元，到 1988 年，宜昌市社会总产值达到 35.38 亿元，国民生产总值 17.10 亿元，按现价计算，年均增长 20.8%。

农业发展：宜昌处于鄂西南地区，主要为丘陵和高山地区，部分县依托长江进行水上运输。葛洲坝水利枢纽工程带来的航道条件的改善，使地方航运事业迅速发展起来，国内有名的宜昌蜜橘、柑橘罐头等出口到美国、欧盟、日本、中东等十多个国家和地区。1970 年，宜昌市农业总产值为 0.05 亿元，到 1988 年，实现农业总产值 0.72 亿元，年均增长 15.5%。

工业发展：兴建葛洲坝水利枢纽工程，使宜昌丰富的水资源得到了大规模的开发，壮大了城市工业的骨架。葛洲坝水力发电厂推动着工业经济的快速发展，工业生产快速增长，总量规模不断扩张。1985 年，葛洲坝水力发电厂正式作为独立核算工业企业纳入统计口径，到 1988 年年底，葛洲坝水力发电厂 21 台机组全部投入运行，当年发电量达到 146.29 亿千瓦时，完成工业总产值 7.35 亿元。1981 年至 1988 年，葛洲坝发电厂累计发电 597 亿千瓦时，完成工业总产值 33 亿元。电力产业成为宜昌市工业的第一支柱产业。1988 年，其工业总产值占全市的 28.54%，利税占 53.45%，固定资产原值占 71.48%，其劳动生产率、产值利税率、人均净产值等指标位居全市各行业之首。葛洲坝水电枢纽的兴建投产促进了宜昌市产业结构的转变。1970 年，全市第二产业比重上升到 53.0%，占据了产业主导地位，出现变化的原因是葛洲坝水利枢纽工程的动工，使建筑业分量陡增，建筑业的产值比重曾达到过 40%。

固定资产投资：葛洲坝水利枢纽工程项目总投资为 48.48 亿元。对宜昌的影响主要体现在以下方面：一是推动宜昌市投资总量提升。葛洲坝工程开工以前，宜昌市投资总量始终在亿元以下徘徊。1970 年，宜昌市投资总量为 9 878 万元，截止到工程竣工，宜昌市投资总量突破 20 亿元。1988 年，宜昌市投资总量为 21.4 亿元，比开工前的 1970 年增长 131 倍，年平均增长 18.6%。在葛洲坝工程施工期间，工程投资始终是宜昌市投资的主要部分，多数年份占全市投资的比重超过 30%。在 1981 年 1 月大江截流成功的前后七年里，投资额占全市投资的比重超过50%。1977年、1979年和1981年投资比重甚至超过70%。二是促进第二产业投资规划提升。葛洲坝工程开工以前，宜昌市第二产业投资总量在亿元以下，1970年，宜昌市投资总量为7 391万元，截至工程竣工，宜昌市第二产业投资总量突破10亿元，1988年，达到11. 99亿元，比开工前的1970年增长123倍，年平均增长速度18%。其中葛洲坝工程投资所占比重，多数年份超过30%，1977年至1985年比重超过50%，1981年比重甚至超过91%。葛洲坝工程投资对第二产业的投资规模提升起到了绝对的推动作用。

2. 相关产业发展

20世纪70年代初，宜昌市第三产业本身有一定的基础，加上葛洲坝水利枢纽工程在宜昌兴建所带来的大人流和大物流的推动，发展尤为迅速。其中，商业和旅游业因得天独厚的地理位置，得以快速发展。

商贸产业的发展：70年代初，葛洲坝工程12万建设大军聚集宜昌，为宜昌消费品市场发展带来了前所未有的机遇。1970年，宜昌市实现社会消费品零售总额2.9亿元，到1988年，实现社会消费品零售总额25.2亿元，年均增长12.8%。商业网点迅速增加。1988年末，宜昌市零售商业、饮食业和服务业网点发展到5 744个，比1978年增长10.2倍，从业人员达到21 764人，增长2.4倍。随着对外开放政策方针的贯彻落实，宜昌市外贸业得到了迅速发展，出口商品发展到一百多种，同一百多个国家和地区建立了贸易往来关系。1988年，全市外贸出口商品收购总值达到2. 25亿元，比1978年增长9.6倍，对外出口额达到1. 97亿元，增长8.6倍。

旅游产业的发展：在宜昌市诸多服务行业中，旅游业的发展尤其引人注目。雄伟壮观的葛洲坝水利枢纽工程，吸引了越来越多的中外游人。1978年以后，宜昌市开始接待国外游客，旅游业随之兴旺发达起来，并取得了突飞猛进的发展。宜昌市被列为全国甲类开放城市，湖北省发展旅游事业的重点城市，成为长江三峡黄金水道上的重要景点和交通枢纽。1988年，宜昌市共接待来自五大洲58个国家和地区的外国人、华侨及港澳同胞3. 74万人次，国内游客200万人次，相当于全市固定人口的5倍。为适应旅游事业的发展，市内旅游设施日趋完善。全市有宾馆酒店251

家，拥有各种床位 2 万多张，建有三峡宾馆、南湖宾馆、夷陵饭店、桃花岭饭店、葛洲坝宾馆等大型现代化旅游饭店，拥有近百辆旅游车和三艘旅游船，设有国际旅行社宜昌市三峡支社、宜昌市支社等旅游机构。①

### 3. 城市功能完善

随着大规模的经济建设，城市基础设施建设步伐加快，城市功能不断加强。宜昌城区这座昔日的江边小城变成了高楼林立、活力四射的现代化城市。配合葛洲坝工程，利用大坝开挖和拆除围堰的弃土，进行了大规模的人工填造护岸工程，建成了沿江大道及沿江护岸工程，同时还建成了滨江公园，并通过三江大桥把西坝岛与市区联为一体，宜昌城市道路网络基本形成。到 1988 年年底，宜昌市面貌发生了翻天覆地的变化，宜昌市区面积达 330 平方公里，城区面积扩大为 28 平方公里，全市人口达到 42.95 万人，人民生活水平不断提高，宜昌市逐步发展成为生机盎然的中等城市。

### 4. 城市软实力提升

人口总量发展变化：70 年代初，由于葛洲坝工程的兴建，以及三线建设迁入了一些大、中型企业，宜昌市人口发生了很大变化。1970 年至 1988 年，宜昌出现了第二次人口增长高峰期，年平均增长率为 52.16%，这一期间机械增加的人数累计达 24 万人，平均年机械增加人数达 1.26 万人。在这期间，大批建设者的进入，在 1970、1971 年和 1972 年分别迁入宜昌的人口为 3.5 万人、4.8 万人和 1.6 万人。三年平均每年机械增加3.3 万人。

人才素质提高：70 年代初期，宜昌只有两所专科学校。改革开放后，依托葛洲坝工程，宜昌高等教育加速发展，陆续建立了多个高校、职业教育学院。葛洲坝水电工程学院，是以葛洲坝水电工程命名的高等学府，办学二十多年来为国家培养了大批专业人才，在国内享有盛名。伴随着葛洲坝工程的建设，吸引了一大批国内外的科研单位和施工单位及优秀人才落户宜昌。葛洲坝集团公司，是国家水利工程施工力量最强的企业之一，成为中国 500 强的大型企业，各类技术人员达到数千人，他们不但

---

① 参见宜昌市地方志编纂委员会：《宜昌市志》（1979—2000）（上、中），方志出版社2012 年版。

在本专业发挥了重要作用，其高素质思维理念也对宜昌地方经济发展产生了一定影响，促进了地方工业企业水平的提高，推动了地方经济社会发展。

葛洲坝水电工程为宜昌的城市建设发展带来了重大机遇，拓展了宜昌的城市骨架，促进了宜昌旅游、商贸等相关产业的发展，给宜昌发展带来了第一次振兴，宜昌由小城市迅速发展成为一个工业门类齐全的中等城市。1990 年，宜昌市被列为全国首批跨入小康的 36 个城市之一。

## 第三节　三峡工程助推宜昌跨入大城市行列

三峡工程于 1994 年 12 月 14 日正式动工兴建，至 2009 年全面建成。长江三峡工程是我国开发、治理长江的关键性骨干工程，是当今世界上最大的水利枢纽工程，是一个兼具防洪、发电、航运、补水等综合效益的巨大工程。

### 一　世纪工程的决策和论证

（一）兴建三峡工程的持续关注

1974 年葛洲坝工程复工后，三峡工程建设问题又提上议事日程。70年代中期，长办开始着手编制三峡工程可行性研究报告。

1978 年 2 月，水电部在宜昌召开了坝址选择准备会议。12 月，党的十一届三中全会及时地、果断地把党和国家的工作着重点转移到社会主义现代化建设上来，作出以经济建设为中心的新决策。

1979 年 4 月，国务院召开会议，听取有关三峡工程工作汇报，决定由林一山主持召开选址会议。5 月，三峡工程选址会议在武汉洪山宾馆召开。代表首先考察了太平溪、三斗坪两个坝址和荆江大堤险段，随后进行讨论。大家对这两个坝址的优缺点各持不同意见，未达成一致。9 月，根据国务院指示，水利部主持召开选址汇报会，仍未取得完全一致意见。会后，水利部向国务院写了报告，除反映各方意见外，推荐以三斗坪坝址开展初步设计。

11 月，当葛洲坝一期工程基本建成后，水电部向中央、国务院提出关于修建三峡水利枢纽的报告，建议将三峡工程作为我国四个现代化建设中的一项重大战略性工程，争取在 90 年代建成。由于当时正处于国民经济调整之际，三峡工程不可能提上日程。

1980 年 3 月，美国政府为履行 1979 年 8 月邓小平与蒙代尔副总统签订的《中华人民共和国政府和美利坚合众国政府水力发电和有关水资源利用合作议定书》，派出以田纳西流域管理局主席弗里曼为团长的水电代表团来华进行工作会谈。代表团在华期间，参观了葛洲坝工程和三峡工程坝址。同时对中国国内有关三峡工程的争论情况，也有了一些了解。美国代表团回国后，在《工程新闻记录》杂志上发表文章，标题是《中国放弃了宏伟的水坝工程》。该杂志面向全世界发行，影响颇大。为澄清问题，当时负责三峡工程和葛洲坝工程设计、时任长办副总工程师的魏廷琤在《人民长江》1980 年第 5 期发表了《关于长江三峡水利枢纽若干问题辩证》一文，杨贤溢、魏廷琤等针对美国水电代表团的意见，写出《为什么必须兴建三峡工程》一文，送《工程新闻记录》，该刊于 1980 年 11 月摘登了这篇文章。这些说法，加上当时我国正值国民经济调整时期，使中央领导对三峡工程心存疑虑。

（二）邓小平等党和国家领导人关注三峡工程

1980 年 7 月 11 日，邓小平在四川省省长鲁大东、湖北省委第一书记陈丕显等人陪同下，从重庆顺江东下，视察三峡坝区和葛洲坝工地。邓小平一上船就关切地问长办副主任魏廷琤，有人说三峡水库修建以后，通过水库下来的水变冷了，长江下游连水稻和棉花也不长了，鱼也没有了。究竟有没有这回事？魏廷琤回答说：水温变化不大，不影响农业和渔业。魏廷琤接着又向邓小平汇报了三峡工程研究的经过、工程规划设计、施工方案、设备制造、资金筹集等问题。

7 月 12 日上午，船行进到三峡以后，邓小平又要身边的人将魏廷琤叫到船头会议室，谈三峡工程建设问题。邓小平详细询问了大坝、电厂、船闸的设计，并和国内外已达到的水平进行比较。他对设计所依据的基本资料包括水文、地质各种试验研究成果以及国内外大型水坝建设中发生过的一些重大问题也都作了了解，特别是和葛洲坝工程的对比询问得更为详细。他还特别问到，三峡工程会不会出现黄河三门峡工程出现过的泥沙淤积问题，魏廷琤作了详细汇报。邓小平还问到了三峡工程资金筹集问题，魏廷琤提出可用葛洲坝电厂发电收入作为三峡工程建设资金，如果每千瓦时电 0.1 元，葛洲坝年发电 160 亿千瓦时，可得 16 亿元。邓小平对此很感兴趣。下午，船到宜昌后，邓小平参观了葛洲坝工程。他指示现在工地的各项设施以及机械设备将来凡是能用之于三峡工程的都要用上，那时不要再重复搞一套。

7 月 17 日至 20 日，邓小平在武汉期间，党中央、国务院有关领导同志胡耀邦、赵紫阳、姚依林专程赶到武汉，汇报制订"六五"计划和长远规划的一些基本设想。在谈到三峡工程问题时，邓小平指出：此行看了长江三峡工程库区和坝址，听了汇报，了解到三峡大坝建成以后航运问题可以解决，三峡工程可发大量的电，可促进这些地区的经济发展，环境影响问题也可以解决。他认为，修建三峡工程，对航运和生态环境的影响不大，而对防洪所起的作用大，发电效益很大。因此，轻易否定三峡工程不好。请党中央、国务院及有关部门的负责同志回北京后抓紧研究。邓小平这次谈话，对三峡工程是一个极其重要、极其关键的转折。

（三）三峡工程的深入研究和民主讨论的开展

邓小平三峡之行后，三峡工程的相关工作开始加速进行。1980 年 8 月，国务院召开常务会议，研究三峡工程问题，决定：关于三峡工程建设问题，由国家科委、建委负责，继续组织水利、电力及其他方面的专家进行论证，提出意见。根据国务院的决定，国家科委、建委随即组织筹备召开论证会，要求长办编制一套论证资料。

1980 年年底，长办编制上报了《三峡水利枢纽论证报告》，后因故论证会没有召开。

1981 年 2 月长办提出了三峡分期开发、初期蓄水位 128 米、坝顶高 145 米的方案。

1982 年 2 月，水利部部长钱正英向长办传达中央领导指示：三峡水利枢纽工程拟列入近期国家计划，并要求长办向中央作一补充报告。长办随即向中央、国务院和湖北省报送了《关于兴建三峡水利枢纽的补充报告》。《报告》说："从全局和长远考虑，我们认为选用最终规模蓄水位 200 米方案比较合理。为了减少集中投资的压力，特别是减轻移民负担，建议大坝、电站一次修建至最终规模，采取分期抬高蓄水位的方式运行。初期水位较低，能提前发电，同时移民数量减少有利于安置。随着发电收益的积累，从中适当提成，继续安置移民，并逐步抬高蓄水位，增加防洪、发电和其他综合效益。"湖北省委、省人民政府讨论研究了长办的《补充报告》，并向中央和国务院写了《关于兴建长江三峡水利枢纽的报告》。

9 月，党的十二大召开，提出到 20 世纪末工农业总产值要翻两番。十二大后，为适应工农业总产值翻两番对能源的要求，结合改善长江中下游的防洪、航运条件，国务院领导同志认识到应立即着手兴建三峡工程，但考虑到当时的国情，尽量减少水库淹没，建设规模要适当，三峡工程建设方案采用低坝方案——正常蓄水位为 150 米。

11 月 24 日，邓小平在听取国家计委关于工农业产值翻两番汇报中，谈到准备兴建三峡工程时说，他赞成低坝方案，看准了，就下决心，不要动摇。

11 月底，水电部部长钱正英向长办提出：为了适应 2000 年总产值翻两番的要求，宜立即着手兴建三峡工程，但建设规模要适当，要适应中国当前的国情，尽量减少水库淹没。根据长办过去对三峡工程各种方案的研究，采用三峡蓄水位 150 米，可有防洪库容 140 多亿立方米，装机 1 200 万千瓦，移民不超过 40 万人，投资约 100 亿元，这一规模比较适当，应立即研究这一方案的可行性。关于坝址问题，根据长办多年的勘探研究，三斗坪和太平溪都是好坝址。太平溪虽然节省混凝土，但结合我国当前的施工水平等情况看，可确定采用三斗坪作为三峡工程坝址。

12 月，长办按照水电部的要求，开始研究正常蓄水位 150 米方案，并于次年 3 月提出《三峡水利枢纽 150 米方案可行性研究报告》。

1983 年 5 月，国务院决定由国家计委组织，请 350 名专家在京丰宾馆对长办提出的可行性研究报告进行审查。在这次会上，许多同志提出意见，认为蓄水位太低了，防洪不够，把资源浪费了。最后经过妥协，说防洪可以临时超蓄，就是把坝顶提高到 175 米。就这样，审查论证比较顺利地通过了。

1984 年 2 月，中央财经领导小组召开会议，研究建设三峡工程问题。会议讨论了水电部提交的《关于建议立即着手兴建长江三峡水利枢纽工程的报告》，决定三峡工程采用正常蓄水位 150 米、坝顶高程 175 米的方案，并立即开始施工准备，争取 1986 年正式开工。会议还决定成立三峡工程建设领导小组，筹组三峡特别行政特区和三峡工程开发公司。

4月5日，国务院以国函字第57号文件原则批准《长江三峡水利枢纽工程可行性研究报告》并批复："按正常蓄水位150米、坝顶高程175米设计。请水电部于今年年底前完成初步设计报审。"随后，以国务院副总理李鹏为组长的国务院三峡工程筹备领导小组、以陈赓仪为组长的三峡开发总公司筹备处和以李伯宁为组长的三峡特区（以后改为"三峡行政区""三峡省"）筹备组相继成立，并展开工作；水电部和长江流域规划办公室也加紧编制150米方案（坝高175米）初步设计报告；三峡工程可先进行场外公路、部分码头、供电、通信、部分房屋建筑和施工征地等方面的前期准备工作也陆续展开。

在低坝与中坝方案尚待抉择的同时，社会上特别是一些政协委员对三峡工程建设问题也提出不同的意见。1984年5月全国政协六届二次会议，会上不少委员对三峡工程表示关心，提出了意见和建议。10月以后，全国政协经济建设组连续召开五次座谈会，研究水电部提供的《长江三峡工程简要情况》，认为三峡工程需要条件具备后再上马。

10月，就在三峡工程按150米方案进行筹备的时候，重庆市委、市政府向中央、国务院提出《对三峡工程的一些看法和意见》，认为三峡大坝150米方案的回水末端恰恰放在重庆以下的洛碛与忠县之间长约180公里的河段，这样，实际上把西南水陆交通枢纽的重庆港置于库外，使重庆以下较长一段天然航道得不到改善，万吨级船队难以直达重庆，而1984年1月长办向中央上报的180米方案，其投资、淹没、移民比低方案虽然有一定增加，但综合效益大，又能基本解决川江航道问题，是一个适中的方案，建议中央考虑180米方案。交通部也持同样的看法。

1985年1月19日，邓小平在人民大会堂出席广东核电投资公司与香港核电投资公司合营合同签字仪式后，李鹏向他汇报了三峡工程建设的安排，以及三峡工程中争论比较大的两个问题——泥沙的淤积、坝高问题，并着重介绍了重庆提出的蓄水位180米方案，即中坝方案。邓小平听完汇报后说：过去的四川人不赞成把坝搞高，现在情况变了，四川人，主要是重庆人同意"180方案"。低坝方案不好。中坝方案是好方案，从现在即可着手筹备。中坝可以多发电，万吨船队可以开到重庆。

1月23日，邓小平在听取赵紫阳、姚依林、胡启立关于当前经济工作汇报时谈到三峡工程说，如果采取中坝方案，虽然增加 50 万人的搬迁，但可以增加装机容量 700 万千瓦。有了这一条，就可以把那 50 万人养活下来，万吨船也可以到重庆。反正是两条：一条是万吨轮要能到重庆；第二条是能防洪。建设周期延长二三年可以。基础按中坝方案做，没有危险。

4 月全国政协六届三次会议期间，除大会、小组发言外，有 167 位委员就三峡工程问题单独或联合提出 17 件提案，建议"慎重审议""不要匆促上马"。根据委员们的要求并经领导批准，经济建设组组成专题调查组于 5 月至 7 月赴四川、湖北进行了为期 38 天的调查研究。通过调查，得出结论：三峡工程近期不能上马，至少"七五"期间不该上马。

12 月，香港《文汇报》据此发表题为《三峡筑坝弊多利少，全国政协建议缓建》的文章。对于这个报道，长江三峡工程开发总公司（筹）有意见，专门致函《文汇报》。次年 3 月，该报又发表了长江三峡工程开发总公司（筹）答复全国政协"缓建"建议的文章。这些都是关于三峡工程争论的反映。

对这些不同意见，党中央、国务院非常重视。1986 年 3 月，邓小平在接见美国《中报》董事长傅朝枢回答他关于三峡工程的问题时，对三峡工程建设问题采取了谨慎的态度。他说，对兴建三峡工程这样关系千秋万代的大事，中国政府一定会周密考虑，有了一个好处最大、坏处最小的方案时，才会决定开工，是绝不会草率行事的。

4 月，李鹏、姚依林在六届全国人大四次会议举行的新闻发布会上，在回答记者关于三峡工程情况的提问时，也作了回答：三峡工程是一项包括发电、防洪、航运等综合效益的巨大工程，这项工程不仅关系到我国当代的四化建设，而且是关系到子孙后代的大事。对这项工程，中国政府采取既积极又慎重的态度。现在还没有对这项工程作出是否开工的决定。

4 月，为了实现对三峡工程决策的民主化与科学化，使决策经得起历史的考验，国务院领导率有关部门的同志赴三峡地区进行实地考察。其间，在宜昌听取筹备组正副组长对成立三峡省的不同意见后，宣布不成立三峡省。在返回北京的火车上，决定对三峡工程重新论证，同时确定了具体的决策程序：先责成水电部重新论证、编制可行性报告，然后由国务院组织审查委员会审查，再报国务院、中央政治局审议，最后提交全国人大讨论；中间还设一个协调小组，随时给全国人大、政协通气。国务院领导回到北京后，即向中央政治局常委作了汇报，说三峡工程在技术上还有些问题，但看来工程科技人员是能够解决的；在经济上投资是比较大的，但估计从经济上讲国力是可以承担的；问题出在政治上，政治上党外许多人坚决反对，将来提到全国人大，即使能通过，如果有三分之一的反对票，政治上就不好办。邓小平认为，如果技术经济可行的话，修三峡有政治问题，不修三峡也有政治问题，不修的政治问题更大。

5月，党中央、国务院以12号文下达《关于将三峡省筹备组改建为国务院三峡地区经济开发办公室的通知》，指出：

> 由于对三峡工程论证和准备还需要一定时间，而三峡省筹备组要发展成为一个实体又不具备条件，以致目前这一地区形成湖北、四川两省不便管，三峡省筹备组无力管的现象。这种情况如久拖不决，极不利于这一地区的开发和建设，也不利于为三峡工程作好准备。为此，中央和国务院决定将三峡省筹备组改建为国务院三峡地区经济开发办公室，负责指导和帮助这一地区的经济开发和移民试点工作。

6月，党中央、国务院下发15号文件，即《关于长江三峡工程论证有关问题的通知》，决定由水电部广泛组织各方面专家，进一步论证修改原来的三峡工程可行性报告，要注意吸收有不同观点的专家参加，在广泛征求意见、深入研究论证的基础上，重新提出三峡工程的可行性报告；成立国务院三峡工程审查委员会，负责审查水电部提出的三峡工程可行性报告，提请中央和国务院批准，最后提交全国人民代表大会审议；指定李鹏、薄一波、王任重、程子华负责协调三峡工程的论证工作。

随后，水电部根据这个文件的精神，成立了三峡工程论证领导小组，由钱正英部长和有关副部长、总（副）工程师12人组成。为了接受各方面的监督、指导，论证领导小组聘请21人为特邀顾问。这次论证分为10个专题：地质地震、水文与防洪、泥沙与航运、电力系统规划、水库淹没与移民、生态与环境、综合水位方案、施工、工程投资估算、经济评价，邀请了全国各行各业的 412 位专家，分别组成地质地震、枢纽建筑物、水文、防洪、泥沙、航运、电力系统、机电设备、移民、生态环境、综合规划与水位、施工、投资估算、综合经济评价 14 个专家组，参加论证工作。论证的程序是：正常蓄水位论证 150 米、160 米、170 米、180 米和一次建成、分期蓄水以及两级开发等 6 个方案。综合经济评价论证分两个层次：一是上三峡工程与不上三峡工程，二是三峡工程是早上还是晚上。根据以上部署，14 个专家组、工作组的专家们以对人民负责的严肃精神和严谨的科学态度，反复分析讨论研究，分别提交了专题论证报告。最后结论是"建比不建好、早建比晚建有利、建议早作决策"。

与此同时，水电部邀请加拿大参加，与世界银行合作，平行进行了三峡工程可行性咨询工作。1988 年 8 月，由加拿大国际开发署资助、加拿大国际项目管理集团长江联营公司编制了《中华人民共和国三峡水利枢纽可行性研究报告》。《报告》得出的结论与我国水电部论证的结论相似：三峡工程技术上是可行的，经济、财务上是合理的，不存在影响工程环境可行性的问题。他们的推荐方案为：坝高 185 米，正常蓄水位 160 米，防洪限制水位 140 米。

20 世纪 80 年代三峡工程论证期间，社会各界对三峡工程高度关注，不同意见尖锐对立。一些政协委员和专家学者纷纷上书中央，建议缓上或不上三峡工程。1988 年下半年，国内面临着治理经济环境、整顿经济秩序的压力，对三峡工程产生了一些影响。

1989 年 2 月，长办根据各专家组论证结果，编制出《三峡水利枢纽可行性研究报告》（讨论稿），围绕各界所关心的重要问题，着重论述了三峡工程的必要性、技术可行性、经济合理性，建议国家在经济条件容许的情况下尽快安排建设。2 月至 3 月，三峡工程论证领导小组召开第十次扩大会议，审议并原则通过长办编写的《长江三峡水利枢纽可行性研究报告》。至此，三峡工程重新论证工作历时 2 年 8 个月全部结束。

（四）兴建长江三峡工程的议案获通过

1989 年 5 月，长办在水电部组织的对三峡工程论证结论的基础上，重新编制了《长江三峡水利枢纽可行性研究报告》，并于 7 月上报国务院审查。报告提出了三峡工程坝顶高程 185 米，最终蓄水位 175 米，初期运用水位 156 米,"一级开发、一次建成、分期蓄水、连续移民"的建设方案。

1989 年的政治风波,也影响了三峡工程的进展,延迟了党中央、国务院对三峡工程建设的决策。以江泽民为核心的第三代中央领导集体对三峡工程十分重视。1989 年 7 月江泽民就任中共中央总书记不久即到湖北宜昌三峡工程坝区、葛洲坝工程工地和荆江河段进行考察,了解长江防洪问题。同时,还视察了长江水利委员会。他询问了有争议的各项问题,并对工程技术人员代表作了重要讲话,给从事三峡工程设计科研工作的人员以鼓励。他认为邓小平对三峡工程所作结论是有科学根据的,要大家更好地工作。

1990 年 3 月,在全国政协七届三次会议召开之际,一些政协委员联合提案,建议将长江三峡工程列入"八五"计划,尽早开工兴建。这个提案经全国政协副主席王任重转给江泽民,江泽民批转给国务院总理李鹏。李鹏提出要国务院三峡工程审查委员会先听取一次汇报。

7 月,在江泽民、李鹏等党中央、国务院领导同志的支持下,国务院在首都宾馆召开三峡工程论证汇报会。会上,国务院决定成立以邹家华为主任的国务院三峡工程审查委员会,对重新编制的可行性报告进行审查,再报请国务院正式审批。会议期间,江泽民会见了全体代表。

1991 年 2 月,国家副主席王震、全国政协副主席王任重邀请部分著名水利专家学者及有关同志在广州举行三峡工程座谈会,听取专家们对工程的意见。与会专家论证了三峡工程的重要性和迫切性,希望中央在"八五"计划和十年规划中早作安排,争取工程 1992 年下半年开工,力争在 20 世纪末、21 世纪初开始发挥效益,在 2010 年前全部建成。建议尽快恢复三峡工程筹备领导小组的工作,积极准备开工建设。

4 月全国政协七届四次会议召开后,全国政协委员李伯宇在写给王任重的一封建议信中,希望加强对三峡工程的宣传。王任重立即转给中央政治局各常委。江泽民在信上批示:"看来对三峡是可以下毛毛雨,进行点正面宣传了。也应该开始做点准备。"

8 月,国务院三峡工程审查委员会审议并通过了《长江三峡工程可行性研究报告》,认为:三峡工程技术上是可行的,经济上是合理的,国力是可以承担的。

12 月，江泽民批示："现在要下中雨了。"随后中央和地方媒体对三峡工程进行了广泛宣传。由陈慕华率领的全国人大常委会考察组、王光英率领的全国政协视察团、甘子玉率领的省市长考察团以及李铁映率领的全国文教体卫考察团等也纷纷前往三峡考察。

1992 年 1 月，李鹏主持召开国务院第 95 次常务会议，讨论了国务院三峡工程审查委员会的审查意见。国务院原则同意建设三峡工程，并提请党中央和全国人民代表大会审议。

2 月，江泽民主持召开中央政治局常委会第 169 次会议，讨论三峡工程问题。会议由李鹏首先汇报了有关情况，姚依林、乔石、李瑞环、薄一波、杨尚昆、万里等同志发言。这次会议开了两个半天，先汇报，后讨论，最后江泽民总结说，毛主席、周总理当年提出来要建三峡，后来小平同志极力主张建，看来还是有根据的。经过论证，应该提交全国人大。江泽民讲得很风趣，还引证了一段歌德的长诗，大意是修建这个工程以后，造福一方的人民，安居乐业。会议原则同意国务院关于三峡工程审查意见的汇报，并请国务院根据会议形成的意见，对建设三峡工程的有关问题作进一步研究后，再将兴建长江三峡工程议案提交七届全国人大五次会议审议。

3 月 16 日，李鹏向七届全国人大五次会议提交《国务院关于提请审议兴建长江三峡工程的议案》，提出：经过几十年来的治理实践和各种方案的反复研究和论证，为解决长江中下游的防洪问题，必须采取综合治理措施。兴建三峡工程是综合治理的一项关键性措施。同时，三峡工程还有发电、航运、灌溉、供水和发展库区经济等巨大经济和社会效益。三峡工程的兴建，对加快我国现代化建设进程，提高综合国力，具有重要意义。

在七届全国人大五次会议召开前，由于各方工作到位，许多过去对三峡工程有意见的同志大都转变了看法。在全国人大表决前，四川代表团中反对的人仍很多。国务院副总理、三峡工程审查委员会主任邹家华，全国政协副主席、三峡工程论证领导小组组长钱正英，率领水利部长杨振怀等有关部门的同志，专门参加了四川代表团的讨论。代表们畅所欲言，谈出了心里话，意见的焦点集中在对移民安置的顾虑上，因为 70% 的移民在四川，万一有个闪失，如何对得起川东父老。也有代表提出其他一些问题。对这些问题，都一一给予解答，大多数代表听后非常满意。根据四川代表的意见，邹家华副总理、钱正英副主席建议大会主席团在《关于兴建长江三峡工程的决议》（草案）最后加上一句话："对已发现的问题要继续研究，妥善解决。"大会主席团同意了这个建议。

4月3日，七届全国人大五次会议以1 767票赞成，177票反对，664票弃权、25人未按表决器通过了《关于兴建长江三峡工程的决议》，决定将兴建三峡工程列入国民经济和社会发展十年规划，由国务院根据国民经济发展的实际情况和国家财力、物力的可能，选择适当时机组织实施。这表明三峡工程开工已经指日可待。

（五）三峡世纪工程的完成

从1992年在全国人大通过兴建三峡工程的决议，到2009年基本建成，三峡工程建设经历了开工准备、一期工程建设、二期工程建设、三期工程建设等四个阶段。

1993年5月，三峡工程坝区移民第一村——中堡岛新居民点动工建设。11月底，中堡岛文物挖掘抢救工作结束。

1994年12月，三峡库区最大的重点移民工程——川东天然氯碱工程开工。至1994年年底，三峡坝区各项基础设施已初具规模，左右两岸的土石方开挖工程已全面展开。三峡一期工程土石围堰已经完成，一期导流工程具备了浇筑混凝土的条件。三峡工程前期准备工作取得丰硕成果，为三峡工程正式开工打下了坚实基础。12月14日，李鹏亲赴现场，在湖北宜昌三斗坪宣布三峡工程正式开工。随后以土石方开挖为重点，以大江截流为中心，三峡工程施工如火如荼地在左右两岸展开。至1997年年底，共完成土石方开挖1.4亿立方米。

1995年4月，三峡库区首批移民大搬迁启动，湖北秭归向家店村35户移民外迁到湖北宜昌市伍家岗区。

1997年9月底，大江截流前的枢纽工程、库区移民工程全面验收完毕。10月，国务院三峡建委第6次会议审议批准《长江三峡工程大江截流前验收报告》。11月8日，大江截流实现合龙。江泽民、李鹏亲临三峡工地截流施工现场视察。李鹏发布截流合龙令，并宣布合龙成功。江泽民发表重要讲话，高度评价大江截流的伟大胜利。大江截流的成功，标志着三峡工程第一阶段的预期建设目标圆满实现。

从 2000 年开始，金属结构和机电设备安装工程，伴随混凝土浇筑和灌浆工程相继展开，2001 年进入安装高峰。

2001 年 11 月，三峡工程 70 万千瓦水轮发电机组本体开始安装；三峡工程二期围堰完成历史使命开始被拆除。

2003 年 5 月，国务院三峡建委第 12 次全体会议批准三峡二期工程验收组的验收意见，同意枢纽工程按期下闸蓄水，船闸进行试通航，首批机组发电。6 月 1 日，三峡工程如期下闸蓄水，6 月 10 日水库蓄水到 135 米。6 月 16 日，双线五级船闸成功试通航。7 月 10 日，首台机组并网发电，到 11 月 22 日，首批 6 台机组相继投产发电。这标志着三峡工程二期三大目标顺利实现。

2004 年，三峡工程进入三期工程建设阶段。

2006 年 5 月 20 日，三峡大坝全线达到 185 米设计高程；6 月 6 日，三峡大坝上游碾压混凝土围堰爆破拆除，三峡大坝开始全面挡水；10 月 27 日，三峡水库胜利实现 156 米蓄水目标，提前一年进入初期运行。

2008 年 7 月，国务院副总理、国务院三峡建委主任李克强主持召开三峡建委第 16 次会议，并作了重要讲话，提出：

> 三峡工程各项工作稳步推进，工程建设进展顺利，目前三峡枢纽工程和输变电工程接近完成，已进入后期建设的关键时刻。同时，汛期即将来临，安全度汛任务很重。工程建设必须善始善终，坚持质量第一，安全第一，严格遵循进度服从质量和安全的原则，精心组织，科学管理，确保三峡工程建设经得起历史的检验。

2008 年 10 月，26 台 70 万千瓦机组已全部投入运行，工期较初步设计提前一年。输变电工程方面，2007 年全面建成投产，提前一年完成初步设计任务。移民工程已累计搬迁安置移民 125.5 万人，复建房屋 4 923 万平方米，关闭、破产、迁建工矿企业 1 629 家。在党中央、国务院的正确领导下，经过全体工程建设者的共同努力，三峡工程建设进度总体提前。截至 2008 年年底，三峡枢纽工程除地下电站和升船机（这两个项目为原初步设计以外的续建和缓建项目）尚在建设中，原初步设计建设任务已全面完成。

2009 年 8 月，长江三峡三期枢纽工程最后一次验收——正常蓄水 175 米水位验收获得通过。2010 年 10 月，三峡试验性蓄水成功达到正常蓄水位 175 米，开始全面发挥防洪、发电、航运、补水等综合效益。

## 二　三峡工程助推宜昌实现第二次振兴

### （一）三峡工程的巨大经济社会效益

#### 1. 防洪效益明显

三峡水库防洪库容 221.5 亿立方米，可以将荆江河段防洪标准由十年一遇提高到百年一遇，千年一遇特大洪水，配合荆江分洪和其他分蓄洪工程的运用，可保证荆江河段安全行洪，避免发生毁灭性灾害。三峡工程自 2006 年蓄水至 156 米以来，开始初步发挥防洪效益；2008 年试验性蓄水至 172 米水位后，已经具备了正式防洪运用的条件；2009 年汛期，三峡工程多次发挥拦蓄洪峰作用。三峡工程在长江中下游防洪体系中发挥了骨干作用，9 次拦蓄洪峰流量超过 5 万立方米每秒的洪水，其中两次入库洪峰流量超过 7 万立方米每秒（1998 年最大入库洪峰流量为 6.48 万立方米每秒），调蓄后下泄流量削减至 4 万立方米每秒左右，保证沙市不超警戒水位，有效减轻了长江荆江河段及中下游的防洪压力。

#### 2. 发电效益显著

2009 年 6 月 30 日，三峡左、右岸电站 26 台机组首次全部并网发电。截至 2011 年年底，三峡电站累计发电 5 310 亿千瓦时，输送电量 5 284 亿千瓦时，对促进华中、华东地区和广东等省（市）的经济发展做出了积极贡献。三峡电力外送，还促进了全国电力联网和西电东送、南北互供输电大格局的形成，大大提高了电网的运行质量，有着显著的跨流域调节、水火电互补调节等联网效益和补偿调节效益。

#### 3. 航运效益突出

三峡工程的建设，促进了长江航运事业的蓬勃发展，提高了长江干流及库区支流航运条件和港口通航能力，长江黄金水道的作用日益显著。三峡水库蓄水后，坝址上游 660 公里主航道单位运输成本下降约 37%。自 2003 年 6 月船闸通航至 2011 年年底，过闸及翻坝货运量累计 5.5 亿吨，其中 2011 年过闸 1 亿吨，比 2003 年增长 6.3 倍；船闸年均通航率保持在 94.6% 和 98.9% 之间，明显高于 84.13% 的设计要求。

### 4. 补水效益逐步发挥

三峡工程建成后，经水库调节，增加了长江枯水期流量，改善了长江中下游航运和用水条件，三峡水库已成为中国最大的战略性淡水资源库，在长江流域和国家重要战略资源配置中的作用更加凸显。随着三峡水库蓄水位的逐步抬高，三峡工程的生态补水作用开始显现，枯水季节通过加大下泄流量，有利于改善长江中下游通航条件，保障长江中下游生产生活用水需求。2003 年至 2011 年，三峡水库枯水期向下游补水力度逐步增大，累计补水 564 天，共 788 亿立方米，枯水期流量最低月份平均流量从入库时每秒 3 670 立方米提高到出库时每秒 5 430 立方米。

### 5. 节能减排效益开始显现

提升了对水电清洁能源的利用水平。按全国 6 000 千瓦及以上火电机组 2003 年至 2011 年标准煤耗测算，截至 2011 年年底，三峡电站利用水能发电量可替代火电标准煤耗 1.85 亿吨，减少排放二氧化碳 4.22 亿吨、二氧化硫 88 万吨、氮氧化物 142 万吨、烟尘 63.26 万吨。

三峡工程作为世界上最大的水电工程，在发挥巨大综合效益的同时，在移民安稳致富、生态环境保护、地质灾害防治等方面还存在一些亟须解决的问题，对长江中下游航运、灌溉、供水等也产生了一定影响。

2010 年 11 月，国务院副总理李克强主持召开国务院三峡建委第 17 次会议审议三峡工程验收结论的报告和后续工作规划，强调三峡工程逐步设计建设任务如期完成后，要科学安排各项后续工作。

2011 年 5 月，国务院总理温家宝主持召开国务院常务会议，讨论通过《三峡后续工作规划》。《三峡后续工作规划》的主要目标是：到 2020 年，移民生活水平和质量达到湖北省、重庆市同期平均水平，覆盖城乡居民的社会保障体系建设，库区经济结构战略性调整取得重大进展，交通、水利及城镇等基础设施进一步完善，移民安置区社会公共服务均等化基本实现，生态环境恶化趋势得到有效遏制，地质灾害防治长效机制进一步健全，防灾减灾体系基本建立。

开展三峡后续工作，对于确保三峡工程长期安全运行和持续发挥综合效益，提升其服务国民经济和社会发展能力，更好更多地造福广大人民群众，具有重大意义。

（二）　三峡工程是我国社会主义优越性的重要体现

综观三峡工程半个多世纪的决策、建设历史，它自始至终都是在党中央、国务院的领导下开展工作的。毛泽东描绘蓝图，邓小平拍板定案、江泽民、胡锦涛努力实施，党中央几代领导集体的关怀和支持对三峡工程的决策和建设起了极为关键的作用。三峡工程是我国改革开放、社会主义现代化建设的重要成果，在政治、经济、技术和管理方面具有深远影响和重大意义。

2008 年年初，在三峡工程即将完工之际，国务院三峡建委正式委托中国工程院实施"三峡工程论证及可行性研究结论的阶段性评估"。经过两年多的工作，中国工程院于 2010 年 12 月发布了《三峡工程阶段性评估报告·综合卷》。《评估报告》认为，三峡工程在 1986 年至 1989 年的论证工作与可行性研究时做出的"建比不建好，早建比晚建好"的总结论；推荐水库正常蓄水位 175 米；"一级开发，一次建成，分期蓄水，连续移民"的建设方案，经受了实践检验。

三峡工程完工后，根据全国人大财经委员会关于三峡工程竣工验收的相关要求和国务院的部署，国家审计署于 2011 年 6 月至 2012 年 2 月对长江三峡工程竣工财务决算草案进行了审计。2013 年 6 月，公布了长江三峡工程竣工财务决算草案审计结果。审计结果表明，三峡工程总体建设运营情况良好，专项资金管理基本上做到了合规有序，三峡工程发挥的综合效益达到或超出预期目标。

三峡工程的顺利建成，一靠发挥我国社会主义制度的优越性，集中力量办大事；二靠改革开放以来综合国力的提高，为工程建设提供了前所未有的机遇和环境；三靠在社会主义市场经济体制下，建立了一套符合市场经济原则的工程建设管理体制。三峡工程在论证、决策、建设、管理等方面形成了许多有益的经验和做法，为我国重大工程建设和管理提供了可借鉴的经验。

（三）　水电旅游之都，全国百强城市

宜昌在支援三峡工程建设的同时，抢抓机遇，加快发展，完成了从中等城市向大城市的跨越发展，初步形成世界最大的水电基地，基本建成全国一流的旅游名城，成为长江沿线的重要经济强市，实现了宜昌的第二次振兴。

1. 服务大三峡，建设大宜昌

中共宜昌市委始终坚持把支援服务三峡工程作为政治任务和头等大事来抓，及时提出了"服务大三峡，建设大宜昌""三峡工程在宜昌、我为三峡作贡献"的口号，号召全市人民发扬支援葛洲坝工程的优良传统，踊跃为三峡工程做贡献。1992年5月，市委组建成立三峡工程工作委员会，负责组织协调服务，在坝区相继成立十多个办事和服务机构。1994年2月，市委组建成立支援三峡工程建设委员会；1995年，更名为三峡坝区工作委员会。三峡工程配套的项目已列入国务院各部委及省规划的基建项目达150个，对其中已立项投资1亿元以上的30多个项目组织专班落实。组织市直80多个单位、4个区、3个县市区16个乡镇，35个大中型企业支援库区3县移民，与全国16个省市的45个县以上单位建立了对口支援关系。1996年至1998年，市委、市政府围绕支援三峡工程组织实施了食品供应、邮电通信、城市建设等10项配套服务工作。①

1992年5月，宜昌市委提出"依托两江，开发开放，服务三峡，振兴宜昌"的发展战略基本思路，把宜昌建成具有全国一流水平、世界先进水平的社会主义现代化城市。市委、市政府紧紧围绕"抓住机遇，深化改革，扩大开放，促进发展，保持稳定"的工作大局，努力推进全市经济建设和各项社会事业的发展，着力增强综合实力。

农业和农村经济稳定发展。进一步调整农村产业结构，农业投入有较大增加，农业产业化经营方兴未艾，乡镇企业成为国民经济的一大支柱，农村经济全面发展。1999年农业总产值比1994年增长36.4%。全市逐步由温饱向小康过渡，当阳、枝江两市率先进入小康县市，宜昌、宜都、远安、兴山、长阳5个县市实现整体脱贫。

工业经济的质量和效益进一步提高。宜昌市围绕推进两个根本性转变，对一批国有企业实行了股份制改造；培育了一批有实力的企业集团；放开放活了一批中小企业；抓住优化资本结构试点城市、三峡库区迁建的机遇，破产、兼并、关闭了一批扭亏无望的企业；探索了"优选闭合贷款法"，其经验在全国得到推广。通过改革，促进了工业经济在调整中

---

① 宜昌市地方志编纂委员会：《宜昌市志》（1979—2000）（上），方志出版社2012年版，第482—433页。

稳定增长，提高了经济效益。1999 年宜昌市工业增加值比 1994 年增长
38.7%。在深化国有企业改革的同时，非公有制经济有了较大发展；市
场建设步伐加快；财政、税务、金融、保险、商贸、物价等各项改革不
断深化，社会保障制度、住房制度、机构改革等取得明显成效。

对外开放领域进一步拓展。宜昌市投资环境有了较大改善，全方位
对外开放的格局基本形成。对外贸易大幅度增长，实际利用外资在全省
居领先水平，口岸开放取得突破。1995 年至 1999 年，宜昌市以对口支援
为契机，大搞引进联合，先后与全国 139 个单位建立了对口支援关系，落
实对口支援项目九百多个，有三十多家国内知名企业和一批驰名品牌落
户宜昌，促进了宜昌地方经济的发展。[①]

基础设施建设步伐加快。全市水利、能源、交通、邮政、电信等基
础设施日趋完善，长江、沮漳河堤防得到全面加固，汉宜高速公路、三
峡工程专用公路、三峡机场、夷陵广场、东山大道改造等一批重点基础
设施项目相继建成。宜昌长江公路大桥、夷陵长江大桥、云集隧道和黄
家湾垃圾处理场等重点项目开工建设。文明卫生城市创建工作取得较大
成效，旧城改造步伐加快，城市管理水平不断提高，市容市貌逐步改观，
荣获全国园林绿化先进城市。小城镇建设变化很大，涌现了一批在全国
全省有一定影响的文明城镇。

移民迁建工作稳步推进。宜昌市以支援和服务三峡工程建设为己任，
尤其是坝区、库区广大干部群众顾全大局，克服困难，做出了重大贡献。
1995 年至 1999 年，宜昌市共搬迁移民 2 万多户、7 万多人，迁建企业 75
家。秭归新县城完成了整体搬迁，兴山新县城正在进行建设。坝库区输
变电、交通、邮政、电信、广播等专业项目复建均满足了三峡工程建设
的要求。同时，清江移民迁建进展顺利。特别是在三峡工程大江截流期
间，市委、市政府高度重视，库区三县、市直各部门及有关县市区的领
导高度负责，扎实工作，做到万无一失，确保了大江截流的顺利进行。

2. 迎接新世纪，建设大城市

1999 年，宜昌市第二次党代会以"高举邓小平理论伟大旗帜，为实

---

① 中共宜昌市委党史办公室：《宜昌改革开放 30 年》，中国炎黄文化出版社 2008 年版，
287 页。

现宜昌跨世纪发展目标而奋斗"为主题，提出将宜昌建成经济繁荣、文化发达、环境优美、社会文明的现代化大城市和富庶的新农村，实现宜昌的第二次振兴。二届市委全面实施"三峡开发"战略和"东进中接"战略，提出了全方位经营三峡巨大无形资产的新思路，力争最大限度地释放三峡工程的品牌效应，提升宜昌在国际国内的影响，扩大招商引资，高度重视与三峡总公司的联系与协作，争取更大的发展空间。同时，大打三峡牌，组织多层次多形式的对口支援活动，推进经济社会全面、协调和可持续发展。经过第二次党代会以来的五年拼搏，至2004年，宜昌城市发展又一次实现了新跨越。

经济结构优化。农业产业化进程加快，龙头企业带动作用明显增强，农业的科技、装备水平和综合生产能力得到提高；工业结构调整力度加大，培植了一批优势产业、骨干企业和名牌产品，工业经济的整体实力和发展后劲不断增强。以旅游业为龙头的第三产业快速发展，第三产业增加值年均增速达12.1%，成为推动经济增长、吸纳就业、繁荣市场的重要力量。

体制机制创新力度加大。以延长土地承包为主要内容的农村家庭承包经营体制得到巩固完善，农村税费改革不断深化。国有企业改革整体推进，所有制结构进一步优化，县域经济基本形成了以民营经济为主体的格局。深入推进市场流通体制改革，统一、开放、竞争、有序的市场体系初步形成。扎实推进市县乡党政机构和事业单位机构改革，行政管理体制改革不断深化，投资环境显著改善。开发区改革发展步伐进一步加快，成为全市重要的经济增长点。加强对外贸易和经济技术合作，努力扩大招商引资，对外开放水平明显提高。五年全市累计完成外贸出口7.7亿美元，年均增长34.6%；新批外商投资企业196家，直接利用外资3.6亿美元，年均增长36.37%。

城镇化进程加快推进。完成了宜昌长江公路大桥、夷陵长江大桥、云集隧道等五十多项重点工程，启动了沿江大道延伸段、城区防洪护岸工程、商业步行街等一批重大项目。新建、改建、扩建发展大道、东山大道等城市主干道12条长28公里，城市路网体系进一步完善。加强环境综合整治和城市管理综合执法力度，城市管理水平不断提高，供水、燃气、排水等公用设施进一步配套，城市生态环境和人居环境得到改善。加强社区建设，城市社区服务功能不断完善。加快城镇建设步伐，逐步实现了道路硬化、街道美化、环境净化、设施配套的目标，涌现了一批各具特色的明星城镇。加强农村基础设施建设，解决了四百多个村不通公路的难题，完成了农村电网改造任务，堤防建设和病、险水库整治成效显著，农田水利基本建设进一步加强。高度重视生态环境保护和建设，全市生态状况明显改善，森林覆盖率达到 48.5%，比 1999 年提高 4.5 个百分点。全市公路通车里程达到 1.07 万公里，比 1999 年增长 40%。宜万铁路、荆宜高速、沪蓉高速宜万段、川气东输等重大工程相继开工建设，推进了城乡面貌的加速变化。

城乡居民生活水平和质量不断提高。繁荣城乡市场，增加商品供应，提高消费水平，城乡居民居住条件和生活环境显著改善。就业和再就业工作取得成效，城镇登记失业率控制在 4.3% 以内。"三条保障线"的衔接，社会保障体系建设成效明显。加大扶贫开发力度，顺利完成了"八七"扶贫攻坚计划，新阶段扶贫开发工作成效显著，五年共解决 8.1 万农村绝对贫困人口的温饱问题，基本解决了农村人口的饮水困难，基本消除了茅草房。[①]

支援和服务三峡工程建设的各项工作扎实，成效显著。2000 年至 2004 年，全市围绕三峡工程蓄水、通航、发电三大目标，积极做好移民工作，圆满完成了二期移民和 139 米水位以下的库区清理任务，确保了三峡工程三大目标如期实现。宜昌全市共搬迁安置移民 4.05 万人，累计完成移民搬迁 11.8 万人。完成了城镇和工矿企业的迁建任务，专业设施复建进展顺利，二期地质灾害治理和清库任务圆满完成，实现了移民搬迁与工程建设同步，确保了三峡工程建设按期推进。精心做好三峡坝区管理工作，研究制定了实现坝区移民长治久安的政策措施，出台了《市委、市政府关于进一步做好移民工作的意见》，有效解决了移民生产安置中的一些实际困难；坚持不懈地抓好坝区社会治安综合治理、道路交通管理和各项社会行政管理，积极开展企地共建，经常排查不稳定因素，妥善调处各种矛盾纠纷，为三峡工程建设创造了稳定和谐的施工环境。抢抓对口支援机遇，按照"优势互补、互惠互利、长期合作、共同发展"的

---

① 苏才慧：《回首五年成就辉煌——李佑才同志工作报告解读》，《楚天都市报》2004 年 12 月 28 日第 1 版。

原则，大力开展招商引资工作，先后引进了娃哈哈、汇源、森达、均瑶、维维豆奶、青岛海尔、澳柯玛、大连大显、江苏 AB 集团等一批知名品牌和优势企业。到 2004 年，宜昌市库区 3 县（区）与全国各地 139 个单位建立了对口支援工作关系，全市累计落实对口支援项目 878 个，引进名优企业 44 家，名牌产品 52 个，到位资金 37.8 亿元，其中落实经济合作项目 185 个，到位资金 17.92 亿元；经济支持项目 339 个，到位资金 14.91 亿元，社会公益类项目到位资金 3.97 亿元。

3. 水电旅游之都，全国百强城市

2004 年，宜昌市第三次党代会提出将宜昌建成世界最大水电基地、国际性旅游名城、长江中上游区域性中心城市。紧紧围绕市第三次党代会提出的"三大基本目标、四大战略要点"，抢抓机遇，开拓创新，真抓实干，经济和社会发展取得显著成绩，综合实力进入全国百强城市行列。

市域经济全面发展。进一步优化经济结构，促进三次产业协调发展。一批重大项目和生产要素向沿江聚集，沿江地区的发展活力和辐射带动作用进一步显现。电力、化工、食品医药等支柱产业的支撑作用日益增强，宜化、兴发、安琪、东阳光等一批重点企业不断壮大。以旅游业为龙头的第三产业快速发展，大型综合性超市、购物中心、连锁经营等新型流通业蓬勃兴起。新农村建设稳步推进，农业产业化经营、农田水利建设、农村劳动力转移培训等农业农村工作取得新的成效。坚持城区经济与县域经济"两手抓"，城区经济不断发展壮大，经济总量占比超过50%；县域经济整体素质和竞争力明显增强，4 个县市（区）进入全省县域经济 20 个先进县市行列，其中 3 个县市（区）跨入全省十强。

改革开放取得新突破。国有企业改革取得重大进展，国资监管体系基本建立，企业活力明显增强。农村税费改革和乡镇综合配套改革的成果得到巩固，农村土地二轮延包顺利完成，农村综合改革进一步深化。市县机构改革、事业单位改革、行政审批制度改革以及财政与编制政务公开等工作稳步推进。市场流通、科技、文化体制、人口与计划生育等改革取得了新的进展。对外开放进一步扩大，先后与国内外一百多个城市和地区建立了经济合作关系，开放一类航空口岸获得批准并即将运行。按照"两区整合、一区多园"的思路，宜昌开发区的调整与建设取得明显成效，各级开发区和园区已成为宜昌市经济的重要增长极。全市招商引资继续呈现强劲势头，投资 60 亿元的南玻多晶硅及太阳能光伏电池等一批重大项目成功引进，建设进展顺利。宜昌被评为"中国百佳投资城市""浙商（省外）最佳投资城市"。

城乡面貌大为改观。以"五城联创"为载体，城区建设步伐进一步加快，管理水平显著提高。城市主要干道、城区天然气利用、污水处理、供水管网等二十多项重点建设和改造工程顺利推进，城市功能不断完善。以商业步行街为标志的重点项目开工建设，旧城改造取得重大进展。随着新一轮城市修编规划的实施，城市骨架进一步拓展。城市文化基础设施显著改善，新闻大厦建成，均瑶广场、广电中心主体工程完工，图书馆新馆正式开工建设。宜万铁路、荆宜高速、沪渝高速公路宜昌段和川气东输等国家、省重点工程建设进展顺利，宜昌区域中心城市的地位进一步提升。小城镇建设和农村基础设施建设成效显著，农村道路、电网、通信、供水等设施逐步配套和完善，末级渠系改造取得重要进展。

和谐社会建设取得新进步。以解决"上学难、上学贵""看病难、看病贵""住房难、住房贵"为重点，一批人民群众最关心、最直接、最现实的突出问题正在逐步得到解决。社会各项事业不断进步，科技、教育、文化、卫生、体育、人口和计划生育等工作都取得了新的成效。党管武装工作进一步落实，国防教育、国防动员、民兵预备役工作和双拥工作取得新成效。积极推进民主政治建设，党对人大、政府、政协和群众团体的领导不断加强和改善，各级人大、政府、政协以及群众团体的职能作用得到充分发挥。民族、宗教、对台、侨务等工作取得新进展，爱国统一战线不断发展壮大。切实加强社会治安综合治理，"平安宜昌"创建工作扎实推进，宜昌先后被评为"全国综治优秀地市"和"全国法制宣传教育先进城市"。生态建设、环境保护以及土地、矿产等资源的合理开发利用工作得到加强，重点污染源治理取得明显成效。

人民生活水平全面提高。促进就业和再就业工作力度加大，就业渠道不断拓宽，城镇登记失业率控制在 4.3% 以内。社会保障体系不断完善，养老、失业、医疗、工伤、生育等社会保险覆盖面逐步扩大，城镇低保基本做到应保尽保。农村新型合作医疗试点进一步扩大，城乡医疗卫生服务体系基本建立。扶贫开发成效显著，完成了 49 个村、启动了 118 个贫困村的整村推进工作，解决了 2.6 万名绝对贫困人口温饱问题，基本解决了农村人口的饮水困难。人民生活质量明显改善，城镇居民人均可支配收入、农民人均纯收入分别达到 8 890 元和 3 433 元，年均增长7.7%和8.13%；城镇人均住房面积达到 27.68 平方米，教育、文化、旅游等支出比重逐步增大。

服务三峡工程建设的力度不断加大。三期移民搬迁清库任务全面完成，确保了 156 米蓄水目标的顺利完成。三峡坝区管理体制进一步理顺，移民后期扶持工作力度进一步加大，移民安置质量进一步提高。对口支援工作取得明显成效，一批知名品牌和优势企业落户宜昌并不断发展壮大。库区地质灾害防治项目得到有效实施，生态安全保障进一步加强。①

4. 新型产业集聚，区域性中心城市

2006 年 12 月，宜昌市第四次党代会提出将宜昌建成世界最大的水电基地、初步建成国际性旅游名城和长江中上游区域性中心城市的目标。宜昌人民紧紧围绕市第四次党代会提出的目标任务，抢抓机遇，开拓创新，真抓实干，全面建设小康社会、创建世界水电旅游名城。

经济发展速度进一步加快。以加快发展现代农业为重点，全面繁荣农村经济，持续增加农民收入，扎实推进社会主义新农村建设。2007 年实现农业增加值110.3 亿元，增长 7.5%。六大特色产业占农业总产值的比重达到 73.8%，成为农民增收的重要来源。生猪、柑橘、高山蔬菜产量保持全省第一。采花毛尖、秭归脐橙、清江鮰鱼荣获中国名牌农产品称号。新增国家级农业产业化龙头企业 2 家。旅游业持续升温，宜昌在三峡旅游中的核心地位更加突出。接待国内外游客 1 034 万人次，旅游总收入 72 亿元，分别增长 11%和 12%。着力打造旅游精品，三峡大坝进入国家首批 5A 级景区行列。服务业发展加快，实现社会消费品零售总额311 亿元，增长 18.7%。金融机构各项存款余额 886 亿元，较年初增加171 亿元；贷款余额 675 亿元，增加 127.5 亿元。

着力培植发展后劲。扎实推进新型工业化，积极培育市场主体，加快建设沿江经济走廊，做强做大产业集群。开工建设了一批关系长远发

---

① 李佑才：《践行"三个代表"全面建设小康，阔步向世界水电旅游名城迈进》，载《中国共产党宜昌市历次代表大会文献资料选编》，鄂省图内字第 153 号，第 87—104 页。

展的重大产业项目和基础设施项目，其中计划投资 5 000 万元以上的项目
287 个，完成投资 231.5 亿元，已有 83 个项目竣工投产，成为经济社会
发展的重要支撑。首钢宜昌高磷铁矿开发项目正式开工，南玻多晶硅一
期项目进展顺利，三新磷酸 3 万吨窑法磷酸生产线、宜化 60 万吨联合制
碱、长江电缆一期工程等建成投产。一批优势产业集群初步形成，磷化
工等 4 个产业集群进入全省重点扶持范围。电力、化工、食品医药三大
支柱产业占工业总产值的比重达到 68.2%，优强企业倍增工程扎实推进。
产值过亿元的工业企业达到 128 家，新增 25 家；过 10 亿元的达到 14 家，
新增 5 家；过百亿元的达到 2 家。精品名牌不断涌现。安琪牌高活性酵
母、兴发牌三聚磷酸钠被新认定为中国名牌产品。

　　发展活力快速提升。加快县域经济发展，夷陵、宜都全地域财政收
入过 10 亿元，当阳、枝江过 8 亿元。城区经济日益壮大，占全市经济
总量的比重达到 51%，辐射带动能力增强。深入推进各项改革。现代
企业制度逐步完善，国有资产监管体系基本建立。采取政府协调、公司
承担、市场运作方式，积极稳妥化解企事业单位历史债务 110 亿元。进
一步深化农村综合改革、公益性服务以钱养事机制基本形成，乡财县管
试点扩大，义务教育新机制全面建立。集体林权制度改革全面推开。69
家市直机关企事业单位脱钩改制扎实推进。投资体制、财政和编制政务
公开等各项改革都取得新的成绩。对外开放进一步扩大。实现进出口总
额 8.55 亿美元，增长 50.3%；外贸出口 6.12 亿美元，增长 49.4%；
实际直接利用外资 1.36 亿美元，增长 17.9%；对外经济合作营业额
2.89 亿美元，增长 1.3 倍。兴发磷精细化工园成为国家科技兴贸创新
基地。

　　积极转变发展方式。高新技术企业快速成长，自主创新能力增强。
继武汉、成都之后，宜昌市成为全国第三个授牌的"国家知识产权工作
示范城市"。2007 年省级以上高新技术企业达到 81 家，新增 17 家；国家
级高新技术企业达到 10 家，新增 1 家。新增省级以上企业技术中心 6 家，
其中国家级 1 家。实现高新技术产业增加值 50.9 亿元，增长 30.3%。循
环经济发展加快。宜昌开发区成为国家级循环经济示范区，宜化、兴发
成为全国循环经济先进企业。省政府下达的节能减排任务完成情况良好。
大力淘汰落后产能，关闭小造纸、小水泥企业 29 家。临江溪污水处理厂

投入运行，城区生活污水集中处理率达到 80.4%。推进节能降耗技术改造，单位能耗普遍下降。土地调控力度加大，节约集约用地水平提高。林业生态建设成效显著，森林覆盖率达到 55.3%。①

---

　①　李佑才：《坚持科学发展，促进社会和谐，努力走在中部地区同等城市发展前列》，载《中国共产党宜昌市历次代表大会文献资料选编》，鄂省图内字第 153 号，第 123—137 页。

# 第 六 章

# 走向三峡城市群中心城市

城市群（带）建设正以不可阻挡的势头推进区域经济社会一体化进程。我国也颁布了新型城镇化建设规划，重点发展城市群。国务院在2014年政府工作报告明确提出，依托黄金水道，建设长江经济带，正式揭开长江经济带建设的序幕。三峡区域位于长江经济带中游城市群和成渝城市群接合部，担负着关键的链接与支撑作用。以长江干流宜昌、万州一线及周边区域为主体，依托三峡金字招牌，构建三峡经济城市群，对于支撑长江经济带、助推区域一体化发展具有重要意义。宜昌从地理位置、经济实力和核心竞争力、文化影响力等方面来看，毫无疑问是这一城市群的中心城市，必将发挥更为重要的作用。

## 第一节　三峡城市群的构想

三峡大学校长、三峡学者何伟军教授长期致力于三峡产业集群及三峡城市群研究，是国内首倡建设三峡城市群的理论工作者和推动者之一。2015年1月24日，由三峡大学、湖北省社会科学院主办的"首届中国三峡城市合作与发展论坛"在宜昌举行。来自国家发改委、财政部、环境保护部等国家有关部委，及长江流域各省市相关部门、科研机构、大专院校、企业集团的领导、专家、学者齐聚宜昌，共商三峡城市群发展大计，为宜昌大城建设献计献策。何伟军作《基于增长极辐射梯度衰减及增强效应的三峡城市群建设构想》的主旨报告，引起强烈反响。9月15日上午，"三峡城市群·长江经济带"国际研讨会在宜昌举行。来自国内外的近百名专家学者和政府官员围绕"协作、发展、共赢"这一主题，深入研讨三峡城市群战略构想的深刻内涵、积极意义和建设路径。何伟军以《凝聚共识：三峡城市群建设的前提》为题作了大会主题发言。本节《三峡城市群的构想》主要根据何伟军教授、田强教授的相关文章整理①。

## 一　三峡城市群构建的现实背景与理论基础

### （一）城市群是区域经济社会一体化发展的主要形式

人类文明起源江河，依托于江河，成长于城市群。最近十多年以来国家和地区之间的竞争，正呈现出以城市群为龙头，以产业集群为主体，以区域综合实力提升为目标的竞争态势，区域经济一体化的趋势越来越明显。目前，世界上形成的最负盛名的六大经济带（群）有：以纽约为核心的东北部大西洋沿岸城市带、北美五大湖城市带、日本太平洋沿岸城市带、欧洲西北部城市带、以伦敦为核心的城市带和以上海为核心的长三角城市带，它们已经成为一个国家和全球的经济与社会发展的核心。

从国内来看，长三角、珠三角、京津冀、长江中游城市群、成渝城市群等纵横交错，异军突起，已经成为我国经济社会发展的强大支撑和重要极点（详见图1）。2014年3月，我国颁布《国家新型城镇化规划（2014—2020年）》，明确提出，以城市群为主体形态，推动大中小城市和小城镇协调发展；在优化城镇化布局和形态上，按照统筹规划、合理布局、分工协作、以大带小的原则，发展集聚效率高、辐射作用大、城镇体系优、功能互补强的城市群，使之成为支撑全国经济增长、促进区域协调发展、参与国际竞争合作的重要平台。城市群建设成为新型城镇化进程中的重头戏。

长江经济带是贯通我国东中西经济社会协调发展的重要走廊。长江是我国第一大河流，横贯中国中部11省市区，流域面积达180万平方公里，约占中国陆地总面积的1/5，覆盖约6亿人口。2013年，GDP总量接近26万亿元，占全国GDP总量的41.2%。以长江为轴，串联长三角、长江中游城市群、成渝城市群，无疑将形成世界上覆盖面最广、人口最多、经济总量最大、影响力最强、带动作用最明显的巨无霸经济带。可

---

①　何伟军、田强：《基于增长极辐射梯度衰减及增强效应的三峡城市群建设构想》，载三峡大学、湖北省社会科学院编《三峡城市合作与发展论坛论文集》，第2015页。

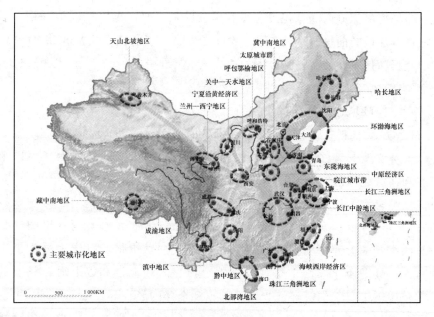

图 1　我国城市群分布

资料来源：何伟军、田强：《基于增长极辐射梯度衰减及增强效应的三峡城市群建设构想》，载《三峡城市合作与发展论坛论文集》，第 2015 页。

制图：许倍慎

以预见，在中央政府主导下，以后发优势展现，涌动的经济大浪潮沿长江经济带由东向西纵深拓展、南北辐射扩散，必然促进我国中西部内陆腹地的蓬勃发展，构筑中国经济版图的"金腰带"，圆"梦"中华。

中共湖北省委书记李鸿忠在 2015 年 9 月 15 日"三峡城市群·长江经济带"国际研讨会上的讲话指出，三峡区域山同脉、水同源、民同俗、文同根，长期以来区内各地交流融合已具备扎实基础。进一步加强三峡区域交流合作，合力构建三峡城市群，顺应了当今经济全球化和区域经济一体化的大势和规律，契合了国家三大区域战略重点，有利于抢抓长江经济带这一大的历史性发展机遇，是三峡区域内各地的共同愿望。

中国社会科学院院长王伟光提出，在长江中游城市群和成渝城市群之间，需要一个支撑长江经济带发展的城市群增长带，以弥补长江中上游发展的缺陷，担当起协同推进长江中上游发展的重任。三峡地区作为长江黄金水道的咽喉所在，对于上游重庆的发展，以及下游武汉的发展起着不可或缺的黏合作用。宜昌通则三峡通，三峡通则长江上游通。规划建设三峡城市群，一是破解长江经济带发展瓶颈的迫切需要，二是加强长江经济带转型发展的战略举措，三是对实现新型城镇化有效途径的重要探索。

当前国家新型城镇化建设，长江中游城市群建设，陆上丝绸之路建设等为三峡城市群发展提供了重大的历史机遇，同时，三峡区域内的资源和基础设施优势为三峡城市群的发展创造了有利的条件，三峡区域是全国重要的文化旅游资源富集地，国家重要的农产品生产基地和矿产能源基地，区域内资源禀赋各具特色，连接区域内外的交通网络便捷，形成了有机经济体系。推动三峡城市群（详见图2）建设能有效放大区域整体优势，三峡城市群建设意义重大、前景广阔。

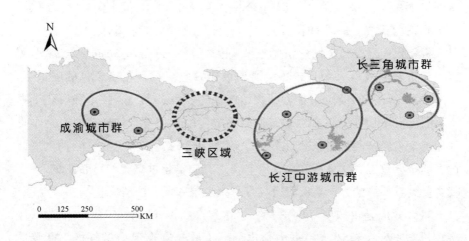

图 2　三峡城市群位置示意图

资料来源：何伟军、田强：《基于增长极辐射梯度衰减及增强效应的三峡城市群建设构想》，载《三峡城市合作与发展论坛论文集》，第 2015 页。

制图：许倍慎

然而，我国在城镇化进程中，由于历史、经济社会发展的基础、政策扶持等因素，城市群布局往往存在不合理、不科学之处，甚至过于偏重大城市群建设，形成一些群际"盲点"。长江经济带从 20 世纪 80 年代开始酝酿，历经三十余年，产生长三角、中部城市群、成渝城市群，呈现当前三大板块风貌。在三大城市群之间，长三角与中游城市群已经实现无缝对接，而在中部城市群与成渝城市群之间还存在狭长的"真空"过渡地带。

从长江中下游城市带发展的历程中，此前存在着一个以合肥为中心的江淮城市群，最后融入长江中部城市群，从而进入国家战略层面。如何实现长江中上游经济带的无缝对接与弥合中游城市群与成渝群空间结构的"缺陷"，以三峡区域为核心，集合周边中小城市构建三峡城市群是唯一的选择。

（二）增长极辐射梯度衰减及增强效应的理论分析

法国经济学家弗朗索瓦·佩鲁（Francois Perroux）在 1955 年《略论增长极概念》一文中对增长极理论首先进行了系统阐述，提出增长并非同时出现在所有地方，增长以不同的强度首先出现于一个点或增长极上，然后通过不同的渠道向外扩散，并对整个经济产生不同的终极影响。在此框架下，经济增长被认为是一个由点到面、由局部到整体依次递进，有机联系的系统。区域增长极同时具有极化效应和扩散效应。

极化效应最早是美国经济学家 A. 赫希曼（A. O. Hirshman）于 1958 年在《经济发展战略》中提出中。所谓极化效应，就是在增长极的吸引下，生产要素由外围向极点聚集，即腹地区域的资源、人力、技术和资金等财富不断流向增长极的核心区域，在极化效应的作用下，增长极所在地享有并保持聚集经济的优势。极化效应也不是无限的，如果工业企业的发展因过度拥挤导致工资、地租和公共服务费用等成本超过聚集经济带来的利益，就会受到直接影响，严重时则会导致繁荣现象和增长极消失。

扩散效应是由印度经济学家缪尔达尔（G. Myrdal）于 1957 年在《经济理论与不发达地区》一书中提出的。扩散效应表现为增长极不断释放自身能量，把生产要素由增长极所在地转移到外围地区，对周围地区产生辐射作用。扩散效应的强弱和大小取决于增长极的能量积累状况，也就是取决于增长极所在地的自然、人文环境、经济体制和区域政策，取决于主导产业与龙头企业的创新能力、规模和素质。

极化效应主要发生在增长初期，表现为促成各种要素向增长极的回流和聚集，而扩散效则应是始终持续存在，表现为促成各种要素从增长极向周围不发达地区扩散并且随着时间的推移，其强度逐渐加大，最后占据主导地位。我们认为，在扩散效应发挥作用的趋势中，必然存在衰减效应。

基于无线电信号传输中基站增强原理的启示，我们认为增长极在辐射扩散效应存在距离衰减，这就如同无线电信号在传递过程中随着距离的变化，电磁波在传输的过程中逐渐衰弱。因此，为了抵消信号在传输中的衰减，就需要在通信信号较弱的地区架设基站，增强信号传输的强度，提高通信的质量。同样的道理，在区域经济发展过程中，也需要在增长极辐射扩散效应较弱的地区，扶持培育新的增长极来增强这些地区发展活力。

以此来分析，三峡区域处在长江中部城市群与成渝城市群之间八百余公里狭长的过渡地带，在增长极极化作用下，区域各种资源极有可能被周围城市群大量吸收，有可能形成"塌陷"或"空心化"区域。同时由于增长极的辐射区域和强度随着范围的扩大成衰减趋势，两大增长极距离比较远，也会在两大增长极间出现发展"真空"区域，因此，需要在这个区域建立一个新的增长极以减小"空心化"区域的衰减程度，形成增强效应。三峡城市群建设正是这一理论的现实构想。

## 二　三峡城市群的历史渊源及现实基础

### （一）三峡城市群的内涵

三峡城市群（详见图 3）概念起源于湖北三峡城市群的提法，逐渐衍化为三峡城市群、泛三峡城市群。

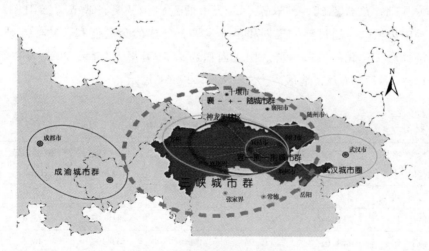

图 3　三峡城市群空间结构图

资料来源：何伟军、田强：《基于增长极辐射梯度衰减及增强效应的三峡城市群建设构想》，载《三峡城市合作与发展论坛论文集》，第 2015 页。

制图：许倍慎

　　湖北三峡城市群是以"宜荆荆"战略为基础，集合恩施、神农架形成的鄂西南城市群。国土面积约 7.55 万平方公里，2013 年户籍人口约 1 775.54万，地区生产总值约 5 926.67 亿元。

表1　　　　　　　　　　湖北三峡城市群基本情况（2013）

| 项目\地名 | 户籍人口（万人） | 常住人口（万人） | 国土面积（万 KM²） | GDP 总量（亿元） | 城镇化率（%） |
|---|---|---|---|---|---|
| 宜　昌 | 400.08 | 409.83 | 2.16 | 2 818.07 | 53.6 |
| 荆　州 | 661.01 | 573.94 | 1.41 | 1 334.93 | 46.4 |
| 荆　门 | 300.78 | 288.72 | 1.24 | 1 202.61 | 50.0 |
| 恩　施 | 405.42 | 331.20 | 2.41 | 552.48 | 34.5 |
| 神农架 | 7.96 | 7.65 | 0.33 | 18.58 | 45.2 |
| 合　计 | 1 775.25 | 1 611.34 | 7.55 | 5 926.67 | |

　　　　数据来源：2013 年各市、区、县统计公报或年报。

　　三峡城市群是指以三峡区域为核心，以宜昌市为中心城市，以宜荆荆为基础，集合恩施、神农架、重庆市的巫山、巫溪、奉节、云阳、开县等中小城镇，通过整体规划和集成发展，形成的交通便利、功能互补、经济社会一体化的城市集群。国土面积约 9.73 万平方公里，2013 年户籍人口约 2 477.88 万，地区生产总值约 7 339.61 亿元。

表2　　　　　　　　　　三峡城市群基本情况（2013 年）

| 项目\地名 | 户籍人口（万人） | 常住人口（万人） | 国土面积（万 KM²） | GDP 总量（亿元） | 城镇化率（%） |
|---|---|---|---|---|---|
| 万　州 | 175.35 | 159.54 | 0.35 | 702.03 | 59.76 |
| 宜　昌 | 400.08 | 409.83 | 2.16 | 2818.07 | 53.6 |
| 荆　州 | 661.01 | 573.94 | 1.41 | 1334.93 | 46.4 |
| 荆　门 | 300.78 | 288.72 | 1.24 | 1202.61 | 50.0 |
| 恩　施 | 405.42 | 331.20 | 2.41 | 552.48 | 34.5 |
| 神农架 | 7.96 | 7.65 | 0.33 | 18.58 | 45.2 |
| 巫　山 | 64.35 | 46.98 | 0.26 | 75.12 | 34.57 |

续表

| 项目<br>地名 | 户籍人口<br>（万人） | 常住人口<br>（万人） | 国土面积<br>（万 KM²） | GDP 总量<br>（亿元） | 城镇化率<br>（%） |
|---|---|---|---|---|---|
| 巫　溪 | 54.50 | 39.78 | 0.40 | 60.22 | 29.89 |
| 奉　节 | 107.27 | 78.50 | 0.41 | 160.11 | 36.89 |
| 云　阳 | 134.46 | 100.00 | 0.36 | 150 | 35.56 |
| 开　县 | 166.7 | 116.19 | 0.40 | 265.46 | 40.69 |
| 合　计 | 2 477.88 | 2 152.33 | 9.73 | 7 339.61 | |

数据来源：2013 年各市、区、县统计公报或年报。

泛三峡城市群大致包括湖北的宜昌、荆州、荆门、恩施、神农架，重庆的万州、云阳、奉节、巫山、巫溪，湖南的常德、岳阳、张家界等地。国土面积约 15.45 万平方公里，2013 年户籍人口约 4 172.86 万，地区生产总值约 12 798.68 亿元。

（二）三峡城市群的历史渊源

早在秦汉时期，鄂西南部地区就是一个整体行政区划，即荆州南郡，其范围较广，横跨今天鄂中、鄂西及鄂西南部分县市，而其主体部分正是三峡城市群所涵盖的区域。三国时期，魏、蜀、吴争夺荆州分割了南郡，鄂西南地区主要由南郡、宜都郡、建平郡等郡统辖。从两晋至明清时期，鄂西南地区的行政区划常常处于分分合合的状态，彼此连接、交错管辖的现象十分突出。同时鄂西南地区地处三峡及三峡边缘地带，位于长江中上游的接合部，山高水深，地形复杂险要，军事战略价值极高，有着难以分割的地缘政治，而且自然资源相似，经济产业相似，民风民俗相似，有着相亲相融、难以分割的人文血脉。这种深厚的历史渊源，为构建三峡城市群带来了强烈的文化认同感。

（三）三峡城市群构建的现实基础

一般而言，组建城市群要具备四个条件：一是至少有一个中心城市或几个中心城市；二是交通便利，处于枢纽地带；三是有广阔的腹地作为经济发展的空间和依托；四是具有良好的投资环境和市场前景。在三峡城市群中，已经形成中心节点城市，有利于三峡城市群的城镇布局。依托黄金水道、沪蓉高速公路、宜万铁路、郑渝铁路（筹建）、三峡机场等水陆空立体交通网络，交通四通八达，为经济社会发展提供了大动脉支持。以山地、丘陵、平原等地形地貌构成的近10万平方公里的广阔区域，为发展提供了足够的纵深空间。举世闻名的"三峡"金字招牌和宏大的长江经济带国家战略，以及日趋完善的政策支撑体系和服务体系，无疑成为投资者的乐园。其现实基础表现为：

1. 叠加的国家战略机遇成为合作的政策保障

城市群内共同拥有国家"两纵三横"新型城镇化建设、长江中游城市群建设、内陆开放通道建设、陆上丝绸之路建设等重大历史机遇，有利于基础设施对接完善、沿江沿边开放开发，拓展了区域合作空间。同时，面临着国家主体功能区、中部崛起、西部大开发、老工业基地改造等重要发展机遇，有利于承接消化沿海及国外产业转移，加快先进制造业、现代物流业、文化旅游业和现代农业发展。区域内还享有国家支持少数民族地区发展、对口支援、三峡后续扶持、武陵山经济协作等特殊政策机遇，有利于消除区域贫富差距、推动城乡一体、建设生态文明。这些战略机遇，为共同发展提供了合作平台、扩大了发展共识、丰富了合作内涵、集聚了合作潜能。

2. 互补的资源优势成为产业差异化发展的先决条件

三峡城市群地处北纬30度，是中国第二级阶梯向第三级阶梯过渡区域，是湖北乃至全国重要的文化旅游资源富集地，是国家重要的农产品生产基地和矿产能源基地。区域内资源禀赋各具特色，形成了互为补充的产业体系。宜昌、恩施、神农架、万州等地区水电资源、旅游资源、矿产资源、农特资源丰富，荆州、荆门土地资源、人力资源和市场资源优势明显。荆州、荆门是我国重要的粮棉油生产基地，荆州淡水养殖闻名全国，荆门"中国农谷"声名鹊起，宜昌、恩施、神农架以柑橘、茶叶、食用菌、高山蔬菜等为主的特色农业蓬勃发展。宜昌以精细化工、生物医药、机械电子等为特色，荆门以石油、医药、化工为特色，荆州以机电、纺织为特色，既相互联系又错位发展。互补的资源优势有利于三峡城市群优化资源配置，有效放大区域整体优势。

3. 深远的历史背景和广泛的相互交流奠定了合作的文化基础

三峡城市群同属巴楚文化和三国文化核心区，山水相连，人文相亲，经济社会交流及人员往来十分频繁。在文化旅游合作发展上，成果丰硕，已经形成了较为完备的一体化旅游发展格局。随着大型商业机构、连锁超市、物流集团在区域内建立总部、设点布局、广开分店，民间商贸互动日趋活跃。随着沪渝高速、沪蓉高速、宜万铁路、汉宜高铁、老石高速、沿江铁路、郑渝铁路等重要通道的开通和建设，以及城际快速通道的建设，交通十分便利。在人才、技术、市场、生态环保、市场建设、社会事业等方面的合作推进，区域经济融合互动，为推动三峡城市群建设创造了有利条件。

4. 共同的发展愿望激发了合作潜力

三峡城市群处于武汉城市圈、长株潭城市群、成渝经济区和中原城市群的合围之中，激烈的区域竞争态势迫使群内加强合作成为必然选择。城市群在提升综合实力、拓展发展空间、转变发展方式、保障改善民生、建设生态文明等方面具有内在的协同性和高度的一致性。万州、宜昌、恩施、神农架、荆州市、荆门市各自拥有丰厚生态文化旅游资源，文化旅游产业合作发展前景广阔。万州、宜昌、荆州同处长江沿线，依托长江黄金水道，发展港口经济，发展现代物流，具有较大的合作空间。

### 三　三峡城市群的发展定位与功能布局

#### （一）发展定位

综合分析三峡城市群拥有的自然条件、资源禀赋和发展潜力，着眼于全面深化改革，转变经济发展方式，夯实产业支撑，推进绿色繁荣，最大限度地吸引、集聚、融通区域市场要素，充分挖掘地域核心价值。我们认为，要以生态立群，努力把三峡城市群建设成长江中游城市群与成渝城市群之间的重要增长极，生态城市群建设的国家典范，成为产业差异化发展的示范区、国际生态文化旅游胜地、生态产业发展的聚集区、协调发展的创新区。

#### 1. 产业差异化发展的示范区

三峡城市群处在中国地理版图的心脏位置，是中国亚热带森林生态系统的核心区域，也是我国重要的生态功能保护区和长江中下游重要的生态安全屏障，属于限制与开发保护区域，经济社会发展处于两难境地。在生态文明建设的背景下，以绿色发展为根本，城市群上游发展生态旅游业为主、下游适当发展工业，大力加强现代服务业，形成与其他城市群差异化发展的特色。同时，城市群内部分工协同、功能互补，避免同质竞争，实现差异化的发展。

2. 国际生态文化旅游胜地

利用区域内丰富独特的长江三峡等山水生态、楚文化、三国文化等人文生态以及土家民族文化旅游资源优势，促进旅游产业转型升级和发展方式转变，推进区际生态文化旅游协作与联动，实现资源共享、客源互通、品牌同建、市场共管，提升区域旅游综合竞争力，打造中国内陆腹地的黄金旅游区，建成国内外具有重大影响力的生态文化旅游区。

3. 生态产业发展的聚集区

充分利用各种政策机遇，贯彻生态立群的理念，发展生态产业。坚持"两型"引领，"四化"同步，着眼生态产业，力求生态环保、土地集约、项目聚集、产业集群，实现生态效益、经济效益、社会效益的和谐统一。积极发展生态文化旅游业、现代生态特色农业、节能环保产业以及战略新兴产业，同时对传统食品生物医药、精细化工、材料与装备制造等产业，实行技术改造，转型升级，切合生态产业发展方向。

4. 协调发展的创新区

区域内大平原、大山区、大库区、大林区、民族自治地区交融共存，富强县市与国家级贫困县市比肩而立，在产业不断聚集调整优化，城乡一体化建设的进程中，区域的工业化、城镇化、农业现代化将得到联动与协调发展。同时行政分属，需要府际协同，三峡城市群的建设必定会成为府际协调发展的典型。

（二）功能布局

三峡城市群所属区域按国家功能区划分既有重点开发区域，又有限制开发区域和禁止开发区域。大致可分为三个区：

重点发展区：主要包括中心城区和县城。充分利用城镇空间和产业基础条件，积极推进城镇化、工业化，适度集中人口、聚集产业，提高城镇综合承载能力。宜昌市、荆州市、荆门市等基础条件较好，在产业发展、城市拓展等方面可以发挥优势，形成带动。

生态农业区：主要包括平原、河谷平坝以及低坡丘陵地区，以种养殖业和村落聚居为主，积极发展特色农业和现代农业。荆门、荆州为我国重要的粮食主产区和加工基地，种养殖业较发达，可以发展成现代农业的示范区；万州、宜昌、恩施等多为山地，适于发展特色农业。

生态保护区：主要包括森林、高山草场以及世界自然遗产、各级各类自然保护区、森林公园、地质公园等重要生态保护区。以生态建设与环境保护为主，适当发展生态文化旅游，除种养殖业和必要的科学实验外，限制其他生产建设和开发利用活动。结合城镇化和生态建设要求，实行人口搬迁与城镇化安置。神农架林区、恩施州以及宜昌的部分县区等森林覆盖率高，生态资源丰富，是国家划定的长江生态屏障区，属于限制和禁止开发区域。

综合上述，三峡城市群功能可以设定为"一带三区"的主体空间格局（见图4）。

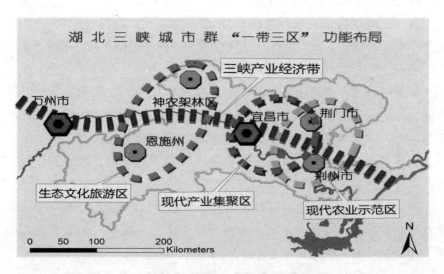

图4　三峡城市群功能布局

资料来源：何伟军、田强：《基于增长极辐射梯度衰减及增强效应的三峡城市群建设构想》，载《三峡城市合作与发展论坛论文集》，第2015页。

制图：许倍慎

——三峡产业经济带：以荆州为起点，集合荆门、宜昌、万州以及沿江县区，实施产业集群战略，构筑沿江万亿经济走廊，无缝对接成渝城市群与长江中游城市群，实现长江经济带的大贯通和一体化发展。

——现代产业聚集区：培育湖北"宜—荆—荆"和重庆"云—开—

万"两个现代产业集聚区,构成三峡城市群发展的双核结构,整合产业结构,分工协同,形成食品生物制药、精细磷化工、先进装备制造、新材料、现代物流等为支撑体系的现代产业园区。

——现代农业示范区:以荆州、荆门商品粮基地为依托,积极发展现代农业、特色农业,在种、养、加工等方面在全国形成独特和领先的优势,不负"中国农谷""鱼米之乡"的美誉。

——生态文化旅游区:以恩施、神农架丰富的生态文化旅游为载体,充分整合各种旅游资源,转型升级发展,打造旅游观光、休闲度假、科考探索、民俗体验等综合性的生态文化旅游胜地。

## 四　三峡城市群的实现路径

建设三峡城市群是一项复杂的系统工程,涉及自然、经济、社会、文化、生态等诸多方面,要按照总体谋划,协同发展的思路,着力推进。

(一)积极宣传,达成合作共识

由于三峡城市群地跨鄂、渝、湘三省市行政分属,要积极倡导达成区域合作共识。可以通过三峡城市合作发展论坛、经贸会、旅游文化合作等方式,在学术界、企业界、政界进行沟通交流,营造舆论,形成广泛认同。最后,经过共同努力,争取纳入国家宏观战略,成为长江经济带的重要支撑点。

同时,积极推进签订《三峡城市群合作框架战略协议》,建立合作联系制度与机制。在交通、旅游、商贸物流、文化传媒等方面开展先期合作,探索经验与合作模式,逐步开展深层次、多领域、全方位的合作。

(二)加强基础设施网络化建设,促进空间区位能级跃迁

基础设施是城市合作发展的基础性条件,尤其交通网络建设是重点。目前应整合现有交通网络资源,重点建设城市间快速通道。铁路方面,争取宜昌至荆门城际铁路、荆岳铁路、郑渝铁路早日开工;公路方面依托现有高速公路网构建各城市外围快速环线,建设城市之间特别是鄂西南、渝东山区快速通道:完成宜巴、保宜、宜岳、江北翻坝高速、宜昌至湖南张家界等高速公路建设;水运方面,积极制定统一的港口岸线利用规划,充分挖掘长江黄金水道的潜力,加强长江航道和港口建设,使三峡城市群成为东西部联通的重要水运转运枢纽;航空运输方面,以三

峡机场、恩施机场、万州机场、神农架机场为支点，建立适应多航线、大机型、高运量需求的空中大通道。三峡机场应加快完成扩容提能建设，开辟国际航线，使其成为具有区域影响的国际航空港。最终，形成内外互联、各种运输方式无缝对接的现代化综合交通运输枢纽体系。同时，对区域内现有的公共基础设施、岸防体系、信息网络、电信网络、电力网络等资源实行共享；对新建项目统筹，共建共用，避免重复建设。

（三）产业发展协同化，促进经济转型升级

以城市群为合作发展平台，按生态经济和循环经济要求，依照各城市资源条件和产业基础，通过专业化分工、产业链延伸和市场化协作，避免城市间产业趋同发展和恶性竞争，培养区域核心产业集群。可以优先考虑，以三峡城市群旅游资源整合为契机，推进城市群旅游产业协同发展；以传统精细化工、食品生物医药、材料与装备制造等产业为基础，合停并转，技术升级，形成新型的精细化工产业集群、食品生物医药产业集群、材料与装备制造产业集群。

（四）加强生态共建，环保同治

按城市群生态环境特点及发展状况统一制定区域生态安全规划，建设"一带三核五轴"生态安全格局（详见图5）。一带为长江生态安全带；三核为神农架、恩施、荆门生态安全核；五轴为荆州——荆门湿地生态走廊，荆门——神农家农林生态走廊，神农架——万州生物多样性生态走廊，万州——恩施峡江地质生态走廊，恩施——荆州水资源生态走廊。

三峡城市群生态环境脆弱，提高生态环境和资源承载能力，是城市群健康持续发展的前提和保障。一要推进生态共建。发挥政府调控职能，统筹协调城市群生态保护，形成完整复合、良性循环的生态系统，在长江、清江等大型河流生态建设工程、岸线综合整治工程、水土保持防护林工程等生态工程上共同建设，促进生态功能的保育与恢复，提高区域的生态环境质量与服务功能。二要推进污染同治。突破现有行政分割体制，建立和完善重大环境质量预警检测和信息反馈系统，处理好突发性重大环境污染和生态破坏问题。建立区域污染联防联治机制，推进污染综合治理，合力整治流域水资源污染，农业生产区面源污染，大气环境污染等，探索建立区域环保排放、收费、治理、生态补偿的统一标准。

同时，各城市在安排生产力布局、调整产业结构时，既要充分考虑本地环境承载能力，又要考虑区域环境承载能力，避免以邻为壑。

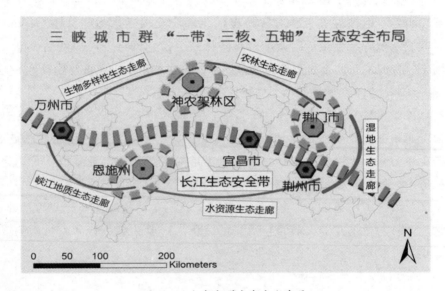

图 5　三峡城市群生态安全布局

资料来源：何伟军、田强：《基于增长极辐射梯度衰减及增强效应的三峡城市群建设构想》，载《三峡城市合作与发展论坛论文集》，第 2015 页。

制图：许倍慎

以历史观照现实，以现实考量未来，以未来谋划现实，构建三峡城市群是区域经济社会发展一体化的必然要求，是国家建设长江经济带背景下的必然选择，更切合三峡区域经济社会发展的历史、现实与未来，也是三峡人民共同的发展意愿。

## 第二节　宜昌是三峡城市群中心城市

### 一　得天独厚的区位优势

（一）宜昌历史悠久，城市特色突出

宜昌不仅历史悠久，而且文化丰厚，在中华文化版图和地域文化格局中是一颗璀璨明珠。宜昌是楚文化和巴文化发展的重要地望。这里人杰地灵，孕育出世界历史文化名人屈原、民族和亲使者王昭君以及闻名中外的著名学者杨守敬等诸多先贤名流。历代著名文人，诸如李白、杜甫、白居易、欧阳修、苏轼、陆游等，也多会于此。他们游览西陵山水所留下的胜迹，陶醉西陵风光所写下的诗文，为宜昌增添了宝贵的文化财富。

宜昌的城市特色鲜明。城市特色的塑造是一项基于城市时空经纬的、突出重点的、长期的重点工程。城市文化是城市特色形成的条件。一个具有特色的城市，必须是其自身历史和社会文化发展的延伸。宜昌城市特色体现在三个方面：

（1）山水特色。宜昌的山地占总面积的 67.4%，长江从市区蜿蜒穿过，山水特色明显。华中科技大学的城市规划专家就此展开研究，提出了一整套塑造山水特色的原则：基地使用的"扩山保水"原则；道路规划的"迎山接水"原则；建筑布局的"显山露水"原则；景观设计的"借山用水"原则；空间组织的"依山亲水"原则等。宜昌市的中心城区，正逐步应用这些原则，在宜昌园林城市的基础上，努力建设生态城市，夯实城市发展的基质①。

（2）工程特色。有着"水电之都"美誉的宜昌因葛洲坝工程而从小城市跃升为中等城市，因为建设三峡工程嬗变为大城市。举世瞩目的三峡工程和葛洲坝水利枢纽都在宜昌市内，融合了现代最先进工程技术的三峡工程，从一开始提出设想，到百年梦圆，走过了风风雨雨，见证了中国政府为人民谋利益的决心，见证了中国由弱变强的社会发展历程。以三峡工程和葛洲坝水利枢纽为主的水电站在宜昌星罗棋布，构成独特的工程文化。

（3）名人特色。处在华夏显要区位、山灵水秀的宜昌自古至今就与名人结下了不解之缘。宜昌一带是楚文化的摇篮，中国文学史上第一位有名的伟大爱国诗人屈原就出生在这里，其作品奠定了南方文化的基调，留下了"路漫漫其修远兮，吾将上下而求索"的不朽名句；又有送去和平的美女王昭君，"生长明妃尚有村"的昭君故里位于宜昌兴山县的宝坪村（又名昭君村）。抗战时期大义凛然的"就义诗""砍头不要紧，只要

---

①　余柏椿、万艳华：《利用性保护山水特色的控制规划方法初探——以宜昌市五龙片区控制性详细规划为例》，《城市规划》2000 年第 4 期。

主义真。杀了夏明翰，还有后来人"的作者夏明翰烈士出生于宜昌秭归县归州。如今的宜昌，由于三峡工程和葛洲坝水利枢纽的存在，吸引了中外无数的游人，其中不乏当今的名人。因此，利用名人资源来丰富城市特色，对于宜昌市的发展将起到难以估价的效应。①

（二）宜昌位置优越，足以承担三峡城市群中心城市功能

宜昌市位于湖北省西部，地处长江中上游接合部，渝、鄂、湘三省市交汇地，上控巴蜀、下引荆襄，以"三峡门户""川鄂咽喉"著称，战略地位十分显要，为历代兵家必争之地，历史上发生的战事不胜枚举，三国时期的夷陵之战就发生在宜昌市区。《中英烟台条约》的签订，宜昌被辟为通商口岸，设有海关，英、美、法、德、意、日等国先后在这里设领事馆，宜昌成为内外贸易的集散地。新中国成立后，国家在这里兴建了一批重点企业，使宜昌成为鄂西湘北渝东区域的经济中心。1994年宜昌被国务院批准为沿江开放城市，并被列入长江三峡经济开放区。在长江经济带中，宜昌东接武汉，西连重庆，是东部发达的经济科技与西部丰富资源的接合部，是国家实施西部大开发战略由中线进入西部的起点，是西部大开发的"东大门"，也是湖北"大三角"战略的一个重要支撑点。万里长江第一坝——葛洲坝电站就在宜昌市区，举世闻名的三峡工程仅离市中心区38公里。正如中国社会科学院院长王伟光所提出的，"宜昌通则三峡通，三峡通则长江上游通"。

（三）宜昌交通功能发达，陈东接西贯穿南北

宜昌是鄂西渝东的交通枢纽。长江黄金水道流经市域237公里，宜昌港为长江八大港口之一，枝城港为全国四大煤炭中转港之一。在宜昌交通架构实现历史巨变的"十一五"期间，宜昌已新增沪渝高速宜恩段、荆宜高速和三峡翻坝高速公路，总里程达到347公里，每百平方公里达1.64公里；新增宜万铁路106公里，铁路总里程达444公里。加上长江黄金水道、三峡机场，宜昌正在成为华中地区的重要交通枢纽，并发挥磁场效应和辐射作用，影响和带动三峡区域的发展。

---

①　陈林：《城市文化与城市特色及其营造——以宜昌市城市特色营造为例》，《华中科技大学学报》（城市科版）2010年第4期。

（四）宜昌是构想中三峡城市群最有吸引力的大都市

随着万里长江第一坝——葛洲坝工程的建成和中国最大的工程——三峡工程的正式兴建，宜昌已成为中国的热点城市，并迅速发展成为全国最大水电能源的中心，内陆经济发展的中转港口，海内外客商投资开发的聚集地，长江经济带的重要工业城市。朱镕基任总理时多次视察宜昌，2001 年时就强调，宜昌一定会成为世界级城市。素有"三峡明珠"美称的宜昌，如今成为湖北接待外国政要访问最多的中等城市，访问宜昌的政要除了总统、首相、总理、议长外，还有大批部长、省长、州长等要员，来宜昌访问的还有联合国、世界银行、世界旅游、南南合作组织等国际机构的官员。宜昌在对外开放中与许多国家和地区建立了良好的合作关系。世界大多数国家和地区成为"宜昌制造"的目标市场。

## 二　日臻成熟的区域中心

如果把长江比作一条巨龙，上海为龙头，武汉为龙背，宜昌则为龙腰。长江的发展需要靠龙头摆正方向，龙背挺直脊梁，龙腰奋勇发力。经过改革开放三十多年的发展，宜昌作为龙腰的功能得到进一步发挥，在未来的三峡城市群发展中，其作为中心城市，责无旁贷。

（一）良好的发展基础

湖北省委、省政府提出"一主两副"发展战略以来，特别是"十二五"期间，宜昌的省域副中心城市建设取得了明显成效。2014 年，宜昌市实现生产总值 3 132.2 亿元，比上年增长 9.8%；地方公共财政预算收入 271.5 亿元，增长 31.6%；固定资产投资 2 471 亿元，增长 22.1%；社会消费品零售总额 964.5 亿元，增长 13.3%；外贸进出口 27 亿美元，增长 14.8%；城镇居民人均可支配收入 25 025 元，增长 9.6%；农村居民人均可支配收入 11 837 元，增长 13.2%。县域经济竞相发展。宜都成为全省第二个全国县域经济百强县（市）。宜都、夷陵、枝江、当阳在全省县域经济分类考核中位居前列。8 个县（市、区）地方公共财政预算收入超过 10 亿元，其中 2 个过 20 亿元、2 个过 30 亿元。9 个县（市、区）城镇居民人均可支配收入超过 2 万元，8 个县（市、区）农村居民人均可支配收入超过 1 万元。

城市综合实力和竞争力明显增强，已有 5 家百亿产值企业，产值过亿企业近 700 家，形成装备制造、电力能源、化工、食品生物医药和新材料为支柱的现代产业体系。宜昌市成功创建成为全国文明城市、国家卫生城市、国家环保模范城市、国家森林城市。国家科技进步先进市、中国优秀旅游城市、中部最佳投资城市、国家知识产权示范城市、中国诗歌之城、中国钢琴之城等一系列荣誉。经济实力和软实力明显提升，为将来的发展奠定了良好基础，积累了发展后劲。

在全省"两圈一带"战略布局中，宜昌地处鄂西生态文化旅游圈、湖北长江经济带新一轮开放开发的节点位置，既是鄂西生态文化旅游圈的核心城市，又是湖北长江经济带的枢纽城市。这种特殊地位赋予了宜昌特殊的使命，必须加快发展、做大做强，着力构建促进鄂西生态文化旅游圈建设和湖北长江经济带新一轮开放开发的重要战略支撑点，与武汉、襄阳共同构建多点支撑的发展格局，实现湖北的整体崛起。①

（二）友好的宏观政策

发展战略是一个国家或地区对其经济、文化等各方面发展所作的全局性、长远性和纲领性的谋划。对于中国这样一个发展中国家来说，任何一个地区一旦享有政策偏向性，就意味着该地区拥有更多的发展机会和国家财政支持。对宜昌而言，中部崛起、副省域中心城市建设和金三角城市群建设这三大政策，无疑是支撑宜昌市快速发展的最重要因素。

1. 中部崛起政策

湖北省位于中国中部地区，是具有良好发展条件的省份之一，地理环境得天独厚。改革开放之后，随着东部沿海地区经济崛起，中部省份地位下降，城镇化水平低于中国的平均水平。2006 年，中央提出中部崛起的发展战略，湖北省成为促进该战略实施的重要支点。而作为湖北省内重要城市的宜昌，更是处于中国中西部交界处，其发展的战略地位尤其显著。宜昌市在中部崛起及西部开发的重要政策支撑下，迅速发展，城市实力逐步壮大。2009 年，随着三峡大坝的全面完工，宜昌完成了由中等城市到大城市的飞跃；2012 年，市委、市政府又筹划把宜昌建成特大城市。

① 赵霞、刘陶：《增强辐射功能——实现宜昌向特大城市的跨越》，载《三峡城市合作与发展论坛论文集》，2015 年。

　　国家中部崛起政策给宜昌带来了发展机遇，使宜昌的外部交通条件得以改善。2009 年，沪蓉与沪渝高速公路全线通车；2012 年，宜万与汉宜高铁正式开通运营；随着三峡大坝工程的最终竣工，长江黄金水道的运输也渐趋完善。陆路水路与三峡机场相呼应，形成了宜昌市公路主干架、铁路大动脉、水运大通道、空中大走廊与港站大联运的交通新格局（wikipedia），从而彻底改善了宜昌市的交通困境。现在的宜昌，其省内运营能力已经得到很大的提高，与中国一线城市"北上广"也实现了直接通车；最重要的是，在铁路、公路方面宜昌开始进入全国交通网络重要节点的位置，沟通东西和南北的能力方面渐趋增强。

　　2. 省域副中心城市

　　2005 年，时任国家主席胡锦涛，在武汉市发表了关于湖北省经济发展及城市建设的重要讲话，强调湖北省的重要经济地位。湖北省内逐步提出一系列城市发展计划，以提升城市竞争力、加快城市的发展速度。其中，有建设副省域中心城市这一发展战略，并把宜昌和襄阳确定为湖北省域副中心城市，这为宜昌带来了千载难逢的发展机遇。2006 年湖北省继续明确省域副中心城市的定位，并提出支持省域副中心城市的发展，加强省域副中心城市铁路、公路、航运和城市基础设施建设，提升城市综合竞争力和辐射带动力。

　　3. 金三角城市群

　　2011 年，经过五年的迅速发展，宜昌在湖北省内的经济地位逐步上升，省域副中心地位逐渐巩固，初步迈进大城市向特大城市发展的轨道。随之，省政府又提出建设武汉城市圈及"襄十随"（襄阳、十堰、随州）"宜荆荆"（宜昌、荆州、荆门）城市群。宜昌作为"宜荆荆"城市群的核心城市，在扩大城市规模、完善城市功能等城市发展和城市建设方面均得到诸多政策支持和经济援助，其区域辐射力和竞争力得以快速增强。①

　　（三）雄劲的区域核心竞争力

　　1. 宜昌是三峡城市群旅游一体化的领头雁

　　旅游业的开放性产业特点鲜明，因而是市场竞争较为充分的行业。

--------

　　① 黄婉梅、陈星：《中国中部城市发展的竞争力与困境分析——以湖北省宜昌市为个案》，载《三峡城市合作与发展论坛论文集》，2015 年。

旅游业在激烈的市场竞争中，经历了景点竞争、线路竞争、城市竞争后，开始进入旅游目的地竞争时代。旅游目的地竞争倒逼区域旅游一体化和城市群整合，京津冀、长三角、珠三角、成渝旅游一体化业已成为城市群整合发展的代表之作。长江三峡和三峡大坝是世界级旅游吸引物，千里迢迢而来的国内外游客的目标是这些核心吸引物，追逐的是更加多样化产品体系；就游客旅游消费而言，他们不太在意景点产品的行政属地，而在意旅游目的地线路产品的特色品质。因而单一城市单打独斗的时代即将逝去，旅游目的地竞争倒逼出旅游由单一城市向区域旅游一体化的城市群转型。

三峡城市群既有旅游一体化的天然联系，也有旅游一体化的基础条件，还有旅游一体化的关系纽带。三峡城市群山同脉、水同源、民同俗，经济同质、文化同根，在区域旅游一体化发展上有着千丝万缕的天然联系；三峡城市群依托长江黄金水道、沿江高速公路、高速铁路、城际高速路网以及城市机场，形成了快速通达的立体交通网络，为区域旅游一体化发展奠定了良好的基础条件；三峡城市群在发展旅游产业上早已形成了线路互连、市场互推、客源互送、企业互设的有利局面，旅游产业抱团发展的愿望和行动十分浓郁，为区域旅游一体化发展形成了紧密的关系纽带。顺应旅游目的地整体参与竞争的趋势，三峡城市群构建的突破口应当是旅游一体化先行先试。[①]

旅游是宜昌最大的特色、最响亮的名片、最宝贵的资源，也是宜昌实现大城梦的重要支撑和引擎。建设"既大又强、特优特美"现代化大都市，旅游业是重要产业之一。

宜昌市的自然风光、人文历史、人造景观为旅游业的蓬勃发展提供了必要条件。宜昌以旅游业为支柱产业之一，大力发展经济及社会文明建设，不断进步，使其在省内及国内的经济地位也在不断的提升。

中共湖北省委常委、宜昌市委书记黄楚平同志在 2014 年全市旅游产业发展大会上的讲话指出，近四年来，全市接待游客总数年均增长都在 30% 左右，旅游总收入年均增长 35% 左右，高出 GDP 年均增速近 13 个百

---

① 阚如良：《区域旅游一体化是三峡城市群构建的重要动力》，载《三峡城市合作与发展论坛论文集》，2015 年。

分点，旅游经济指标和产业规模均居全省第二位，发展的态势非常强劲，主要有这样几个特点：一是旅游业态更加多元。初步形成了观光旅游、度假旅游、乡村旅游等多元化的旅游产品；创建了一批全国休闲农业与乡村旅游示范点、全国特色景观旅游名镇以及省级休闲农业示范点、全省旅游强县、旅游名镇、旅游名村、旅游名街等。二是旅游景区更加精致。秭归屈原故里文化旅游区荣膺国家5A级景区，全市5A级景区达到4家，湖北省只有9家，我们占了近1/2。从全国地级市来看，苏州6家，宜昌与洛阳各4家并列全国第二。三峡竹海、玉泉山、屈原祠、嘲天吼、鸣凤山晋升4A级景区，4A级景区达到13家。建设旅游项目130个，三峡人家巴王寨、长阳巴国故都、天龙湾高尔夫球场等项目建成营运。三是旅游环境更加优化。全国百强旅行社全省8家，宜昌占了3家，A级旅行社、诚信旅行社和文明旅行社处于全省领先水平；星级饭店达到55家，其中五星级2家；旅游客运公司15家，游船公司7家，豪华游轮15艘；近年来，一大批旅游企业不断发展壮大，连续多年举办三峡国际旅游节、长江钢琴音乐节、屈原故里端午文化节，连续两年游客满意度测评结果居全省第一。四是旅游品牌更加响亮。全力打造了"爱上宜昌"品牌，特别是2014年国庆前，三峡大坝景区免费开放，带动全市各个景区游人如织，多数景区出现井喷盛况，旅游接待和旅游收入均有了突破性增长。三峡机场获评 SkyTrax 国际航空服务机场"四星级"，是全球500万人次以下机场的唯一代表，标志着三峡机场跻身世界先进机场行列，为宜昌增添了一个世界品牌。汉宜高铁开通当年，宜昌入选淘宝网统计的"十一"期间全国最具人气的十大旅游热门城市；连续两年入选中国旅游总评榜，荣获湖北省年度最受欢迎省内旅游目的地。在《中国城市旅游投资竞争力报告2012》中，宜昌位列旅游观光投资竞争力第31名、综合旅游投资竞争力第34名。全市旅游业在各个方面不断呈现出新变化、新气象、新局面、新进展。

2. 强大的产业集聚能力

宜昌市在发展旅游业的同时也努力发展其他产业，在不断的探索之中，形成了三大特色产业：山区农业、矿产工业和新能源开发与利用。

宜昌辖区山林面积过半，江河水域富饶，其农业发展利用山水优势进行产业化经营，重点发展水果、畜牧、水产、蔬菜、茶叶、中药材等六大特色产业。而今，宜昌的农业经历了规模化、产业化和专业化的发展，生产资料逐步集中，生产管理逐步统一，市场开拓行动也较为统一。近年来宜昌市更是引进"公司＋农户"的新型经营模式，形成服务双向、价格保护和利益分享，产业链也逐渐延伸，增加了农产品的附加价值。比如，宜昌市建立了柑橘深加工企业和乳制品加工企业，创建了几个食品加工园区，为山区的特色农业经济发展开创了新天地。

宜昌市已发现各类矿产 10 类 88 种，其中已查明资源储量的矿产 57 种，尤其是磷、石墨、石英砂、硅等矿产资源丰富。宜昌已经把磷矿资源的开发和利用提升到了凸显的位置，并重点开发建设其他七个非金属矿区，努力将宜昌建设成长江流域最大的非金属矿业大市。目前，宜昌市矿业的技术在不断地提升，矿业产品也在不断增加之中，矿业及化工业的巨大经济潜力也在不断地挖掘和提升之中。

宜昌资源丰富，其中"水"和"电"则是宜昌最具有国际竞争力的资源优势。宜昌的水能理论蕴藏量达到 3 000 万千瓦，其中可用于开发水电装机容量达到 2 500 万千瓦。宜昌市独特的地理位置和丰富的水电资源决定其工业发展的重点为载电体工业。[①]

宜昌充分利用长江经济带的国家战略红利和建设三峡城市群的发展机遇，大力实施产业集聚，构建万亿经济走廊，从工程推动型向内生驱动型转变，昔日"三峡咽喉"逐步成为长江上下游经济区互联互通的"节点"。

宜昌的六大支柱工业已经成为三峡城市群的产业聚集区：电子信息基础材料及机电设备制造业、化学工业、生物工程及新医药行业、建材、新材料行业、冶金工业和纺织业。

随着产品从工业级，到食品级、医药级、电子级，2012 年，精细化工产业产值率先成为宜昌首个千亿元产业。2015 年上半年，精细化工产业完成工业总产值 817.85 亿元，增长 12.2%。宜昌兴发集团也在日前入围中国 500 强企业。

宜昌始终致力于一个更大的"蓝图"：以长江为轴线，以开发区园区

---

① 黄婉梅、陈星：《中国中部城市发展的竞争力与困境分析——以湖北省宜昌市为个案》，载《三峡城市合作与发展论坛论文集》，2015 年。

为载体，在大约一百公里的区段，深入推进沿江突破，顺江延伸，跨江发展，实现项目集中布局、资源集约利用、产业集群发展、城镇一体推进，构建要素聚集、特色突出、布局合理的现代产业聚集区、沿江城镇带和万亿经济走廊。

2012 年以来，宜昌搭建宜昌新区、宜昌高新区、三峡旅游新区、三峡枢纽港区"四大平台"，布局精细化工、食品生物医药、先进装备制造、新材料、现代物流、文化旅游等六大千亿元产值产业，并大力发展电子信息、节能环保、新能源等战略性新兴产业，突破性发展金融、科技服务等现代服务业。

2013 年 10 月 21 日，国家发展改革委、财政部批复《宜昌国家区域战略性非金属功能材料集聚发展实施方案》。宜昌正式成为国家区域战略性新兴产业集聚发展试点城市之一，也是唯一一家新材料产业集聚发展试点城市。

根据批复要求，到 2016 年，宜昌新材料产业产值达到 1 000 亿元以上。重点突破石墨、巨磁电阻、高端硅基、高端氟基材料等关键技术，基本形成较完善的产业链和技术创新体系，成为具有国际竞争力的新材料产业集聚区。

目前，宜昌精细化工、食品生物医药产值已双双突破 1 500 亿元，先进装备制造突破 1 000 亿元，现代物流、新材料、文化旅游产值增幅达两位数，未来几年将每年新增一个千亿元产值产业。截至 2015 年 7 月底，在"沿江经济走廊"，在建亿元以上项目 938 个，实际到位资金 1 219.6 亿元，同比增长 10%。

湖北省委常委、宜昌市委书记黄楚平用"几个转变"诠释了宜昌沿江布局的发展态势即"产业布局由分散转变为集中、集约、集聚；招商引资由捡到篮子就是菜、饥不择食的状态，转变为只引进附加值高、规模大、效益好、污染少的企业；发展模式由小而全转变为专业化、社会化、规模化；资源利用由粗放型转变为综合循环利用型；发展动力由拼资源、让利税转变为自主创新……"。

3. 三峡的文化多样性和内聚力

宜昌浓缩着三峡区域人民在几千年来的历史发展中为生息繁衍和社会进步而创造的独具特色三峡物质文化和精神文化。三峡文化是对雄伟壮丽、气势恢宏的三峡地域自然景观、人文景观、风土人情的审美经验的积累,是三峡地区人民审美心理、审美意识、道德情操的历史积淀,是各种艺术思想和道德情操的汪洋大观。三峡文化具有悠久的历史积淀和丰厚的文化内涵,我们在对它进行由表及里,由浅入深的分析之后,认为大体可以分为三个层次:第一是民俗民风。三峡地区的民俗文化,又大体可分为生活民俗、饮食民俗、宗教风俗等,先秦以前,有异有同。自秦汉天下统一之后,逐渐接受了大一统文化的影响,摒弃了许多落后的生活习俗,却保留了具有浓郁地方特色的风俗习惯并不断加以发扬光大。文学艺术是第二个层次。文学当然首推屈原的楚辞,其次是神话、诗歌等;道德观念、价值取向是第三个层次,也是最高层次。这个层次首推爱国精神,屈原是这种精神的早期代表。三峡文化尽管层次有深浅之分,品位有雅俗之别,但不论哪个层次的雅俗文化,都以一定的形态表现出来。大体区分起来,三峡文化表现为六种文化形态,即嫘祖桑蚕文化、巴楚文化、山水文化、军事谋略文化、旅游风情文化、三峡工程文化。

宜昌是三峡文化的重要承载者。宜昌市社科联原副主席刘开美研究员认为,在漫长的地质演变、生态发展与历史变迁中,宜昌沉淀了丰厚的文化,其中在世界上享有盛誉的就有四大类:

一是自然生态方面的世界文化遗产。宜昌在自然生态方面有三大"活化石",即地质力学结构形迹、鲟鱼类和植物类三大"活化石"。宜昌地质构造较为复杂。距今25亿年前的元古界到百万年前的新生界之间的各个地质时代的地层均有分布,且发育完整,出露齐全。世界著名的"李四光地质力学构造形迹"即发现于西陵峡境内,引起世界上地质学界的浓厚兴趣,被称为"天然地质博物馆"、人类地质力学构造形迹的"活化石"。坐落在宜昌的中华鲟人工繁殖研究所繁殖的中华鲟,号称是"长江鱼王",居世界上已为人知的鲟鱼类之首,是一亿多年前与恐龙并存的古生物物种,被称为世界鱼类的"活化石"。五峰后河560余亩原始森林中的珙桐等稀有珍贵树种,是距今一亿多年前的第四纪冰川未被灭绝植物物种的幸存者,为北纬30°地球圈内所罕见,被称为世界植物的"活化石"。这些自然生态方面的"活化石",是人类宝贵的文化遗产,深受中外专家、学者的关注。

二是 5 000 年前中国长江文化的中心。宜昌属中华长江文化圈。距今约 20 万年前，清江流域就有"长阳人"在活动。亲自鉴定命名"长阳人"的我国著名人类学家贾兰坡先生当时就誉称这一发现"给人类本身的分布与演化提供了新的资料"。20 世纪 50 年代至 70 年代以来，在宜昌点军区李家河、紫阳河一代发掘出新石器时代后期遗址和陶片、石器等，以及白庙子、清水河、中堡岛、小溪口等数十处古遗址和文物，表明早在七八万年前，我们的祖先就在这片土地上繁衍生息。据此，可见，我国楚文化研究的开创者张正明研究员，5 000 年前，宜昌市是屈家岭文化的中心。而屈家岭文化又是长江文化和整个南方文化的代表。因此，宜昌上古时代是整个南方文化的中心。[1] 这证明宜昌成为世界级城市的文化底蕴丰厚、富足和博大精深。

三是彪炳千秋的历史文化名人。宜昌人杰地灵，先贤英才，层出不穷。其中影响深远的当属嫘祖、屈原、关羽、昭君、郭璞以及欧阳修和杨守敬。宜昌始称西陵，是上古时期中华大地唯一称西陵的地方。司马迁所著《史记·五帝本纪》中载："黄帝居轩辕之丘，而娶于西陵之女，是为嫘祖，嫘祖为黄帝正妃，生二子，其后皆有天下。"这就是说，中华炎黄子孙的伟大母亲嫘祖是宜昌西陵之女。嫘祖是养蚕缫丝的创始人，被称为早于中国"四大发明"的第一大发明，为解决人类的穿衣问题，促进社会的文明进化，做出了杰出的贡献。宜昌是楚文化的摇篮。世界文化名人屈原便出生在秭归这片古老的土地上。他是中国文学史上第一个伟大诗人。他创造了"楚辞"这一崭新的诗体，开拓了我国爱国主义与浪漫主义的诗歌传统，在中国以至世界的影响源远流长。为纪念他的端午节，早已成为中华民族的传统节日；为纪念他的龙舟竞渡，也被列为国际性的体育竞赛项目。中国古典文学名著《三国演义》中，有 40 个故事发生在宜昌当阳，其中被尊为武圣的关羽享誉海内外，其首就被葬在当阳。被周恩来总理称为民族和亲使者的王昭君也出生在宜昌兴山。她是"为发展中华民族大家庭团结最有贡献的人物"。千百年来关于她的诗歌、散文、传说、故事、戏曲、画卷数量为巾帼之最，誉满中华。中

---

[1]　刘开美：《关于宜昌成为世界级城市的思考》，《三峡文化研究论丛》，武汉出版社 2002 年版。

国第一部词典《尔雅》，其著名注本是东晋文学家、训诂学家郭璞流寓夷陵所著。他著的《乐雅注》《尔雅音》《尔雅图》《尔雅图赞》，集《尔雅》学之大成，在中国训诂学上影响深远。我国"唐宋八大家"之一的北宋著名文学家、史学家欧阳修，曾任过夷陵县令。他在夷陵上任时间虽然不长，但留下了一百多篇诗文，被称为"庐陵事业夷陵起"。清末民初的历史地理学家杨守敬，是宜昌宜都人。他善书法，精舆地，通目录、版本之学，著有《历代舆地沿革险要图》《水经注疏》《楷法溯源》等几十种论著，闻名中外，影响至今。此外，历代迁客骚人多到过宜昌，为宜昌留下了极其珍贵的文化宝藏。这一切都为宜昌增加了沉甸甸的文化底蕴，从而提高了宜昌成为世界级城市的文化魅力。

四是影响国家统一进程的古代著名战役。宜昌地处三峡门户，川鄂咽喉，地势险要，是历代兵家必争之地，史书上记载的大小战役十多起。从而形成了宜昌丰富的军事文化。楚学大师张正明研究员认为在宜昌荆门山、虎牙关曾经发生过三次牵动中国统一的著名战役。其中三国时期的夷陵之战就发生在这里，火烧连营七百里，缩短了三国鼎立的时代，加速了中国的统一。作为以少胜多的典型战例而驰名中外。[①]

三峡山川之雄奇，人文之厚重，民风之淳朴，景点之繁多，中国唯一，世界罕见，在中外文化史上都占有独特的一席之地，为宜昌成为世界级城市提供了丰富的文化资源和奠定了坚实的文化底蕴。

三峡城市合作是完善我国长江经济带战略的重要举措。如何发挥三峡城市在长江黄金水道的地位优势，构建两大城市群节点城市，突出长江一线与一部一片的枢纽作用，实现全面促进三峡区域城市协同发展任重道远。华中科技大学徐顽强教授认为，在经济全球化和区域经济一体化的背景下，城市仅凭"单打独斗""孤军奋战"，已很难在日趋激烈的城市竞争中做大做强。三峡城市要突破发展瓶颈，提升地区竞争力，开展区域经济合作势在必行。徐顽强教授认为，三峡城市在合作发展过程中，各城市间多打"桥牌"少打"麻将"是破冰的关键所在。配合双赢是"桥牌"思维，独坐庄家是"麻将"思维。三峡城市群三省十二市在

---

① 刘开美：《关于宜昌成为世界级城市的思考》，《三峡文化研究论丛》，武汉出版社2002年版。

发展中要杜绝"麻将"思维，以开放的心态多交流，让好政策多推广，好思路多分享，实现共荣共赢①。

杜绝"麻将"思维，形成"桥牌"思维，要善于发挥三峡文化多样性和内聚力。

三峡文化的多样性是三峡文化与其他文化相互交融的结果。自古以来，三峡就是多元文化交融的区域。在三峡的历史发展中，三峡文化是巴文化、楚文化、中原文化、少数民族文化（如土家族和苗族的先民文化）、外来宗教文化、现代文化相互交融的结果。多种文化的交融为三峡文化的多样性奠定了基础。

三峡文化的多样性是三峡城市群发展的强大动力。未来世界经济的发展，文化将成为一项重要的资源。三峡文化的多样性为三峡城市群发展提供了"包容互通，顾全大局"等发展思维。

三峡文化多样性为三峡城市群各城市的发展增添更加浓厚的人文气息，使三峡更具文化内涵和吸引力，提高三峡各城市的文化品位；另外，三峡多姿多彩的民族文化、宗教文化为三峡民族地区发展民族旅游、宗教旅游、文化旅游提供了丰富的资源。

三峡文化多样性有利于三峡城市群的可持续发展。三峡文化多样性为三峡城市群的可持续发展提供了可靠保障。可持续发展作为一种新的社会运行机制，必须建立在社会运行正常化和有序化的基础之上。三峡文化中所蕴含的制度文化、宗教规范、伦理规范、法律规范，有助于三峡城市群社会、生态、文化关系的协调发展。

三峡文化多样性是三峡可持续发展的精神基础。三峡文化中蕴含的"上下求索，精益求精"的开拓精神；"爱好和平，追求和睦"的合和精神；"自强不息，开拓进取"的创新精神；"兼容并包，主动融合"的开放精神；"刻苦耐劳，艰苦创业"的奋斗精神；"热爱祖国，顾全大局"的移民精神为三峡城市群的可持续发展提供了强有力的精神支柱。三峡文化多样性是三峡城市群可持续发展的推动力。三峡文化之间的交流、融合和补充，可以极大地促进社会系统相互联系的开放性和交换深度，

---

① 徐顽强：《形成节点，贯穿一线，并接多面新城市，新经济，新治理——关于三峡城市合作发展的新思路》，载《三峡城市合作与发展论坛论文集》，2015年。

从而推动三峡城市群生态系统的平衡和优化，保证三峡发展的稳定性、协调性和持久性，实现三峡城市群的可持续发展①。

宜昌在未来需要从更宽广的视野推进三峡城市群中心城市建设，宜昌未来的发展不应局限于省内，而应从更宽广的区域着眼，在更大的格局中谋划推进。长江流域是我国重要的经济轴线，是人口、城镇和产业的重要聚集区。在广阔的长江中上游区域，目前只有武汉、重庆两座特大型城市。根据城市地理学、城市经济学规律，一座特大城市的辐射能量在半径300公里以外就会大幅衰减。宜昌地处武汉、重庆之间，宜昌通则汉渝通、汉渝通则长江通。宜昌呼应汉渝、承接东西，最有条件打造成长江中上游重要节点城市。

宜昌需要把三峡城市群纳入自身的发展战略。能级与城市规模高度正相关，而做大城市规模要具备集聚要素、跨越发展的基础和空间。宜昌要建成为现代化中心城市，必须将三峡城市群纳入其"势力范围"。实际上，宜昌作为长江中上游区域性中心城市，与三峡城市群密不可分，因为前者需要后者作基本"势力范围"。如果没有周边作为"势力范围"，就谈不上"中心"②。

宜昌要成为区域性中心城市，发挥更大作用，必将有更大的担当和更大的作为，宜昌成为长江中上游区域性中心城市指日可待。

①　陈兴贵：《三峡文化的多样性及其现代价值》，《中南民族大学学报》（人文社会科学版）2006年第6期。

②　秦尊文：《建设三峡城市群——共襄长江经济带》，载《三峡城市合作与发展论坛论文集》，2015年。

# 参考文献

一　方志典籍档案类

[1] 宜昌市档案局档案馆、宜昌市地方志办公室整编；清朝同治三年编纂《宜昌府志》，宜昌市档案局 2002 年。

[2] 宜昌地区地方志编委会编：《宜昌地区简志》，宜昌地区地方志编委会 1986 年。

[3] 宜昌市史志办，夷陵区史志办，西陵区地志办校勘整理：（清同治三年续修本）：《东湖县志》，宜昌市委党史（地方志）办公室 2012 年。

[4] 湖北省宜昌市地方志编委会编：《宜昌市志》，黄山书社出版社 1999 年版。

[5]《宜昌市城乡建设志》，鄂宜内图字［2008］第 50 号。

[6] 中共宜昌市党史办公室编：《中国宜昌市组织史资料》，湖北人民出版社 1992 年版

[7] 中共宜昌市党史办公室编：《中共宜昌历史大事记》，鄂宜图内字［2000］27 号。

[8] 湖北省长阳土家族自治县地方志编纂委员会编纂：《长阳县志》，中国城市出版社 1992 年版。

[9] 湖北省枝城市地方志编纂委员会编纂：《宜都县志》，湖北人民出版社 1990 年版。

[10] 湖北省秭归县地方志编纂委员会编纂：《秭归县志》，中国大百科全书出版社 1991 年版。

[11] 湖北省五峰土家族自治县地方志编纂委员会编纂：《五峰县志》，中

国城市出版社 1994 年版。

[12] 宜昌县志局编:《宜昌县志初稿》,宜昌县志局 1936 年。

[13] 宜昌市地方志办公室、宜昌市夷陵区委史志办公室整理校勘:明弘治九年刻《夷陵州志》,《夷陵州志》整理校勘委员会 2008 年。

[14] 湖北省宜昌市地名委员会编:《湖北省宜昌市地名志》,宜昌市地名普查领导小组 1984 年。

[15] 湖北省地方志编纂委员会编纂:《湖北省志》(上),湖北人民出版社 2000 年版

[16] 冯万林主编:《宜昌文化志》,湖北人民出版社 2009 年版。

[17]《左传》,岳麓书社 1988 年版。

[18] 郦道元:《水经注》,岳麓书社 1995 年版。

[19] 司马光编纂:《资治通鉴》(二),岳麓书社 1990 年版。

[20]《二十四史·史记》(一),中华书局 1997 年版。

[21]《二十四史·汉书》(二),中华书局 1997 年版。

[22]《二十四史·晋书》(四),中华书局 1997 年版。

[23]《二十四史·宋书》(五),中华书局 1997 年版。

[24]《二十四史·南齐书》(五),中华书局 1997 年版。

[25]《二十四史·隋书》(七),中华书局 1997 年版。

[26]《二十四史·旧五代史》,中华书局 1997 年版。

[27]《二十四史·宋史》(十四),中华书局 1997 年版。

[28]《二十四史·元史》(十八),中华书局 1997 年版。

[29]《二十四史·明史》(十九),中华书局 1997 年版。

[30] 宋代乐史撰:《太平寰宇记》,中华书局 2007 年版。

[31] 白寿彝总主编:《中国通史·五代辽宋夏金时期 [上下]》(第七卷),上海人民出版社 1999 年版。

[32] 白寿彝总主编:《中国通史·明时期 [上]》(第九卷),上海人民出版社 1999 年版。

[33]《国语·战国策》,长沙岳麓书社 1988 年版。

[34] 贾谊:《新书·春秋》,《百子全书》(一),长沙岳麓书社 1993 年版。

[35] 欧阳永叔:《欧阳修全集》,中国书店 1986 年版。

［36］中央档案馆、湖北省档案馆：《侵华日军在湖北暴行资料》，中央档
案出版社 2005 年版。

二　著作著述类

［1］中共宜昌市党史办公室编：《中共宜昌简史》，中央文献出版社 2001
年版。

［2］中共宜昌市党史办公室编：《中共宜昌历史》第一、二卷，中共党史
出版社 2006 年版。

［3］中共宜昌市委统战部党史办编：《对资本主义的改造》（湖北宜昌
卷），武汉出版社 1987 年版。

［4］陆游：《入蜀记》，载符号主编《宜昌文化揽粹》，湖北人民出版社
2005 年版。

［5］唐贵智：《长江三峡地区新构造、地质灾害和第四纪冰川作用与三峡
形成图集》，湖北科学技术出版社 2001 年版。

［6］杨世灿、熊茂洽：《〈水经注疏〉三峡注补》，湖北人民出版社 1992
年版。

［7］宜昌市建筑学会编：《夷陵地名掌故》，宜昌市地名普查领导小组
1982 年。

［8］国家文物局主编：《中国文物地图集·湖北分册》（下），西安地图
出版社 2002 年版。

［9］李天元：《古人类研究》，武汉大学出版社 1990 年版。

［10］刘开美等主编：《宜昌历史述要》，湖北人民出版社 2005 年版。

［11］湖北省宜昌地区文物办公室整理：《宜昌地区历史文物资料汇编》，
宜昌地区文物办公室 1979 年。

［12］国家文物局三峡工程文物保护领导小组湖北工作站：《三峡考古之
发现》，湖北科学技术出版社 1998 年版。

［13］潘新藻：《湖北省建制沿革》，湖北人民出版社 1987 年版。

［14］张正明：《楚史》，湖北教育出版社 1995 年版。

［15］高应勤：《楚文化考古论文集》，武汉大学出版社 1992 年版。

［16］宜昌市政协文史委编：《宜昌市文史资料》（第 1—13 辑），宜昌市
政协文史委 1992 年。

[17] 宜昌地区水运志编纂委员会编：《宜昌地区水运志》，人民交通出版社1994年版。

[18] 王建辉，易学金主编：《中国文化知识精华》，湖北人民出版社2004年版。

[19] 杨君主编：《西塞烽火》，燕山出版社1993年版。

[20] 陈子展：《楚辞直解》，江苏古籍出版社1988年版。

[21] 宜昌市政协文史委编：《宜昌旅游史话》（第22辑），宜昌市政协文史委2001年版。

[22] 张忠民主编：《欧阳修夷陵诗文译注》，湖北人民出版社2007年版。

[23] 胡德才主编：《三峡文学史》，四川出版集团巴蜀书社2011年版。

[24] 余学新注评：《三峡诗词选》，武汉出版社2006年版。

[25] 颜其麟编注：《三峡诗汇》，西南师范大学出版社1989年版。

[26] 北大中国语言文学系中国古典文学教研室编：《中国文学史纲要》，北京大学出版社1984年版。

[27] 屈鹏主编：《走进宜昌游览新三峡导游词》，中国三峡出版社2003年版。

[28] 宜昌市旅游局编：《宜昌旅游导游词》，旅游教育出版社2011年版。

[29] 张忠民主编：《郭璞与夷陵》，宜昌市炎黄文化研究会2003年。

[30] 张忠民，冯万林主编：《三游洞史话》，中国三峡出版社2004年版。

[31] 石文编：《石门洞诗文抄》，长江文艺出版社1997年版。

[32] 中共宜昌地委党史资料征集编辑委员会办公室编：《中共宜昌地区党史大事记》《中共宜昌地区党史专题汇编》，内部出版，1985年。

[33] 《襄西抗日民主根据地史稿》编写组编：《襄西抗日民主根据地史稿》，湖北人民出版社1993年版。

[34] 中共宜昌市委党史研究室编：《抗日战争时期宜昌人口伤亡和财产损失》，内部资料，2010年5月印。

[35] 萧涤非等撰写：《唐诗鉴赏辞典》，上海辞书出版社1983年版。

[36] 商务印书馆编辑部修订：《辞源》（二），商务印书馆1980年版。

[37] 关永礼主编：《唐宋八大家鉴赏辞典》，文艺出版社1989年版。

[38] 《中国城市百科丛书·宜昌市》编辑组编：《峡口明珠——宜昌市》，宜昌市政府办公室1987年。

### 三　论文类

[1] 宜昌市第一任市长刘真回忆，《宜昌解放与新生人民政权》，载宜昌市文史资料总第二十辑，第 20 页，鄂宜图内字［1999］第 55 号。

[2] 耒层林：《磨基山下有古村》，《宜昌社会科学》2001 年第 2 期。

[3] 《宜昌五十年回眸》，载宜昌市文史资料总第二十辑，第 27 页，1999 年鄂宜图内字 55 号。

[4] 李德明，郑明强：《宜昌发现东周时期古遗址——古夷陵城很可能在前坪一带》，《三峡商报》2001 年 9 月 28 日。

[5] 曾继全：《黄帝正妃西陵之女嫘祖考析》，鲁谆等主编《中华民族之母嫘祖》，中国三峡出版社 1995 年版。

[6] 刘开美：《夷陵古城变迁中的步阐垒考》，载《三峡文化研究》（第七辑），武汉出版社 2007 年版。

[7] 龚发达：《历史的尊重——记长阳人化石的发现》，载王子君、陈洪、郑子华主编《巴土研究》，长阳民族宗教事务委员会、长阳民族文化研究会 1999 年。

[8] 刘开美：《宜昌开埠后的城市建设》，载《三峡晚报》2008 年 10 月 24 日 B13 版。

[9] 望开国：《以贯彻党的全面抗战路线推动宜昌的抗日文化救亡运动》，载《全国党史文化论坛论文集》，中共党史出版社 2013 年版。

# 后　　记

　　《宜昌城市社会变迁史研究》最终在嫘祖故里、诗画远安的嫘祖镇完成统稿。该书是湖北省高校人文社会科学重点研究基地"三峡大学区域社会管理创新与发展研究中心"开放基金课题的成果，亦为宜昌地方史研究所的开篇之作，由三峡大学李敏昌教授主编。

　　《宜昌城市社会变迁史研究》探寻了新石器时代以降，宜昌古城先民繁衍生息地望的演变过程；近代以来宜昌城市遭受外力冲击，经受军阀混战、外敌入侵的凤凰涅槃史；最终走向新道路，渐次实现中等城市到大城市的历史性跨越的多彩画卷。纵贯万余年，横跨城市经济、文化、政治、社会生活等多领域。初步梳理了宜昌的城市周期：先民生息地望—军事重镇—郡县治所—过载码头—通商口岸—水电都市—三峡城市群中心城市，最后对三峡城市群建设中的宜昌作为领头雁的作为与担当作了简要展望。

　　本书是宜昌社会科学界众人合力的成果。参与编写的专家学者大多已经光荣退休或退居二线，本可在家享受儿孙绕膝、侍花弄草的天伦之乐，但为了宜昌城市的荣光，他们不计名利、热忱地参加到本书的编写中来，把对宜昌的情怀和一生的研究心得浓缩到了本书之中。第一章"宜昌古城的起肇与变迁"，刘开美执笔；第二章"外力冲击下近代宜昌发展的转型"，郑伟明执笔；第三章"战争时期宜昌城市发展的起伏"，望开国执笔；第四章"宜昌建市和三线建设与宜昌城市的发展"，何复元、李敏昌执笔，第五章"三峡工程梦想与宜昌城市崛起"，高武章执笔；第六章"走向三峡城市群中心城市"，李敏昌执笔。全书由李敏昌撰写大纲并统稿，三峡大学校长何伟军教授、三峡大学区域社会管理创新与发展研究中心主任谭志松教授、宜昌市党史办原副主任胡盛斌同志对本书的写作提出了指导性意见。三峡大学马克思主义学院研究生张林鹏协助做了校对工作。

本书吸收了宜昌市社会科学界以往的研究成果和参与 2015 年在宜昌召开的三峡城市群两次会议的专家观点，书中注明或有遗漏，在此并致谢忱。

特别感谢湖北省社科院副院长、楚文化研究所研究员、博士生导师刘玉堂对本书写作的指导并为本书作序。

作为宜昌城市社会变迁史研究的一种新探索，本书对宜昌城市发展规律的梳理，或并不周全和完美，错误在所难免，欢迎批评指正以利进一步臻于完善。

编　者

2015 年 9 月 18 日